「十三五」国家重点出版物出版规划项目

长江三峡工程文物保护项目

报告 乙种第四十五号

重庆市文物局 重庆市水利局 主编

巫山大昌古城遗址

中山大学人类学系 巫山博物馆 编著

科学出版社

内 容 简 介

　　本书是中山大学人类学系、巫山博物馆在2000、2001、2002、2005四个年度对重庆市巫山县大昌古城遗址进行考古发掘的专题报告。大昌素有"袖珍古城"之称，并有保存完好的清代至民国时期的建筑群。巫山大昌古城遗址主要包括明、清两代的文化遗存，遗迹和遗物均较为丰富，本报告详细介绍了2000～2005年的发掘收获，并将考古发掘成果与地方文献相结合，考证了巫山大昌古城的历史沿革和位置变迁。

　　本书适合对明清时期古城遗址历史文化感兴趣的专家学者和社会人士参考、阅读。

图书在版编目（CIP）数据

巫山大昌古城遗址 / 中山大学人类学系，巫山博物馆编著. —北京：科学出版社，2024.11
　（长江三峡工程文物保护项目报告.乙种第四十五号）
　"十三五"国家重点出版物出版规划项目
　ISBN 978-7-03-077411-8

　Ⅰ.①巫… Ⅱ.①中… ②巫… Ⅲ.①古城遗址（考古）-发掘报告-巫山县 Ⅳ.①K878.35

中国国家版本馆CIP数据核字（2023）第253291号

责任编辑：张亚娜 郑佐一 / 责任校对：张亚丹
责任印制：张 伟 / 封面设计：陈 敬

科学出版社 出版
北京东黄城根北街 16 号
邮政编码：100717
http://www.sciencep.com
北京中科印刷有限公司印刷
科学出版社发行　各地新华书店经销
*

2024年11月第 一 版　开本：880×1230　1/16
2024年11月第一次印刷　印张：28 3/4　插页：32
字数：920 000
定价：418.00元
（如有印装质量问题，我社负责调换）

"13th Five-Year Plan" National Key Publications Publishing and Planning Project

Reports on the Cultural Relics Conservation
in the Three Gorges Dam Project
B(site report) Vol.45

Cultural Relics and Heritage Bureau of Chongqing
Chongqing Water Resources Bureau

TGCR

Dachang Ancient City Site
in Wushan County

Department of Anthropology, Sun Yat-sen University
&
Wushan Museum

Science Press

长江三峡工程文物保护项目报告

重 庆 库 区 编 委 会

冉华章　高　琳　江　夏　幸　军　任丽娟　王川平　程武彦
刘豪川　白九江

重庆市人民政府三峡文物保护专家顾问组

张　柏　谢辰生　吕济民　黄景略　黄克忠　苏东海　徐光冀
刘曙光　夏正楷　庄孔韶　王川平　李　季　张　威　高　星

长江三峡工程文物保护项目报告

乙种第四十五号

《巫山大昌古城遗址》

编　委　会

主　编

王　宏

项目承担单位

中山大学人类学系

巫山博物馆

目　　录

插 图 目 录

彩 版 目 录

第一章　概　　述

第一节　地理环境与大昌古城现状

　　巫山县位于重庆市东北部，为三峡库区腹心地区。地理坐标为东经109°33′~110°11′，北纬30°45′~31°28′。巫山县东邻湖北省巴东县，西接奉节县，南与湖北省建始县毗连，北与巫溪县及湖北省神农架林区接壤。县境主要山脉有七曜山脉、巫山山脉、大巴山脉，地势南北高而中间低，地势陡峭，岩溶发育，沟谷密布，以中低山为主，少有丘陵、平坝，最高海拔2680米，最低海拔73.1米，相对高差2606.9米[①]（图一）。

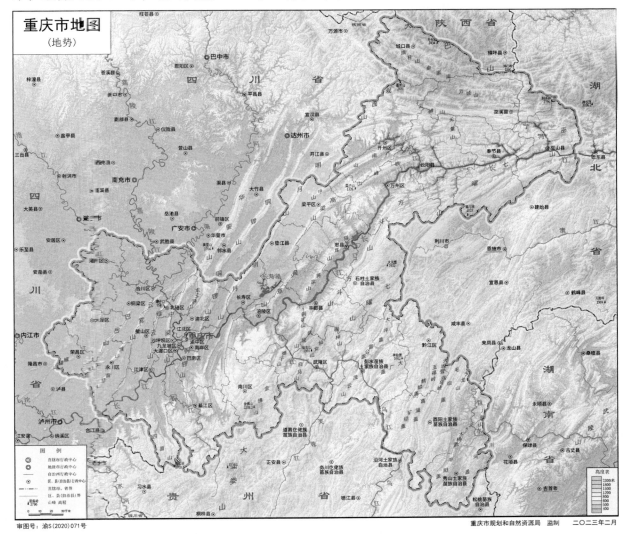

图一　重庆市地图

---

　　①　四川省巫山县志编纂委员会编纂：《巫山县志》，四川人民出版社，1991年，第1页。

　　大昌古城位于大宁河中游北岸的大昌古镇西端，坐落在大宁河小三峡北口，南距巫山县城60千米，地理坐标为东经 109°38′10″，北纬 31°24′53″，海拔高程142.5～150.7米。大昌古城行政上隶属大昌镇大昌村一、二、三、四社。大昌北邻巫溪县，是巫溪县及巫峡以北水陆交通要冲和物资集散重镇（图二）。古城地处大昌盆地中部，盆地四面环山，东有核桃山，西有岗家岭，南有笔架山，北有白云山，盆地随着山势呈顺河的狭长向，大宁河自西向东穿流而过，形成两岸平缓的滩地，城址位于该滩地的北边，地势略呈北高南低（图版一，1）。大昌古城遗址位处大宁河宽谷地带左岸的平缓坡地上，但总的地势是峡谷地区，因而阶地带有一定的坡度（图版一，2）。

　　大昌古城现存东、南、西三个城门，南门外为船码头（图版二，1、2）。根据1999年北京建工建筑设计院、中国文物研究所的实测图的计算[①]，全城东西外门之间的距离为309.0646米，南门口至北部边缘的长度为351.9818米，现有城圈周长为1119.8988米，面积83888.8788平方米。需要说明的是，除东、南、西三个城门及西门至南门之间的西南城墙地表可见外，西城北段、北侧、东侧、南城东段各侧的城墙已毁，并被埋入地下。实际发掘的结果显示，城墙外侧已有后期堆积物，如北城墙外侧有5米宽的堆积，因此已扩大了城圈的范围；城墙

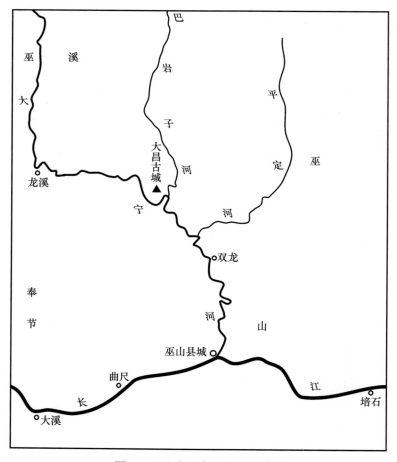

图二　巫山大昌古城位置示意图

　　①　北京建工建筑设计院、中国文物研究所：《重庆库区巫山县大昌古城搬迁保护规划》，2001年。

分有三期，第二期城墙基本建筑在第一期城墙之上，第三期城墙则向外扩2～5米。整个城的地势呈北高南低。箭楼坍塌，石拱门尚在。整个城墙近圆形，除西门到南门的城墙基脚尚存外，其余三段均已在地面不复存在，但城墙的走势仍清晰可辨。城内沿主要街道两旁为近现代民居、学校和机关建筑，只在东南角、西南角和东北部有空地，现多为农田。城东门外有一冲沟由北向南注入大宁河，冲沟以东为大片农田，现名校场坝。西门外亦有一汇沟在城西南注入大宁河，城北的一条凹沟疑为城壕，现为农田。整个城址除城墙及大部分坛墙基址不存外，城址轮廓依然清晰，基本保存完好，可见城墙、壕沟与冲沟组成县城的城、池防御体系（图三）。

图三　巫山大昌古城现状

　　大昌素有"袖珍古城"之称，并有保存完好的清代建筑群①（图四）。大昌古城只有东、南、北三个城门，联通三城门的街道组成"丁"字形街，东西街道之北，还有一条小巷将古城北半部一分为二，所以实际形成了城内的"十"字形交通。城内有清代建筑群多处，西北部有城隍庙，现为小学，东北部有帝主宫，现为民居，城内这些官式建筑均处东西街道以北。城外东部有文武庙，现为镇政府所在地。围绕"十"字形街道的是清代以来的民居，其中县级文物保护单位43处，是以四合院、封火山墙为显著特征的建筑②，其中以"温家大院"保存最佳③。城内居民有温、蓝、龚、李、刘、朱、冯等姓，其中南街主要为温姓居民，东街主要为蓝姓居民，有"温半头，蓝半边"之说。街道旁的民居之后，即城内东北角、西南角、东南角有部分空地，现为居民菜地。城内东北部居民称为营房，为清代驻兵之所。东南部称为水洞子，为清代水门。西门往西北俗称西坝，有属大昌镇的凤凰、兴隆、龙兴、七里等村，再往北离大昌镇5千米是属福田镇的水口村，这一带是西周、东周以及汉代遗址的集中地，有双堰塘、林家码头④等遗址。东门以外古称辰州街，是今大昌镇的商业中心。出东门往南为一片空旷的开阔

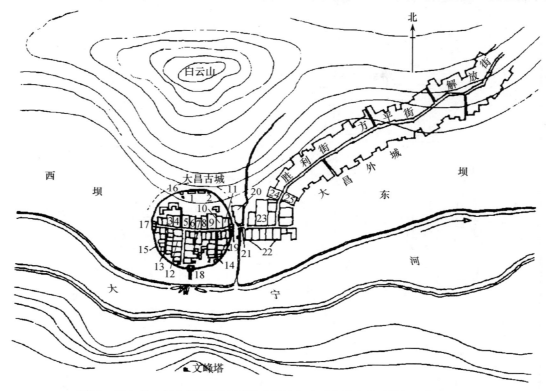

图四　巫山县大昌古镇平面示意图（据季富政《大昌古城踏勘综考》图一）

1.营房　2.炮台　3.城隍庙　4.南华宫　5.天上宫　6.观音殿　7.万寿宫　8.张爷殿　9.帝主宫　10.三皇庙　11.普济寺　12.温家大院民居　13.草街　14.神州街　15.土夯城墙　16.干壕沟　17.西门　18.南门　19.东门　20.黄大宽榨油、烤酒作坊　21.紫气桥　22."蓝半边"民居　23.文武庙　24.禹王宫　25.清寂庵

　　① 李锐：《大昌：即将离去的袖珍古城》，《重庆建筑》2005年第12期。

　　② 国务院三峡工程建设委员会办公室、国家文物局编：《长江三峡工程淹没及迁建区文物古迹保护规划报告（重庆卷·上册）》，中国三峡出版社，2010年，第22页。

　　③ 冯林：《浅谈大昌古城及温家大院民居的建筑风格》，《四川文物》1993年第2期。

　　④ 中山大学人类学系、重庆市文物局、巫山县文物管理所：《巫山林家码头遗址2001年发掘报告》，重庆市文物局、重庆市移民局编：《重庆库区考古报告集·2001卷》，科学出版社，2007年。

地，居民称之为"校场坝"。南街与南门错开不在一条直线上，出南门拾级而下即为水码头，大宁河对岸为笔架山，清代建有文峰塔，现不存。大昌城无北门，北城墙外有现存宽壕沟，居民称为"干壕沟"①（图五）。城外东侧，有笔直的溪沟流水不断，应和古代的护城河有关。

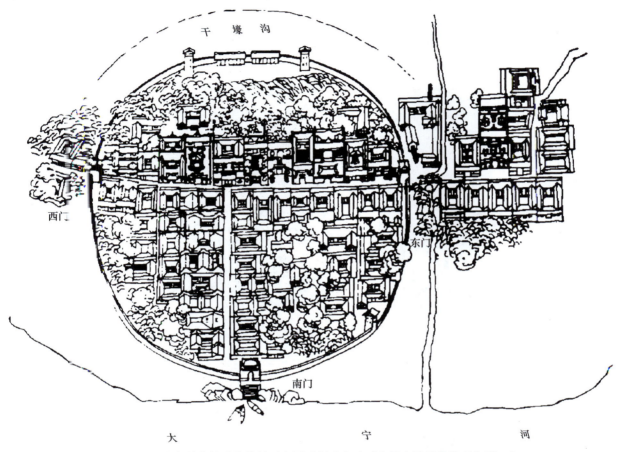

图五　巫山县大昌古镇清代格局示意图（据季富政《大昌古城踏勘综考》图二）

第二节　大昌县历史沿革与大昌古城的兴废

一、大昌县历史沿革

关于大昌县的历史沿革，有明清时期的《夔州府志》《巫山县志》《大宁县志》等地方志可资考证。

明正德八年（1513年）所修的《夔州府志》记载：

> 大昌县在府城东二百里，本秦汉巫县地，蜀汉属宜都郡。晋置建昌县，又改曰泰昌，属建平郡，后周改曰大昌，置永昌郡，寻废郡及省北井县入焉。隋属巴东郡，唐

---

① 季富政：《大昌古城踏勘综考》，《四川文物》1999年第5期。

属夔州。宋置大宁监，以大昌为属县。元并入大宁州。皇明仍旧县，改今属①。

清光绪十九年（1893年）《巫山县志》记载：

　　大昌，《一统志》本巫县地，晋初分置泰昌县，属建平郡，宋、齐、梁因之，后周避讳改曰大昌，置永昌郡，寻废。隋属巴东郡，唐属夔州。宋端拱元年。改属大宁监。元至元二十年并入大宁州。明洪武四年复置。后因民少，并入大宁。永乐初，复置，改属夔州府。国朝康熙九年，省入巫山县②。

大昌并入巫山县后，嘉庆九年（1804年），白莲教起义，清廷又屯兵大昌，修筑土堡300丈，设东南二城门，西北二炮台。后只在大昌设立大昌汛（图六）。

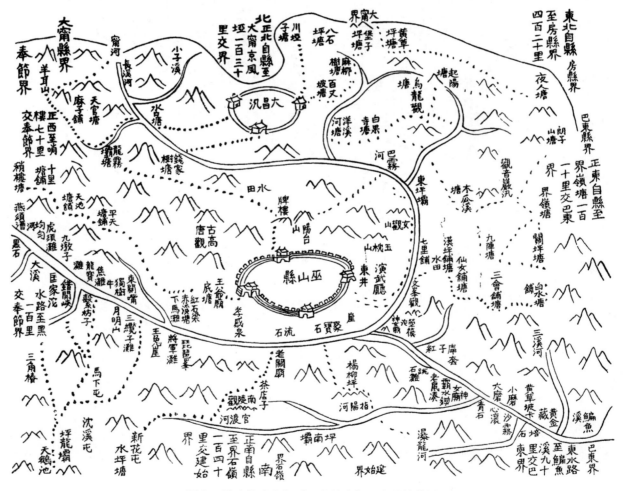

图六　清光绪十九年《巫山县志》巫山县域简图

①　（明）《夔州府志·卷之一·建制沿革》，上海古籍书店据宁波天一阁藏明代正德刻本景印，1961年。
②　（清）光绪十九年李友梁等纂：《巫山县志·卷二·沿革志》，巫山县志编纂委员会重印，1988年。

大昌县由于在清康熙九年（1670年）被裁撤，所以一直没有见到独立的县志。大昌地处巫山县与大宁县（今巫溪县）之间，与巫山、大宁两县又分有合。光绪十二年重修的《大宁县志》引经据典，主要谈及大宁县即今巫溪县的沿革，其中有多处涉及大昌县的归属[①]：

周　庸国地。《读史方舆纪要》：今湖北竹山县四十里，有上庸城，即庸国建都处。四川大宁、奉节、云阳、万县、梁山皆其地也。

春秋　楚国地。《春秋》：文公十六年，楚人、秦人、巴人灭庸。

秦、汉、三国　巫县地。《方舆胜览》：秦以为巫县，汉属南郡，蜀分南郡立宜都郡。吴孙休分宜都立建平郡。

两晋及隋　建昌县地，又为大昌地。《方舆胜览》：晋置建昌县，又改泰昌，属建平郡。后周又改曰建昌县，又改曰大昌郡。隋属巴东郡。

唐、五代　大昌县地。《唐书·地理志》夔州云安郡，县四：奉节、云安、巫山、大昌。有盐官，《方舆胜览》：唐属夔州，县有盐井。其后刘宴为盐铁使，一嘉兴及大昌等为十监。五代属夔州。

宋　大宁监。《宋史·地理志》夔州路，州十：夔、黔、施、忠、万、开、达、涪、泰、珍。军三：云安、梁山、南平。监一：大宁。县三十二。南渡后，府三：重庆、昌淳、绍庆。州八：夔、达、涪、万、开、施、播、恩。军三：云安、梁山、南平。监一：大宁。《寰宇记》：大宁监，本夔州大昌县前镇煎盐之所，在县西六十九溪南山岭峭壁之中，有盐井涌出。土人以竹印泉置镬煮盐。开宝六年置监，以收课利。《舆地纪胜》：开宝六年有旨：以县。按，即今废大昌县。境近盐井泉十七里置大宁监。端拱间，以大昌县来属，今领县一，与盐治自为两处。

元　大宁州。《元史·地理志》：大宁州，旧大昌县。宋置监，元至元二十年为州，并大昌县入焉。

明　大宁县。《明史·地理志》：大宁县，府东北，元大宁州，洪武九年，降为县。

国朝（清）　大宁县。康熙六年归并奉节县。雍正七年复设今治，属夔州府。

综合以上文献，大昌在秦汉时为巫县地，蜀汉属宜都郡。晋太康元年（280年）置泰昌县，属建平郡。北周因避文帝讳改泰昌为大昌。宋端拱元年（988年）改属大宁监。南宋嘉定八年（1215年）移治水口监。元至元二十年（1283年）并入大宁州。明洪武四年（1371年）复置水口监。永乐元年（1403年）又复置大昌县，改属夔州府。清康熙九年（1670年）废大昌县并入巫山县。大昌作为郡县县治从西晋太康元年（280年）到清康熙九年，有1391年的历史。康熙九年撤并大昌县后，继续设置"大昌汛"的行政机构，到2009年三峡水库蓄水之前，一直有人居住。1992年，大昌还被评为四川省18个历史文化名镇之一。

---

① （清）光绪十二年重修、高维岳总修：《大宁县志》，巫溪县志编纂委员会校点重印，1984年。

总之，大昌自晋太康元年（280年）设县以来，隋唐五代建制延续。宋端拱元年（988年）至南宋嘉定八年（1215年）撤销建制，改属大宁监。元至元二十年（1283年）再次并入大宁州。清康熙九年（1670年）废大昌县并入巫山县。大昌县的建制时间延续1391年。

二、大昌县治迁徙与大昌古城的兴废

1. 大昌县治迁徙

大昌县最早为西晋分巫县和秭归县设置，治今巫山县大昌镇北，从晋至隋唐未有变迁。宋端拱元年（988年）废大昌县，改属大宁监，到南宋嘉定八年（1215年）还治大昌旧县，才再移治水口监，这段时间治所不设在大昌。杨光华认为："宋代大昌县治地在端拱元年以前、端拱元年至嘉定八年（988～1215年）和嘉定八年以后有所不同"，分别地当今巫山县大昌镇北、今巫溪县城厢镇，以及嘉定八年还治大昌旧县，即今巫山县大昌镇北[①]。

南宋后期成书的《舆地纪胜》转引《图经·叙县门》云："县旧在南十五里，后徙于凤山之侧。嘉定八年，知监张彧请复还大昌于旧县。"《宋史·地理志》云："旧在监南六十里，嘉定八年，徙治水口监。"今大昌镇北有水口村，从西晋到元代的大昌县治应在今大昌镇北五千米左右的水口村附近，其中宋代一度徙治巫溪县城厢镇。

元朝时，大昌县并入大宁州，县地由大宁州直辖。明洪武和永乐年间，两次复置水口监和大昌县。大昌古城目前最早的考古遗存是明代早期的，城址是明代中期成化或正德年间始修的。从大昌古城的考古发现来看，明清时期大昌县治地应在今大昌古城。

综上所述，大昌自西晋建制以来，或曰县，或曰郡，或曰监，治所在今大昌镇北，位置历来未有具指。大昌县偶有兴废或徙治，其中宋端拱元年至嘉定八年（988～1215年）废大昌县，改属大宁监，治所徙至今巫溪县城厢镇凤凰山，治所不在今大昌一带有227年。嘉定八年还治大昌旧县，治所在水口监，今大昌镇北5千米有水口村，不仅大宁河由此豁然开阔，进入宽谷地貌的大昌盆地，而且福田河由此汇入大宁河，地理位置优越，可能是历年来大昌治所之所在。从元朝至元二十年（1283年）撤销建制并入大宁州到明洪武四年（1371年）复置水口监，其间有88年的建制空白。洪武四年复置水口监，治所可能仍在今水口村一带，而且大昌古城最早只有明代早期的文化遗存，明代以前的治所在今大昌古城存疑。永乐元年（1403年）又复置大昌县，至康熙九年（1670年）裁并大昌县。大昌村明清时期的古城仍存，现城内居民其祖先大部是清初"湖广填四川"迁徙而来，此是明清时期的县治所在无疑。

2. 大昌古城的兴废

大昌古无城池，明清两代才有修筑城池的记录。关于明清两代大昌古城的兴废，明正德八年所修《夔州府志》记载：

---

① 杨光华：《宋代大昌县治考》，《中国历史地理论丛》1999年第4期。

大昌县，古无城池，弘治二年始筑土城，正德七年知府吴□行、知县董惠麾砌砖石门三座，东曰朝阳，西曰永丰，南曰通济。周围二里许，计二百九十九丈。[①]

其中的公署有：

大昌县：布政分司、按察分司（俱在县东）、县治（正厅、幕厅、仪门、谯楼各三间）、戎石楼（一座）、巡检司、僧会司、道会司、县仓。

《夔州府志》还绘有大昌县地理图（图七）。

图七 大昌县地理图（明正德《夔州府志》）

---

① 《夔州府志·卷之二·城郭》，上海古籍书店据宁波天一阁藏明代正德刻本景印，1961年。据郭作飞《明正德〈夔州府志·校补〉》（《重庆三峡学院学报》2011年第4期）查该志卷八"职官题名"考证"吴□行"应为"吴潜"之误。

据清康熙年间《巫山县志》记载：

大昌县城池：明正德初年，知县董忠包石周二百丈，门三朝阳、永丰、通济。崇
祯八年知县陈靖之修濬御寇。明末袁宗第窃据废为平地。今裁并巫山县。[①]

明清时期其余文献记载大昌古城周长均为二百九十九丈或三百丈，此处"包石周二百丈"
应为三百丈之误。

又据清光绪十九年编纂《巫山县志》对大昌城的兴废有较多记载并绘有城池图（图八），
其中的文字记载为：

大昌城，明成化七年知县魏琎修。弘治三年，通判戴琚，正德二年，知县董忠，陆
续增修，为门三，曰朝阳、永丰、通济。嘉靖二十六年，知县吴大章重修。崇祯八年，
知县陈靖之，增高其城，深浚其池，以御寇。明末袁宗第窃据为寇，寇平，城遂废。

国初设大昌县，筑土城。康熙九年，裁大昌县，归并巫山县。嘉庆九年，平定白
莲教匪。参赞德楞泰，以地当要隘，会同经略额勒登保，总督勒保，奏设守备营武，

图八　清光绪十九年《巫山县志》大昌城池图

①　故宫博物院编：《故宫珍本丛刊第219册·四川府州县志第15册·（康熙）巫山县志》，海南出版社，
2001年。

署县张椿请项修筑土堡三百丈，以资捍卫。设东南二城门，西北两炮台。道光元年，被水中塌数十丈。门楼炮台，陆续倒坍。四年，知县杨佩芝捐廉补修完固。现在历年水淹，城半倾圮。[①]

历代地方志记载的明清时期大昌古城的兴废可见下表（表一）。

表一　明清时期大昌古城兴废表

年代	明正德《夔州府志·城郭》	清康熙《巫山县志·城池》	清光绪《巫山县志·沿革志》	清光绪《巫山县志·城池志》	摘要
明洪武四年（1371年）			明洪武四年复置。后因民少，并入大宁		
明永乐元年（1403年）			永乐初，复置，改属夔州府		
明成化七年（1471年）			明成化七年土筑，今废，城门尚存	明成化七年知县魏珊修	始修大昌城，为土筑
明弘治二年（1489年）	弘治二年始筑土城				
明正德二年（1507年）或正德七年（1512年）	正德七年知府吴潜、知县董忠麾砌砖石门三座，东曰朝阳，西曰永丰，南曰通济。周围二里许，计二百九十九丈	明正德初年，知县董忠包石周二百丈，门三：朝阳、永丰、通济		弘治三年，通判戴琚，正德二年，知县董忠，陆续增修，为门三，曰朝阳、永丰、通济	正德初年修筑包石城墙
明嘉靖二十六年（1547年）				嘉靖二十六年，知县吴大章重修	
明崇祯八年（1635年）		崇祯八年知县陈靖之修浚御寇		崇祯八年，知县陈靖之，增高其城，深浚其池，以御寇	增高其城，深浚其池
明末清初		明末袁宗第窃据废为平地		明末袁宗第窃据为寇，寇平，城遂废	明末清初城废
清康熙二年（1663年）				国初设大昌县，筑土城	袁宗第败走，清初再筑土城
清康熙九年（1670年）		今裁并巫山县	国朝康熙九年，省入巫山县	康熙九年，裁大昌县，归并巫山县	裁大昌县
清嘉庆九年（1804年）				嘉庆九年，署县张椿请项修筑土堡三百丈，以资捍卫。设东南二城门，西北两炮台	修筑土堡三百丈
清道光元年（1821年）清道光四年（1824年）			道光初，邑令杨佩芝修筑三门，东曰紫气，南曰临济，西曰通远，后枕大山，前临小河	道光元年，被水冲塌数十丈。门楼炮台，陆续倒坍。四年，知县杨佩芝捐廉补修完固	道光元年城墙被水冲塌大半，道光四年补修

---

① （清）李友梁等纂：《巫山县志·卷四·城池志》，巫山县志编纂委员会重印，1988年。

综上所述，明成化七年（1471年）或弘治二年（1489年）始修土城，明正德二年（1507年）或七年（1512年）修筑包石城墙和砖砌三门，此间，为城墙、城门的第一次修筑。明嘉靖二十六年（1547年）知县吴大章重修，此为大昌古城的第二次修筑。明崇祯七年，张献忠攻陷大昌，明崇祯八年（1635年），"知县陈靖之增高其城，深浚其池"，当为在旧城基础上的加固。明末战乱，城址夷为平地，明崇祯十七年（1644年），张献忠再度入川，巫山被攻占，清顺治八年（1651年），农民起义军袁宗第部驻扎大昌，清康熙二年（1663年），农民起义军败走[1]。清代"国初设大昌县，筑土城"。城墙的修建与否、规模等语焉不详。明末农民起义至康熙二年才败走大昌，康熙九年旋即废县，其间的新修城址可能因民少、劳动力奇缺而不了了之。清嘉庆九年（1804年）为镇压白莲教起义，再依明朝城址规模重修，清道光元年（1821年）大水冲塌大半，清道光四年（1824年）补修完固。之后再无城址兴废的记录。

总结大昌古城的修建史，有成化至正德年间的第一次修筑，其中成化和弘治年间修筑的为上城，正德年间修筑的包石城墙，嘉靖二十六年的重修即第二次修筑，再有崇祯八年对城池的加固。清初的重修可能未能完成，嘉庆九年第三次重修完成，道光四年补修完固。总之，大昌古城明代经过两次修建，一次加固。清代经过一次重建，一次补修，清初对大昌的管治从康熙二年农民起义军袁宗第部败走开始，至康熙九年废县，只有短短的七年时间。大昌地区战后百业凋零，人烟稀少，七年后废县，光绪《巫山县志》所谓"国初设大昌县，筑土城"可能未有结果。

第三节　历年工作情况

1999年12月，北京建筑工程学院建工建筑设计院、中国文物研究所对大昌古城古民居群搬迁进行了选址和规划设计、单体建筑搬迁设计等项工作，对大昌古城地形图进行了精确测绘[2]。

为配合三峡水利枢纽工程，受重庆市文化局委托，从2000年9月22日至2000年11月25日，中山大学考古队对大昌古城的地下遗存进行了全面勘探和第一次发掘[3]。

为了解大昌古城地下的基本情况，先对全城进行了普探。钻探之前先在城区范围内以东西街和南北街为界把城区分为四个区，从东南角顺时针计分别为A、B、C、D区。A、B、D三区空地较大，进行了大面积的钻探。布孔方式均为方格棋盘式，方向为正方向。其中在城东南部的A区布孔11排，每排9～15个孔，孔距5米；西南部的B区布孔18排，每排7～15个孔；西北部的C区在房屋之间空地零星地布了几个探孔；东北部的D区布孔12排，每排2～7孔。在东城墙外的校场坝（编为J区）西部布孔19排，每排13～21孔。从钻探的情况得知，城内南部文化堆积较厚，文化层厚度达300～420厘米，北部堆积稍薄，为120～250厘米。南、北部均主要为明

---

①　四川省巫山县志编纂委员会编纂：《巫山县志》，四川人民出版社，1991年，第7页。

②　北京建工建筑设计院、中国文物研究所：《重庆库区巫山县大昌古城搬迁保护规划》，2001年。

③　中山大学人类学系、重庆市文物局、巫山县文物管理所：《巫山大昌古城遗址发掘报告》，重庆市文物局、重庆市移民局编：《重庆库区考古报告集·2000卷》，科学出版社，2007年。

清时期的堆积。

大昌古城统一编为A、B、C、D四区，各区分别用双重编号法进行探方布方编号。2000年度的发掘在A区和D区进行。A区位于大昌古城东南部，为了解城址的堆积和年代，在A区开5米×5米的探方四个，编号AT2009、AT2010、AT2109、AT2110，面积为100平方米，发掘时间为2000年10月5日至2000年11月28日。D区位于大昌古城的东北部，为了解城墙的结构、年代和与护城河沟的关系，在D区城内部分开5米×5米的探方13个，编号为DT0730、DT0731、DT0732、DT0830、DT0831、DT0832、DT0930、DT0931、DT0932、DT1031、DT1032、DT1131、DT1132；在城圈外护城河沟部分开5米×2米的探沟5个，编号为DT0733、DT0734、DT0735、DT0736、DT0737，D区面积为325平方米（图九）。D区发掘时间为2000年10月5日至2000年11月22日。

此次发掘领队为中山大学人类学系王宏，参加A区发掘的人员有1998级研究生罗耀、易西兵，1998级本科生朱嫦巧、胡风、黄雪亮、张银锋；参加D区发掘的人员有1998级本科生肖美平、李浩初、陈文晓、赵敏、李华勤，技术工作人员刘明怀。中山大学人类学系韦贵耀负责了遗址平面图的测绘、摄影、发掘辅导等工作，上述人员和2000级研究生金国林，技术工作人员刘中标、刘忠义、陈平、阎鄂等参加了遗址的钻探。

2001年为进一步弄清大昌古城的堆积情况，受重庆市文化局三峡办委托，中山大学人类学系于2001年继续发掘该遗址[①]。此次发掘是在古城的西南部即B区进行，共布探方100个，发掘面积2500平方米（图九）。发掘工作从2001年7月10日开始，至12月25日结束。参加发掘的中山大学人类学系王宏、韦贵耀，2000级研究生金国林，1998级本科生赵敏，1999级本科生刘永辉、王柳、和超，2000级本科生潘昳、周繁文，技术工作人员刘明怀、陈方林、文必华。1998级本科生朱嫦巧、赵敏参加了部分室内整理工作。

2002年10月21日至12月17日，为了探明古城东边城墙及北边明清时期的官署、营房，以及城墙转角处的结构，中山大学人类学系第三次对大昌古城遗址进行较大面积的发掘[②]。此次发掘共布5米×5米探方80个，发掘面积2000平方米。此次发掘分别在四个点进行（图九）。其中A区一个点，布方32个，发掘面积800平方米，清理出地层堆积单位9个，遗迹单位48个。D区三个点，分别位于该区北部、东南部及西南部。北部布方17个，发掘面积425平方米，清理出地层单位5个，遗迹单位9个，发掘工作从11月5日至11月30日止。东南部布方19个，发掘面积475平方米，发掘工作从10月9日至11月9日结束，清理出地层单位7个，遗迹单位23个。西南部布方12个，发掘面积300平方米，发掘工作从9月7日至10月27日止，清理出地层单位11个，遗迹单位29个，出土了一批明清时期的青花瓷器等遗物。参加发掘的有中山大学人类学系王宏、韦贵耀，2002级考古专业学生朱斌、朱疆明、彭飞洋、温厚禄、阎志丹、李欣、吴嫱葳、邓本杰、张兴臣、黄添中、吴亚兰、周薇，技术工作人员刘明怀、王家正、刘中标、刘中义、周明

① 中山大学人类学系、重庆市文物局、巫山县文物管理所：《巫山大昌古城遗址第二次发掘报告》，重庆市文物局、重庆市移民局编：《重庆库区考古报告集·2001卷》，科学出版社，2007年。

② 中山大学人类学系、重庆市文物局、巫山县文物管理所：《巫山大昌古城遗址发掘报告》，重庆市文物局、重庆市移民局编：《重庆库区考古报告集·2002卷》，科学出版社，2009年。

科、文必华等。

2005年为了进一步探索大昌古城遗址的文化堆积状况，搞清明、清时期城址的结构与关系、探明大昌古城明清官署的具体情况以及抢救三峡库区三期水位以下的地下文物，2005年10月15日至12月21日，中山大学人类学系第四次对大昌古城遗址开展了大面积的发掘工作①。此次发掘在A、C、D三区共开5米×5米探方114个，发掘面积2850平方米（图九）。其中A区开5米×5米探方28个，发掘面积700平方米，发掘工作从10月25日开始至12月18日结束，清理出地层堆积单位8个，遗迹单位47个。C区开5米×5米探方8个，发掘面积200平方米，发掘工作从12月15日开始至12月20日结束，清理出地层堆积单位3个，没有发现遗迹单位。D区开方5米×5米探方78个，发掘面积1950平方米，发掘工作从10月8日开始至12月21日结束，清理出地层堆积3个，遗迹单位50个。除C区外，A、D两区均出土了一批较为珍贵的历史文物。

为避免与前两次发掘的遗迹编号相混淆，本次发掘的遗迹编号除城墙基址沿用原编号外，其他遗迹单位一律以"201"作本次发现第一个遗迹的起始编号，以后所发现的遗迹则顺次编号排列。

此次考古发掘的领队为中山大学人类学系王宏，参加A区发掘的有湖北省孝感市博物馆汪艳明、湖北省石首市博物馆戴修正，中山大学人类学系2003级本科生杨睿、李珩、程小锋、陈学强、王蒙；参加C区发掘的有汪艳明、戴修正；参加D区发掘的有技术工作人员刘明怀、湖北省荆州市艺术博物馆彭锦华、湖北省荆州市荆州区文物局罗忠武、湖北省孝感市孝南区博物馆陈明芳。

由于发掘期间大昌城内居民一直未动迁，以上四个年度的发掘均只能在民居的间隙地即居民的菜地进行，仅在2005年度D区的发掘前，拆掉了一处已废弃的、面积近200平方米的土坯房，进而布方进行发掘。无法按图索骥搜寻主要街道、官署建筑等重要遗迹和在古城内中心区域进行发掘，是本项发掘的一个遗憾。

本项发掘的资料整理及报告编写也经历了一个漫长的过程。2000~2002年的规划面积发掘完后，我们即安排人员于2003年春节后赴大昌进行资料整理，无奈2003年一场"非典"肆虐，人心惶惶，无法在此安心工作，只得将资料搁置在大昌清泰旅馆，人员撤离，仅整理收集了2000年的发掘资料。2003~2004年两个秋冬，继续在大昌东坝发掘，无法分身大昌古城的资料整理，实物资料也于2004年年末移至大昌文化站寄存。2005年秋冬，大昌古城再获增补发掘面积，发掘结束后将历年发掘资料移至巫山县城。2006年2~12月在巫山县城进行资料整理和报告编写，除修改定稿先期完成的2000年度发掘报告外，还着手编写2001、2002、2005三个年度的发掘报告。2007年8~12月再回巫山县城整理资料和编写报告，完成大昌古城各个年度的发掘报告。2009年3月~2011年元月，再度组织人员及派员在重庆进行本报告的资料整理。2012年7~8月，组织人员重回重庆编写本报告，完成初稿。由于多种原因，延至2020年10月才最后在广州、重庆修改完稿。

① 中山大学人类学系等：《2005年巫山大昌古城遗址发掘报告》（待刊）

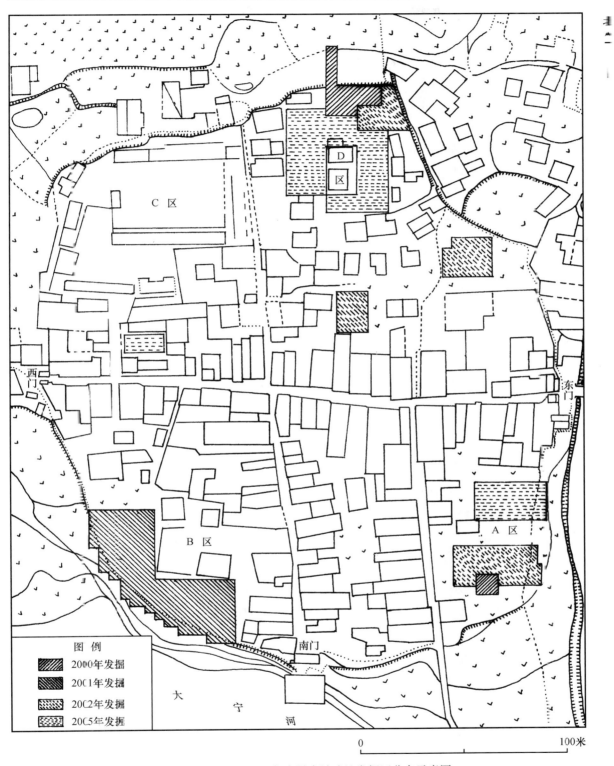

图九 2000～2005年大昌古城遗址发掘区分布示意图

第二章　地层堆积与文化分期

大昌古城历经明清两代，延续多年，人类活动十分频繁，留下了丰富的文化堆积。大昌古城总共经过四个年度的发掘，其中B、C两区只经过了2001或2005单一年度、单一分区的发掘，而A、D两区却经过了2000、2002、2005三个年度、多区域的发掘。各区的地层与遗迹等堆积单位十分丰富，堆积单位之间的关系十分复杂。现将四个区域的文化堆积情况具体叙述如下，并结合文献对遗址进行文化分期。

第一节　A区的发掘与地层堆积

A区位于大昌古城的东南部，村民称呼此地为"水洞子"，显示此地为古城水洞门。本区先后于2000[①]、2002[②]、2005年[③]开展了三次考古发掘工作。由于发掘时城内居民未开始动迁，三处发掘地点均选在A区东南部的居民自留地，三处或连成一片，或十分靠近（图一〇；图版三，1）。

为弄清A区的堆积状况，2000年10月首次发掘，即在A区东南部开5米×5米探方4个，编号AT2009、AT2010、AT2109、AT2110，面积为100平方米，其平面呈"田"字形排列（图一一；图版三，2）。发掘时间为2000年10月5日至2000年11月28日。发掘前探方地面均系农田，上面种植蔬菜等农作物。由于A区地层堆积复杂，某些探方层次局部的堆积较多，难以对地层土质土色的称谓或划归达到完全统一。我们将选取东北方向和南北方向的两个剖面作介绍。

先以AT2110、AT2010南壁地层剖面为例叙述如下（图一二）。

第①层　耕土层，深灰色亚黏土，厚15～18厘米。土质疏松，分布较均匀。包含有较多植物根茎及现代砖、石、瓦片、瓷片等。

第②层　灰黄色亚砂土，深15～18、厚22～36厘米。土质较疏松，分布广泛。出土少量陶、瓷器和动物骨骼，其中瓷器较多，有碗、碟、勺等，主要是青花瓷。

第③层　深灰色亚黏土，深30～55、厚10～20厘米。分布广泛。出土陶、瓷器较多，种类与第②层接近，另外还有动物骨骼和铁块、铁钩等铁器。

---

① 中山大学人类学系、重庆市文物局、巫山县文物管理所：《巫山大昌古城遗址发掘报告》，重庆市文物局、重庆市移民局编：《重庆库区考古报告集·2000卷》，科学出版社，2007年。

② 中山大学人类学系、重庆市文物局、巫山县文物管理所：《巫山大昌古城遗址发掘报告》，重庆市文物局、重庆市移民局编：《重庆库区考古报告集·2002卷》，科学出版社，2019年。

③ 中山大学人类学系等：《2005年巫山大昌古城遗址发掘报告》（待刊）。

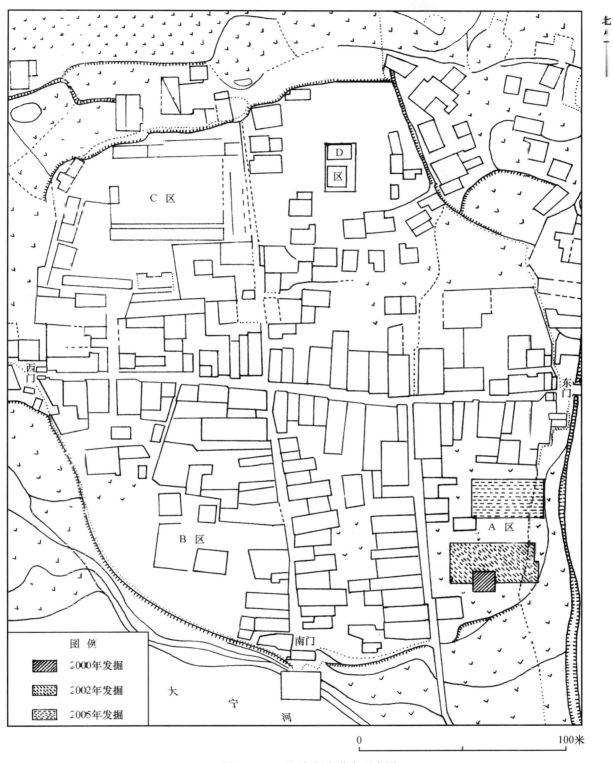

图一〇　A区历年探方分布示意图

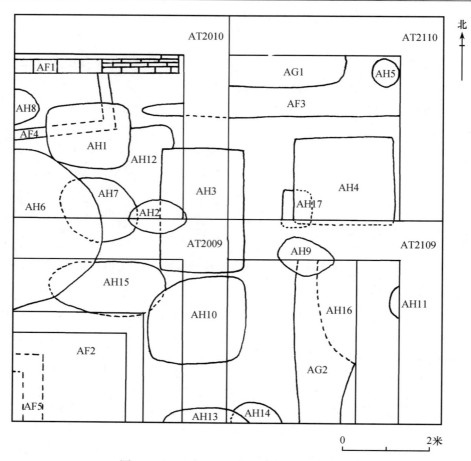

图一一 2000年A区发掘探方遗址分布平面图

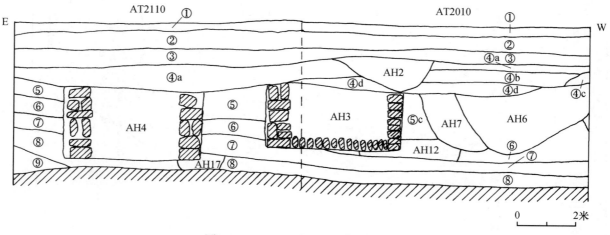

图一二 AT2110、AT2010南壁剖面图

AH2开口于③层下。

第④层又可分为四小层，大都为局部堆积。

第④a层　黄褐色亚黏土，深65～75、厚20～30厘米。含较多炭屑、少量砖、瓦块和陶瓷器。陶器口沿较多且体积较大，瓷碗底通常有青色大花如菊花纹，青花瓷的花纹与第③层相似，其中一件碗内底有青花行书"白玉石"款。

第④b层　深灰色亚黏土，深76～90、厚20～25厘米。只分布在探方南部。本层出土瓷器较多，有的器身有鱼纹，碗外底有类似印章的花纹或青花行书"大明成化年造""喜"字款。

第④c层　灰黑色亚黏土，深80～90、厚21～24厘米。分布在探方西南角，在南壁上长30、西壁上长64厘米，土质致密，含大量炭屑，不见瓷片，只有两三片陶片。

第④d层　灰黄色亚黏土，深105～110、厚15～20厘米。只分布在探方南部，器物较少，当中多为瓷片，出一瓷杯内底有"易经"两字。

AH3开口在AT2110的④a层下，AH4开口在④b层下，AH6、AH7开口在④d层下，AF3开口于AT2110第④a层下，AF4开口于AF3下，AH12开口于AF4下。7个遗迹均在④层底部，均属第⑤层层面，也可以理解为处于同一层位。

第⑤层　共有3个小层，在AT2010南壁上仅有⑤a、⑤b层、⑤c层分布于AT2009的南部，仅见于南壁。

第⑤a层　灰色亚黏土夹瓦砾层。深100～115、厚10～60厘米。本层含大量的砖瓦块、砾石、炭屑、石灰屑、夹少量陶片、青花瓷片。另外，一部分瓷碗厚重、瓷质粗糙。

第⑤b层　黄灰色亚黏土，深115～120、厚5～15厘米。只分布在探方北部。较纯净，含少量砖、瓦块。

第⑤c层　灰黄色亚黏土，深120～130、厚45～60厘米。只分布在探方的东北角。含大量炭屑、砖石。

开口于⑤c层下有3个柱洞，直径20～40、深23～30厘米。

第⑥层　灰褐色黏土，深120～130、厚45～60厘米。分布较均匀、细腻，较纯净。出土器物中素面青瓷较多，瓷片占多数。

第⑦层　灰黑色亚黏土，深210～235、厚20～40厘米。含大量木炭、瓦砾、瓷片较多，瓷片中青瓷居多数，只有少量青花瓷。瓷碗较浅，口沿较多，瓷质粗糙，与上面地层的瓷碗不同。还有大型动物骨骼。

第⑧层　浅灰色黏土，深250～260、厚20～25厘米。较纯净，出土有陶纺轮，不见有瓷片。

AT2109第⑧层下有AH16。

以下为黄褐色黏土，含斑点，未出文化遗物，为河流冲积土。

再看AT2109～AT2110西壁地层剖面（图一三），则AT2109的⑥～⑨层分别相当于AT2110、AT2010的⑤～⑧层。

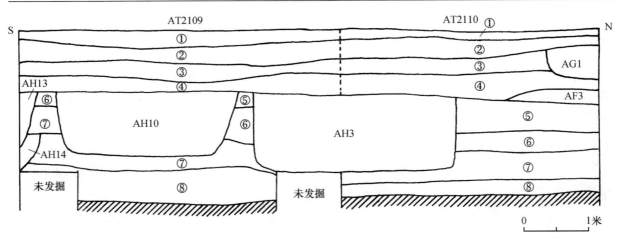

图一三   AT2109、AT2110西壁剖面图

根据以上两个剖面所述，AT2110～AT2010南壁及探方内的地层与遗迹叠压打破关系如下。

①→②→AG1→③→AH2→④a→④b→④c→④d

AH3、AH13、AF3→AF4→AF12→

AH6→AH7→⑤→⑥（AT2109⑦）→AH14→⑦→AH17→⑧→AH16

AH4

第④层之下、第⑤层层表应该是当时的一个活动面，有大量房屋基址如AF3、AF4、AF12，以及H3、H4、H6、H7、H13等大量灰坑，以上遗迹看成是一个时期活动后留下的，则被其叠压打破的第⑤层及以下堆积为早于这一时期的遗存，叠压打破这些遗存的第④层及以上遗存为晚于这一时期的遗存。

2002年10月在A区，于2000年10月所发掘探方的北部开5米×5米探方32个，发掘面积800平方米，并与原来探方AT2010、AT2110相衔接（图一四）。探方平面布局大致呈东西横向的长方形排列（图一四；图版四，1）。探方发掘前，地面种植果树、蔬菜等作物。

关于本次发掘区探方地层堆积状况。我们可以发掘探方的纵向，横向地层剖面作一基本了解。由于本次探方发掘与2000年度发掘的探方相衔接，故而将其纵向地层剖面调整合并为AT2113～AT2109东壁地层剖面（图一五），共揭示其地层堆积9个单位。本次发掘区探方的横向地层剖面为AT1811～AT2611北壁地层剖面（图一六），共揭示其地层堆积9个单位。

现以AT1812～AT2512北壁地层剖面为例叙述如下（图一七）。

第①层   耕土层，浅灰色亚黏土，深15～30厘米。分布普遍。自西向东逐渐变厚。包含极少的近代瓷片。

第②层   米黄色亚黏土，深15～25、厚15～30厘米。分布普遍。土质纯净，颗粒细腻。包含物极少，偶尔可见瓦片、小石块等。此层为河流冲积土。

第③层   米黄色黏土，与第②层略有差异。深40～45、厚0～32厘米。土质纯净，颗粒细腻。含零星炭屑和少量的青花瓷片。亦属河流冲积土。

本区遗迹AH18、AH19、AH20开口于③层下。

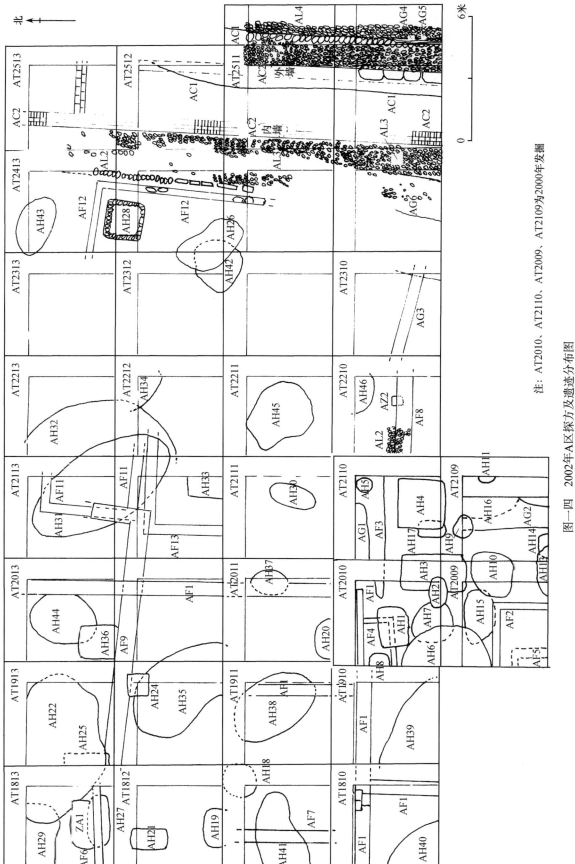

图一四　2002年A区探方及遗迹分布图

注：AT2010、AT2110、AT2009、AT2109为2000年发掘

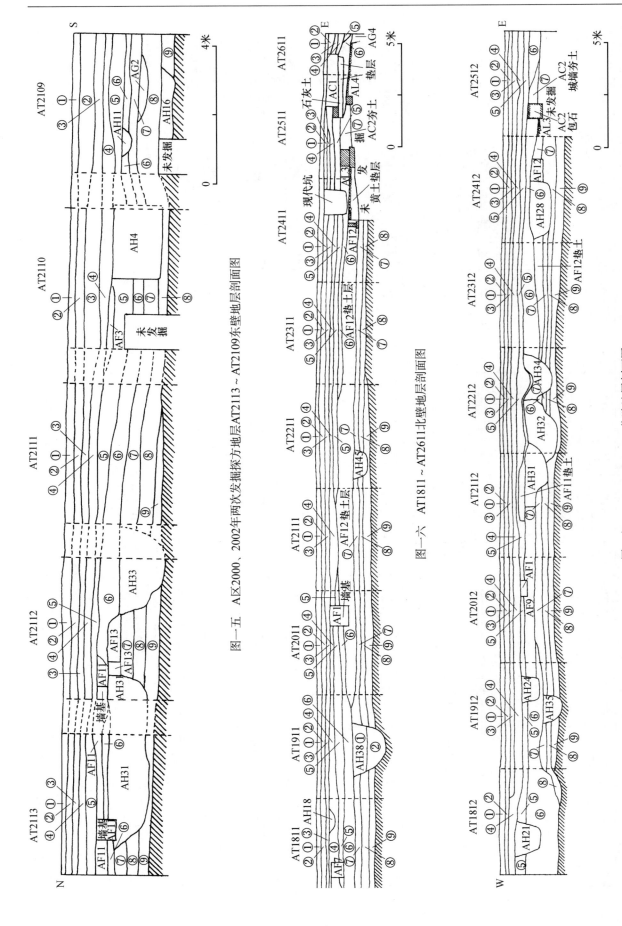

图一五　A区2000、2002年两次发掘探方地层AT2113～AT2109东壁地层剖面图

图一六　AT1811～AT2611北壁地层剖面图

图一七　AT1812～AT2512北壁地层剖面图

第④层　灰褐色亚黏土，深50~60、厚15~30厘米。含有少量的炭屑、砖瓦碎片及青花瓷片和陶片。

本区遗迹AH21、AH23、AH24、AH6、AF7和AZ1开口在④层下。

第⑤层　黄斑黑褐黏土，深70~100、厚0~45厘米。内含较多的砖瓦碎片及少量青花瓷片、陶片及动物骨骼。

本区遗迹AH22、AH26、AH28、AH32、AH34、AH36、AF8、AF9、AF11、AL2开口于⑤层之下。

第⑤a层　灰褐土，深120~165、厚15~65厘米。主要分布于发掘区的西边。土层中夹大量断砖、石块、瓦片及少量清代青花碗、盘、杯及釉陶片。

AH27、AH29、AH35、AH38、AH40、AH41均开口于⑤层下。

第⑥层　深灰色黏土。深90~100、厚0~35厘米。主要分布于发掘区的中至东边。土质较致密。内含少量炭屑及青花瓷碗、盘、杯等器物残片。

AC2、AL3、AL4和AZ2开口第⑥层下。

第⑦层　灰褐色黄斑黏土，深150~175、厚10~60厘米。分布普遍。局部夹有绿斑。内含少量炭粒及石块、砖、瓦碎片。出土很少的青花瓷片和陶片。

AH46开口于第⑦层之下。

第⑧层　褐色致密黏土，深180~200、厚20~40厘米。分布较普遍，自西向东逐渐变厚。内含有锈斑，偶尔可见到明代陶、瓷片。

第⑨层以下属结构紧密的黄色黏土。

结合本次发掘区域的其他遗迹，将以上剖面地层与遗迹层位关系图表示如下。

①→②→③→AH18、AH19、AH20→④→AH21、AH23、AH24、AH6、AF7、AZ1→⑤→⑥→AC2、AL3、AL4、AZ2→⑦→AH46→⑧→⑨

以上层位关系显示，第⑦层层表有城墙（AC2）、城内外路面（AL3、AL4）、灶（AZ2）等遗迹，表面是修建城墙后的活动面，而第⑦层及早于第⑦层的AH46和第⑧层是本次发掘区域内最早的一组遗存，第⑦层层表的系列遗迹是第二组遗存，第⑤、⑥层是第三组遗存，第④、⑤层之间的AH21等遗迹是第四组遗存，等④层是第五组遗存，第③、④层之间的AH18等遗迹是第六组遗存，第②、③层是第七组遗存。

我们再选取其他南北方向和东西方向的剖面作层位关系图示。

南北纵向的AT2113~AT2109东壁地层剖面层位关系图示如下（图一五）。

①→②→③→④→AF3、AH4→⑤→AF11、AH11→⑥→AH31→AF13→⑦→AG2→⑧→AH16→⑨

东西横向的AT1811~AT2611北壁地层剖面层位关系图示如下（图一六）。

①→②→③→AF1、H18→④→AC1、AF7→⑤→⑥→AC2、AL3、AL4、AF12、AH38、AH45→⑦→⑧→⑨

此剖面包含两个城墙遗迹，即第⑦层层表有城墙（AC2）和城墙内外路面（AL3、AL4）、房屋基址、灰坑（AF12、AH38、AH45）等遗迹，表明第⑦层层表是修建城墙后的活动面，以上为第二组遗存。第⑦～⑨层是早于城墙的堆积，为第一组遗存。晚于第一期城墙（AC2）的是第⑤、⑥层，此为第三组遗存，而位于第⑤层层表的是第二期城墙（AC1）及AF7，为第四组遗存，第④层是第五组遗存，第③、④层之间的AF1、AH18等遗迹是第六组遗存，第②、③层是第七组遗存。

2005年10月在A区的第三次发掘地点，是将探方布局选择在南距2002年10月发掘探方仅15米的北部农耕地上。由于受地势和地下现代窖藏建筑的影响，因而在其西边空出了两个探方即10米的距离布方。其探方编号与原编号相统一。共开5米×5米探方28个，发掘面积700平方米（图一八）。探方平面呈东西横向的长方形排列布局（图版四，2）。发掘前，地面种植树木、蔬菜等作物。

关于本次发掘区探方地层的堆积情况。我们可以从发掘探方的纵向、横向地层剖面作一基本的了解。本次发掘区探方的纵向地层剖面为AT2317～AT2320东壁地层剖面（图一九）。共揭示地层堆积8个单位。本次发掘区探方的横向地层剖面为AT2020～AT2620北壁地层剖面，共揭示其地层堆积8个单位。

现以AT2020～AT2620北壁地层剖面为例叙述如下（图二〇）。

第①层　耕土层，浅灰色亚黏土，厚10～55厘米。土质松软，各方均有分布。西部堆积较薄，东部堆积稍厚。内含少许现代砖瓦碎片。青花瓷片出土极少。

第②层　米黄色亚黏土，深10～55、厚15～45厘米。土质较松软。各方均有分布，西部堆积较薄，东部堆积稍厚。内含少许炭粒，出有极少的青花瓷碗、杯的残片、白瓷片和清代"嘉庆通宝"铜钱。

AH201开口在第②层下。

在发掘区的东部即AT2620内，第②层又可分以下三个小层。

第②a层　灰褐色夹黄色黏土，厚5～15厘米。内含砖瓦碎块、石块，有青花瓷碗残片、白瓷片出土。

第②b层　黄色砂土，淤积层，厚5～12厘米。土质松散，无包含物。

第②c层　黄褐色灰质土，淤积层，厚3～7厘米，土质松散，无包含物。

AL204被第②c层所叠压。

第③层　灰褐色亚黏土，深30～95、厚8～60厘米。土质较板结，各方均有分布。内含较多的煤渣、石灰颗粒。有零星青花瓷碗、盘残片出土。

城墙AC1的墙基、附属的道路AL205被第③层所叠压，AH205开口在第③层下。AC1、AL205所叠压的堆积为第④层，说明城墙AC1的墙基、附属的道路AL205相对年代在第③层和第④层之间。

第④层　黄斑夹灰色黏土，深60～95、厚8～50厘米。土质较硬，各方均有分布。内含少量炭粒、石灰颗粒。出土釉陶罐、青花瓷片。器形有碗、盅、杯等，还出土铜烟斗1件。

第⑤层　褐灰色黏土，深90～130、厚10～75厘米。土质板结，基本上各探方均有分布。内含较多的砖渣，出有白瓷杯、青花瓷碗、盘、杯等。

城墙AC2、道路AL201、AL202直接被第⑤层所叠压，AH212开口在第⑤层下。

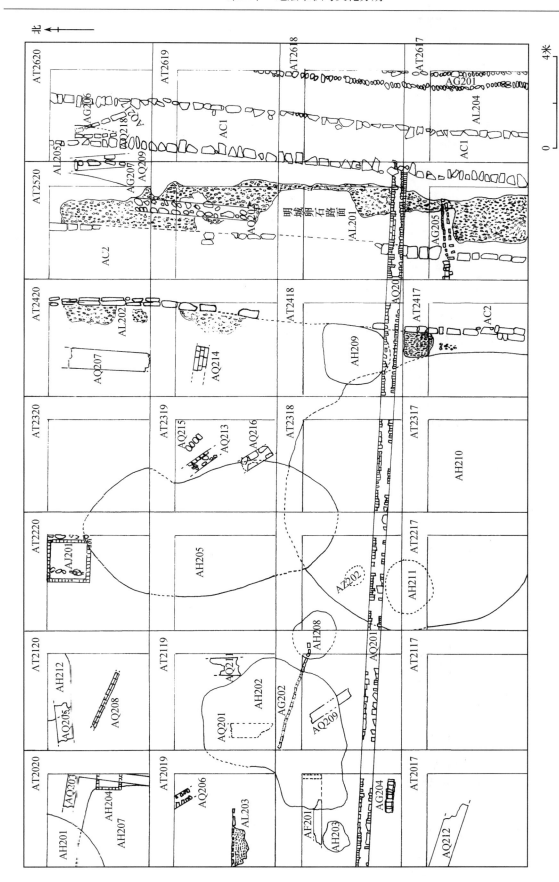

图一八　2005年A区探方及遗迹分布图

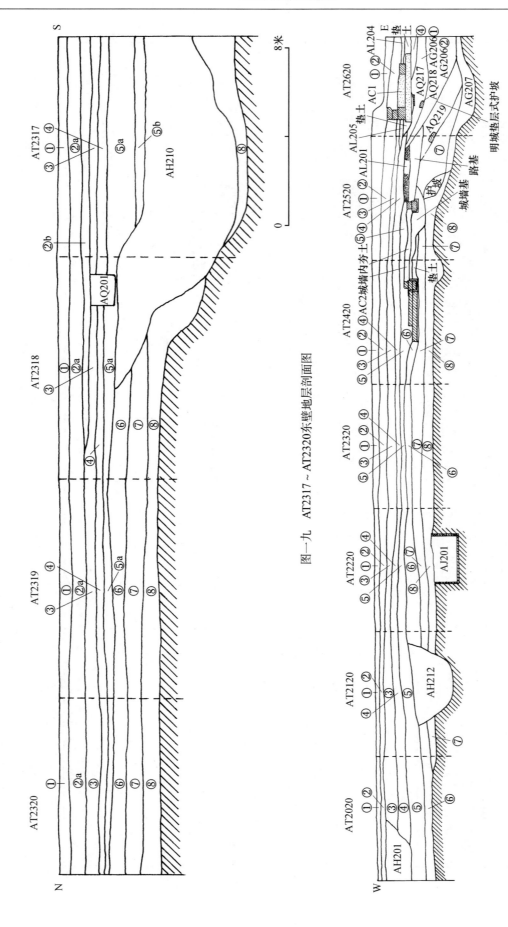

图一九　AT2317～AT2320东壁地层剖面图

图二〇　AT2020～AT2620北壁地层剖面图

第⑥层　灰黄色黏土，深105～207、厚15～75厘米。土质较为致密。大体上各方均有分布。内含大量砖块、卵石，出有少量釉陶片、白瓷片和青花瓷片。青花瓷片中，器形有碗、盘、杯、高足杯等。

第⑦层　黄褐色致密土，深145～300、厚15～50厘米。土质紧密，硬结，除AT2620无分布外，其余各方均有分布。内含少许砖渣，出有少量青花瓷片。

第⑧层　深灰色致密土，深175～280、厚15～70厘米。土质比较板结。除AT2620无分布外，其余各方均有分布。内含少许砖渣，有釉陶器物片出土。

AJ201开口第⑧层下。

第⑧层以下为结构紧密的黄色黏土，纯净，无包含物，系河流冲积土，编为第⑨层，是为生土。

以下为此次发掘区东西横向剖面即AT2020～AT2620北壁地层剖面所显示的层位关系图示如下。

①→②→AH201→③→AL204、AL205→AC1→④→AQ217→AG206①→AQ218→AG206②（以上遗迹与5层平列）→⑤→AH212、AL201、AL202→AC2→⑥→⑦→AG207→⑧→AJ201→⑨

以下为此次发掘区南北纵向剖面AT2317～AT2320东壁地层剖面所显示的层位关系图示如下。

①→②a→②b→AQ201→③→④→⑤a→⑤b→H210→⑥→⑦→⑧→⑨

A区有两组东西横向剖面是包括AC1、AC2两期城墙遗迹的，即2002年发掘的A区南区以及2005年发掘的A区北区。由于城墙修建年代有文献记载可资证。

此次发掘区东西横向剖面即AT2020～AT2620北壁地层剖面所显示的层位关系图示如下。

①→②→AH201→③→AL204、AL205→AC1→④→AQ217→AG206①→AQ218→AG206②（以上遗迹与5层平列）→⑤→AH212、AL201、AL202→AC2→⑥→⑦→AG207→⑧→AJ201→⑨

东西横向的AT1811～AT2611北壁地层剖面层位关系图示如下。

①→②→③→AF1、AH18→④→AC1、AF7→⑤→⑥→AC2、AL3、AL4、AF12、AH38、AH45→⑦→⑧→⑨

第二节　B区的发掘与地层堆积

大昌古城的南门西边保存一段表露的城墙，呈东南至西北走向。2001年7月的探方发掘则顺着该段城墙东北侧布方（图二一；图版五，1），共开5米×5米探方100个（图二二；图版五，2、3），发掘面积2500平方米[①]。因本次发掘是顺着古城城墙西南所表露的一段布方，故

---

① 中山大学人类学系、重庆市文物局、巫山县文物管理所：《巫山大昌古城遗址第二次发掘报告》，重庆市文物局、重庆市移民局编：《重庆库区考古报告集·2001卷》，科学出版社，2007年。

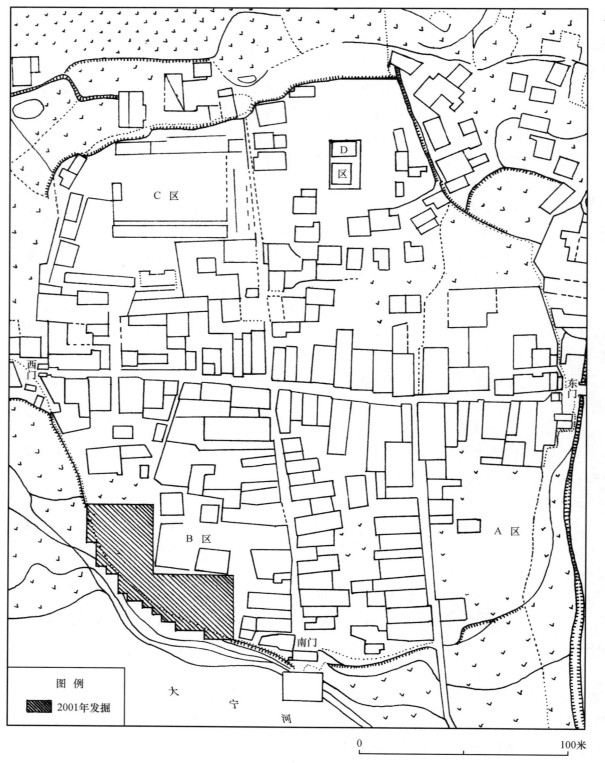

北

图例
2001年发掘

大 宁 河

C 区

D 区

西门

东门

南门

B 区

A 区

0   100米

图二一　B区历年探方分布示意图

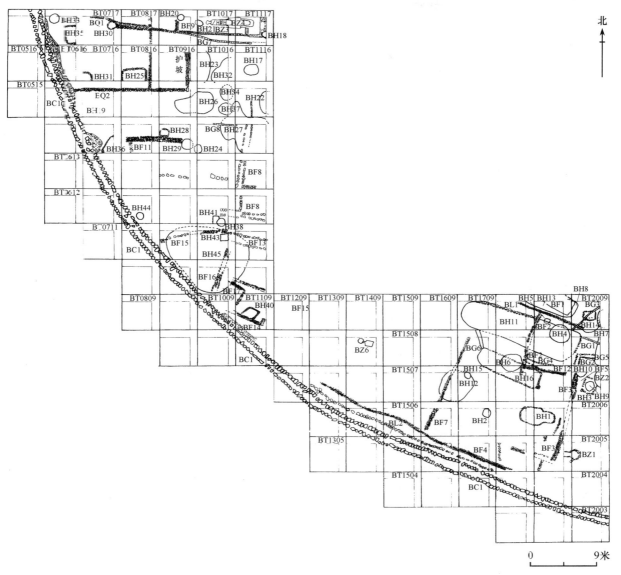

北

0　　　　9米

图二二　2001年B区探方及遗迹分布图

而形成平面局上的西北、东南发掘探方的两大板块。为了能综合反映发掘探方地层堆积状况，我们在每个板块发掘区确定纵向、横向探方地层剖面各一幅。

本次发掘区的西北板块的探方纵向剖面为BT1117～BT1109西壁地层剖面，共揭示其地层堆积5个单位；横向剖面为BT0517～BT1117北壁地层剖面，共揭示其地层堆积5个单位。东南板块的探方纵向剖面为BT1904～BT1909西壁地层剖面，共揭示其地层堆积5个单位。其横向剖面为BT1308～BT2008北壁地层剖面，共揭示其地层堆积5个单位。

西北板块BT1117～BT1109西壁地层剖面（图二三）简述如下。

第①层　耕土层，灰褐土，厚18～25厘米。土质结构疏松，普遍均有分布包含有极少的现代瓷片、瓦片，偶尔见到清代"道光通宝""咸丰通宝"铜钱。

第②层　灰黄色亚黏土，深18～25、厚10～13厘米。局部厚达50厘米。分布比较普遍。包含物极少，偶尔见到小块瓷片、瓦片。

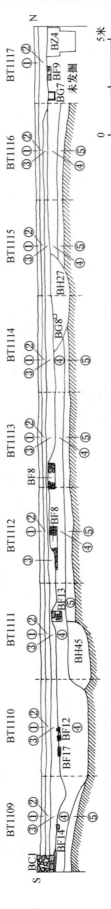

图二三　BT1117～BT1109西壁地层剖面图

第③层　浅灰色亚黏土，深35～65、厚10～50厘米。土质结构比较疏松，分布普遍。出有较多清代青花瓷片及釉陶片。器形有碗、盘、碟、杯、盆等，还有数枚铜钱出土，有"嘉庆通宝""雍正通宝"清朝铜钱和"永历通宝"南明铜钱。

本层下开口并打破第④层的遗迹有BC1、BF44、BF17、BF12、BF13、BF8、BG8、BH27，其中3G8打破H27，北部探方BT1117无第③层，开口第②层下与上述遗迹同打破第④层的遗迹单位有BG7、BF9、BZ4。

第④层　黄斑灰褐土，深55～85、厚30～100厘米。分布普遍，但各处厚薄相差较大。出有一些清代青花瓷片、釉陶片及清朝"乾隆通宝"铜钱。

本层下开口并打破第⑤层的遗迹有BH45。

第⑤层　致密褐灰土，深115～170、厚10～30厘米。土质紧结、坚硬，分布普遍，出有很少的青花瓷片。

第⑤层之下是一种结构紧密的纯净黄色黏土，应为河流冲积土，野外称为生土，未编号。

B区西北板块南北纵向剖面BT1117～BT1108西壁地层剖面层位关系如下所示。

②→③————————————————————————→④→BH45→⑤

BC1、BF17、BF12、BF13、BF8、BF9、BZ4、BG7、BG8→BH27

再来看B区西北板块东西横剖面的BT0517～BT1117北壁地层剖面（图二四）。

第①～⑤层堆积顺序及土质土色与前述剖面的相同，本剖面第②层下开口的遗迹有BQ1、BH20，第③层开口的遗迹有BC1、BF9，第④层下开口的遗迹有BQ2、BH33。

B区西北板块东西横剖面的BT0517～BT1117北壁地层剖面层位关系如下所示。

①→②→BQ1、BH20→③→BC1、BF9→④→BQ2、BH33→⑤

再看B区东南板块南北纵向剖面，BT1904～BT1909西壁地层剖面（图二五）。

第①～⑤层堆积顺序及土质土色与前述剖面的相同，唯BT1908北部及BT1909第④层分为④a、④b两层。本剖面第②层下开口的遗迹有BF2，第③层下开口及下压的遗迹有BC1、BL2、BH1，第④层下开口的遗迹有BH11、BH16，其中BH11打破第⑤层，BH16直接打破生土。

BT1904～BT1909西壁地层剖面层位关系如下所示。

①→②→BF2→③→BC1、BL2、BH1→④（局部分④a、④b）→BH11→⑤→⑥

B区东南板块东西横向剖面，BT1308～BT2008北壁地层剖面（图二六）。

第①～⑤层堆积顺序及土质土色与前述剖面的相同。本剖面第②层下开口的遗迹有BF2、BH4，第④层下开口的遗迹有BH11、BF7，第⑤层下开口并打破生土的遗迹有BG6、BG5。

BT1308～BT2008北壁地层剖面层位关系如下所示。

①→②→BF2、BH4→③→④→BH11、BF7→⑤→BG6、BG5

综合B区四个横向纵向总剖面，并以BT1904～BT1909西壁地层剖面地层厚度和土质土色描述为例，B区的层位关系综述如下：

第①层　耕土层，灰褐土，厚18～25厘米。土质结构疏松，普遍均有分布包含有极少的现

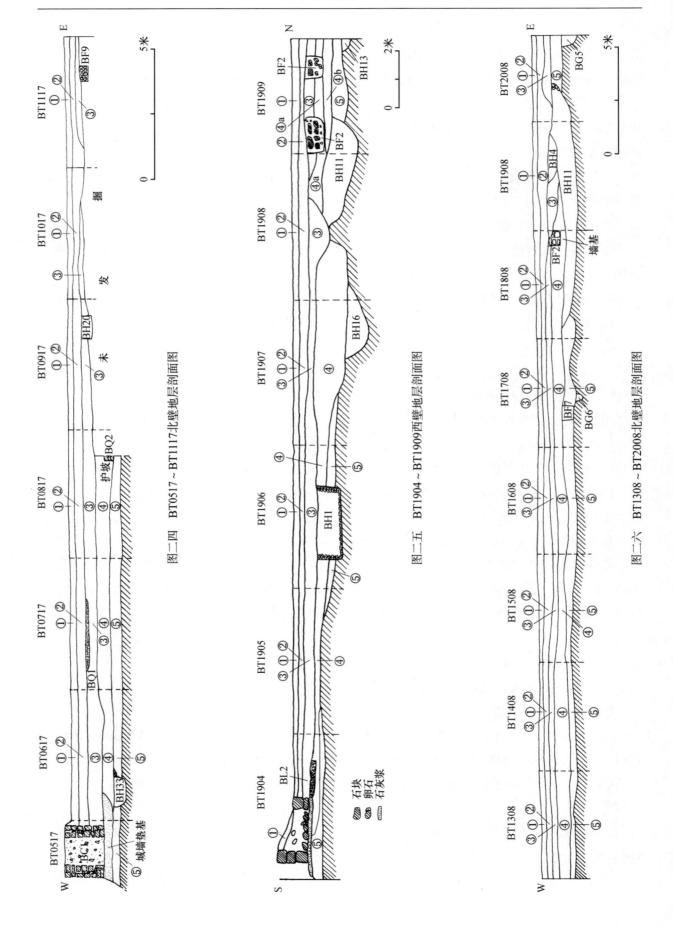

图二四　BT0517～BT1117北壁地层剖面图

图二五　BT1904～BT1909两壁地层剖面图

图二六　BT1308～BT2008北壁地层剖面图

代瓷片、瓦片，偶尔见到清代"道光通宝""咸丰通宝"铜钱。

BH18开口于第①层之下。

第②层 灰黄色亚黏土，深18～25、厚10～13厘米，局部厚达50厘米。分布比较普遍。包含物极少，偶尔见到小块瓷片、瓦片。本层下开口的遗迹有房址、灰坑、沟槽和炉灶共18个单位。它们是3F1、BF2、BF3、BF4、BH2、BH3、BH4、BH5、BH20、BH21、BH38、BH43、BG1、BG2、BZ1、BZ2、BZ3、BZ4。

第③层 浅灰色亚黏土，深35～65、厚10～50厘米。土质结构比较疏松，分布普遍。出有较多清代青花瓷片及釉陶片。器形有碗、盘、碟、杯、盆等，还有数枚清代和南明铜钱如"嘉庆通宝""雍正通宝""永历通宝"出土。

被本层叠压的遗迹有城墙、房址、灰坑、沟槽、炉灶共23个单位。它们是BC1、BF5、BF8、BF9、BF10、BF12、BF13、BF14、BF15、BF17、BH1、BH6、BH12、BH17、BH19、BH25、BH30、BH44、BG3、BG4、BG7、BZ5、BZ6。

第④层 黄斑灰褐土，深55～85、厚30～100厘米。分布普遍，但各处厚薄相差较大。出有一些清代青花瓷片、釉陶片及"乾隆通宝"铜币。

被本层叠压的遗迹有房址、灰坑和沟槽共23个单位。它们是BF6、BF7、BF11、BF16、BH7、BH8、BH9、BH10、BH11、BH22、BH23、BH24、BH26、BH28、BH31、BH32、BH33、BH35、BH36、BH40、BH45、BG8。

第⑤层 致密褐灰土。深115～170、厚10～30厘米。土质紧结、坚硬，分布普遍，出有很少的青花瓷片。

本层下开口的遗迹有灰坑和沟槽共7个单位。它们是BH13、BH14、BH15、BH16、BH34、BG5、BG6。

第⑤层之下是一种结构紧密的纯净黄色黏土，为河流冲积土。

B区第⑤层及第⑤层下的遗迹，为B区第一期遗存，其包含物为明代晚期特征，也可能延续到清代初年。第④层出土"乾隆通宝"铜钱，结合城墙的修建年代，下限为嘉庆九年（1804年），第④层之下打破第⑤层的遗迹有可能早至康熙、雍正年间。因此，B区第二期遗存包括第④层和第④层之下的遗迹，年代在清代早期康熙后期至嘉庆九年（1644～1804年）。B区城墙（BC1）叠压在第④层之上，据清光绪《巫山县志·城池志》记载："嘉庆九年，署县张椿请项修筑土堡三百丈，以资捍卫。设东南二城门，西北两炮台。"清代城墙为嘉庆九年（1804年）修筑，《巫山县志·城池志》："道光元年（1821年），被水冲塌数十丈。门楼炮台，陆续倒坍。四年（1824年），知县杨佩芝捐廉补修完固。" 与城墙BC1同在第④层层表的系列遗迹应大致为嘉庆、道光时期（1804～1850年）遗存，为B区第三期遗存。第②、③层及叠压其上的堆积，则为清代晚期咸丰、同治、光绪、宣统年间（1851～1911年）的遗存了，为B区第四期遗存。

第三节　C区的发掘与地层堆积

C区位于大昌古城遗址的西北部，因现代房屋密集，本区的发掘地点只能选择在C区的南部，即学校幼儿园的操场上（图二七），这次是C区的首次发掘，也是唯一的一次考古发掘。

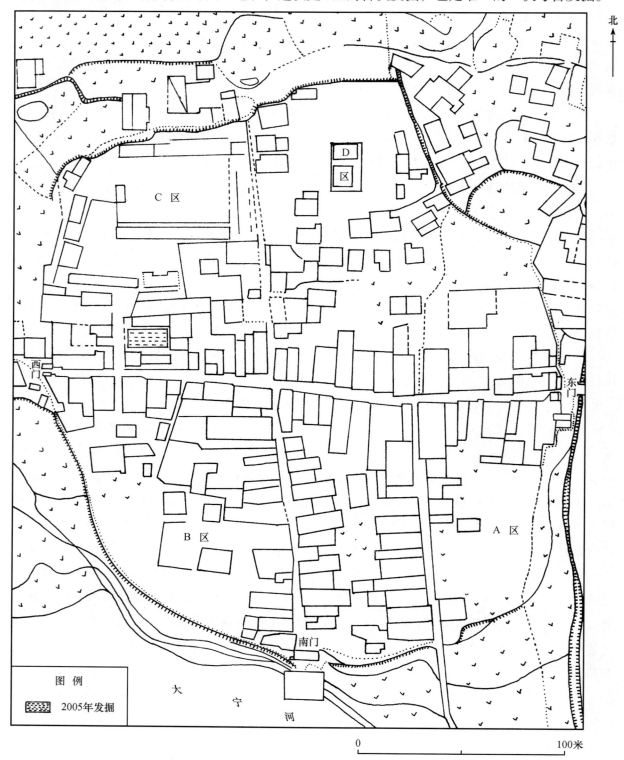

图二七　C区历年探方分布示意图

2005年12月开5米×5米探方8个,其平面呈东西方向的长方形排列布局(图二八),发掘面积200平方米[①]。发掘前,地面为水泥浇灌的操场,质地坚硬。

关于本次发掘探方地层堆积状况,我们可以从发掘探方的纵向、横向地层剖面作一基本的了解。本次发掘探方的纵向地层剖面为CT1008、CT1009西壁地层剖面(图二九),共揭示其地层堆积3个单位。本次发掘探方的横向地层剖面为CT1308~CT1008南壁地层剖面(图三〇),共揭示其地层堆积3个单位。

现以CT1308~CT1008南壁地层剖面为例叙述如下:

第①层　三合土地面,灰白色,厚8~10厘米。质地坚硬。由水泥、石灰和砂粒构成。布满各方,无包含物。

第②层　灰黑色亚黏土,深8~10、厚80~100厘米。土质松软,各方均有分布。内夹有现代砖瓦碎片。有少许青花瓷片和釉陶片出土。

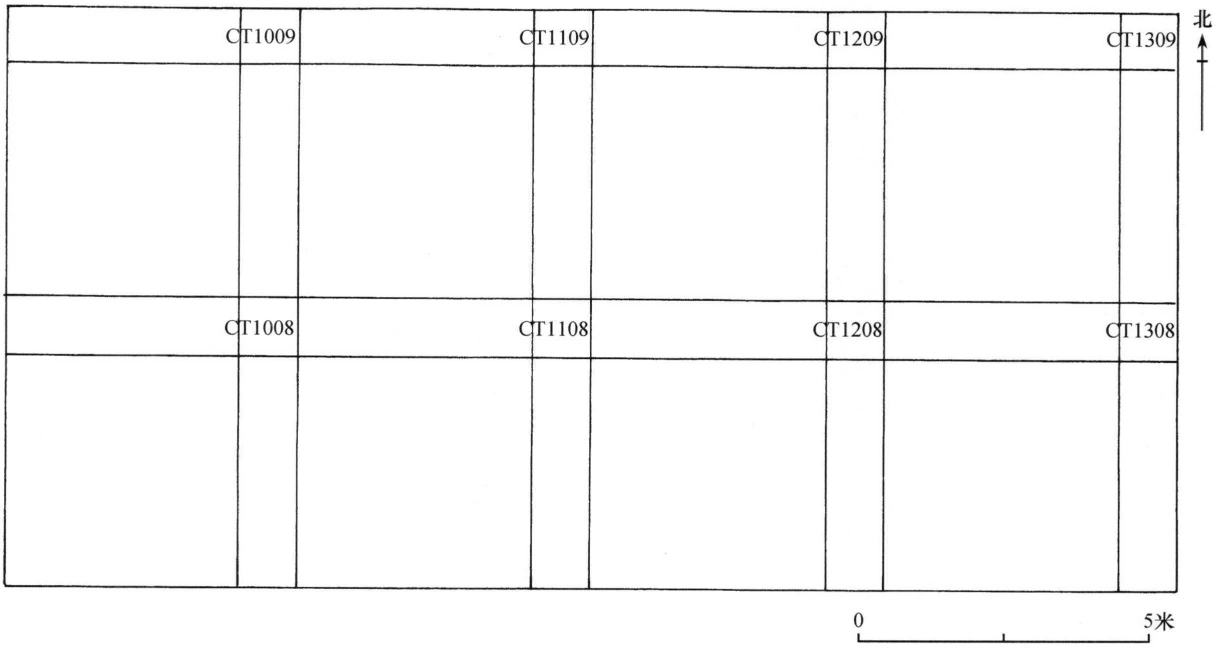

图二八　2005年C区探方分布图

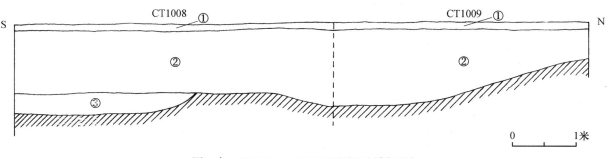

图二九　CT1008、CT1009西壁地层剖面图

---

①　中山大学人类学系等:《2005年巫山大昌古城遗址发掘报告》(待刊)。

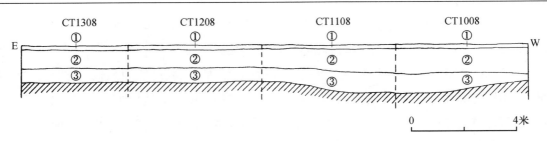

图三〇　　CT1308～CT1008南壁地层剖面图

第③层　深灰色黏土，深85～100、厚0～50厘米。土质比较疏松，主要分布在各方的南部，内含大量的卵石、砖瓦碎块。出有少许青花瓷片，可辨器形有碗、盘等。

第③层以下是由卵石构成的自然堆积，无包含物，为生土层。

第四节　D区的发掘与地层堆积

D区位于大昌古城的东北部。由于本区民居稍少，空间较大，先后于2000年度、2002年度、2005年度三次开展了考古发掘工作[①]，其中城址东北边缘的三个年度的发掘地点彼此靠近，而且连成一片（图三一；图版六，1）。2002年在D区东南部和西南部各有一个发掘区。

D区位于大昌古城的东北部，踏勘发现，在D区北部有城墙和城壕迹象，为了解城墙的结构、年代和与护城河沟即城壕的关系，遂在此区布方发掘。2000年度首先在D区城内部分开5米×5米的探方11个，编号为DT0730、DT0731、DT0732、DT0830、DT0831、DT0832、DT0930、DT0931、DT0932、DT1032、DT1132，布方面积275平方米，后因发现城墙再扩大发掘面积，增开2个探方DT1031、DT1131，使布方面积达到325平方米。为确认和解剖城壕，另在城圈外护城河沟部分开5米×2米的探沟5个，编号为DT0733、DT0734、DT0735、DT0736、DT0737，布方面积125平方米，实际发掘2米×5米，面积50平方米。整个D区布方面积为450平方米，整个发掘区呈曲尺形（图三二；图版六，2）。探方发掘前，其地面为农耕地，上面种植蔬菜。D区发掘时间为2000年10月5日至2000年11月22日。

关于本次发掘探方地层的堆积情况，我们可以从发掘探方的纵向、横向地层剖面作一基本的了解。本次发掘探方的纵向地层剖面为DT0730～DT0736西壁地层剖面（图三三），共揭示其地层堆积6个单位。本次发掘探方的横向地层剖面为DT0731～DT1131北壁地层剖面（图三四）共揭示其地层堆积6个单位。

2000年D区发掘区的探方可分为城内（DT0730～DT0733，DT0830～DT0832，DT0930～DT0932，DT1031～DT1032，DT1131～DT1132）与城外壕沟（DT0734～DT0737）两部分。城内探方地层堆积情况较复杂，可分为六层；城外壕沟探方堆积情况相对简单，只有

① 　中山大学人类学系、重庆市文物局、巫山县文物管理所：《巫山大昌古城遗址发掘报告》，重庆市文物局、重庆市移民局编：《重庆库区考古报告集·2000卷》，科学出版社，2007年；中山大学人类学系、重庆市文物局、巫山县文物管理所：《巫山大昌古城遗址发掘报告》，重庆市文物局、重庆市移民局编：《重庆库区考古报告集·2002卷》，科学出版社，2010年；中山大学人类学系等：《2005年巫山大昌古城遗址发掘报告》（待刊）。

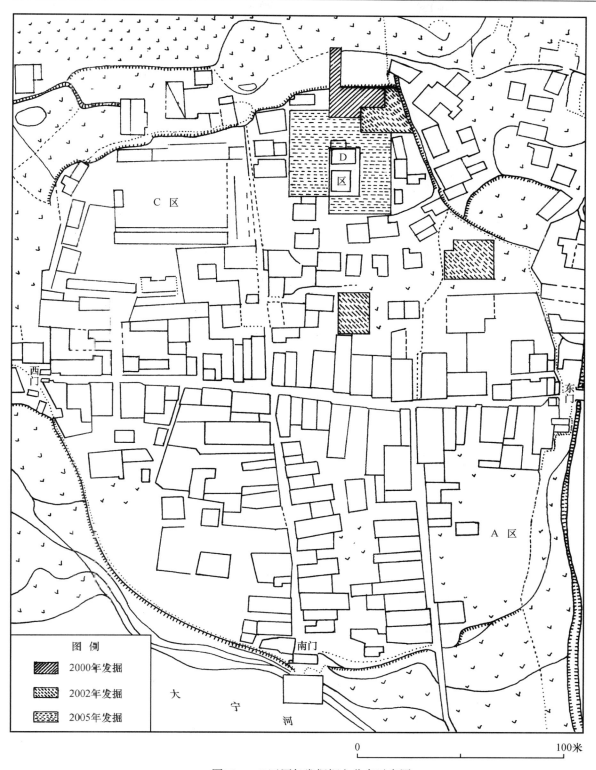

图三一　D区历年发掘探方分布示意图

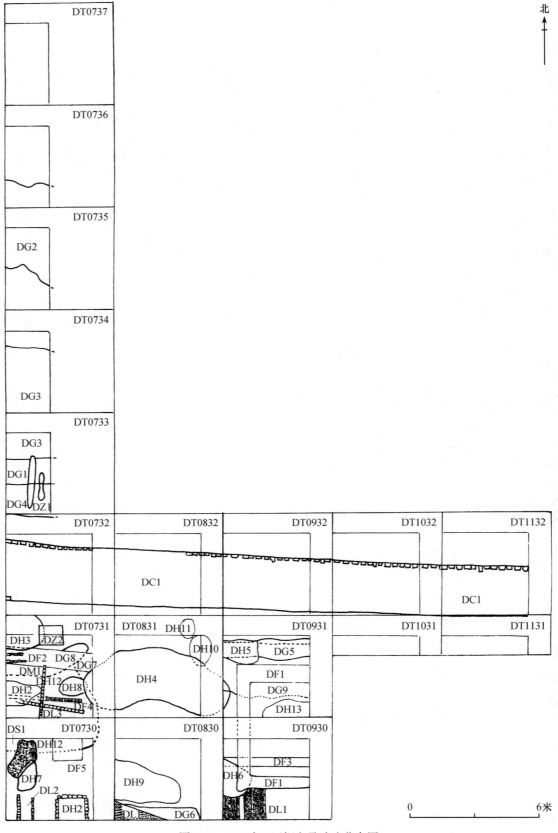

图三二　2000年D区探方及遗迹分布图

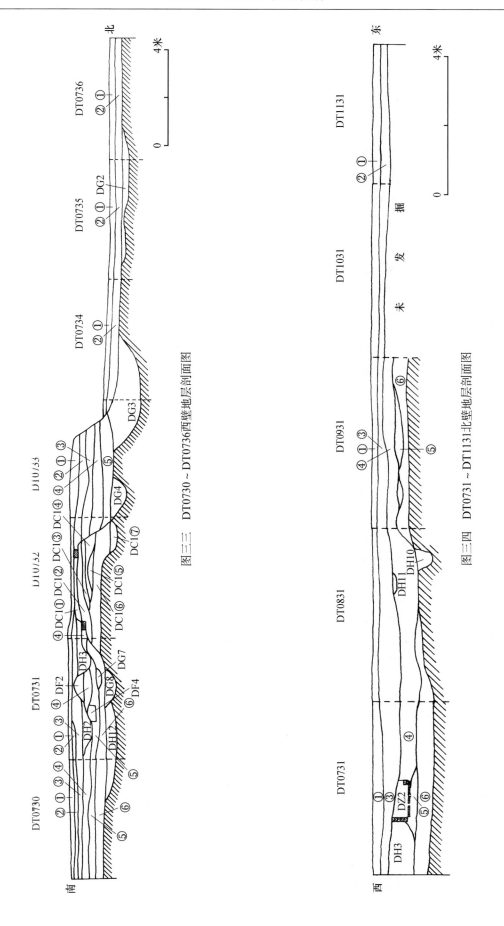

图三三　DT0730～DT0736西壁地层剖面图

图三四　DT0731～DT1131北壁地层剖面图

两层。DT0730～DT0736的西壁剖面全长约35米，横跨城内和城外壕沟，代表了D区西部的文化堆积情况，现具体说明如下。

第①层　耕土层，为深灰色黏土，厚度为3～45厘米。土质疏松，分布均匀。地层中含较多植物根茎、砖石、瓦片等。

DG1开口于DT0733①层下，打破第②层，沟内填满砖瓦渣，填土为灰褐色黏土，较疏松。

第②层　灰褐色黏土，土质较紧硬。距地表深度为3～45厘米，厚度为0～70厘米。分布均匀。本层包含物较多，瓦片最多，且均为布纹瓦；陶片较少，有红陶和夹砂硬陶；从出土瓷片的胎质、花纹来看，多为晚期瓷，年代近于清末；另见较多煤渣、石灰屑及少量铁钉、钱币。

DG2，开口于DT0735和DT0736第②层下，打破生土层，包含物较少。

DG3，开口于DT0734②层下，打破生土层，沟内填土分黄褐色黏土和砖瓦层。

第③层　灰色瓦砾层，距地表深度为8～90厘米，厚度为0～70厘米。土质紧硬。包含物以砖石瓦片居多；陶片较少，为釉陶、夹砂陶；瓷片比第②层增多，纹饰较精美，且有相对较完整的瓷碗及瓷盘出土。

此层下有较多遗迹发现。DT0730③层下有石砌散水DS1，DH1开口于DT0730③层下，DH2、DH3、DF2、DZ2、DM1开口于DT0731③层下。

第④层　灰黑色黏土，距地表深度为20～135厘米，厚度为5～60厘米。土质紧密。地层内含较多陶片、瓷片、砖瓦渣及炭屑，另见少量铁器、兽骨及铜钱。DT0733的第④层则有明显的火烧痕迹，且地层内含大量瓷片，以碗底居多。

此层下亦有较多遗迹发现。DC1在DT0731～DT0732④层下，DL1在DT0930④层下，DH7、DL2开口于DT0730④层下，DL3、DH4、DH8、DF4开口于DT0731④层下，DZ1开口于DT0733④层下，打破第⑤层及DG4。

从剖面图走势分析，以上第①～④层以及各层下的遗迹均晚于DC1上层，DC1的上层为石包墙和DC1第①层，墙体第①层为黏土夯筑，而DC1下层为黏土堆筑、无石包墙，与DC1上层区别明显，而且DC1上层比DC1下层宽度要窄。

第⑤层　灰黄色黏土，距地表深度为20～155厘米，厚度为10～51厘米。土质紧密。本层包含物相对较少，以陶片、瓷片为主。

DF5，位于DT0730⑤层下，DG7开口于DT0731⑤层下。DG3、DG4开口于DT0733⑤层下，打破生土层。

北部探方护城河（干壕沟）内的深沟编为DG3，开口于DT0733⑤层下及DT0734②层下，打破生土层。推测与DG2、DG4同属城壕内的小沟，与DC1下层为同一时代。

第⑥层　淡灰色黏土，距地表深度为80～161厘米，厚度为0～60厘米。土质坚密。包含物较少，含少量炭屑、瓦片，极少陶片、瓷片。

第⑥层下有DC1（城墙）的下层、DG8被DC1（城墙）下层所压，并打破H12，H12同时在DT0730及DT0731⑥层下。

该剖面第⑥层下为黄褐色黏土，不出任何文化遗物，为生土层。

DT0730～DT0736的西壁剖面层位关系如下所示。

①→DG1→②→DG2（DG2打破生土）、DG3→③→DS1、DM1、DH1、DH2、DH3、DF2→DZ2→④→DC1上层①、DL1、DL2、DL3、DF4、DZ1、DH4、DH7、DH8→⑤→DF5、DG3、DG4（DG3、DG4打破生土）、DG7→⑥→DC1下层②→DG8D→DH12→生土

本次发掘探方的横向地层剖面为DT0731～DT1131北壁地层剖面（图三四）共揭示其地层堆积6个单位。

地层描述如上，本剖面的层位关系如下。

①→②→③→DH11、DH3→DZ2→④→⑤→⑥→生土

┤→DH10→生土

2002年度在D区的发掘工作分三个地点进行：第一个发掘地点在D区北部；第二个发掘地点在D区的东南部；第三个发掘地点在D区的西南部。

第一发掘区为D区北部。

2002年12月在原2000年所布探方的东部并与之相连。开5米×5米探方17个，该发掘区平面大致呈"凸"字形（图三五）。发掘面积425平方米。发掘前，探方地面为耕地，种植玉米、蔬菜等作物。

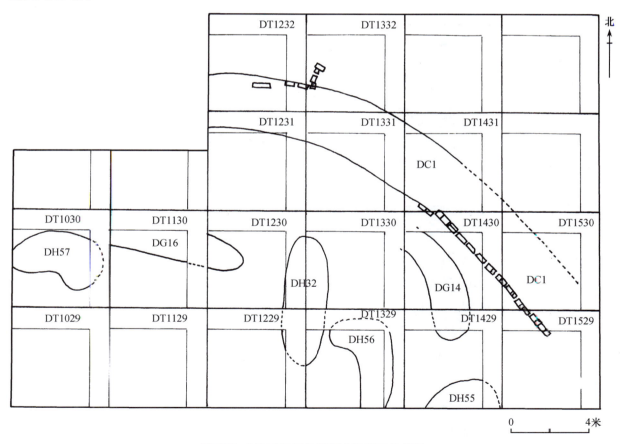

图三五 2002年D区北部探方及遗迹分布图

---

① DC1上层包括DC1①和城墙内外两侧的包石。

② DC1下层包括DC1②、③、④、⑤、⑥、⑦。

关于本次发掘探方地层的堆积情况，我们可以从发掘探方的纵向、横向地层剖面作一基本的了解。本次发掘探方的纵向地层剖面为DT1329～DT1332西壁地层剖面（图三六）共揭示其地层堆积5个单位。本次发掘探方的横向地层剖面为DT1030～DT1530北壁地层剖面（图三七）共揭示其地层堆积5个单位。

现以DT1030～DT1530北壁地层剖面为例叙述如下。

第①层　耕土层，灰褐色黏土，厚15～35厘米。土质松软，分布普遍。含极少的现代砖瓦片。

第②层　又分②a、②b两小层。

②a层　除DT1330东部不见外，其余探方均有分布。灰黄色黏土，深15～35、厚0～95厘米。土质结构松散，分布普遍。内含少量石灰颗粒。

②b层　灰色黏土。间断性堆积，零星分布在DT1030～DT1130和DT1430～DT1530等探方。

第③层　又分③a、③b两小层。

③a层　灰色黏土，深15～75、厚30～80厘米。土质结构松散，分布普遍。含大量小瓦片和碎砖块。

③a层下，开口有DG14。

③b层仅分布在DT1430西部，属局部堆积。

本区有DG14、DG15、DG16开口在第③层下。②b、③a、③b等还直接叠压着DC1上层。

第④层　又分④a、④b两小层。

④a层　深灰色黏土，深75～115、厚35～65厘米。土质致密，细腻。主要分布在发掘区的西边。内含少许木炭灰及小量明代青花瓷碗、盘、碟、杯及陶罐、钵等器物。

④b层　分布在发掘区东部。

本区有DH55、DH56、DH57开口在第④层下。

第⑤层　淡黄色黏土，深135、厚40～50厘米。土质紧密，质地坚硬，土质纯净，分布较为均匀。出土少量明代瓷片。

第④层和第⑤层均叠压着DC1下层，DC1仅揭露表面，为保留城址全貌，未进行发掘。

第⑤层以下为黄色黏土，应为河流冲积土。

DT1030～DT1530北壁地层剖面层位关系如下。

①→②a→②b→③a→DG14 、DG15、DG16→④a→DH55、DH56、DH57、④b→⑤→生土
　　　　　　　　│　　　　　　　　　　　　　　　　　　　　　　　　　　　↓
　　　　　　　　│——→③b→DC1上层————————————→　DC1下层→生土

第二发掘区为D区东南部。

2002年10月在D区南偏东的位置开5米×5米探方19个，探方平面布局大体呈长方形（图三八；图版六，3）。发掘面积475平方米，发掘前，地面种植玉米、红薯等作物。

关于本次发掘探方地层堆积情况，我们可以从发掘探方的纵向、横向地层剖面作一基本的了解。本次发掘探方的纵向地层剖面为DT2316～DT2313东壁地层剖面（图三九），共揭示其

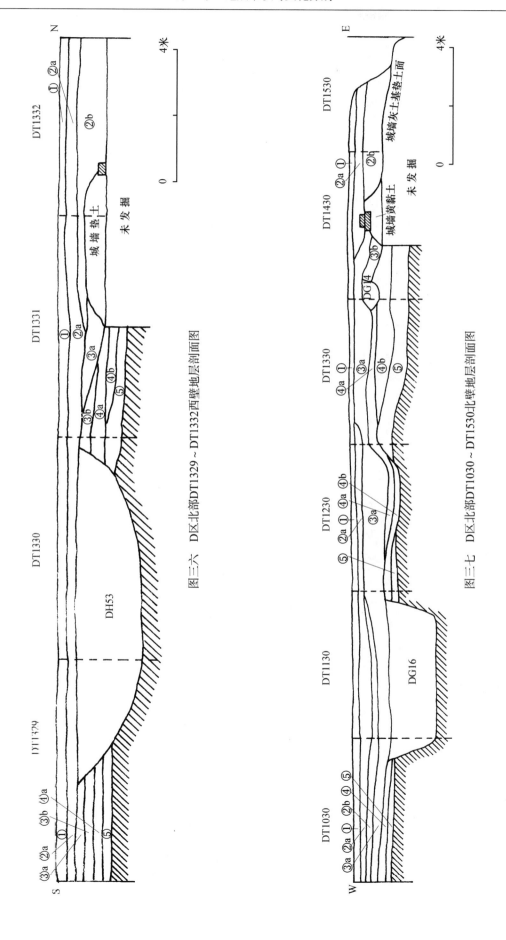

图三六 D区北部DT1329～DT1332西壁地层剖面图

图三七 D区北部DT1030～DT1530北壁地层剖面图

地层堆积7个单位，其中DT2314有剖面照片（图三九；图版七，1）。本次发掘探方的横向地层剖面为DT2415～DT2015南壁地层剖面（图四〇）共揭示其地层堆积7个单位。

现以DT2316～DT2313东壁地层剖面为例叙述如下。

第①层　耕土层，深灰色黏土，厚15～30厘米。土质结构疏松，分布普遍。包含极少的现代瓷片和瓦片。

第②层　黄褐色黏土，深15～30、厚10～40厘米。土质较紧结，分布普遍。包含一些清代青花瓷片、陶片和兽骨等。

本区遗迹DF9、DH15、DH39、DH52、DG10、DG13开口在第②层下。

第③层　褐灰色黏土，深35～65、厚15～30厘米。土质结构较紧密，分布普遍。包含一些清代青花瓷片和陶片等。

本区遗迹DF9、DF10、DF11、DH35、DH36、DH46、DH47、DH52、DG12开口在第③层下。其中DG12打破DF9、DF10，而DF9又叠压DF10，DF10叠压DF11。

DT2415东南部分布有局部堆积，该探方再自编为③a、③b、③c三小层，该三小层叠压在DF11之下，打破第④层等。

第④层　褐红色黏土，深75～115、厚10～30厘米，土质较紧结，主要分布于西边。偶尔见到明代瓷片。

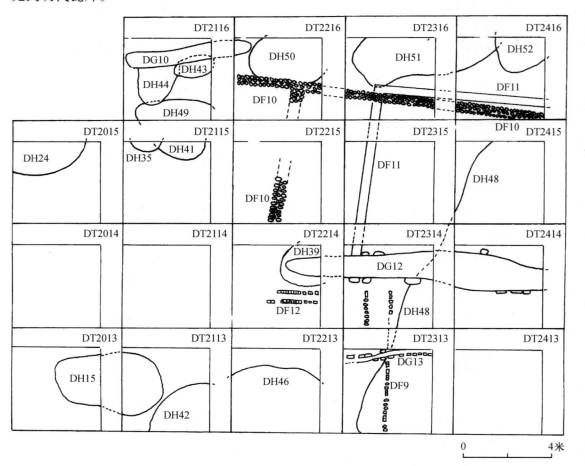

图三八　2002年10月D区东南部发掘探方遗迹分布平面图

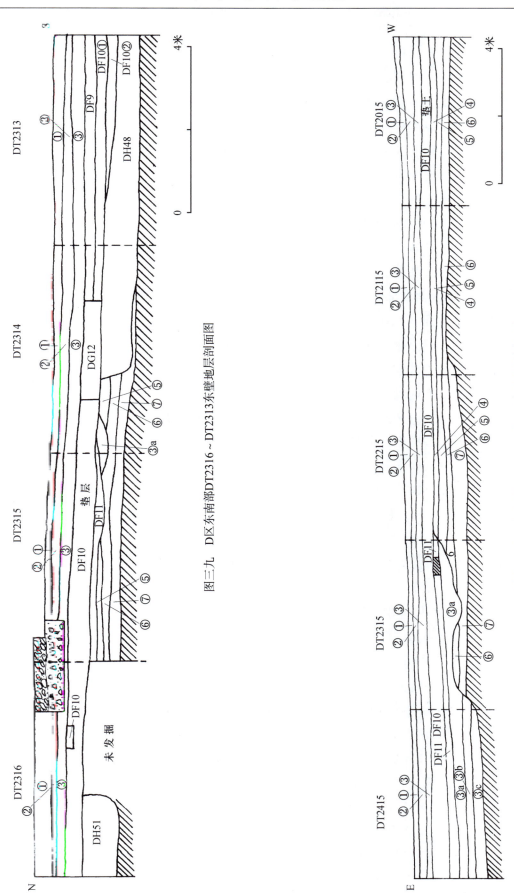

图三九　D区东南部DT2316～DT2313东壁地层剖面图

图四〇　D区东南部DT2415～DT2015南壁地层剖面图

第⑤层　灰褐色黏土，深105～145、厚0～30厘米。土质较紧密。主要分布于中部至西边。内含很少的青花瓷片和陶片。

本区遗迹DH41开口于第⑤层下。

第⑥层　褐色黏土，深50～175、厚10～25厘米。土质结构致密。主要分布于中部至西边。内含很少的青花瓷片及瓦片。

第⑦层　黄褐色黏土，深135～180、厚15～25厘米。土质结构致密，质地坚硬。主要分布于中部至西边。内含很少的明代瓷片。

第⑦层以下为黄色黏土，纯净，无文化遗物。

DT2415～DT2015南壁地层剖面为本发掘区东西横向剖面，土质土色与上述南北纵向剖面相同，依次堆积为第①层、第②层、第③层、DF10、DF11、③a、③b、③c、第④层、第⑤层、第⑥层、第⑦层，以及生土。

第三发掘区为D区西南部。

2002年9月在D区西南部开5米×5米探方12个，探方平面布局大体呈南北走向的长方形（图四一；图版七，2）。发掘面积300平方米。发掘前，地面系农耕地，曾种植过农作物。

关于本次发掘探方地层的堆积情况，我们可以发掘探方的纵向、横向地层剖面作一基本的了解。本次发掘探方的纵向地层剖面为DT1107～DT1110西壁地层剖面（图四二），共揭示其地层堆积11个单位。本次发掘探方的横向地层剖面为DT0907～DT1107北壁地层剖面（图四三），共揭示其地层堆积11个单位。本区最重要的发现是第⑥层下，南北向的DL5，应该是明代通向官署衙门的主干道。

现以DT1107～DT1110西壁地层剖面为例叙述如下。

第①层　耕土层，深灰色黏土，厚15～20厘米。土质较疏松，分布普遍。含很少的近现代瓷片。

第②层　黄褐色黏土，深15～20、厚20～25厘米。土质疏松，分布普遍。内含砖、瓦碎片，出有一些清代青花瓷。

本区遗迹DH14开口于第②层下。

第③层　褐灰色黏土，深15～55、厚40～45厘米。土质疏松，分布普遍。内夹杂一些煤渣、砖瓦渣，出土较多清代青花瓷片、陶片和数枚铜钱，其中一枚能分辨出"道光通宝"字迹。

第③层　全发掘区有普遍堆积，发掘区东南部DT1008、DT1108、DT1007、DT1107共四个探方的第③层编为第③a层，其下有一个分布于以上4个探方的大凹坑，凹坑内的堆积较为杂乱，属于包含较多煤屑的疏松灰褐土堆积，这些小层深60～205、厚145～180厘米。出有大量清代青花瓷碗、盘、碟、杯、汤匙、陶罐、盆、灯等。发掘者依次编为③b、③c、③d、③e、③f。

本区第③层或第③a层下遗迹有DH16、DH17、DH18、DH19、DH20、DH23、DH26、DF6、DH22、DH21、DH28、DH34、DH38、DH45。

第④层　灰褐色黏土，深50～65、厚15～40厘米。土质疏松，主要分布在本次发掘地点的

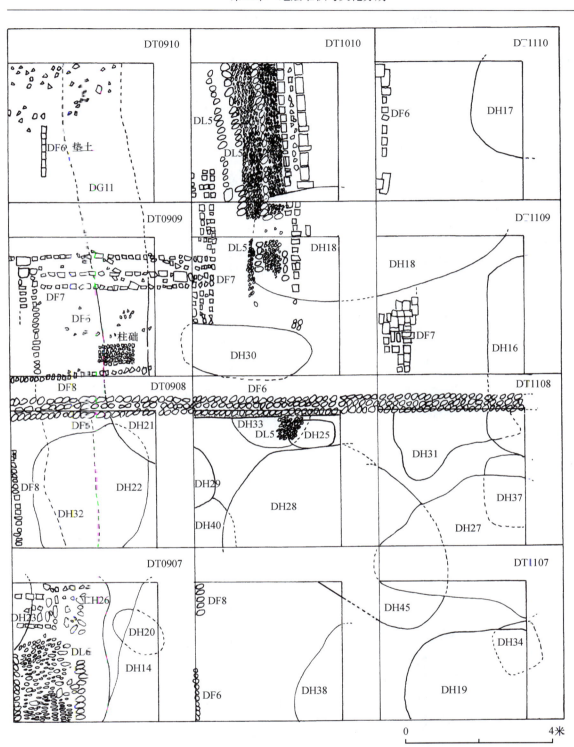

图四一　2002年9月D区西南部发掘探方遗迹分布平面图

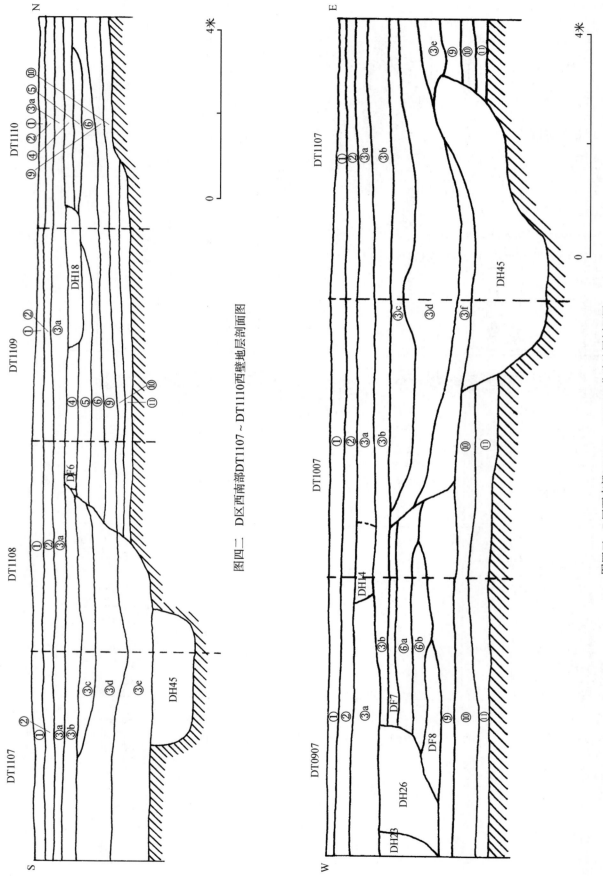

图四二　D区西南部DT1107～DT1110西壁地层剖面图

图四三　D区西南部DT0907～DT1107北壁地层剖面图

北边。内含大量砖、瓦碎片和卵石。出有清代青花瓷片、陶片及兽骨等，还出土"嘉庆通宝"铜钱一枚。

遗迹DF7、DH30开口于第④层下。

第⑤层 褐灰色黏土，深90～110、厚0～45厘米。土质较致密，主要分布于本次发掘地点的北边。内含少量卵石，出有青花瓷片和陶片。还出土"乾隆通宝"铜钱一枚。

遗迹DH29、DH31、DH37开口于第⑤层下。

第⑥层 黄褐色黏土，深95～140、厚0～25厘米。土质较紧密，主要分布在本次发掘地点北部及西边。出土青花瓷片和陶片等，其中有"大明年造"款识。

遗迹DF3、DL5开口于第⑥层下。

第⑦层 褐黄色黏土，深170～195、厚0～20厘米。土质细腻，主要分布在DT0908、DT0909、DT0910及DT1008等探方，内含较多的明代瓦片和少量青花瓷片。

第⑧层 黄色夹红斑黏土，深200～215、厚0～15厘米。土质较杂，仅见于DT0909，内含有很少的小石块。

第⑨层 红、黄、绿色杂色黏土，深120～200、厚20～60厘米。土质细腻，分布普遍，内含很少的小石块。出有陶片和瓷片。

遗迹DH32开口在第⑨层下。

第⑩层 浅褐色黏土，深145～230、厚20～40厘米。土质纯净，结构紧密。分布较普遍，内含少量炭屑，出有极少明代青花瓷片。

第⑪层 红褐色黏土，深200～275、厚20～30厘米。土质紧密，分布很普遍。偶尔可见明代青花瓷片。

第⑪层以下为黄褐色黏土，纯净、紧结，无包含物，系生土。

DT1107～DT1110西壁地层剖面层位关系如下。

①→②→DH14→③→DH16、DH17、DH18、DH19、DH20、DH23、DH26。DF6→DH22、DH21、DH28、DH34、DH38、DH45（直接打破⑨）→④（出"嘉庆通宝"）→DF7、DE30→⑤（出"乾隆通宝"）→DH29、DH31、DH37→⑥"大明年造"款瓷器→DF8、DL5→⑦→⑧→⑨→DH32→⑩→⑪→生土

本发掘区东西横向地层剖面为DT0907～DT1107北壁地层剖面，土质土色与纵向剖面相同，堆积单位依次为第①层、第②层、DH14、第③a层、DH23、DH26、第③b层、第③c层、第③d层、第③e层、第③f层、DF7、第⑥a层、第⑥b层、DF8、第⑨层、第⑩层、第⑪层。另DH45开口在第③f层下，打破第⑨层，其与第③f层下的DF7、第⑥a层、第⑥b层、DF8未有接触，相对早晚关系不明。

2005年10月在D区的北部即2000、2002年发掘地点的南部偏西开了5米×5米探方78个，这次所布探方最北部探方北隔梁与2000、2002年发掘探方最南部探方的南壁或西壁相连接，因而三个年度发掘的探方连成一片。本次发掘探方的平面大致呈长方形，发掘面积1950平方米（图四四；图版二，3）。发掘区中部为现有民居，未能布方发掘。本次发掘区东部原有一户土坯房已废弃，约为14米×14米，面积近200平方米，发掘前打掉土坯墙进而布方发掘。发掘区其

余地方为村民的蔬菜种植地。

　　关于本次探方发掘的地层堆积状况，我们可以从发掘探方的纵向、横向地层剖面作一基本的了解。本次发掘探方的纵向地层剖面为DT0323～DT0331西壁地层剖面（图四五），共揭示其地层堆积3个单位。本次发掘探方的横向地层剖面为DT0329～DT1229北壁地层剖面（图四六）共揭示其地层堆积3个单位。

　　现以DT0323～DT0331西壁地层剖面为例叙述如下。

　　第①层　耕土层，褐色亚黏土，厚15～35厘米。土质松软，各方均有分布。内含有零星的近现代砖瓦碎片，出有少许青花瓷片。

　　第②层　灰色黏土，深15～35、厚0～85厘米。土质疏松，各方均有分布。内含较多布纹

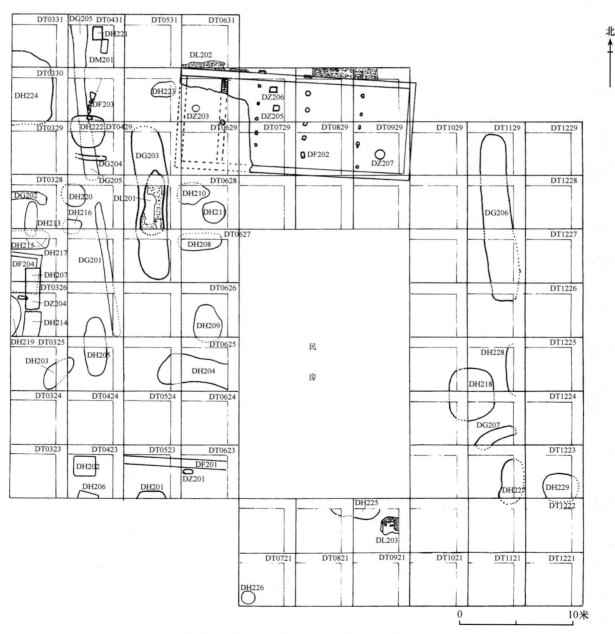

图四四　2005年10月D区发掘探方遗迹分布平面图

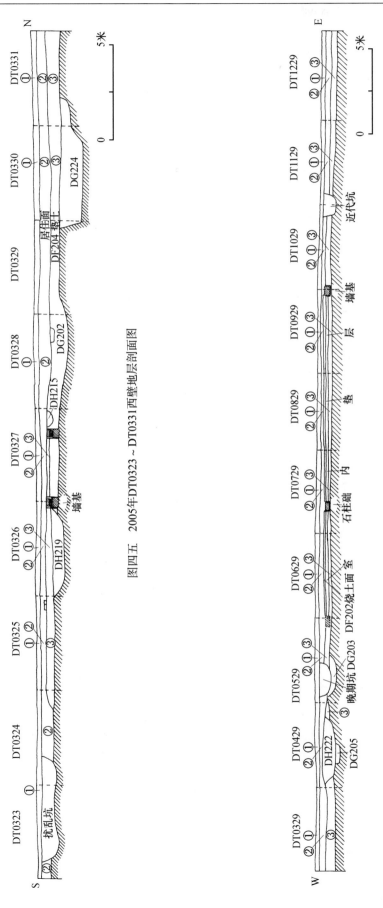

图四五　2005年DT0323～DT0331西壁地层剖面图

图四六　2005年DT0329～DT1229北壁地层剖面图

瓦碎片及石灰颗粒，有釉陶杯、罐和青花瓷碗、盘、小杯残片出土。

本区第②层下遗迹有DF202、DF204、DZ204、DG202等。DF202的散水与2000年DT0930等方④层下的DL1相连，应为同一遗迹。

第③层 褐黄色土，深20～105、厚20～90厘米。土质致密，结构紧密，除南部的DT0323～DT0325无分布外，其余各方均有分布，在靠北部的几个探方堆积较厚，内含少量的砖瓦碎片，出土遗物比较丰富，出有釉陶杯、盆、灯和较多的青花瓷碗、盘、碟、杯、高足杯残片，还有铜钱、铜刀、铜釜等遗物出土，出土的瓷器上有"大明年造"等纪年款识。

本区遗迹DH219、DH224、DG203开口在第③层下。

第③层下及DG203以下属结构紧密的黄色黏土，系生土。上述地层关系简述如下。

①→②→DF202（衙署散水为DL1）、DF204、DZ204、DG202→③（出"大明年造"瓷片）→DH219、DH224、DG203→生土

本区东西横向剖面为DT0329～DT1229北壁地层剖面，土质土色与纵向剖面相同，堆积单位依次为第①层、第②层、DF201和DH222、第③层、DG203，另DG205开口在DH222之下，打破生土，与其余堆积单位无直接接触。

第五节 各区分片的地层对应关系

大昌古城分别于2000、2001、2002、2005年四个年度发掘，除C区于2005年一个年度发掘，发掘面积小，200平方米集中发掘外，其余三区都是分片区甚至分年度发掘。其中A区分2000、2002、2005年三个年度发掘，分南北两区。B区2001年一个年度发掘，但发掘面积大，探方分布呈曲尺形，也可分成西北、东南两个片区。D区分2000、2002、2005年三个年度发掘，分北、西、东三个片区，除西、东两个片区为2002年一个年度发掘，北区分三个年度发掘。各个年度的发掘者对于地层的划分、土质土色的描述、遗迹的认识都是因人而异，或者是不断深化认识的，加上片区分开，因此，理清各区分片以及各区之间的地层和遗迹对应关系，进而进行文化分期和年代分析都是十分必要的。

大昌古城面积逾六万平方米，纵贯明清两朝，人们在此范围内活动频繁和时间长久，因而所形成的地层较为复杂，遗迹现象较多，人为的堆积和自然的堆积不一样，多半会断断续续，彼此不能相连。我们迫切需要找到地层、遗迹之间的共同点来进行彼此之间的联系。

大昌古城居民直到2009年三峡水库蓄水前的最后一刻才搬迁，2000～2005年发掘期间，城内居民仍然集中居住在连通三个城门的十字街两侧，古城西北隅（C区）一直为学校，只有城内东南隅（A区）、西南隅（B区）、东北隅（D区）较为空旷，居民主要种植蔬菜等。我们在A、B、D三区的发掘均沿城圈布方，均发掘到了城址和城圈内外的道路，城内的地层和遗迹和城圈、道路都有层位关系，所以城墙和同时使用的道路是我们联系各堆积单位关系的首选。

按照《夔州府志》和《巫山县志》等地方志的记载，大昌古城从明代成化年间开始修建，最后一次修建是在清嘉庆年间，其间发生过多次改建和修葺。我们在A、B两区发现有清代城

墙，A、D两区发现有明代城墙，明代城墙在土城的基础上还加固成石包墙。因此我们首先需要根据建造方法联系各区发现城墙的对应关系，同一城墙的分期也就是始建和改建的认识和区分，还要根据层位关系和包含物和文献记载的修建年代相对应。

我们还认识到城墙修建或改建、重建后，一定是城址的繁荣时期，城圈内有大量的人口和频繁的活动。城内还是地方政权所在地，有衙署等官府建筑。当时城区内是一个活动中心，有一个活动面，会有大量的建筑建造在这个活动面之上。从地层学的概念来讲，这就是一个"地面"[1]，从聚落考古的角度来看，这就是一个聚落。我们把这个"地面"上的遗迹当成一个时代的，是当时聚落的遗留。

一、A区历年来各次发掘探方的地层对应关系及地层分组

A区的发掘分2000、2002、2005年三个年度进行，其中2000、2002年度的发掘连成一片，在A区南部，2005年度的发掘在北部，南北两区相隔10米（由于保留了南区探方的北隔梁，实际相隔11米）。介绍地层堆积时我们选取了南北两区各一个东西横向、南北纵向剖面作了介绍，各剖面的层位关系如下。

先看2000年度发掘4个探方的层位关系。我们将AT2110~AT2010南壁地层剖面结合AT2109~AT2110西壁地层剖面，分析，则AT2109的⑥~⑨层分别相当于AT2110~AT2010的⑤~⑧层。根据以上两个剖面所述，南区AT2110~AT2010南壁及探方内的地层与遗迹叠压打破关系如下。

①→②—AG1→③→AH2→④a→④b→④c→④d
　　　　　　　　　　　　　　　　↓
　　　AH3、AH13、AF3→AF4→AF12→
↓　　AH6→AH7→⑤→⑥（AT2109⑦）→AH14→⑦→AH17→⑧→AH16
AH4—————————————↑

第④层之下、第⑤层层表应该是当时的一个活动面，有大量房屋基址如AF3、AF4、AF12，以及AH3、AH4、AH6、AH7、AH13等大量灰坑，以上遗迹看成是一个时期活动后留下的，则被其叠压打破的第⑤层及以下堆积为早于这一时期的遗存，叠压打破这些遗存的第④层及以上遗存为晚于这一时期的遗存。

其中第④a层出土"白玉石"款青花瓷，第④b层出土"大明成化年造""喜"字款青花瓷，第④d层出土"易经"款青花瓷。

2001年南区AT1812~AT2512北壁地层剖面地层与遗迹层位关系如下。

①→②→③→AH18、AH19、AH20→④→AH21、AH23、AH24、AH6、AF7、AZ1→⑤→⑥→AC2、AL3、AL4、AZ2→⑦→AH46→⑧→⑨生土层

以上层位关系显示，第⑦层层表有城墙（AC2）、城内外路面（AL3、AL4）、灶

---

① 赵辉：《遗址中的"地面"及其清理》，《文物集刊》1998年第2期。

（AZ2）等遗迹，表面是修建城墙后的活动面，而第⑦层及早于第⑦层的AH46和第⑧层是本次发掘区域内最早的一组遗存，第⑦层层表的系列遗迹是第二组遗存，第⑤、⑥层是第三组遗存，第④、⑤层之间的AH21等遗迹是第四组遗存，等④层是第五组遗存，第③、④层之间的AH18等遗迹是第六组遗存，第②、③层是第七组遗存。

以下为此次发掘区南北纵向剖面AT2317～AT2320东壁地层剖面所显示的层位关系。

①→②a→②b→AQ201→③→④→⑤a→⑤b→AH210→⑥→⑦→⑧→⑨

我们再选取其他南北方向和东西方向的剖面作层位关系图示。

南北纵向的AT2113～AT2109东壁地层剖面层位关系如下。

①→②→③→④→AF3、AH4→⑤→AF11、AH11→⑥→AH31、AH31→AF13？→⑦→AG2→⑧→AH16→⑨

东西横向的AT1811～AT2611北壁地层剖面层位关系如下。

①→②→③→AF1、H18→④→AC1、AF7→⑤→⑥→AC2、AL3、AL4、AF12、AH38、AH45→⑦→⑧→⑨

此剖面包含两个城墙遗迹，即第⑦层层表有城墙（AC2）以及城墙内外路面（AL3、AL4）、房屋基址、灰坑（AF12、H38、H45）等遗迹，表明第⑦层层表是修建城墙后的活动面，以上为第二组遗存。第⑦～⑨层是早于城墙的堆积，为第一组遗存。晚于第一期城墙（AC2）的是第⑤、⑥层，此为第三组遗存，而位于第⑤层层表的是第二期城墙（AC1）及AF7，为第四组遗存，第④层是第五组遗存，第③、④层之间的AF1、AH18等遗迹是第六组遗存，第②、③层是第七组遗存。

2005年度A区北区东西剖面即AT2020～AT2620北壁地层剖面所显示的层位关系如下。

①→②→AH201→③→AL204、AL205→AC1→④→AQ217→AG206①→AQ218→AG206②（以上遗迹与5层平列）→⑤→AH212、AL201、AL202→AC2→⑥→⑦→AG207→⑧→AJ201→⑨

2005年度A区北区南北剖面即AT2317～AT2320东壁地层剖面所显示的层位关系如下。

①→②a→②b→AQ201→③→④→⑤a→⑤b→AH210→⑥→⑦→⑧→⑨

第②层出土"嘉庆通宝"铜钱。

城墙AC1的墙基、附属的道路AL205被第③层所叠压，AH205开口在第③层下。AC1、AL205所叠压的堆积为第④层，说明城墙AC1的墙基、附属的道路AL205相对年代在第③层和第④层之间。

城墙AC2、道路AL201、AL202直接被第⑤层所叠压，AH212开口在第⑤层下。

A区有两组东西横向剖面是包括AC1、AC2两期城墙遗迹的，即2002年发掘的A区南区以及2005年发掘的A区北区。

以下为2000～2002年A区南区东西横向的AT1811～AT2611北壁地层剖面层位关系如下。

①→②→③→AF1、H18→④→AC1、AF7→⑤→⑥→AC2、AL3、AL4、AF12、AH38、AH45→⑦→⑧→⑨

以下为2005年A区北区东西横向剖面即AT2020～AT2620北壁地层剖面所显示的层位关系如下。

①→②→AH201→③→AL204、AL205→AC1→④→AQ217→AG206①→AQ218→AG206②（以上遗迹与5层平列）→⑤→AH212、AL201、AL202→AC2→⑥→⑦→AG207→⑧→AJ201

A区文化遗存堆积顺序及分期、分段、年代见下表（表二）①。

表二　A区遗存堆积顺序与年代分期表

分区A区 典型剖面			2000年A区南区	2002年A区南区	2005年A区北区	备注
年代	期	段	AT2110～AT2010南壁	AT1811～AT2611北壁	AT2020～AT2620北壁	
现代			①	①	①	"道光通宝" "咸丰通宝"
清代晚期	第六期	第十段	②	②	②	
				③		"嘉庆通宝" "雍正通宝" "永历通宝"
		第九段	③	④	③	
			AG1	AF1、AH18	AH201	AH1"乾隆通宝"
清代中期	第五期	第八段	AH2、AH4	AC1、AF7	AL204、AL205→AC1、AH205	嘉庆九年（1804年），署县张椿请项修筑土壨三百丈。（道光）四年（1821年），知县杨佩芝捐廉补修完固。AH205"嘉庆通宝"
清代早期	第四期	第七段	④a→④b→④c→④d AT2009④：18为清晚期 AT2010④a：21为清中期	⑤ AT2019⑤：7为清中晚期	④	"乾隆通宝"，④a "白玉斋"款青花瓷
明代晚期至清初	第三期	第六段	AH3、AH13、AF3→AF4→AF12 AH6→AH7 AH1：21为清中期		AQ217→AG206① →AQ218→AG206②	明崇祯八年（1635年），"知县陈靖之增高其城，深浚其泡"
		第五段	⑤	⑥ AT2212⑥：3为清中期	⑤ AT2019⑤：5为清晚期	"大明年造'款青花瓷 明嘉靖二十六年（1547年），知县吴大章重修

---

①　由于城墙修建年代有文献记载可资证，本表中的各期城墙年代是结合地层关系、包含物与文献记载结合而对应推断的。

续表

分区A区 典型剖面			2000年A区南区	2002年A区南区	2005年A区北区	备注
年代	期	段	AT2110~AT2010南壁	AT1811~AT2611北壁	AT2020~AT2620北壁	
明代中期	第二期	第四段		AF12、AH38、AH45→⑦ AT2310⑦：1为明晚期？	AH212→⑥ AT2119⑥：5 AT2119⑥：11 AT2121⑥：1为清晚期 AT2112⑥：2碗为清晚期？	AT2119⑥：5鱼纹碗晚到清中期　AT2119⑥：11壬字碗可到清早中期
				AC2上层、AL3、AL4	AL201、AL202→AC2上层	明正德初年，知县董忠包石周二百丈。明正德二年（1507年）
		第三段	⑥ AT2009⑥：6为明晚期	⑦ AH46	⑥ AQ214（219？）、AH206、AG207	？此段的层位关系需核准
				AC2下层	AC2下层	明成化七年（1471年）土筑。AC2分为上、下层两个时期，AC2上为包墙石和包墙石内的夯土，AC2下原定为城墙基和垫土，现分别划分为AC2下层①、AC2下层②。AQ214（219？）、AH206、AG207开口在第⑥层下。也均应为晚于AC2上层的堆积
明代早期	第一期	第二段	⑦ AT2109⑦：13为明晚期	⑧	⑦	AH210→AH211层位关系
					AG207	
		第一段	⑧	⑨	⑧ AT2020⑧：1为明晚期嘉靖 AT2212⑧：9最晚到第三段明中期	永乐初（永乐元年1403年）复置大昌县
			AH16、AH17		AJ201、AZ202 AJ201：2为元代	

注：AT2410、AT2510、AT2610南壁AC2夯土及两侧的包墙石为AC2上层，其下的⑦~⑨层含AC2下层，AC2上层、AL5、AL3→AG5、AG6→AC2下层

二、B区发掘探方地层的对应关系

B区2001年度发掘，发掘面积2500平方米，探方分布呈曲尺形，之前我们分成西北、东南两个片区介绍了南北和东西剖面。大昌古城B区西北、东南两个片区与A区北区的地层对应如下（表三）。

表三　B区典型地层及与A区地层对应表

分区B区/A区			2001年B区西北区	2001年B区东南区	2005年A区北区	备注
年代	分期	分段	BT1117~BT1108西壁	BT1904~BT1909西壁	AT2020~AT2620 北壁	
现代			①	①	①	
清代晚期	第六期	第十段	② BH2、BH3、BH4、BH5、BH20、BH21、BH38、BH43、BF1、BF2、BF3、BF4、BG1、BG2、BZ1、BZ2、BZ3、BZ4	② BF2	② AH201	
		第九段	③	③	③	
清代中期	第五期	第八段	BC1、BF17、BF12、BF13、BF8、BF9、BZ4、BG7、BG8→BH27	BC1、BL2、BH1	AL204、AL205→AC1	嘉庆九年（1804年），署县张椿请项修筑土堡三百丈
清代早期	第四期	第七段	④ BT1010④：5、BT1011④：3、BT1709④：34、BT1709④：35、BT1808④：23为清晚期	④ BT1908④：3为清晚期 BT1908④：1为清晚期	④	A、B区出土"乾隆通宝"文物
明代晚期至清初	第三期	第六段	BH45、BF6、BF7、BF11、BF16、BH7、BH8、BH9、BH10、BH11、BH22、BH23、BH24、BH25、BH26、BH28、BH31、BH32、BH33、BH35、BH36、BH40、BH45、BG8	BH11、BH16	AQ217→AG206①→AQ218→AG206②	BH16直接打破生土 BH11：13为清晚期 BH45：3为清中晚期
		第五段	⑤ BT1016⑤：2为清晚期 BT1709⑤：29为清晚期 BH15、BH34	⑤ BH13、BH14、BH16、BG5（成化年造）、BG6	⑤	A区出土"大明年造"文物
明代中期	第二期	第四段			AH212、AL201、AL202→AC2上层	明正德初年，知县董忠包石周二百丈
		第三段			⑥ AC2下层	明成化七年（1471年）土筑
明代早期	第一期	第二段			⑦ AG207	永乐元年（1403年）复置大昌县
		第一段			⑧ AJ201	

三、C区发掘探方地层对照

第①、②两层，各方均有分布，灰白色的三合土地面和灰黑色亚黏土，前者质地坚硬，后者质地松软，内夹有现代砖瓦碎片，有少许青花瓷片和釉陶片出土，根据第①、②层的堆积叠压关系和包含物的状况，可说明此组地层系现代堆积。

探方第③层，主要分布在各探方的南部，内夹有大量的卵石、砖瓦碎片，出有少许青花瓷片，器形有碗、盘等。根据这些遗物的形制特征，可以确定此组地层为清代晚期的文化堆积，为大昌古城遗址第六期（表四）。

表四 C区发掘探方地层对照表

组别 探方地层	探方剖面	2005年度 CT1308～CT1008南壁
现代		①
现代		②
清代晚期 第六期	第十段	③

四、 D区历年来发掘探方的地层对应关系与文化分期

D区分2000、2002、2005三个年度发掘，分北、西、东三个片区，其中西、东两个片区为2002一个年度发掘，而北区分三个年度发掘，发掘区连成了一片（表五）。

表五 D区地层对应与文化分期

D区	2000年D区北区	2002年D区北区	2005年D区北区	2002年D区西南区	2002年D区东南区	备注
典型剖面	DT0730～DT0732西壁	DT1030～DT1530北壁	DT0323～DT0331西壁	DT1107～DT1110西壁	DT2314	
现代	①	①	①	①	①	
清代晚期 第六期 第十段				②	②	
清代晚期 第六期 第十段				DH14		
清代晚期 第六期 第九段				③		西南区"道光通宝"
清代晚期 第六期 第九段				DH16、DH17、DH18、DH19、DH20、DH23、DH26、DF6→DH22、DH21、DH28、DH34、DH38、DH45（直接打破⑨）		

续表

D区			2000年D区北区	2002年D区北区	2005年D区北区	2002年D区西南区	2002年D区东南区	备注
典型剖面			DT0730～DT0732 西壁	DT1030～DT1530 北壁	DT0323～DT0331西壁	DT1107～DT1110 西壁	DT2314	
清代中期	第五期	第八段	②	②a、②b	②	④		北区"顺治通宝"，西南区"嘉庆通宝"
						DF7、DH30		
清代早期	第四期	第七段	③	③a→DG14、DG15、DG16→③b		⑤	③	DT0730③：11碗底有"芝兰斋制"四字款① 。西南区"乾隆通宝"
明代晚期至清初	第三期	第六段	DS1、DM1、DH1、DH2、DH11、DH3→DZ2、DF2	④a		DH29、DH31、DH37		T1030④：12（梧桐一叶天下知秋）②
		第五段	④			⑥	④	DT0529②：4，"万历年造"。"万历通宝"、西南区"大明年造"③款
明代中期	第二期	第四段	⑤	⑤	③	DH32	⑤	DH32"长春佳器"明嘉靖吉祥语。2005北区有"大明年造"款识
			DC1上层、DL1、DL2、DL3、DF4、DZ1、DH4、DH7、DH8	DC1上层→DH55、DH56、DH57、④b	DF202、DF204、DZ204、DG202	DF8、DL5		明正德初年（1507年），知县董忠包石周二百丈
						⑦、⑧、⑨		
		第三段				⑩	⑥	
			⑥	⑤		⑨	⑦	
			DF5、DG3、DG4（DG3、DG4打破生土）、DG7、DC1下层	DC1下层		DH32		明成化七年（1471年）土筑

① 马希桂《中国青花瓷》，《明清青花瓷款识》，上海古籍出版社，1999年，第279页；叶佩兰：《明清瓷器款识浅说》，《故宫博物院院刊》1983年第7期。叶佩兰认为芝兰斋是明万历和清康熙时的堂名款。

② 梧桐叶青款瓷器，张浦生先生认为是顺治到康熙初都有。张浦生：《青花瓷器鉴定（连载之四）》，《东南文化》1994年第12期。

③ 尹青兰：《青花"大明年造"款瓷器的烧造年代》，《南方文物》1995年第1期；黄云鹏：《明代民间青花瓷的断代》，《景德镇陶瓷》1986年第10期；黄云鹏：《景德镇明代纪年墓出土的民间青花瓷》，《江西历史文物》1983年第3期。

续表

D区			2000年D区北区	2002年D区北区	2005年D区北区	2002年D区西南区	2002年D区东南区	备注
典型剖面			DT0730～DT0732西壁	DT1030～DT1530北壁	DT0323～DT0331西壁	DT1107～DT1110西壁	DT2314	
明代早期	第一期	第二段	DG8→DH12		DH219? DH224?	⑩		永乐元年（1403年）复置大昌县
		第一段			DG203	⑪		

第六节　大昌古城的文化分期与年代推定

大昌古城面积逾六万平方米，纵贯明清两朝，人们在此城圈内活动频繁和时间长久，因而所形成的地层较为复杂，遗迹现象发现也比较多，人为的堆积和自然的堆积不一样，多半会断断续续，彼此不能相连。我们迫切需要找到地层、遗迹之间的共同点来进行彼此之间的联系。

大昌古城居民直到2009年三峡水库蓄水前的最后一刻才搬迁，2000～2005年发掘期间，城内居民仍然集中居住在连通三个城门的十字街两侧，古城西北隅（C区）一直为学校，只有城内东南隅（A区）、西南隅（B区）、东北隅（D区）较为空旷，居民主要种植蔬菜等。我们在A、B、D三区的发掘均沿城圈布方，均发掘到了城址和城圈内外的道路，城内的地层和遗迹和城圈、道路都有层位关系，所以城址是我们联系各堆积单位关系的首选。

1. 大昌城墙的修筑与年代

据明正德《夔州府志·城郭》："弘治二年始筑土城""正德七年知府吴潜、知县董忠麋砌砖石门三座，东曰朝阳，西曰永丰，南曰通济。周围二里许，计二百九十九丈。" 明正德《夔州府志·城郭》所载城池始修年代为弘治二年（1489年）或正德七年（1512年），所修为土城和砖石门。

又据清康熙《巫山县志·城池》："明正德初年，知县董忠包石周二百丈。"所修城墙为包石城墙。

再据清光绪十九年编纂《巫山县志》记载：大昌城，明成化七年（1471年）知县魏珊修。弘治三年（1490年）通判戴琚、正德二年（1507年）知县董忠陆续增修三门曰：通济、朝阳、永丰。嘉靖二十六年（1547年），知县吴大章重修城池；崇祯八年（1635年），知县陈靖之增高城墙，深挖环城沟池。明末，农民起义军袁宗第部占领大昌，起义失败后，城遂毁。清初，复筑土城；嘉庆九年（1804年），白莲教起义，清廷又屯兵大昌，修筑土堡300丈，设东南二城门，西北二炮台。道光元年（1821年），城被水冲塌数十丈，门楼炮台，陆续倒坍，道光四年（1824年）知县杨佩芝补修完固。此后，城墙屡遭水淹，渐毁[1]。

综上所述，明清时期修筑城墙有如下七次（不包括增修城门的记录）：

明成化七年（公元1471年），始修大昌城；清光绪年间《巫山县志》记载为成化年间始修，而明正德年间府志和清康熙年间县志却不见成化年间筑城的记载。

弘治二年（1489年）或三年（1490年）、正德初年或正德七年（1512年），弘治二年所筑为土城，正德年间所筑为砖石城门或包石城墙。

嘉靖二十六年（1547年），重修城池。

崇祯八年（1635年），增高城墙，深挖环城沟池。

清初，复筑土城。

嘉庆九年（1804年），修筑土堡300丈。

道光四年（1824年），补修完固。

上述七次修筑记录，只有"清初，复筑土城"语焉不详，清初，由于连年战争，大昌县因钱粮无几，吏民寥寥，已不成治，康熙九年（1670年），省大昌县并入巫山。"康熙十三年甲寅，吴三桂、伪总督王公良率伪将军王凤岐、刘之卫等据夔州……康熙十九年，杨茂勋遣兵克大昌、大宁二县。"[2]大昌城的重修或因水患，或因战乱。清初大昌城的复筑，应该是在康熙十九年（1680年）稍后。

AC1城墙墙基叠压于A区第④层下，打破第⑤层，其年代应晚于⑤层。根据分期，A区⑤a、⑤层、④层为清代早期。即顺治、康熙、雍正、乾隆时期，⑤a层应在顺治、康熙时期，清初，复筑土城；清初大昌城的复筑，应该是在康熙十九年（1680年）稍后。

AC2开口于第⑥层下，打破第⑦层，其年代应晚于第⑦层，早于第⑥层。根据前面对大昌遗址的分期和年代推断。A区第⑦、⑧层为第二期，绝对年代在明代正统、景泰、天顺、成化、弘治、正德、嘉靖时期，AC2的层位关系处于第二期后段，因此推断AC2上层即是正德七年（1512年）加建的石包墙。D区北DC1被第④层所叠压，二者建造方法相同，层位接近，因此推断DC1与AC2同时，很可能是同一时期修筑的同一建筑。明嘉靖十七年（1538年），大昌水灾[3]，很可能成化年修的城墙在大水之下荡然无存了。

"崇祯八年，知县陈靖之，增高其城，深浚其池，以御寇"[4]。说明其时是在已有的基础上加深护城河池的，D区的坎下部分应为城墙外的护城河，如今仍清晰可辨，只不过无水可蓄，称为"干壕沟"，据称宽三丈、深一丈、长达数十丈[5]。河内的壕沟与护城河的关系估计如下：G2，深度较浅，形状不规则，应为河水自然冲击所至；G3、G4位于城墙脚下，沟边较陡直，较深，应该是在护城河内有意设置的护城壕沟。

① （清）王友梁等纂：《巫山县志·卷四·城池志》，巫山县志编纂委员会重印，1988年。

② （清）高维岳总修：《（光绪十一年修）大宁县志·卷五·武备·武事》。

③ 四川省巫山县志编纂委员会编纂：《巫山县志》，四川人民出版社，1991年，第77页。

④ （清）王友梁等纂：《巫山县志·卷四·城池志》，巫山县志编纂委员会重印，1988年。

⑤ 季富政：《大昌古城踏勘综考》，《四川文物》1999年第5期。

2. 大昌古城城墙的发现与分期及年代推断

（1）A区发现两期城墙AC1、AC2，其中早期城墙AC2上下的堆积均为明代，而AC2本身还可分为两期，即AC2下层为纯土堆砌，AC2上层为石包墙，包石之间为夯土。晚期城墙AC1先以石灰黏土砂石组成的三合土作为铺垫，铺垫层上两侧砌石，包石之间堆填渣土。明正德《夔州府志·城郭》："弘治二年（1489年）始筑土城。"清光绪《巫山县志·沿革志》："明成化七年（1471年）土筑。"从以上文献来看，大昌古城最早的城墙为土筑，与AC2下层为纯土堆砌的建造方式以及年代相吻合。又明正德《夔州府志·城郭》："正德七年（1512年）知府吴潜、知县董忠麾砌砖石门三座，东曰朝阳，西曰永丰，南曰通济。周围二里许，计二百九十九丈。"清康熙《巫山县志·城池》："明正德初年，知县董忠包石周二百丈，门三：朝阳、永丰、通济。"可见正德初年加建的是石包墙，与AC2上层为石包墙，包石之间为夯土，建造方式与年代依相吻合。因此我们将成化至正德年间的这两期城墙以及和城墙大体同时的遗存划为一期，为明代中期。成化之前无城墙，我们将早于明代成化至正德年间的城墙的明代遗存划为一期，为明代早期。以上地方志还有一些明代晚期嘉靖和崇祯年间对城墙的修葺记载，如嘉靖二十六年（公元1547年）重修城池，崇祯八年（公元1635年）增高城墙，深挖环城沟池，但现存城墙只剩基础部分，我们并未发现与之时代相对应的城墙遗迹，城墙部分应该在明代末年毁于战火了。因此我们再将晚于明代成化至正德年间的城墙的明代遗存划为一期，为明代晚期。以上明代早、中、晚期遗存，分属大昌古城遗址第一～三期，其间还根据层位关系和文化遗物早晚各自划分为年代更细化的分段，即第一至第六段。

清康熙元年，四川总督李国英发动对四川、湖广、陕西三省会剿，康熙二年（1663年）正月初三即占领了大昌县，驻守在这里的袁宗第部战败，将城内房屋等尽数烧毁。"督兵进巫山，趋陈家坡，破二虎垒。二虎走死，摇旗、宗第夜遁。"[①]清康熙《巫山县志·城池》："明末袁宗第窃据废为平地。"清光绪《巫山县志·城池志》："明末袁宗第窃据为寇，寇平，城遂废。"清朝修建大昌城的记载有二，清光绪《巫山县志·城池志》："国初设大昌县，筑土城。""嘉庆九年（1804年），署县张椿请项修筑土堡三百丈，以资捍卫。设东南二城门，西北两炮台。"A、B两区的清代城墙AC1、BC1所叠压的第④层出土"乾隆通宝"，则不可能早到康熙初年，只能是嘉庆九年（1804年）所建。因此我们将嘉庆九年（1804年）所建城墙以及和城墙同一层面的遗存划为一期，早于或晚于嘉庆九年城墙及同一层面遗存的清代遗存各划为一期，分别为清代早、中、晚期，分属大昌古城遗址第四～六期，其间还根据层位关系和文化遗物早晚各自划分为年代更细化的分段，即第七～十段。

（2）B区第⑤层包含物为明代晚期，为B区第一期遗存。第④层出土"乾隆通宝"铜钱，年代上限则为清代乾隆年间，结合城墙的修建年代，下限为嘉庆九年（1804年），第④层之下打破第⑤层的遗迹有可能早至康熙、雍正年间。因此，B区第二期遗存包括第④层和第④层之下的遗迹，年代在清代早期（1644～1804年）。B区城墙（BC1）叠压在第④层之上，据清光

① 《清史稿·卷二百四十·列传二十七》，《清史稿·卷二百五十五·列传四十二》。

绪《巫山县志·城池志》记载："嘉庆九年，署县张椿请项修筑土堡三百丈，以资捍卫。设东南二城门，西北两炮台。"清代城墙为嘉庆九年（1804年）修筑，《巫山县志·城池志》："道光元年（1821年），被水冲塌数十丈。门楼炮台，陆续倒坍。四年（1824年），知县核佩芝捐廉补修完固。" 与城墙BC1同在第④层层表的系列遗迹应大致为嘉庆、道光时期遗存（1804～1850年），为B区第三期遗存。第②、③层及叠压其上的堆积，则为清代晚期咸丰、同治、光绪、宣统年间的遗存了（1851～1911年），为B区第四期遗存。

（3）大昌古城北城墙东段横贯D区北区北部，也分DC1上层、DC1下层两期，我们可以以此为标尺，建立D区北区遗存的联系，而且大型建筑（衙署）DF202与DC1上层处在同一层面，D区北区的横向标尺更为宽阔了。

D区城墙DC1与A区城墙AC2一样，同样的建造方法，同样的分上、下两期，同样的上下都是明代堆积，所以我们认为DC1上层等同于AC2上层，DC1下层等同于AC2下层，DC1下层和AC2下层建造于明成化七年，DC1上层和AC2上层建造于明正德七年。而与DC1上层同一层面的DF202也是明正德七年前后建造和使用的。

另外，我们注意到D区西区的DL5不仅建造考究，而且与D区北区的DF202（衙署）处在同一南北中轴线上，从层位关系来看，DL5的年代也与DF202同时，我们推断为DL5为DF202（衙署）之前的道路，这样也把D区北区和D区西区的层位关系建立了联系，整个D区的层位关系大致统一了。

综上所述，我们以大昌明清两座城墙为标尺，将修建于明代成化七年（1471年）至正德七年（1512年）的城墙及同一层面的遗存划为一期，编为第二期，定于明代中期，早于第二期的明代遗存编为第一期，定于明代早期，晚于第二期的明代至清初的遗存编为第三期，定于明代晚期至清初（康熙元年，1662年）。又将修建于清嘉庆九年（1804年）城墙及同一层面的遗存划为一期，编为第五期，定于清代中期，早于第五期的清代遗存编为第四期，定于清代早期〔康熙二年（1663年）至嘉庆八年（1803年）〕，晚于第二期的清代的遗存编为第六期，定为清代晚期。城墙BC1沿整个发掘区西南分布，为发掘区的地层堆积顺序提供了很好的参考标尺，而且BC1与AC1的建造方法完全一致，即先以石灰、黏土、砂石组成的三合土作为铺垫，铺垫层上两侧砌石，包石之间堆填渣土。而且上下均为清代堆积，我们完全有理由认为BC1与AC1为同一时期建造的同一城墙，即清光绪《巫山县志·城池志》所载嘉庆九年（1804年）城墙。"嘉庆九年，署县张椿请项修筑土堡三百丈，以资捍卫。设东南二城门，西北两炮台。"而BC1所叠压的第④层出土"乾隆通宝"。因此我们将嘉庆九年（1804年）所建城墙以及和城墙同一层面的遗存划为一期，早于或晚于嘉庆九年城墙及同一层面遗存的清代遗存各划为一期，分别为清代早、中、晚期，分属大昌古城遗址第四～六期，第七～十段。而A区第⑤层出土"大明年造"款青花瓷，第④层之下的遗迹以及与A区第⑤层对应的B区第⑤层可划为大昌古城遗址第三期，第五、六两段。按尹青兰、黄云鹏等人的研究，青花"大明年造"款瓷器，主要是景德镇地区瓷窑所烧造。"大明年造"款青花瓷，创烧于天顺末成化时期，历经弘治、正德、嘉靖、万历持续烧造，而尤以嘉靖、万历为流行的极盛时期[1]，则属明代晚期。

　　按照《夔州府志》和《巫山县志》等地方志的记载，大昌古城从明代成化年间开始修建，最后一次修建是在清嘉庆年间，其间发生过多次改建和修葺。我们在A、B两区发现有清代城墙，A、D两区发现有明代城墙，明代城墙在土城的基础上还加固成石包墙。因此我们首先需要根据建造方法联系各区发现城墙的对应关系，同一城墙的分期也就是始建和改建的认识和区分，还要根据层位关系和包含物和文献记载的修建年代相对应。

　　我们还认识到城墙修建或改建、重建后，一定是城址的繁荣时期，城圈内有大量的人口和频繁的活动，城内还是地方政权所在地，有衙署等官府建筑。当时城区内是一个活动中心，有一个活动面，会有大量的建筑建造在这个活动面之上。从地层学的概念来讲，这就是一个"地面"，从聚落考古的角度来看，这就是一个聚落。我们把这个"地面"上的遗迹当成一个时代的，是当时聚落的遗留。

　　我们通过两个三期城址，衙署和道路的横向联系，将整个大昌古城ABD三区建立了多种层位关系，如叠压、打破以及平行的关系。叠压打破是早晚关系，平行是大体同时的关系。如AC1等于BC1，AC2上层、下层等于DC1上层、下层，DC1上层，DF202的散水与DL1相连，DF202为官署建筑，与DL5在同一中轴线上，推测东北区DF202及附属的散水及DL1与西南区的DL5分别为同时期的衙署、署前路。因此，我们建立了全城自下而上的三个年代标尺，即第一个标尺DC1下层和AC2下层，第二个标尺DC1上层、AC2上层、DF202包括DL1、DL5，第三个标尺AC1和BC1。第一个标尺DC1下层和AC2下层推定为建于明成化七年的土城。第二个标尺DC1上层、AC2上层为正德七年加固的包石城墙。第三个标尺AC1和BC1为清嘉庆九年重建的城墙。三个标尺因城墙修建年代可考，而且全城分布，是大昌古城有序堆积中的三个环节，三个标尺上下之间的遗存则结合包含物予以推定。C区发掘面积小，只有第③层一个文化层，而且出土遗物少，根据层位关系和出土遗物推定为清代晚期，即第六期第十段。

　　除了以上三个年代标尺，我们还发现现今大昌古城的起始年代为明永乐初年（永乐元年为1403年）。本书第一章笔者有梳理考证，大昌自西晋建制以来到明初洪武年间，或曰县，或曰郡，或曰监，治所应设在今大昌镇北水口村。大昌县偶有兴废或徙治，其中宋端拱元年至嘉定八年（988~1215年）废大昌县，改属大宁监，治所徙至今巫溪县城厢镇凤凰山，治所不在今大昌一带有227年。嘉定八年还治大昌旧县，治所在水口监（今大昌镇北5千米有水口村）。从元朝至元二十年（1283年）撤销建制并入大宁州到明洪武四年（1371年）复置水口监，其间有88年的建制空白。洪武四年复置水口监，治所可能仍在今水口村一带。永乐初年（永乐元年为1403年）又复置大昌县，治所才迁徙在今大昌镇大昌村，也就是大昌古城所在地。

　　综上所述，本文对大昌古城遗址所做的文化分期，总共六期十段，大部分有具体年代，有些只能做大致推定。分期与年代作表六如下。

————————

　　① 尹青兰：《青花"大明年造"款瓷器的烧造年代》，《南方文物》1995年第1期；黄云鹏：《明代民间青花瓷的断代》，《景德镇陶瓷》1986年第10期；黄云鹏：《景德镇明代纪年墓出土的民间青花瓷》，《江西历史文物》1983年第3期。

表六　大昌古城遗址文化分期与年代表

年代	分期	分段	起讫年代	备注	文献
明代早期	第一期	第一段	1403～1471年	约从永乐初（永乐元年为1403年）至成化七年（1471年）	《嘉庆重修一统志》、清光绪《巫山县志·沿革志》："永乐初复置。"
		第二段			
明代中期	第二期	第三段	1471～1512年	成化七年（1471年）或弘治二年（1489年）至正德七年（1512年）	清光绪《巫山县志·沿革志》"明成化七年土筑。" 明正德《夔州府志·城郭》："弘治二年始筑土城。"
		第四段	1512～1572年	约从正德七年（1512年）至隆庆六年（1572年）	明正德《夔州府志·城郭》："正德七年知府吴潜、知县董忠麾砌砖石门三座，东曰朝阳，西曰永丰，南曰通济。周围二里许，计二百九十九丈。" 清康熙《巫山县志·城池》："明正德初年，知县董忠包石周二百丈。"
明代晚期至清初	第三期	第五段	1573～1647年	约相当于明万历元年（1573年）至清顺治四年（1647年）	据清光绪《巫山县志》，崇祯十七年（1644年），张献忠攻陷巫山县，清顺治四年（1647年）李自成部高以功、李过等攻陷大昌，执知县刘嘉增
		第六段	1647～1663年	清顺治四年（1647年）至康熙二年（1663年）	顺治七年（1650年），李自成部袁宗第占领大昌县康熙二年（1663年），四川总督李国英占领大昌县，袁宗第焚营
清代早期	第四期	第七段	1663～1804年	约从康熙二年（1663年）至雍正、乾隆年间至嘉庆九年（1804年）	其中康熙九年（1670年）废大昌县，并入巫山
清代中期	第五期	第八段	1804～1850年	约相当于嘉庆、道光年间	清光绪《巫山县志·城池志》："嘉庆九年，平定白莲教匪……署县张椿请项修筑土堡三百丈。"
清代晚期	第六期	第九段	1850～1911年	约相当于咸丰、同治、光绪、宣统年间	
		第十段			

第三章　文化遗迹

大昌古城遗址先后经历了四次考古发掘工作，每次考古发掘工作都有文化遗迹发现。四次考古发掘，大昌古城文化遗址共发现和清理了各类文化遗迹341处。

第一次考古发掘在2000年度于A、D两区进行。共发掘文化遗迹60处，其中A区24处，D区36处。首先在D区发掘了第一期部分城墙基址及其断面，还发掘房屋住址10处，其中A、D两处各5处，散水1处（D区），灰坑或窑穴30个，其中A区17个，D区13个，灰沟或排水沟11条，其中A区2条，D区9条，墓葬1座（D区）。

第二次考古发掘在2001年度于B区进行。共发掘文化遗迹76处，除发掘一段第二期城墙基址外，还发掘房屋基址17处、炉灶6座、路面1条、灰坑或窑穴43个、灰沟或排水沟8条。

第三次考古发掘在2002年度于A、D两区进行，共发掘文化遗迹108处。其中A区48处，D区60处。发掘了第一、二两期城墙基址三个段面，其中A区发掘第一、二两期城墙基址各一个段面。D区发掘第一期部分城墙基址及一个断面。还发掘了房屋基址14处，A、D各7处，炉灶2座（A区）、路面7条，其中A区5条，D区2条，灰坑或窑穴71个，其中A区28个，D区43个，灰沟或排水沟11条，其中A区4条，D区7条。

第四次考古发掘在2005年度于A、D两区进行，共发掘文化遗迹97处，其中A区47处，D区50处。共发掘第一、二期城墙基址各一个断面（A区），房屋基址5处，其中A区1处，D区4处，墙基18处（A区），炉灶8座，其中A区1座，D区7座，路面8条，A区5条、D区各3条，水井1口（A区），灰坑或窑穴40个，其中A区12个，D区28个，灰沟或排水沟14条，其中A、D两区各7条，墓葬1座（D区）。

现将四次考古发掘各类遗迹附表如下（表七）。

表七　大昌古城遗址历次考古发掘发现遗迹统计

发掘区域 年度	遗迹种类	城址（段面）		房址（处）	墙基（处）	散水（处）	炉灶（座）	路面（条）	水井（口）	灰坑或窑穴（个）	灰沟或排水沟（条）	墓葬（座）	小计（处）	合计（处）
		一期	二期											
2000	A区			5						17	2		24	60
	D区	1		5		1	2	4		13	9	1	36	
2001	B区		1	17			6	1		43	8		76	76
2002	A区	1	1	7			2	5		28	4		48	108
	D区	1		7				2		43	7		60	
2005	A区	1	1	1	18		1	5	1	12	7		47	97
	D区			4			7	3		28	7	1	50	
合计		7		46	18	1	18	20	1	184	44	2	341	341

在发现城墙基址7段中，从层位关系、包含物及建筑方法、形制特征等方面观察，明显有早、晚两期。即第一、二期城墙基址之分，并且两期城墙基址在相互重合的段面更能清楚地看到它们的叠压关系：如A区2002年T2512南壁剖面、A区2005年发掘区探方横剖面图，一期早于二期。因此，表中第一期城墙基址所发掘的四段城墙应为同一建筑遗存。第二期城墙基址所发掘的三段城墙亦为同一建筑遗存。表中所列的7段城墙基址的段面只代表二座城墙基址建筑遗存，这样更准确地说，四个年度大昌古城遗址共发现各类遗迹336处。

上述遗迹分布于A、B、D三个区域内，唯C区因发掘的区域或面积受限，无遗迹发现。现将各区遗迹列表于后（因第一、二期城墙基址是分跨各个区域的，故而我们在各区遗迹统计中暂未列入）。

A区经历了2000、2002、2005年三个年度的考古发掘工作，共发现和清理各类遗迹115处，其种类有房屋基址、墙基、炉灶、路面、水井、灰坑或窑穴、灰沟或排水沟等，详见表八。

表八　A区遗迹统计表

数量＼遗迹种类　发掘年度	房屋基址（处）	墙基（处）	炉灶（座）	路面（条）	水井（口）	灰坑或窑穴（个）	灰沟或排水沟（条）	小计
2000年	5					17	2	24
2002年	7		2	5		28	4	46
2005年	1	18	1	5	1	12	7	45
合计	13	18	3	10	1	57	13	115

B区只在2001年度进行了一次考古发掘，共发现各类遗迹75处。其中有房屋基址17处，炉灶6座，路面1条，灰坑或窑穴43个，灰沟或排水沟8条。

D区经历了2000、2002、2005年三个年度的考古发掘工作，共发现各类遗迹144处，其种类有房屋基址、散水、炉灶、路面、灰坑或窑穴、灰沟或排水沟、墓葬，详见表九。

表九　D区遗迹统计表

数量＼遗迹种类　发掘年度	房屋基址（处）	散水（处）	炉灶（座）	路面（条）	灰坑或窑穴（个）	灰沟或排水沟（条）	墓葬（座）	小计（处）
2000年	5	1	2	4	13	9	1	35
2002年	7			2	43	7		59
2005年	4		7	3	28	7	1	50
合计	16	1	9	9	84	23	2	144

下面我们按文化遗迹的类别分别加以叙述。

第一节　城墙基址

一、城址的调查、发掘与研判

　　大昌古城遗址经历了2000年的一次普遍踏查与勘探，2000～2002、2005年四次考古发掘工作，每次踏勘和发掘都有城墙基址及其附属设施的发现。

　　2000年9月进入大昌古城发掘之际，巫山县文化局提供了北京建工建筑设计院、中国文物研究所制定的《重庆库区巫山县大昌古城搬迁保护规划》初稿[1]，其中有1999年底测绘的大昌古城现状图等。我们首先对图纸进行了研判，进入现场后立即进行了野外踏勘，发现了古城西门和南门之间的城墙、整个城圈的走势、城圈东西两侧的自然冲沟和城圈北侧的宽壕沟，并根据地形判断北侧宽壕沟为人工挖凿而成，接下来对全城进行了洛阳铲钻孔勘探，由于城圈大部分地区有现代建筑以及地下堆积中有大量砖石，对城墙的钻探没有获取有益信息。

　　2000年10月开始的第一次发掘，主要为了解城墙的结构、年代、与护城壕沟的关系，我们选择在大昌古城东北部的D区布方，其中城内部分开5米×5米的探方13个，编号为DT0730、DT0731、DT0732、DT0830、DT0831、DT0832、DT0930、DT0931、DT0932、DT1031、DT1032、DT1131、DT1132；在城圈外护城河沟部分开5米×5米的探方5个，编号为DT0733、DT0734、DT0735、DT0736、DT0737，实际采用探沟式发掘，只发掘探方西部5米×2米的范围。D区发掘面积为325平方米。D区发掘时间为2000年10月5日至2000年11月22日。

　　2000年发掘有城墙、壕沟，以及疑似护坡的遗迹。其中城墙遗迹编为DC1。DC1横跨DT0732～DT1132及DT1031～DT1131七个探方，平面形状为长条形，基本呈正东西走向。该城墙分上、下两部分，以土筑为主，上层还辅以石包墙。七个探方揭露出的城墙长2400厘米，顶宽290厘米，底宽550厘米，残存高度97厘米。在DT0732～DT1132中，城墙的第①层夯土墙体为各方第①层耕土层和第②、③层所压，也早于第④层；城墙下层（堆砌的②～⑦层）被第⑤、⑥层所压。城墙东北角DT1131中有坡状鹅卵石路面出现，排列整齐，应为城墙转角处的护坡阶面。城墙北侧有城壕，即所谓"干壕沟"[2]，干壕沟内还发掘出有三条小壕沟。叠压在城墙上、下层之上的地层和遗迹，从出土遗物特征遗迹瓷器款识和带年款铜钱来看，均为明代晚期，当时推断DC1上、下层的建成年代应在明代晚期的嘉靖至崇祯年间[3]。

　　2001年度对城址的发掘则根据大昌古城的南门至西边表露的城墙走势，在B区沿城墙在其东北方向布方发掘，目的在于揭露这段城墙的结构、走向、年代，以及与城内堆积的关系。此次发掘共布探方100个，发掘面积2500平方米。发掘工作从2001年7月10日开始，至12月25日结束。

---

① 北京建工建筑设计院、中国文物研究所：《重庆库区巫山县大昌古城搬迁保护规划》，2001年。

② 季富政：《大昌古城踏勘综考》，《四川文物》1999年第5期。

③ 中山大学人类学系、重庆市文物局、巫山县文物管理所：《巫山大昌古城遗址发掘报告》，重庆市文物局、重庆市移民局编：《重庆库区考古报告集·2000卷》，科学出版社，2007年。

在B区的西南部发现城墙一段，编号BC1，全长大约95米。城墙两端各向古城南门及西门方向延伸。这段城墙南端自BT2003东壁起至BT0517止，呈东南～西北走向，微弧形。城墙体表露为现代人行道。城墙墙基以石灰、泥沙和糯米浆调和后铺垫形成，厚30厘米、宽150～200厘米。城墙墙体宽150～180厘米，现存高度约30厘米，两侧采用大型石灰岩石块砌筑，中间填土夯紧。墙基北侧地面铺一层小卵石，宽约60～100厘米，卵石面大部已遭破坏，应为城内道路遗迹。

B区地层堆积比较一致，基本分为五层，从BT1904的西北剖面可以观察到墙基叠压在第③层下并打破④层。第④层出土"乾隆通宝"铜钱和"大清乾隆年制"款识瓷器，第③层出土"大清道光年制"款识的瓷器，当年年度报告结合《巫山县志》记载[①]，判断BC1当为清代嘉庆九年（1804年）修筑[②]。

2002年10月21日至12月17日，中山大学人类学系对大昌古城遗址进行了第三次发掘。此次发掘共布5米×5米探方80个，发掘面积2000平方米。发掘分别在四个点进行，其中两个点发现有城墙遗迹。A区布方32个，发掘面积800平方米，发掘时发现AC1、AC2两处城墙，并在2012年的室内整理中判明第三处城墙遗迹，编为AC3。D区三个点中，只有北部发掘区专为探明城墙东北转角处的结构而布方发掘，该区布方17个，发掘面积425平方米，清理出城墙遗迹DC1上、下层。

A区城墙　共三处，分别编为AC1、AC2、AC3。

AC1，位于AT2510、AT2511、AT2610和AT2611，南北向，保存墙基及墙体下部。城墙墙基叠压于第④层下，打破第⑤层，揭露出长度900厘米，现存宽270、厚15厘米。墙基以石灰、石块、砂及糯米浆浇铸而成，结构紧密而坚硬。城墙墙体残留部分高20～30厘米，叠压于城墙垫基层之上，采用石灰岩垒砌，以三合土粘连。

AC2，位于AT2510、AT2511、AT2512、AT2513、AT2610和AT2611，南北向，开口⑥层下，叠压在G5、G6、AC3之上。揭露的墙基长度19米以上，现存宽340、残存宽度14～60厘米。其建筑方法是，先于两侧挖一深约10余厘米深的浅槽，铺上一层石灰岩石板，再在其上以青砖砌起包墙，中间填黄土夯紧。东侧包墙仅留下一层石板，西侧包墙保存砖墙残高14～60厘米。城墙两侧各有一条卵石路面（AL3、AL4），与城墙东西两壁连在一起，城墙外侧路面AL4之下还有一层垫土，垫土之下另有路面AL5。

AC3，AC3在AC2之下，被AC2所覆盖。AC2发现有大面积的砖石包墙、夯筑墙体及两侧的卵石路面。我们意图保存这段重要遗迹，因此只在AT2410～AT2610南部辟出2米宽探沟进行解剖，AC2之下的堆积按第⑦～⑨层进行了清理。2012年7月报告编写期间，发现AC2之下的三层堆积呈梯形结构，两侧有深沟AG5、AG6。B区的BC1有上、下两层，上层为石包夯土

---

①　"嘉庆九年，平定白莲教匪。参赞德楞泰，以地当要隘，会同经略额勒登保，总督勒保，奏设守备营武，署县张椿请顶修筑土堡三百丈，以资捍卫。设东南二城门，西北两炮台。"（清）李友梁等纂：《巫山县志·卷四·城池志》，巫山县志编纂委员会重印，1988年。

②　中山大学人类学系、重庆市文物局、巫山县文物管理所：《巫山大昌古城遗址第二次发掘报告》，重庆市文物局、重庆市移民局编：《重庆库区考古报告集·2001卷》，科学出版社，2007年。

墙，下层为堆土堆积，而A区的BC2结构与BC1上层结构近似，而无BC1下层的堆土堆积，因此判断AC2之下的梯形堆积第⑦～⑨层为BC1下层堆土堆积相同的城墙遗迹，编为AC3。2005年A区AC2之下亦有深沟存在，与G5走向相连，表明AC3继续向北延伸，不是孤立的现象。

D区城墙　DC1上、下层为走势吻合，仍整体进行清理。

DC1，位于D区北部发掘区的东北部，两端均延伸至发掘区以外，横跨DT1231、DT1530等9个探方，呈西北～东南走向，为城墙的东北拐角。上层的石包墙已于③b层下露头，上层的夯土墙体及下层的堆筑墙体被第④层所叠压。上层为梯形夯土墙体及两侧的石包墙。下层发掘时称为城墙基础，平面形状呈弧形，面积为61.6平方米，长2200、上宽280厘米。基面距地表30厘米，保存高度自基脚至基面约120～150厘米。底宽515～550厘米。墙基垫土为三层：①层黄色黏土，紧密，经夯打，夯层厚6～10厘米，平夯，未见夯窝。②层灰白土，紧密硬度大，面上平滑，有明显灰白痕迹，经夯打。③层黄褐土，致密近坚硬，未经夯打。

城墙内侧有护坡，宽160厘米，经夯打，夯层厚8～12厘米，面上铺一层卵石。城墙两侧用条石砌筑，大部分已被破坏，现存较好的段落仅见两层条石。每块长短不一，长20～85、宽25～45、厚16～20厘米不等。每块条石面上均凿有凹凸不平的条纹，以便两石面之间互相扣紧不易滑动。另外，上层石块面上凿有一凸面，宽13～14、高5厘米，也是为使上、下石块互相咬合，起稳固作用。

城墙垫土②层出土明代瓷碗圈足一件，双耳罐一件及数块瓷片和陶片。

根据城墙层位关系及出土物特征，可以确定该城墙为明代遗迹。

2005年发掘，A区的发掘区南距2002年A区发掘区15米，本次发掘开5米×5米探方28个，发掘面积700平方米，发掘工作从10月25日开始至12月18日结束，清理出地层堆积单位8个，遗迹单位47个。其中揭露城墙2处AC1、AC2，另覆盖在AC2之下的AC3露出城外侧壕沟[①]，AC3亦是根据2002年AC3的确定判断出来的。

AC1分布于AT2517～AT2519，AT2617～AT2620七个探方内，与西面的AC2相并行，相距约280～320厘米。所揭示的墙体平面呈南北走向的长条形，方向5°左右。现有墙体和墙基上、下两部分，城墙仍由三合土奠基，墙体用石块垒砌两侧外墙，中间填以砖块、石块、杂土等。墙体位于耕土层下，距地表深仅30厘米，而墙基被第②c层和③层所压，建筑在探方第④层和早期城壕（AH206）之上，所揭示的一段城墙长1900、宽220、残高20～90厘米。在城墙墙基的两侧筑有内外护坡路面，并有排水沟一条，它们与墙基不仅具有相同的层位关系，而且在平面位置上还存在着密切的组合关系，是附属于该城墙的建筑遗存。

AC1与2002年AC1层位、走向一致，仅相距15米，应为同一城圈的东城墙，与2001年B区发掘的BC1层位、建造方法亦相同，应为同一城圈。

AC2　位于AT2417～AT2420，AT2517～AT25208个探方内，墙基平面为南北走向的长条形，系大昌古城的一段，方向4°左右。它叠压在第⑤层之下，打破第⑥～⑧层，距地表深120厘米，残存墙基仅1～3层条石。有的地段已没有条石。已揭示的墙基长1900厘米、宽360厘

---

①　中山大学人类学系等：《2005年巫山大昌古城遗址发掘报告》（待刊）。

米、残高15～32厘米。

在城墙基的内外两侧筑有内外护坡路面（AL201、AL202），并发现穿城而过的排水沟一条（AG205），城墙外侧还发现壕沟AG206。它们与墙基有着相同的层位关系，而且在平面位置上还存在密切的组合关系，是附属于城墙AC2的建筑遗存。

我们当时推定其建成年代为明代中期的成化年间，毁于明末和清代初年，应该是就整个明代城墙的年代而下的结论。

在对AC2城墙局部解剖时，发现AC3在AC2夯土城墙基之下，城址外侧，我们发现另有斜向护坡和深壕沟，壕沟上层编为第⑦层，壕沟下层编为AG207。但临近工作结束，加上当时未对AC3有明晰认识，AC2夯土城墙基之下的堆积就认为与城内堆积一致而相连了。

总之，2000、2001、2002、2005年总共4个年度发现了9处城墙基址段面，从层位关系、城墙建造方法等分析，分属不同年代的三期城墙基址建筑及附属的城壕、道路，其中第一、二期城墙基址发现于A、D两区，第三期城墙基址发现于A、B两区。换言之，A区发现全部三期城址，B区仅见第三期城址，D区发现第一、二期城址。

二、第一期城墙基址

第一期城墙基址建筑遗存经2000、2002、2005年三个年度的发掘，在A、D两区共发现了四处段面，A、D两区各两处。其中2000、2002年度在城址东北部D区的发掘区连成一片，已将两个年度所揭示的城墙相连。另外，两次发掘都是将第一、二期城墙整体清理的，编号为DC1，而再将一、二期城墙分别称之为DC1下层和 DC1上层。而A区的第二期城墙保存较好，为保留这段城墙，因此只进行了局部解剖，当时对第二期城墙之下的第一期城墙并未形成明晰的认识，是在2012年7月总报告的编写中判断出来的。现分区叙述第一期的城墙基址。

1. DC1下层城墙基址

位于城址东北部拐角，分别于2000、2002年发掘，横跨2000年度的DT0732～DT1132及DT1031～DT1131七个探方，2002年度的DT1232～DT1332、DT1231～DT1531、DT1430～DT1530及DT1529九个探方。2000年发掘部分属城址的北城墙，基本属正东西走向（图四七），2002年发掘部分属城墙东北角的弧形拐角，往南则被破坏。揭示部分顶宽290厘米，底宽550厘米，残存高度97厘米（图四八）。DC1上、下层走势一致，上下相连，因此发掘时并未分开，当成了同一城

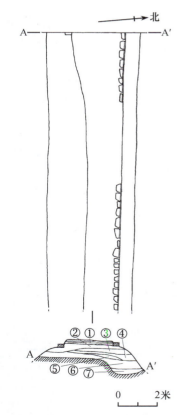

图四七　2000年D区第一期城墙
DT0732～DT0932、DC1平、剖面图

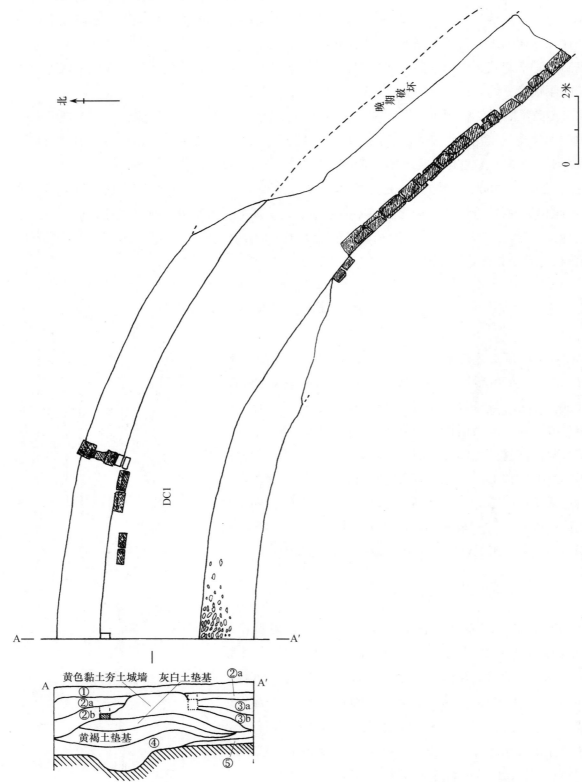

北↑

晚期破坏

DC1

A————————————A'

黄色黏土夯土城墙　灰白土垫基

A ①
②a
②b

②a
③a
③b

黄褐土垫基 ④

⑤

A'

0　　　　2米

图四八　2002年D区第一期城墙DC1东北拐角平、剖面图

址的修建、增补过程。DC1下层城墙基址其上为DC1上层城墙基址，即DC1第①层夯土墙体和石包墙，两侧为探方第⑤、⑥层所叠压，其下为生土。

（1）城墙

2000年发掘的DT0732西壁剖面显示，DC1②～⑦层均为黏土堆砌。依次分别为黄色、褐黄色、灰色、褚黄色、灰褐色、灰色。第⑦层为清理基础后的垫土，第⑥层为整个城墙的墙基，②～⑤层则为城墙的墙体，在基础之上的逐渐增高部分，堆砌时由城墙外侧向内侧略微倾斜。

（2）护坡

主要由青碎石夹杂夯土组成，宽约130厘米，从城墙包石处呈坡状下滑。城墙东北角DT1131中有坡状鹅卵石路面出现，排列整齐，应为城墙转角处的护坡阶面。

（3）城壕

即护城河，在城墙下的大城壕即干壕沟中有三条小壕沟，其中DG4直接打破DC1下层，在DT0733内，宽210、深55厘米，长度不详，沟内填土为黄褐色黏土和砖瓦层两层。推测该小壕沟DG4与DC1下层有密切关系。

2. AC3城墙基址

2002年度在A区发掘出AC2城墙基址，AC2发现有大面积的砖石包墙、夯筑墙体及两侧的卵石路面，我们意图保存这段重要遗迹，因此只在AT2410～AT2610南部辟出2米宽探沟进行解剖，AC2之下的堆积按第⑦～⑨层进行了清理。2012年7月报告编写期间，发现AC2之下的三层堆积呈梯形结构，两侧有深沟AG5、AG6。B区的BC1有上、下两层，上层为石包夯土墙，下层为堆土堆积，而A区的BC2结构与BC1上层结构近似，而无BC1下层的堆土堆积，因此判断AC2之下的梯形堆积第⑦～⑨层为BC1下层堆土堆积相同的城墙遗迹，编为AC3。2005年A区AC2之下亦有深沟存在，与G5走向相连，表明AC3继续向北延伸，不是孤立的现象。

2005年度发掘AC3 在对AC2城墙局部解剖时，在AC2夯土城墙基之下，城址外侧，我们发现另有斜向护坡和深壕沟，壕沟上层编为第⑦层，壕沟下层编为AG207。但临近工作结束，加上当时未对AC3有明晰认识，AC2夯土城墙基之下的堆积就被判断为与城内堆积一致而相连了。

（1）城墙

在解剖AT2610～AT2410南壁时发现三层堆积，后确认为城墙墙体。呈梯形，上宽389、下宽686、厚164厘米（图四九）。

AC3①（原第⑦层）：灰褐色黏土，含少量草木灰，紧硬。上宽389、下宽586、厚25～57厘米。出少量草叶纹青花瓷片、白瓷片、黄釉陶片等。

AC3②（原第⑧层）：深灰色黏土，含少量草木灰，紧硬。上宽586、下宽643、厚32～39厘米。出少量白瓷碗口沿、圈足，釉陶罐口沿残片。

AC3③（原第⑨层）：黄褐色灰斑黏土，含零星草木灰，紧硬。上宽643、下宽686、厚57～78.5厘米。出零星陶片颗粒。

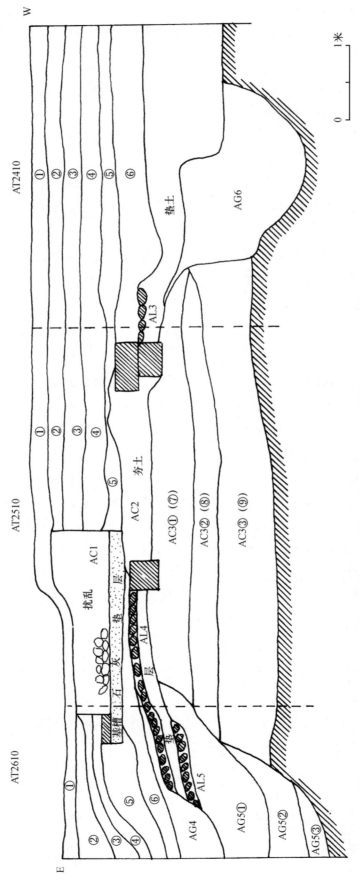

图四九　2002年第二期城墙AC1层位（AT2610～AT2410）剖面图

（2）护坡

2005年发掘区AC3外侧的护坡堆积，似属城外侧壕沟内堆积的一部分。

（3）壕沟

2002年在AC3西侧即内侧发现AG6，外侧即东侧发现AG5。2005年为保存AC2，未清理AC3及其城内侧，在AC3外侧即东侧发现AG207，AG207其上的第⑦层亦应属AG207的上部堆积。AG207与AG5应属同一遗迹。

AG5　AG5位于AT2610内，叠压于AL5下，打破AC3的第①～③层（即原探方AT2510所编第⑦～⑨层）及生土层。沟口地表深度为200厘米。AG5为南北走向，沟口平面形状为长条形，弧壁，圆底，无特殊构造。沟口仅揭露南北长200、宽240、沟口至沟底深190厘米。沟内堆积为三层。第一层黄褐色土，较硬，呈块状，出有青花瓷片。第二层灰褐土，土质疏松，亦呈块状，含草木灰、夹石灰颗粒、砾石块等，出有草叶纹青花瓷圈足、釉陶罐碎片。第三层灰色淤土夹褐土，土质较湿润，松软，呈块状，出有白瓷碗口沿、碟底、黄釉硬陶罐等。

AG207　开口于⑥层下，打破第⑦层。护坡呈长条形弧壁，圆底略平。灰黑色淤土，南北走向。出有青花瓷片和汉代绳纹瓦残片。

AG6　条形弧壁，较为平整底。一层堆积，灰色黏土，松软，呈块状，含草木灰、石块等。出有草叶青花纹瓷片、白瓷碗残片、陶片。可能为明代中期排水沟。

三、第二期城墙基址

1. DC1上层城墙基址

与第一期城墙基址DC1下层相同，位于城址东北部拐角，分别于2000年、2002年发掘，横跨2000年度的DT0732～DT1132及DT1031～DT1131七个探方，2002年度的DT1232～DT1332、DT1231～DT1531、DT1430～DT1530及DT1529九个探方。2000年发掘部分属城址的北城墙，基本属正东西走向，2002年发掘部分属城墙东北角的弧形拐角，往南则被破坏。所揭露的DC1城墙上、下层顶宽290厘米，底宽550厘米，残存高度97厘米。DC1上、下层走势一致，上下相连，因此发掘时并未分开，当成了同一城址的修建、增补过程。DC1上层城墙基址即DC1第①层夯土墙体和石包墙，为各方第①层耕土层和第②、③层所压，和其一侧的第④层属平行关系，但第④层年代应略晚。

（1）城墙

DC1上层在DC1城墙下层之上，由夯土墙体和大石块组成的石砌护墙组成（图四八；图版八，1）。

夯土　编为DC1第①层。颜色不一，可分为黄色、黄褐色、灰色、赭黄色四种，皆为较坚密的黏土。夯土厚度为6厘米，有9层。夯窝为圆形棍夯，直径为6～7厘米。

石砌护墙　城墙主体以土垒为主，但夯土两边铺有大块城墙石，残存36块。这些城墙石为石灰石质，大小不同，大致尺寸为长200～300厘米，宽100厘米。城墙石上有黏合的石灰残余，可见城墙石不止一层。

（2）城壕

在城墙下的大城壕即干壕沟位于城圈北部，近似长方形，东西约长167米，中部最窄，约9米，东部稍宽，最宽处约18米，西部最宽，约35米，壕沟南部即靠北城墙处最深，为1.3米，北部略浅，约1.1米。发掘后，壕沟内发现有三条小壕沟：推测其中紧邻DC1下层城墙的小壕沟DG4其有密切关系。大城壕即干壕沟可能为DC1上层城墙使用时期的扩建，另两条小壕沟在大壕沟之内，一条在DT0732邻方DT0733、DT0734内出现，距城墙350厘米，编号为DG3，宽520厘米，深100厘米，长度不详，沟内填满砖瓦片及大石块；另外一条在DT0735、DT0736内分布，编号为DG2，长500厘米，宽200厘米，深21厘米，沟内砖瓦块较多。

2002年11月8日至12月8日期间，在D区北部发掘区的东至北面探方中发现了一段城墙墙基，它横跨DT1231、DT1232、DT1331、DT1132、DT1431、DT1430、DDT1530、DT1429、DT1529几个探方，编号为DC1（图四九；图版八，2），墙基两端均延伸至发掘区以外地域。它开口在③b层下，打破④层直至生土。此段城墙墙基呈东南至西北走向。墙基的北部及东边都紧邻低洼地。DC1墙基形状呈弧形，其面距地表深30厘米，墙基长2200、宽280厘米，面积为61.6平方米，保存高度自基脚至基面约120～150厘米。

墙基剖面形状似不规则梯形，底宽515～550厘米，墙基垫土分三层：第一层黄色黏土，结构紧，密度大，黏性高，且经过夯打，夯层厚6～10厘米，平夯，未见夯窝；第二层灰白土，紧密硬度大，面上平滑，有明显灰白痕迹，经夯打，出土瓷圈足碗、双耳罐各1件，另出有陶瓷片多件；第三层黄褐色土，致密而坚硬，未经夯打。

石包墙：夯土城墙侧面用条石砌成，大部分所砌条石已被破坏取走，现残存较好的段面仅见两层条石。每块条石长短不一，长20～85、宽25～45、厚16～20厘米不等。每块条石面上凿有凹凸不平的条纹，上面一块石头面上凿有凸面，凸面宽13～14、高5厘米，以便两块石面之间互相扣紧，不易滑动。

石墙之间填黄色黏土，质地坚硬，结构致密，经夯打，夯土厚6～10厘米，未见夯窝，夯层平滑。

城墙内外侧均有护坡，外侧护坡已破坏殆尽。内侧护坡宽度160厘米，护坡土层亦经过夯打，夯层厚8～12厘米。最上面铺一层不规则的卵石路面。

2. AC2城墙基址

AC2城墙基址均为大昌古城东南部的城墙，分别于2002年和2005年分两段揭露。

2002年11月6日至11月21日期间，在A区发掘区东北角的探方中被揭示出来，它跨越AT2513～AT2510、AT2610、AT2611六个探方，编号为AC2，城墙墙基为南北走向，开口于第⑥层下，打破第⑦层。揭露长度南北跨4个探方，长度19米，宽3.4、残存高度0.14～0.6米（图五〇；图版八，3）。

关于城墙墙基的建筑方法是先在基址两侧挖一深约10余厘米的浅槽，在槽里铺上一层石灰石板，再在其上以青砖砌起包墙，中间填满黄土夯紧。东侧包墙仅留下一层石板，西侧包墙保存砖墙残高14～60厘米。城墙填土中，含有少量釉陶罐、缸及陶灯座、花面砖残片，还有白

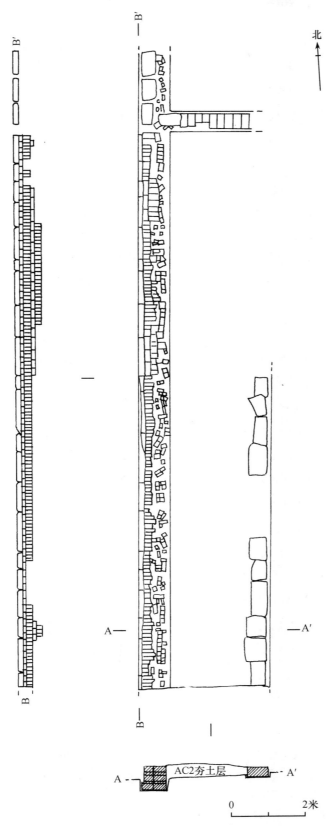

北

AC2夯土层

0   2米

图五〇　2002年A区第一期城墙AC2平、剖面图

瓷、青釉瓷等残片。

城墙两侧各有一条卵石路面，分别编号为AL3、AL4，与城墙东西两壁连在一起。

城墙AC2的内侧道路AL3位于AT2410~AT2412的东部和AT2510~AT2512的西部，东边与AC2相连。AL3叠压在探方第⑤层下，第⑥层之上。

AL3平面为长条形，路面用砾石作侧立扁状平铺，大部分砾石排列作条状并列，局部较为杂乱。跨中部已毁坏。路面由东向西倾斜。所用砾石为扁圆体形，大小不等。路面宽180~220、厚24~28厘米，已揭示出来的长度为7.25厘米（图五〇）。在砾石下面有垫土层，灰色夹黄斑黏土，较硬，呈块状，纯净，厚15~20厘米。AL3东面与城墙AC2相连。应为AC2的附属设施。它们都属于同一层位，为同时期遗迹，有保护城墙墙基的作用，也可便利交通。

城墙AC2的外侧道路AL4位于AT2510、AT2511的东部、AT2610、AT2611的西部，其西面与AC2相连。叠压于探方第⑤层下，而又压在AL5之上。

AL4平面呈长条形，路面用砾石作侧立扁状平铺，局部铺成"人"字纹，路面西边与城墙相连。较整齐，其东面边缘遭毁，参差不齐。路面由东向西倾斜。所用砾石为扁圆体形，大小不等。路面宽220~250、厚30~36厘米，已揭示的路面长度为900厘米（图五一）。在砾石层下面有黄色黏土铺垫，厚约10厘米，黄色黏土层下有垫土层，厚14~17厘米。以碎砾石平铺而成，均无包含物。AL4西边紧靠AC2，同属一层应为AC2的附属设施，实为同一时期的文化遗迹，有散水、保护城墙墙基的作用，也可便利交通。

2005年A区的发掘区在2002年A区发掘区之北5米。

2005年11月10日至12月12日，在A区东部的探方发掘中发现了一段城墙墙基，它横跨AT2417~AT2420、AT2517~AT2520几外探方中，编号仍为AC2，墙基平面为南、北走向的长条形，方向约为4°，叠压在探方第⑤层下，打破第⑥~⑧层，距地表深120厘米，由于破坏的作用，残存墙基的条石仅1~3层，有的地段已没有条石。已揭示出来的墙基长1900、宽360、残高15~32厘米（图五一；图版九，1）。

关于城墙墙基的建造方法：首先在墙基下方挖出长方形基槽。基槽宽75~100、深70厘米。将基槽整平夯实后，再用大小条石分层错缝顺砌内、外两道墙基，在两道墙基之间充填黄色和灰色黏土，并夯打结实，夯层厚8厘米，夯窝不清。砌用墙基的条石一般长30~110、宽30~60、厚10~20厘米。在两道墙基之间充填的黏土中夹有少量的青花瓷片，还出土有一种较

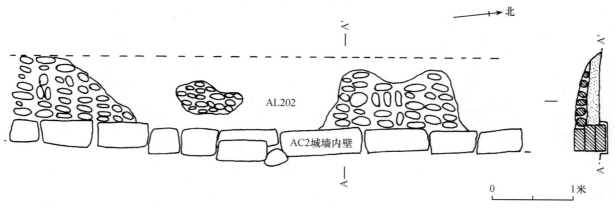

图五一　2005年AC2内侧护坡AL202平、剖面图

为完整的青花瓷碗，碗心用青花书有四个"永"字。

在城墙墙基的内外侧筑有内外护坡路面，并发现排水沟一条，与墙基有着相同的层位关系，而且在平面位置上还存在着密切的组合关系，是附属于第一期城墙的建筑遗存。

AL202，城墙墙基（AC2）的内侧护坡。由于毁坏的原因，现仅分布于AT2417～AT2420几个探方内。位于城墙墙基的西侧而紧靠墙基，并与之平行。叠压在探方第⑤层下，打破第⑥层。护坡平面呈长条形斜坡状，坡面东高西低，由东向西略有倾斜，坡度约为10°。坡面以卵石铺就。用8～25厘米长的、大小不等的卵石侧立镶嵌于黄土路基上，黄土路基厚30厘米。黄土路基之下又用砖块、石块填筑垫土层。垫土层厚30～50厘米。护坡路面保存不好，尚存仅零星三段，最长的一护坡长330、最宽处350厘米（图五一）。

AL201，城墙墙基（AC2）的外侧道路，分布于AT2517～AT2520几个探方内，位于城墙墙基东侧而紧靠墙基，并与之平行。叠压在探方第④层下，打破AG207，其形状与结构基本上与AL202相同。护坡平面呈长条形斜坡状，坡面西高东低，坡度约为10°。坡面以卵石铺就。用8～30厘米的、大小不等的卵石侧立镶嵌于红土路基上，红土中掺有许多小卵石，红土路基厚40厘米，已揭示的护坡路面全长2850、残存最宽处310厘米。路面填土中出土少量明代青花瓷碗残片（图五二；图版九，1）。

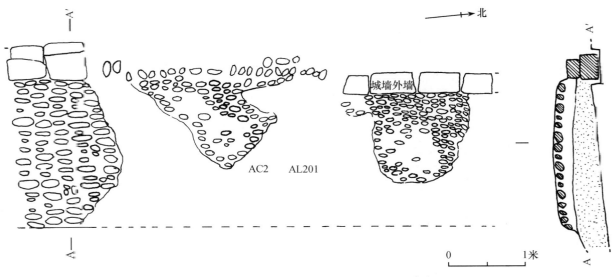

图五二　2005年AC2外侧护坡AL201平、剖面图

城墙墙基的内外护坡起作散水、保护墙基和便利交通的作用。

AG205，城墙排水沟。位于AT2517内，沟口平面呈东西走向的长条形，开口在探方第五层下，打破墙基填土向东叠在墙基条石之上，并与墙基垂直，横穿外侧护坡AL201向外排水。排水沟全长340、外宽15、内宽10、内深16厘米（图五三）。

排水沟AG205的砌筑方法是先开沟槽，沟槽全长340、宽30、槽口至槽底深25厘米。沟的两侧壁为青砖顺向侧立砌筑，沟底用卵石铺就。沟口有青砖平铺顺盖。完整的青砖长35、宽15、厚10厘米。

城壕：编号为AG206，仅在AT2620内解剖了城壕的一个段面。位于AC2的东面，西距城墙

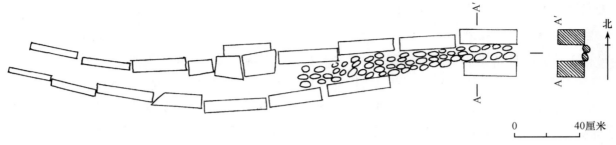

图五三　2005年AC2排水沟AG205平、剖面图

墙基400厘米，开口在探方第④层下，打破AG207，沟口距地表深120厘米。

城壕是在地面上开凿而成，沟壁为斜坡状，沟底下凹，所揭示的城壕一段长200、宽340、沟口至沟底深175厘米。城壕内填土分两层：第一层为灰色淤积土，厚0～75厘米，土质松软，内夹有青、红砖渣和布瓦碎片；第二层为灰褐土，厚0～120厘米，土质较松软，内含较多的砖瓦碎块和石块，有青花瓷碗、盘残片及坩埚、铁片出土。

通过以上第一期城墙墙基四处段面的揭示和解剖，让我们对大昌古城遗址第一期城墙的墙基、墙体及其附属建筑遗存有了一个基本的了解。尽管这四处段面受到发掘面积等的限制，所揭示的情况及收集到的资料并不完全相同，但其基本的结构是完全清楚的。

考古发掘资料告诉我们：大昌古城遗址第一期城墙建筑遗存是由墙基、墙体、内外护坡、排水沟及城壕构成。

墙基及墙体：首先在墙基的下方挖出长方形基槽，在槽内铺上一层石板或者直接将基槽整平夯实，或是整平基石下的垫土，再将墙基土层夯实。再用大小条石在墙基两侧分层错缝堆砌石包墙，并以石灰用粘合剂，或者以青砖砌起包墙，两道砖墙之间填以黏土夯紧而形成墙体。在用条石所砌的墙体中，每块条石面上凿有凹凸不平的条纹，以便上下两块石面之间互相咬合，起到稳固作用。

城墙内外两侧护坡：坡面多用卵石侧立镶嵌形成，下面有垫土层，也有局部用青碎石夹夯土筑成，坡面都有一定的倾斜度，起作散水、保护城墙、方便交通的作用。

排水沟：仅在A区的2005年度解剖城墙墙基的段面上发现1条，位于城墙墙体下方，打破墙基填土，与城墙呈垂直方向。向东叠压在墙基条石之上，横穿外侧护坡，向外排水。

城壕：A区在2005年度考古发掘时解剖了一段，位于AC2的东面，西距城墙墙基400厘米，一般是在地面上开凿而成。沟壁为斜坡状，沟底下凹，所揭示的一段壕沟长200、宽430、沟口至沟底深175厘米，这远比一般排水沟宽大而深，才能起到护城河的作用。

通过我们对大昌古城遗址的第一期城墙基址四处段面的发掘和解剖，对第一期城墙基址的走向、形状与分布范围有了一个大致的了解，它与第二期城墙基址的形状和范围有其相似和相近的特征，并参照、结合历史文献《巫山县志》的记载，可以大致上复原第一期城址的框架，它是一座近似圆形的"袖珍古城"。

这里需要特别提示的是：前面所述的2002年度中，第二个城墙段面编号这AC2，开口于探方第⑥层下，打破第⑦层；第三个城墙段面编号为DC1，开口探方第③b层下，打破第④层，我们根据2002年度A区和D区探方地层对应关系，认为编号DC1和编号AC2具有相同地层的层位关系，而且并按照两处城墙墙体的结构、走向也能连为一体，因此，DC1与AC2实为第一期城墙墙基的同一建筑遗存。

四、第三期城墙基址

第三期城墙基址的基本特征是宽仅150～180厘米，三合土墙基、外侧包石、墙内填充砖石杂土，垂直墙体等。该期城墙基址经2001、2002、2005年度三次在A、B两区共三处段面的清理发掘。

1. BC1城墙基址

2001年7月10日至12月25日，在B区的南部和西南部发掘并清理了一段城墙基址，编号为BC1，城墙两端分别向南门和西门方向延伸，这段城墙南端自BT2003东壁起至BT0517止，呈东南至西北走向，微弧形，城墙残存墙基及墙体下部，城墙体表露，为现代人行道（图版九，2）。从BT1904的西壁剖面可以观察到墙基叠压在探方第③层下，而打破第④层（图五四）。

城墙墙基以石灰、泥沙和糯米浆调和后铺垫而成，厚30、宽150～200厘米。墙基北面铺有一长条小卵石，卵石表面大部分已遭破坏。

城墙墙体宽150～180、现存高度约30厘米。两侧采用大型石灰岩砌筑，中间填土夯紧。

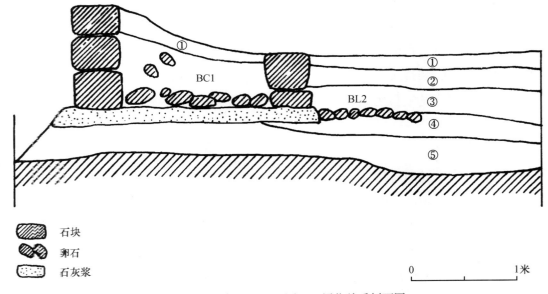

石块

卵石

石灰浆

0　　　　　　1米

图五四　2001年BT1904西壁BC1层位关系剖面图

2. AC1城墙基址

AC1城墙基址分两次在2002、2005年发掘，相距仅5米。

2002年11月3日至17日，在A区东部偏南，位于AT2510、AT2511、AT2610、AT2611探方内发现了一段城墙墙体下部，编号为AC1从AT2510和AT2610南壁剖面上可以观察到，城墙墙体被后人挖走后形成的沟槽开口探方第一层下，在沟槽底部见到墙体的残留部分直接叠压在城墙墙基之上，厚约30厘米（图五五；图版九，3）。一层下的沟槽已被填满。土质土色与探方层位基本相同。

城墙墙基平面呈长条形，为南北走向，叠压于探方第四层下，打破第五层，墙基以石灰、石块、砂、糯米浆浇灌而成，结构紧密而坚硬，宽270、厚15厘米，长度在900厘米以上。

城墙墙体残留部分高20～30厘米，叠压在城墙垫基层之上，采用石灰岩垒砌，以三合土粘连。

2005年10月25日至12月18日，在A区东部，即AT2517～AT2519、AT2617～AT2620几个探方内，揭示了一段城墙，编号为AC1，与西南方向的第一期城墙基址AC2相平行，相距约280～320厘米（图五五；图版九，1）。所揭露的城墙墙体平面呈南北走向的长条形，应为第二期城墙的一段，方向约为5°，现有墙体和墙基上、下两个部分。墙体位于耕土层下，距地表深30厘米。而墙基被第②c和第③层所压，建筑在探方第④层和明代城壕（AG206）之上。所揭示的一段城墙长1900、宽220、残高20～90厘米（图五五）。

关于城墙墙基的建筑方法：首先将第一期城址附属的城壕AG206用石块和泥土填平，然后在填土和探方第④层上挖出基槽，基槽长同城墙墙基、基槽宽430、深60～80厘米，再在基槽内用夹板装三合土（石灰、砂浆等）夯打结实，形成垫基层，垫基层宽260～280、厚25～40厘米（图五六），最后在垫基层上用石块分层砌筑内外两面墙体，在内外墙体之间充填断砖、石块及石灰浆等，筑成宽130、厚25厘米，质地坚硬的下层，而与内外墙体中的第一层石块形成一个整体，最后再在此层之上填以黄灰色黏土，夯实。使之坚硬，其夯层与夯窝已不清楚。现残存内外墙体上的石块也只有两三层（图五七）。

城墙墙体的填土中出有少量明清时期的青花瓷片。

AC1城墙墙基的两侧筑有内侧护坡AL205、外侧护坡AL204，并有一条排水沟AG201，它们与城墙墙基具有相同的层位关系和密切的组合关系，是第二期城墙基址AC1的附属建筑遗存（图五八）。

AL205城墙墙基内侧护坡，位于墙基的西侧而紧靠墙基，并与之平行。叠压于探方第③层下，打破第④层。护坡路面呈南北走向的长条形，用炭粒和砖块筑成，质地坚实，坡面斜度不太明显，其长度与墙体相同，残宽仅60、厚5～10厘米内含少量明清时期的青花瓷片。

AL204，城墙墙基外侧护坡。位于墙基的东侧而紧靠墙基，并与之平行。其东面与AG201排水沟相连。叠压在探方第②c层下，打破第④层。护坡的形状、材料结构及构筑方法与AL205完全相同。护坡路面斜度为3°。长度与墙体相同，宽150～180、厚5～10厘米，内含少量明清时期的青花瓷片。

AG201排水沟，位于AT2617～AT2619内，在城墙墙基外侧护坡AL204的东面而紧靠A204，并与之平行。开口探方第②c层下，打破第④层。沟口距地表深45～55厘米。

该沟的建筑方法是先开挖沟槽，这次所揭示的沟槽长1150、宽40、槽口至槽底深25厘米。再在沟槽的两侧用卵石和少许青砖采用单、层排列砌成。所用卵石长宽约30～40厘米。所构筑的排水沟沟口平面呈南北走向的长条形，沟壁竖直，平底，所揭示的部分沟长1150、宽

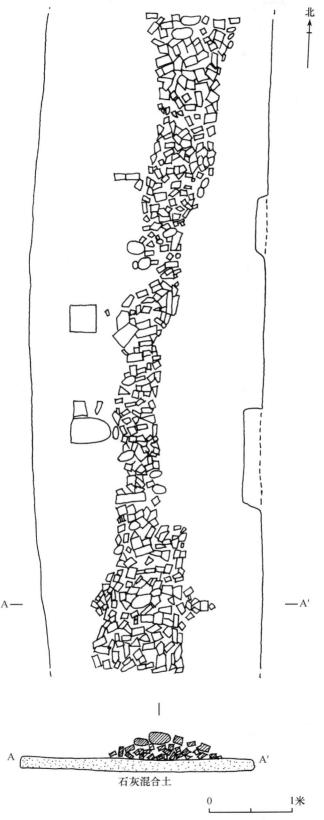

北

A— —A′

A A′

石灰混合土

0 1米

图五五 2002年A区第二期城墙墙基AC1平、剖面图

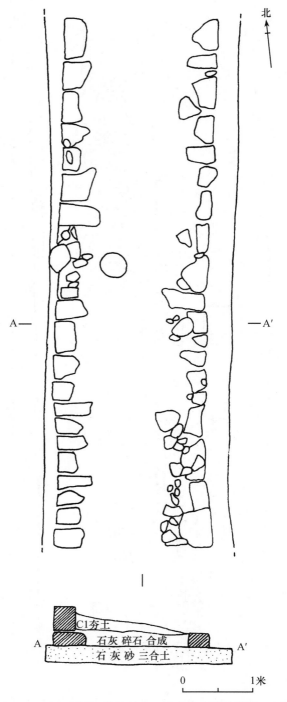

图五六　2005年A区第二期城墙AC1残存的内外墙体平、剖面图

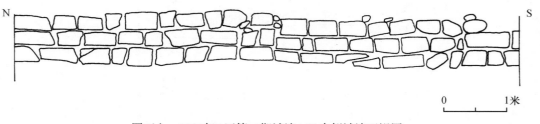

图五七　2005年A区第二期城墙AC1内侧城墙正视图

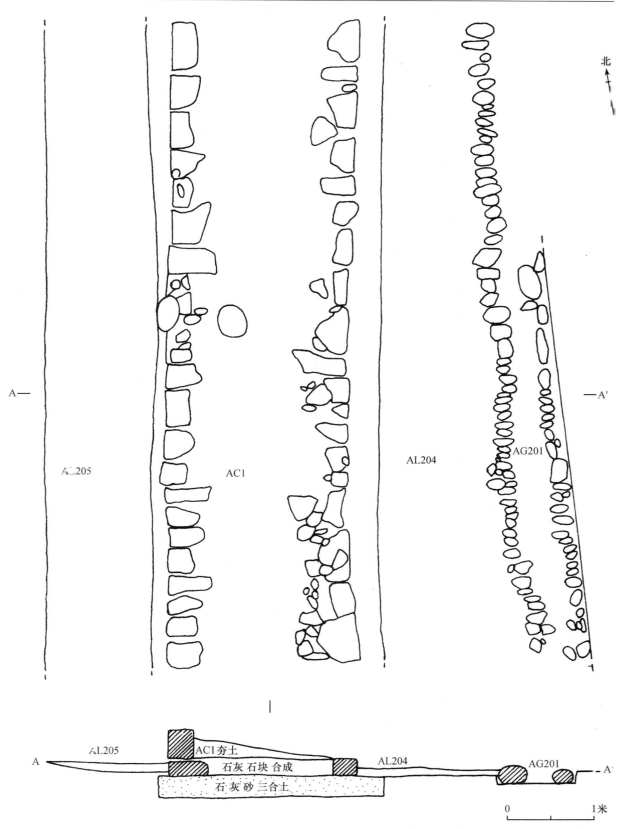

北

图壬八 2005年A区第二期城墙AC1、内外侧护坡AL205、AL204及排水沟AG201平、剖面图

20～40、沟口至沟底深15～25厘米。

我们对大昌古城遗址第三期城址的墙基、墙体及其附属建筑遗存有了基本了解。由于受到地域或发掘面积的局限，所揭示的这三处段面情况和收集的资料并不能完全吻合，但所反映的基本结构等还是比较清楚的。

我们从考古发掘资料得知，大昌古城遗址第三期城址建筑遗存是由墙基、墙体、内外护坡、排水沟等所构成（城壕由于受到发掘地域所限，未能通过考古发掘获取资料，但现存在东、南、西三个城门外的城壕即能清楚可见）。

墙基及墙体。一般以石灰、泥沙和糯米浆调和后铺垫或浇灌而成，其结构紧密而坚硬。或是用石块和泥土整平地面，挖出基槽，再在基槽内用夹板装三合土（石灰、砂浆等）夯打结实，形成垫基层，即成为墙基。再在垫基层上或是墙基上用石块分层砌筑内外两面墙体，先在两面墙体之间充填断砖、石块和石灰浆等，这样筑成质地坚硬的下层，而与内外两面墙体中的第一层石块形成一个整体，最后在此层上填以黏土，夯实，使之坚硬，即形成墙体。

城墙墙基的内外两侧筑有护坡路面。它们与墙基处于同一层位上，路面紧靠墙基，并与之平行，用炭粒和石块筑成，质地坚实，路面均有一定的倾斜度。

在外侧护坡旁有排水沟。其平面呈与护坡路面大致相平行的长条形，它们与墙基有着相同的层位关系。其构筑方法是先挖沟槽，再在沟槽的两侧壁用卵石和青砖，采用单层排列砌成，排水沟沟口呈长条形，沟壁竖直，底平。

大昌古城遗址的第三期城墙基址与第一、二期城墙基址和范围有其相近的特征。现结合历史文献《巫山县志》的记载，参照现存的东、南、西三个城门的布局，部分残存的城墙墙体还暴露在地面上，城址轮廓清晰可辨，第三期城墙基址的框架可以完整地复原，它是一座与第一、二期城墙有着相似形状的圆形小型城池。

第二节　房屋基址

大昌古城遗址在四个年度的考古发掘中共发掘房屋基址46处，不论其建筑形式如何，在其四周都是有建筑墙体的。虽然房屋的地上部分都难以保存，但在房屋墙体的下部都应有墙基的残留。在实际工作中却有4处未发现房屋墙基的残留，其中有3处只残存房屋地面，这可以是受发掘面积限制或遭受扰乱或破坏而不见周边墙体下的基槽残留；另有1处，只发现房屋墙体下的基槽残留，而槽内砌构墙基的砖及石块全被后人取走，填之以建筑抛弃物。故而残存有墙基的房屋基址计有42处（详见附表一）。

一、未发现墙基的4处房屋基址

（一）仅有居住地面残留的房屋基址

计有3处，它们是AF2、AF5、BF6。因其结构、构筑方式各不相同，现分别叙述如下。

AF2于2000年10月15日至10月23日在A区发掘并完成清理，位于AT2009中南部，叠压于探方第④a层，打破第⑤a层，距地表深85厘米。

AF2平面为东西长、南北宽的矩形，发掘中所揭示的地面范围长400、宽280、厚15厘米（图五九；图版一〇，1）。整个地面以大量的灰砖面铺而成，大致上按排摆放，砖下无垫土层，砖块之间间隙较大，灰砖中以不完整者或半头砖居多，完整的灰砖长28、宽12、厚5厘米。在地平面的西北边和西南部有数块大条石和砖块一起平放，其中最大的一块条石长82、宽43、厚15厘米。砖与砖间隙以黄褐色亚黏土填实，内含有少量青花瓷片。

AF2地面有一定的倾斜度，东面高出西面50厘米，由此可以推断，此地面非屋内居住地面，可能为房外或院内人们活动地面，具有散水作用。其周边未发现任何形式的墙基，有可能是遭受破坏所致。

AH13具有与AF2相同的层位。有可能为其附属遗存。

AF5于2000年10月25日至10月28日在A区发掘并完成清理。位于AT2009的西南角，叠压于探方第⑤b层下，打破第⑥层，距地表深155厘米。

AF5所揭示的地平面大体为长方形，其大部分为探方西壁和南壁所压，系经火烧烤而成的阶梯状地面，有上、下两层之分，上层火烧温度高而硬，为褐黑色，含大量碳屑，下层火烧温度稍低而不及上层硬，为褐黄色，上层结构较下层致密，上、下两层。烧土层均较纯净，不含文化遗物。上层烧土面面积较下层小，长125、宽70、厚10厘米，下层烧土面长215、宽88、厚15厘米（图六〇）。

由于受发掘面积所限，在烧土面的周边未发现相关房屋墙体的基址，也没有发现同一层位关系的其他遗存（图六一）。

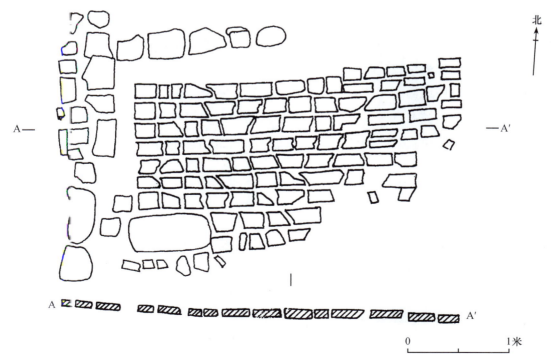

图五九　AF2平、剖面图

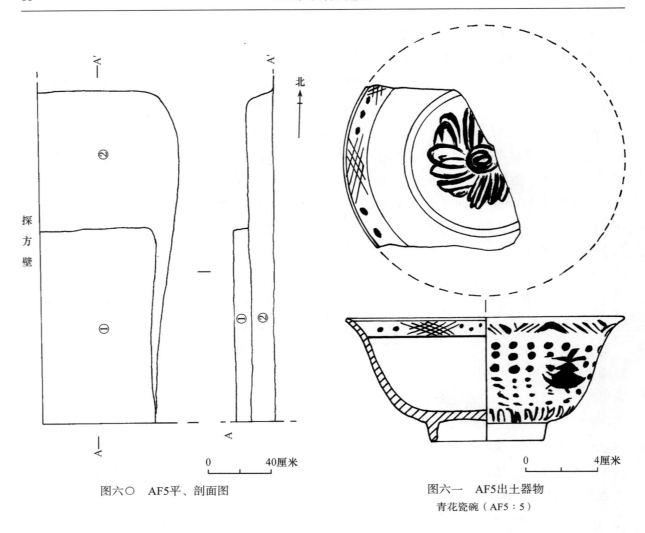

图六〇　AF5平、剖面图

图六一　AF5出土器物
青花瓷碗（AF5∶5）

BF6于2001年10月5日在B区发现并完成清理，位于BT1706的中部偏南，叠压于探方④层下，打破第⑤层，距地表深125厘米。

BF6仅残存一小块地面，平面近似梯形，长128、宽35～94、厚5厘米。地面为灰白色黏土，平整，结构紧密，被夯打过，应为房屋居住地面，土质较纯净，无包含文化遗物。

BF6周边均遭到破坏，未发现房屋墙体下的基址，也没有发现相同层位的其他遗存。

（二）仅有基槽残留的房屋居址

只有1处，编号BF1。

BF1于2001年7月31日至8月4日在B区发掘并清理完毕。位于BT1909的东北部，叠压在探方②a层下，打破③a层，距地表深35厘米。

BF1槽沟平面为长条形，靠东端大致呈直角向北拐弯，沟槽两边侧壁为斜弧形，沟底不甚平整，已揭示出来的沟槽长354、宽115、深50厘米（图六二）。

槽沟内的原有墙基已遭破坏，所砌墙基被人取走，槽沟内填土为深灰色黏土，较疏松，内含大量灰色砖瓦、石灰渣，以及少量石块，为建筑抛弃物，出土较多青花瓷片和少量陶片，可复原的有青花瓷杯和陶盘（图六三）。

由于破坏等因素，BF1未发现房屋居址其他部分的遗存。

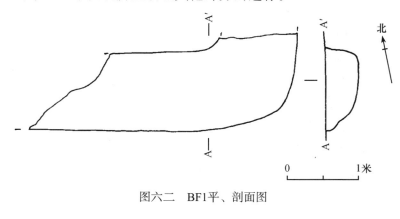

图六二　BF1平、剖面图

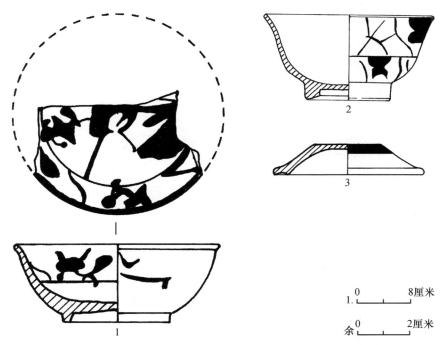

图六三　BF1出土器物

1.青花瓷碗（BF1：3）　2.青花瓷杯（BF1：2）　3.陶器盖（BF1：4）

二、有墙基的房屋基址

计有42处，按照墙基的砌筑用材构筑方式，可分为砖块、石块、夯土和砖石混合型四类。属于砖块型墙基房屋居址有3处，占有墙基房屋基址总数7.14%；属于石块型墙基的房屋基址有11处，占有墙基房屋基址总数的26.19%；属于夯土型墙基的房屋基址有2处，占有墙基房屋基址总数的4.76%；属于砖石混合型墙基的房屋基址有26处，占有墙基房屋基址总数的61.91%。

（一）砖块型墙基

共3处，编号为AF201、DF3、DF4。

AF201于2005年11月9日发现并开始清理工作，11月20日清理完毕。位于AT2018的北部，叠压在探方第④层下，打破第⑤层，距地表深75～100厘米。

AF201平面呈长方形，门朝东，现仅残存有东西走向的南墙墙基和南北走向的东墙墙基。另外两道墙道墙体在隔梁内和探方外或遭破坏。已揭示出来的房屋基址东西长340、南北宽238、残高25厘米（图六四；图版一〇，2）。

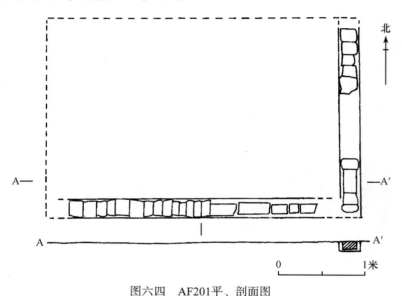

图六四　AF201平、剖面图

AF201为地面式建筑，残存的一层墙基是由青砖或红砖分层错缝单排堆砌，砖块间抹有黄土泥浆。南墙残长288、宽23、残高15厘米，东墙残长235、宽22、残高20～30厘米。门道在房屋东墙中段，宽73、长仅20厘米。

房屋地面位于南墙以北、东墙以西的宽阔地带，其堆积只有一层，深灰色夹炭土，土质较硬结，内含少量砖瓦碎片、动物骨骼、牙齿等，出有陶、瓷残片，陶片有釉陶片，器形有瓮、罐等；瓷片以青花瓷为多，其次为白瓷，器形有盘、碗、杯等。

屋内有一条呈东西走向的排水沟AG203，由屋内处外（向东）排水，残长183、宽26～35、深18厘米。与AF201为同时期的共存组合关系，系AF201的附属建筑遗存。

DF3于2000年11月2日开始清理，11月3日清理完毕，位于DT0939的中部，叠压于探方第④层下，打破、覆盖AL1之上，距地表深70厘米。

DF3为地面式建筑，其平面为东西走向的长条形，墙基由灰砖分层单排顺砌，所用灰砖以不完整者居多，完整的灰砖长40、宽17、厚5～8厘米，砖与砖之间在砌筑时抹上黄泥浆。墙基仅残存一层，从揭示出来的部分看，墙基长292、宽18、高8厘米（图六五；图版一〇，3）。

房屋地面已遭破坏而不复存在，未发现同一时期的其他附属建筑遗存。

DF4于2000年11月6日发现并开始清理，11月8日清理完毕。位于DT0731中部偏南，叠压于探方第④层下，被DL3所压，打破第⑤层，距地表深85厘米。

DF4为地面式建筑，残存的一条墙基平面呈东西走向的长条形，由灰砖按两排分层错缝砌筑，现只残留两层。第②层墙基在堆砌时各向内收6厘米，因之第二层墙基比第一层墙基窄12厘米。所用的灰砖都不够完整。完整的灰砖长40、宽15、厚9厘米。在两排砌砖之间填以黄褐色土，土质疏松，较纯净，不含文化遗物。已揭示出来的墙基长360、宽86、残高18厘米（图六六；图版一〇，4）。

房屋地面已遭破坏而不复存在，未发现同时期的其他附属遗存。

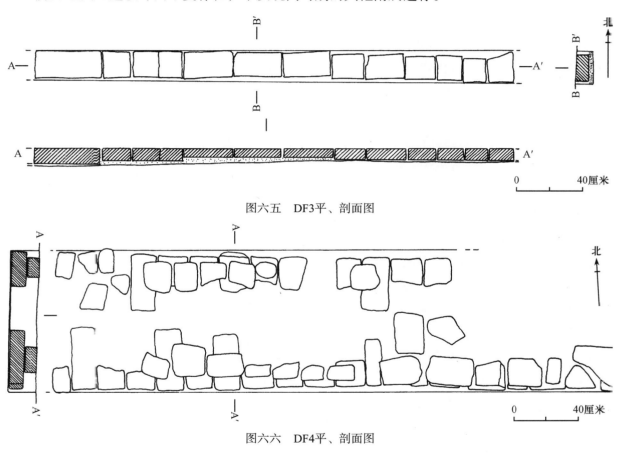

图六五　DF3平、剖面图

图六六　DF4平、剖面图

（二）石块型墙基

计有11处，编号为AF1、AF3、AF6、AF12、AF13、BF5、BF10、BF13、DF2、DF6、DF203。

AF1是通过二次考古发掘完成清理工作的。第一次是在2000年10月7日于AT2010中发现并开始清理的，10月8日清理完毕。这次仅发现AF1南面墙段的东段及墙基东端向北转角处。第二次于2002年10月27日在其西部和北部的探方开始清理，11月3日清理完毕。它是在AT1810、AT1910中清理南面墙基和在AT2011、AT2012、AT2013中清理东面墙基发现的。AF1叠压在探方第④层下，打破第⑤层，距地表深50～70厘米。

AF1仅残存南、东两道墙基和零星的房屋地面。

南面、东面两道墙基相连呈曲尺形，并互相垂直。墙基均建在基槽中，基槽是在地面上开挖而成。南、东两道墙基基槽，槽口平面笔直，沟槽两侧壁平整垂直，平底。所揭示出来的南墙基长1410、宽70、槽口至槽底深105厘米。所揭示出来的东墙基槽长1615、宽90、槽口至槽底深65厘米。

南面、东面两道墙基均为石质型墙基。

南面墙基的底部先用卵石平铺一层，然后再以条石错缝顺砌三层而形成墙基，局部也掺和卵石。所用的条石长55～60、宽40、厚29厘米。所用卵石长多为20～25厘米。所揭示出来的南面墙基长1410、宽60、高105厘米（图六七；图版一一，1）。在南面墙基的东段，即AT2010探方中的墙基之上，还残存墙体。即在墙基条石之上作灰砖分两排顺砌形成墙体，在砖、石之间的空隙处垫有瓦片，两排砖墙之间留有空隙填以碎砖瓦和石块等。所用灰砖长14～20厘米不等，宽10、厚4厘米。所砌成的墙体残长190、宽40、残高8厘米。

东面墙基是以卵石垒砌而成。在砌筑卵石时，一般都将卵石排列成形以保持墙基两侧面的平整，同时卵石间空隙还拌有泥土填实。所用卵石大的长20～25、小的长10～15厘米。所揭示出来的东面墙基长1615、宽80、残高60厘米。

零星的房屋地面仅散布在东西墙基以西的地域，为黄褐色黏土，较结实，坚硬，厚20厘米。其上面堆有散乱的碎砖瓦块，出有少量青花瓷片和陶片。

AF3于2000年10月底发现并清理完毕。位于AT2010、AT2110的北部，叠压于探方第④层下，打破第⑤层，距地表深100厘米。

AF3仅残数块墙基石和房屋垫土，已揭示出来的部分呈东西走向的长条形，长900、宽160、高44厘米（图六八；图版一一，2）。

墙基石为鹅卵石及青石，呈散乱状态，但大致位置有的还在原处，可以看出，原墙基大体上呈横向单排砌筑，墙基石范围残长150、残宽36、残高20厘米。

在墙基石的北面为房屋垫土，在AT2010内的垫土中，中部垫土因遭破坏而不能连续，但在接近AT2010西壁时仍保留一块垫土，使之可以连接起来。房屋垫土面比较平坦，分上、下两层堆积，厚达35～40厘米。上层为黄褐色黏土，夹少量炭屑，无其他包含物，厚达10～20厘米；下层为黄色黏土，土质致密，无包含物，厚20～30厘米，两层均呈水平线分布。

AH3或者AH4与AF3具有同一层位关系，而且还存在着密切的组合关系，它们可能为AF3的附属遗存。

AF6于2002年10月24日发现并开始清理，10月28日清理完毕，位于AT1813南部，叠压于探方第④层下，打破第⑤层，距地表深65厘米。

AF6残存墙基为呈东西走向的长条形，建筑在基槽中，基槽为长条形，直壁，平底，宽62、深32、已揭示出来的基槽长314厘米。基槽内堆砌二层石块，下层砌有三排大石块。其三排大石块所砌的宽度已接近基槽的宽度。当然也较上一层石块所砌的石块要厚。上层墙基石块也分三排砌筑，但两侧石块均内收，使其宽度比下一层窄，上层三排石块以两侧的石块较大，横向排列整齐，在两侧石块的中间所充填的石块较小，间距也较疏远，同时还填土黄色泥土加

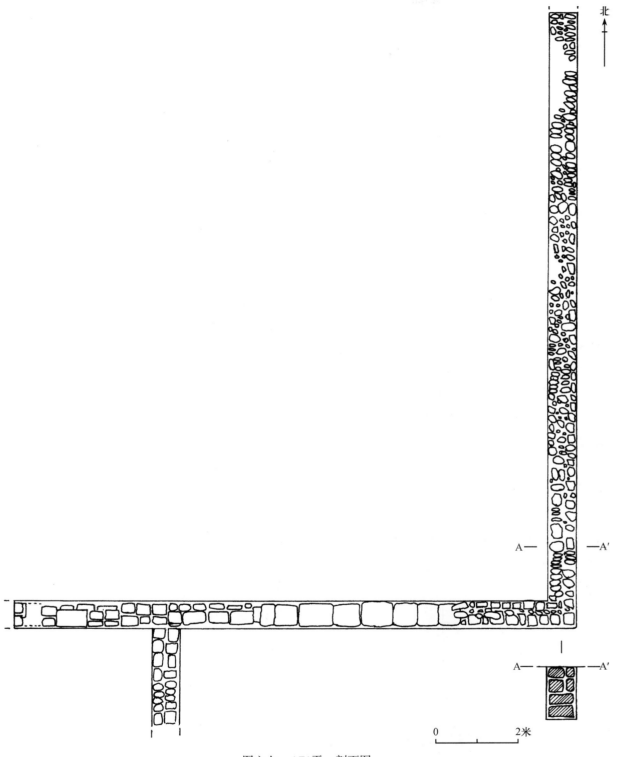

北

A——A'

A——A'

0 2米

图六七 AF1平、剖面图

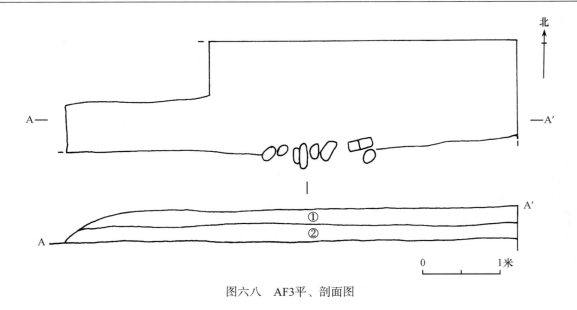

图六八　AF3平、剖面图

固，大的石块长多为15～35厘米，小的石块长多为10厘米，所形成的墙基长314、宽46、高30厘米（图六九）。

　　墙基以北为房屋地面，灰黄色土，土质紧密，大都被扰乱，残存厚10～15厘米，内也有青花瓷碗、杯，陶器有盆、壶、罐残片（图七〇）。

　　房内有地炉AZ1，紧靠AF6墙基北侧而作为地炉的南壁，这些均表明AZ1与AF6有着密切的组合关系，AZ1是AF6的附属建筑遗存。

　　AF12于2002年11月12日发现并开始清理工作，11月18日清理完毕。位于AT2413、AT、2412、AT2411内，叠压在探方第⑥层下，打破第⑦层，距地表深100～110厘米。

　　三个探方所揭示出来的AF12的剖面形状大体为长方形，有东墙和北墙两道呈曲尺形墙基，范围南北长720、东西宽396、残高67厘米（图七一）。

　　AF12的墙基建在基槽中，东墙墙基与相邻的排水沟连在一起。其沟槽为二者所共用，沟槽宽大平直，槽口呈长方形，直壁，平底，沟槽长720、宽110、深65厘米。

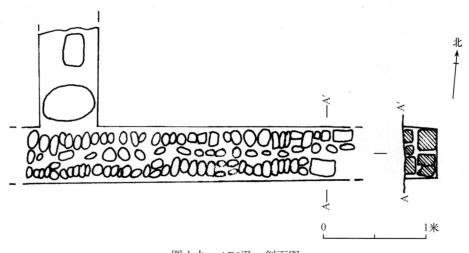

图六九　AF6平、剖面图

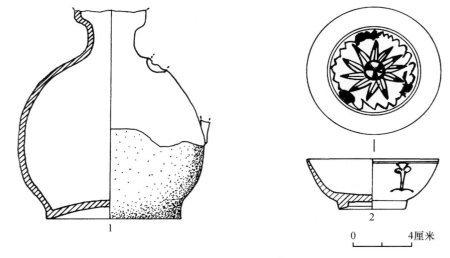

图七〇 AF6出土器物

1.陶壶（AF6：3） 2.青花瓷碗（AF6：1）

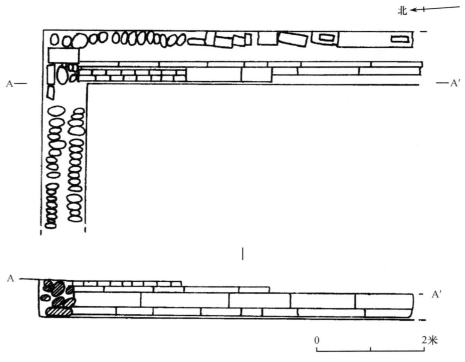

图七一 AF12平、剖面图

东墙墙基用较规整的条石每层并列砌筑二条，分层错缝砌筑三层形成墙基。砌筑墙基的条石均为长方体，长55～140厘米不等、宽15～30、厚15～30厘米。东墙墙基长716、宽40、高58厘米。在墙基之上用较薄的灰砖并排顺砌两条，再分层错缝砌筑而形成墙体，墙体只残留一层灰砖，其他均被取走。墙体所用灰砖长24、宽12、厚4厘米。墙基上所残留的灰砖墙体残长200、宽25、残高5厘米。

北墙墙基所在的基槽也是平口，直壁，平底，基槽长285、宽80、深28厘米。墙基内以大卵石分两排横向砌筑，两排卵石中间留有间隙，以黄褐色泥土填实，墙基所用的大卵石一般以长20～30厘米居多，最大卵石可长40厘米。墙基中间的填土较为纯净，无包含物，卵石墙基残长246、宽72、高25厘米。

东墙边的排水沟是紧邻东墙墙基的东侧，是在其沟槽中用条石和卵石砌筑而成，其构筑方法是：先用条石平铺沟底、排水沟的西壁借用东墙墙基，而东壁则以卵石或条石砌筑而成，卵石一般长20～30厘米，条石长30～140厘米不等、宽25～30、厚15厘米。排水沟口上面以条石覆盖，仅在沟口中的北端还残留一块沟盖条石，条石长60、宽35、厚15厘米。所构建的排水沟内空长720、宽25、沟口至沟底深30厘米。沟底的北端比南端高出30厘米，可见排水沟是由北向南排水，清理时沟中塞满泥土。

在东墙以西、北墙以南的宽阔地带为房内垫土层，应是房屋地面，土色为黄斑灰色土，土质较结，内含少量的釉陶片和青、白瓷片，主要器形有釉陶壶、白瓷碗等。

与AF12为同时期的，且有组合关系的是H28，它应为AF12附属遗存。

AF13于2002年11月11日发现并开始清理，11月12日清理完毕。位于AT2112中，叠压在探方第⑥层下，打破第⑦层，距地表深120厘米。已揭示出来的AF13平面为长方形，有北墙墙基和西墙墙基，两道墙基相连，且相互垂直，平面呈曲尺形。

两道墙基均建在基槽中，基槽槽口为长条形，平直，直壁，平底，槽口宽60、槽口至槽底深50～55厘米。两道曲尺形的基槽南北长260、东西宽245厘米。在槽中以卵石和石块砌筑墙基，墙基已遭破坏，一些散乱的石块遗弃在基槽中，最初的墙基砌筑方式已不得而知。

从AF13的曲尺形墙基来看，其房内地面应为西墙墙基以东，北墙墙基以南的宽阔地带，西墙墙基以西的地面应为室内活动地面。房内居住地面只在本方所揭示的范围看，南北长295、东西宽185、厚25～45厘米。在西墙墙基以西的地面应为室外活动地带，南北长330、东西宽90厘米，地面垫土的厚度与房内地面相同。因之，AF13在AT2112中的范围为东西长400、南北宽330、残高55厘米（图七二）。

房内地面和室外地面均为灰黄色土，土质硬结，内含少量的夹砂、泥质及釉陶片，器形有钵、罐等，还有青花瓷片、白瓷片出土，主要器形有碗、杯、盘等（图七三）。

AH33与AF13具有相同的层位关系，它们有着一定的组合关系，AH33可能系AF13的附属遗存。

BF5于2001年8月20日开始清理工作，8月21日清理完毕。位于BT2007的西部，叠压在探方第③层下，打破第⑤层，距地表深80厘米。

BF5墙基平面为南北走向的长条形，系不规则的石块垒砌而成，墙基建在基槽中，基槽为直壁，平底，已揭示出来的基槽长400、宽60～80、深20厘米。墙基以长15～25厘米的石块砌成，石块之间填以黄褐色泥土。其北端为探方北壁所压，南端又伸入到探方西壁和南壁，已揭示出来的墙基长400、宽60～75、残高20厘米（图七四）。墙基石块的泥土中出有少量陶片。

由于破坏严重，房屋地面已不复存在，也未发现同一时期的其他附属遗存。

BF10于2001年10月30日发现并开始清理，11月4日清理完毕，位于BT0615～BT1015探方的西部和北部，叠压在探方第②层下，打破第③层，距地表深35厘米。

BF10的墙基为东西走向的长条形，方向为91°。墙基建在基槽中，基槽为直壁，平底，全

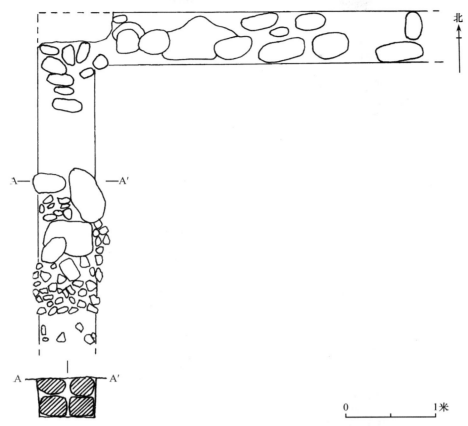

图七二 AF13平、剖面图

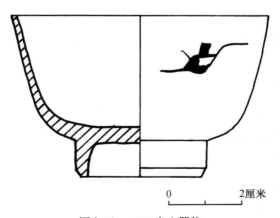

图七三 AF13出土器物

青花瓷杯（AF13：1）

长2120、宽70～75、槽口至槽底深20～25厘米。墙基多以长24～26厘米的卵石分层砌筑，每层砌成两排或三排，砌筑时卵石上抹以黄土泥浆，墙基全长2120、宽40～65、残高20～35厘米（图七五；图版一一，3）。墙基的泥土中出有少量瓷器残片。

由于破坏的原因，屋内外地面情况已不清楚，未发现其他附属遗存。

BF13于2001年11月19日发现并开始清理，11月22日清理完毕，位于BT1111、BT1011～BT1013探方中，叠压在探方第③层下，打破第④层，距地表深55厘米。

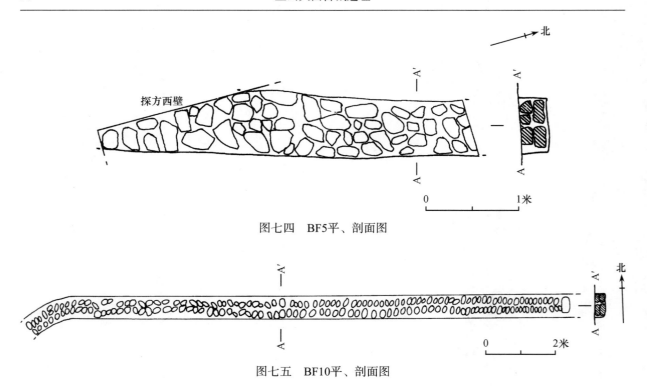

图七四　BF5平、剖面图

图七五　BF10平、剖面图

BF13的墙基平面呈"Z"字形，按其形状可分为南段墙基、北段墙基和连接南、北两段墙基的中段墙基，这三段墙基均建在基槽中，基槽宽56、槽口至槽底深25厘米。墙基是以石块和卵石单排分层堆砌，残存的墙基仅一两层，墙基宽25～50、残高38厘米，三段墙基涉及的范围，南北长900、东西残宽890厘米（图七六）。

BF13的房屋地面均已破坏无存，与BF13具有同一层次关系的H38等，可能为其附属遗存。

这里需要说明的是：在BT1111探方之中的南段墙基是两排墙基，这两排墙基之间相距至少80厘米，两排墙基之间没有填土而是属于地层中土层，故而我们断定，这两排墙基并非同一建筑。

另外，关于BF13这三段墙基的性质和用途，我们有如下的看法。第一，BF13的三段墙基均用石块和卵石单排堆砌，因此，这三段墙基之上所砌成的墙体不可能作为居住房屋砌到一定的高度。第二，三道墙基的连接处均是转角，这转角都不是直角，这也是与一般居住房都是直角转角墙不相吻合的。鉴此，我们推断BF13的墙基有可能作为室外地面的坎上护坡，而非居室墙基。

DF2于2000年10月9日发现并开始清理工作，10月10日清理完毕。位于DT0731的西部偏北，叠压在探方第③层下，打破第④层，距地表深30厘米。

DF2仅残留一段墙体，墙体之下为墙基，墙基平面为东西走向的长方形，其大部分被探方西部所压。其构筑方法是：先将墙基所在的地面夯实，然后用大卵石横向并列双排砌筑一层作为墙基。已揭示出来的墙基长88、宽73、高20厘米。再在卵石墙基上填以灰褐色土夯实，最后在卵石之上用长方形灰砖竖立向东倾斜分层砌成两排，两排斜竖的灰砖之间有10厘米的空间，再填以灰褐色土夯实形成墙体，所用灰砖长24、宽20、厚4厘米，已揭示出来的一段墙体长88、宽50、残高30厘米（图七七）。

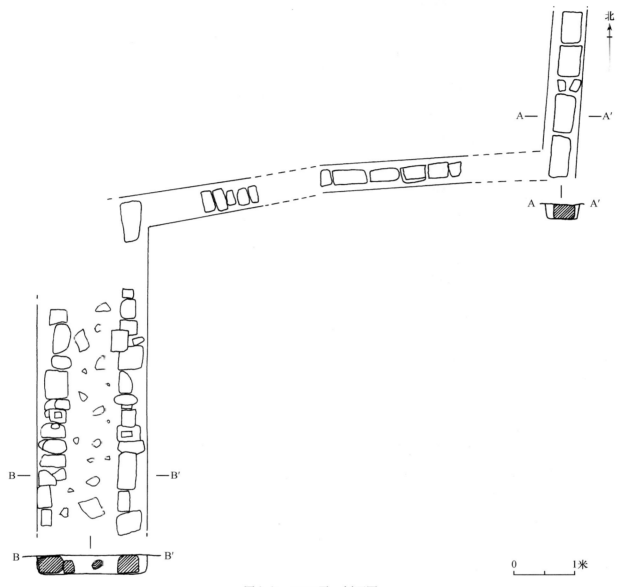

图七六　BF13平、剖面图

由于破坏的原因，DF2房屋地面已不清楚，又因DF2的面孔已很不完整，虽然DZ2、DH2都与DF2具有相同的层位关系，但也难以肯定它们与DF2存在着一定组合关系。

DF6于2002年9月13日发现并开始清理，9月19日清理完毕，位于D区西南部发掘区DT0908～DT1108、DT0909～DT1109、DT0910～DT1110探方中，叠压在探方③a层下，打破第四层，距地表深70～75厘米。

DF6已揭示出来的平面大致呈东西走向的长方形，主要由墙基和房屋地面所构成。

墙基是先用卵石横向砌三排铺底，再用砂土、瓦片堆放其上，并填实压紧，此层砂土瓦片厚约5厘米，再用卵石按底层卵石的砌筑方式铺上一层，用灰褐土覆盖其上、填实，此层厚95厘米，最后在灰褐土面上和南侧抹上0.5～3厘米厚的三合土，即形成墙基。已揭示出来的墙基长1400、宽50～60、残高30厘米（图七八）。

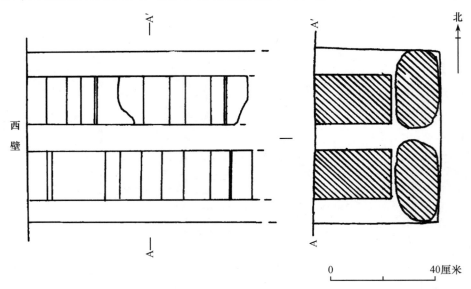

图七七　DF2平、剖面图

房屋地面。在DF6墙基以北的宽阔地带均为房屋地面的范围，其地层堆积有上、下两层。下层为垫土层，上层为白灰面。垫土层为黄色黏土，土质致密，硬结，在DT0909～DT1109、DT0910～DT1110探方中均有分布，有的地方均受扰乱分布很薄，甚至个别地方已破坏殆尽而无分布。垫土层平面大致呈长方形，已揭示出来的垫土层长1400、宽975、厚25～30厘米。垫土层之上为白灰面，主要在DT0910西南角及西北部各有一片，都能让我们清楚地见到，西南角一片很小，大部分被探方西壁和南壁所压，此片平面为长方形，长64、宽50、厚3厘米。西北部的一片平面为不规则椭圆形，长径150、短径120、厚3厘米。

墙基和房屋地面共同构成DF6的房屋居址，这座平面呈长方形的房址东西长1400、南北宽1150、残高55厘米。

在垫土层的黄色黏土中出有少量动物骨骼、铁钉、铁片及夹砂陶罐、酱釉陶钵。另外还有青花瓷片、白瓷片，器形有青花瓷碗、杯、盘等。

DH25与DF6具有相同的层位关系，其位置也很邻近，DH25有可能为DF6的附属遗存。

DF203于2005年10月26日发现并开始清理，10月30日清理完毕，位于DT0430的中东部，叠压在探方第②层下，打破第③层，距地表深45厘米。

DF203仅残留墙基和房屋地面。

墙基平面为石块砌成的南北走向的长条形，石块砌成的墙基南北两端均残。墙基建在基槽中，基槽为直壁，平底，基槽的西壁因受扰乱而不存在，基槽残长280、残宽30～65、深15厘

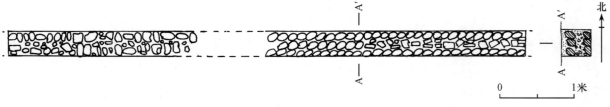

图七八　DF6平、剖面图

米。墙基是以加工过的石块错缝平砌而成，所砌成的墙基现只残存三层石块，石块大小长短、宽窄不一，最长的石块长70、宽65、厚10厘米。最短的石块长20、宽18、厚8厘米。DF203墙基残长280、宽30～65、残高40厘米。

房屋地面是在墙基以东的宽阔地带并进入到探方北隔梁和东隔梁，地面以黄色泥土铺成，经夯打，土质板结，结构紧密，纯净，无包含物。已揭示出来的黄色泥土层即房屋居住南北长390、东西宽191、厚15～20厘米。由房屋居住面和墙基构成的DF203所揭示出来的范围南北长404、东西宽220、残高40厘米（图七九）。

本房屋基址周边未发现其他附属遗存。

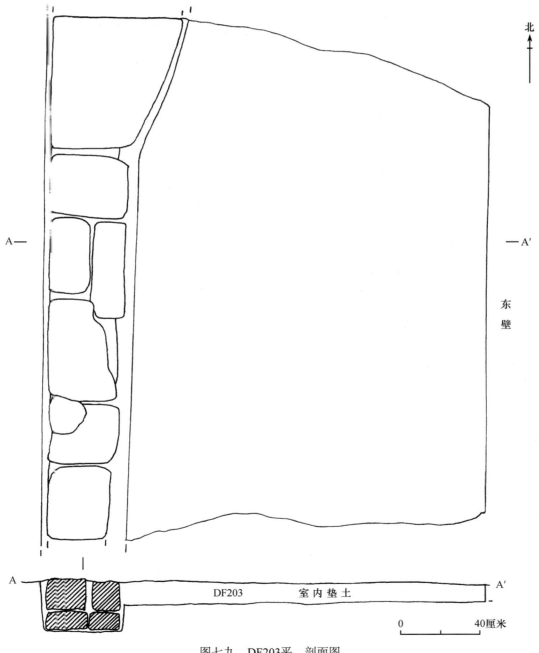

图七九 DF203平、剖面图

（三）夯土型墙基

计有2处，它们分别是DF11、DF204。

DF11于2002年11月3日发现并开始清理，11月6日清理完毕。位于D区东南部发掘区DT2316、DT2315、DT2416中，叠压在探方第③层下，被DF10所压，打破第④层，距地表深85～95厘米。

DF11为地面式建筑，由墙体含墙基房屋居住面，檐下散水及排水沟所组成。所发现的西、北两道墙体叶曲尺形，相互垂直，砖砌的墙体下为墙基。墙基系砖块和黄褐色泥土夯实而成，而墙基是建筑在基槽中，其建筑方法如下。先开挖笔直的基槽，沟槽直壁，平底，基槽宽60、深65厘米，已揭示的北边基槽长746、西边基槽长683厘米；再在基槽中充填砖块和黄褐色泥土夯实形成墙基，墙基长、宽、高同于基槽的长、宽、深；然后再在墙基之上用青砖分层顺砌并行的两排，砌筑时青砖抹有黄泥浆。两排青砖之间有28厘米的间距，在空间里填充一些碎小砖块和瓦片后就形成了墙体。北墙墙体上的青砖大部分被取走，所残留的部分仅只一层。所用青砖长32、宽16、厚5厘米（图八〇；图版一一，4）。

屋内地面采用黄色或黄褐色土铺垫，压实，土质结构紧结。位于北墙以南、西墙以东的宽阔地域，所形成的房屋地面厚薄不一，已揭示出来的地面为东西长745、南北宽620、厚15～25厘米。垫土中出有青花瓷碗、白瓷碗、铜挖耳勺、釉陶钵残片等（图八一）。

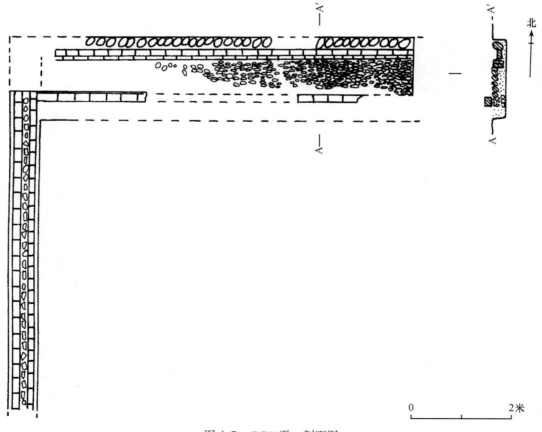

图八〇　DF11平、剖面图

在北墙的北边有一条呈东西走向的卵石面散水和一条排水沟，它们与北墙并行而紧靠北墙。

卵石面以直径8～10厘米长的卵石面铺而成，已揭示出来的卵石面散水全长800、宽75、厚10厘米。

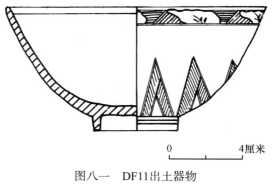

图八一　DF11出土器物
青花瓷碗（DF11：1）

排水沟在卵石面的北侧而紧靠卵石面，沟槽是用青砖和大卵石建造，以大卵石单排横向并列砌筑一层作为沟槽的北壁，大卵石长20～25厘米。沟槽的南壁是以青砖斜竖呈"人"字形排列砌筑而成，沟槽底部则用青砖顺向平铺一条，已揭示出来的排水沟全长800、宽45、深10厘米。卵石面和排水沟西头略高于东头。即略向东倾斜，斜度约为2.3°，以便于排出雨水、卵石面还可方便行走。

DF11已揭示出来的平面呈方形，东西长800、南北宽800、残高65厘米。

本房屋基址未发现同一时期的其他附属遗存。

DF204于2005年11月6日开始清理，11月12日清理完毕，位于DT0327和DT0326中，叠压于探方第②层下，打破第③层，距地表深50厘米。

从DF204所揭示的平面看，残存有北、东、南三面的墙体或墙基。南面墙体已破坏无存，其墙基也受到严重破坏，仅残留4厘米高的墙基，纵观全局，平面大致为长方形，即南北长370、东西宽290、残高65厘米（图八二）。

DF204的墙体下南有墙基，而墙基都是建筑在基槽中，其建筑方法如下。先在地面上挖出平直的基槽，基槽直壁，平底，基槽宽50、槽口至槽底深28厘米；再在基槽内用布瓦碎片、砾石、碎砖块和泥土相混合，填筑基槽，夯实，即为墙基，墙基高度、宽度与基槽宽度、深度相同；再用断头青砖斜铺或平砌成水平面，即形成所谓的正墙墙体；在砖块砌筑时，两侧墙壁各内收5厘米，宽40、高10厘米的墙体。在墙基的转角处则用长40、宽20、厚5厘米的青砖错缝平砌宽40、高10厘米的正墙墙体，以确保墙体的牢固；最后在这正墙之上，采用夹板内装上黄土，以"干打垒"方法一层一层进行筑墙。残存的北、东两面墙体高约36厘米；北墙外壁墙面上残留有粉刷的纯白石灰浆。

房屋地面为北、东、南三面墙体之间的宽阔地带，距地表深80厘米，以黄褐色黏土铺垫。由于长时间的踩压，其表面土层已近黑色，土质硬结，结构紧密，所揭示出来的房屋地面为长方形，南北长290、东西宽250、厚3厘米，黄褐土色，比较纯净，无包含物。

DZ204与DF204具有同时期的层位关系，且两者仅距20厘米，DZ204应为DF204的附属遗存。

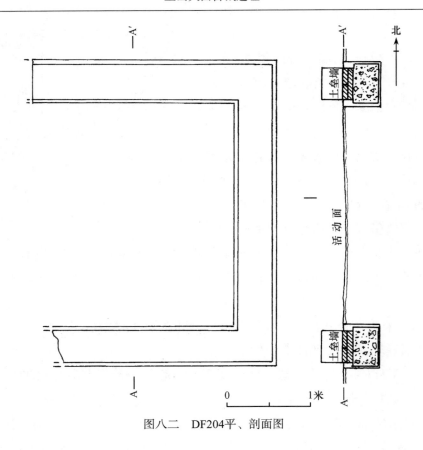

图八二　DF204平、剖面图

（四）砖石混合型墙基

计有26处。在这批砖石混合型的房屋基址中，大致可分为以下三种类型：第一种类型是墙基之下有基槽的，即墙基建筑在基槽中的有14处，占大多数；第二种类型是墙基之下无基槽的，而墙基建筑在垫土层之上的有3处；第三种类型是既无基槽又无垫土层的，墙基直接建筑在地面上，计有9处。

这里需要特别提出的是，在26处砖石混合型墙基的房屋居址中有3处是有柱架式结构的房屋居址，这也是我们在大昌古城遗址四年考古发掘发现的46处房屋基址中仅有的3处柱架式结构的房屋居址，即房屋梁架下面有立柱支撑，有立柱柱洞。实际上，柱架式结构的房屋在大昌古城遗址中应是极为普遍的一种房屋结构形式，但在实际操作中发现的并不多，所以有必要将它们单独列出叙述。这3处柱架式结构的房屋基址是DF10、DF201、DF202。

DF10于2002年10月22日发现并开始清理，11月2日清理完毕，位于D区东南发掘区的DT2213～DT2216、DT2316、DT2416探方中，叠压于探方第③层下打破DF11和第④层，距地表深60厘米。

DF10是一处柱架式结构的房屋基址，在DT2215东壁的清理中发现一个圆形柱洞，洞口为圆形，洞壁为圆柱形，底下凹，洞直径16、洞口至洞底深37厘米。虽然只发现一个柱洞，不能复原一组柱洞的排列形式，但仍可断定它是一处依靠立柱来支撑屋架的房屋基址。

DF10大致为南北朝向的地面式建筑基址，门道朝南，其墙基的布局大致呈"T"字形，即有东西走向墙基和南北走向墙基，均建在垫土层上。墙基主要为卵石、碎砖瓦块和青砖所建，以卵石所建墙基要多一些。由于扰乱和破坏的原因，所存墙基均断断续续而不能连接。卵石墙基为两排卵石横向并列砌成，两排卵石之间间隙填以小卵石和泥土。各段墙基均只残留一层卵石，每道墙基宽50～65厘米不等、高10～15厘米，已揭示出来的东西走向的墙基长1230、南北走向的墙基长1200厘米（图八三）。

在DF10南部有石砌的门道阶梯，位于DT2213的西北部，门道正中是由四块卵石错缝堆砌而成的四级阶梯，方便行走，门道两侧边仍有大石块和青砖堆砌，用以防止阶梯滑落，门道东西宽仅50、南北长82、高38厘米（图八四）。

房屋地面即垫土层分布于墙基的两侧，所涉及的范围比墙基的长宽还要大，垫土层有上、下两层。上层为红色沙质土，比较松软，厚约10厘米。下层为黄花黏土，土质较紧结，厚10厘米，两层垫土层共厚20厘米。由于垫土层分布较为广泛，因之出土物比较丰富，出有猪等动物

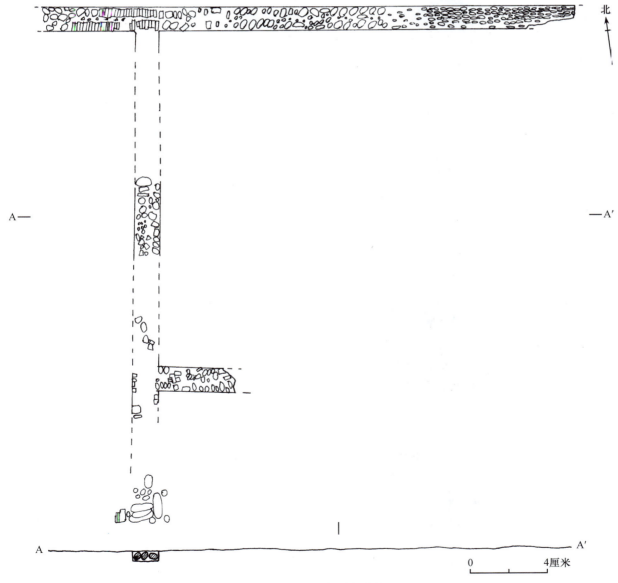

图八三 DF10平、剖面图

骨骼、动物牙齿，出有较多的泥质、夹砂、釉陶残片。器形有陶托、釉陶壶、钵、罐等，粗瓷片、青花瓷片出土也较多，还有白瓷片，比较多见的器形有粗瓷碗、青花瓷碗、盘、杯、碟等（图八五），此外还有铜簪、铜条、铁片等出土。

至此，DF10的范围达到长31、宽22.5、残高0.3米。

DF201于2005年10月3日开始清理，10月15日清理完毕。位于DT0523、DT0623中北部，叠压在探方第②层下，打破生土层，距地表深46厘米。

DF201为柱架式地面建筑基址，它发现一排支撑梁架屋顶的柱洞四个，还残存有北面墙基、房屋地面及炉灶等。

北面墙基：呈东西走向的长条形，墙基建在基槽中。基槽在地面挖成，槽口平直，槽内两侧壁垂直向下，平底。基槽东西方向长910、口宽及底宽约80、槽口至槽底深20厘米。在基槽的西端即DT0523的西北角向南也挖有一条南北走向的基槽，基槽南端遭到破坏，基槽残长120、槽口及槽底宽40、槽口至槽底深20厘米（图八六）。墙基仅在北面基槽中残存，多以砖

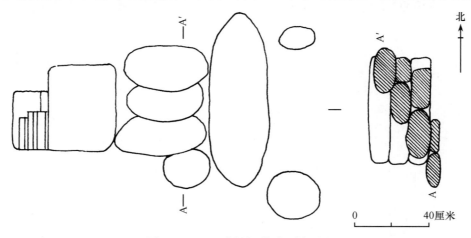

图八四　DF10南门门道平、剖面图

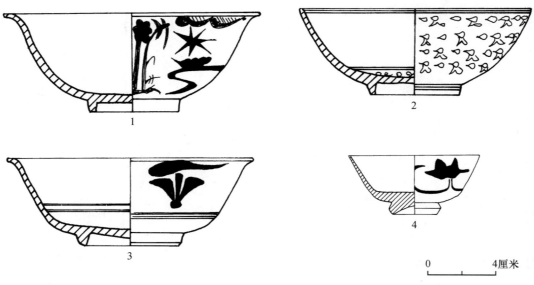

图八五　DF10出土器物

1.青花瓷碗（DF10：14）　2.青花瓷碗（DF10：5）　3.青花瓷碗（DF10：2）　4.青花瓷杯（DF10：15）

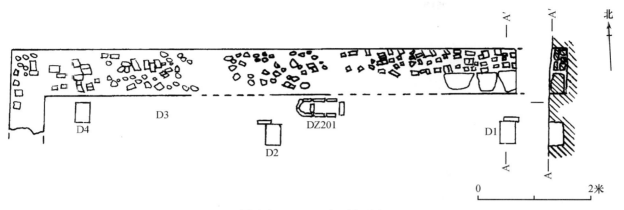

图八六　DF201平、剖面图

块、石块平铺而成，墙基宽与基槽宽相同，深仅10厘米。墙基长同于基槽长。所砌墙基的用砖多为断砖。完整的砖很少，完整砖长28、宽14、厚10厘米，石块均为不规则形，大小不等，以长10～15厘米的石块为多，北墙的中段墙基也因遭毁坏无存，仅留有小石头和砖块，北面墙基残长894厘米。

房屋地面：在北面墙基以南而紧靠北墙，有部分被DT0523的西壁和DT0623的东壁所压，为灰褐色土，内夹少量石灰颗粒，土质较硬，表层约2厘米的土色近黑色，结构较紧，为长期踩踏所致，已揭示出来的房屋地面东西长900、南北宽310、厚约20厘米。未发现包含物。

柱洞：在房屋地面上共发现一排柱洞4个，由东向西顺次编号D1、D2、D3、D4。

D1、D2、D4平面均呈长方形，长40、宽30、洞口至洞底深4厘米。洞内堆积为灰褐色土，较硬。

D3平面为圆形，口直径为22、洞口至底深4厘米，洞内堆积为灰褐色土，较硬。

以上四个洞，应是一排立柱的位置，在南边与它们对应的至少还应有一排立柱，也可能涉及探方外地带。

炉灶DZ201位于房屋地面上，与DF201具有相同层位的组合关系，无疑是DF201的附属遗存。

由于未发现DF201的门道，也不能确定它的朝向，从揭示的范围看，DF201长910、南北宽400、残高18～20厘米。

DF202于2005年10月31日开始清理，11月28日清理完毕，历时29天，实际工作16天。位于D区北部的DT0630～DT0930、DT0629～DT0929、DT1030及DT1029的西部，横跨10个探方。叠压于探方第②层下，打破第③层，距地表深55～65厘米。

DF202是一座柱架式地面建筑，现叙述如下。

三、房屋形状和结构

（一）形状

DF202平面呈长方形，南北向，方向为176°。房屋共5间，南北内空深8米，东西内空深19.4米。5间房屋由东向西依次为：东起第一间，宽2.7米；第二间宽4.5米；第三间宽4米；第四间宽2.7米；第五间宽3米（图八七；图版一二，1）。

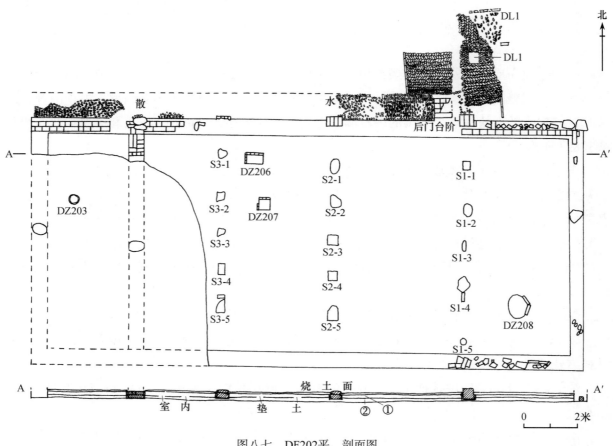

图八七　DF202平、剖面图

（二）墙基形状及构筑方法

墙基之下有长条形基槽，除房屋的西墙基槽和南墙基槽西端遭受破坏而无存，其余基槽均残存，基槽均为直壁，平底，东墙基槽宽50厘米，南、北墙基槽宽55～65厘米之间，槽口至槽底深15～25厘米之间。

基槽中墙基一般为青砖和鹅卵石混合砌筑，所采用的方法一般是分层错缝平铺，黄稀泥挂缝，砖长37、宽18、厚9厘米，砖的侧面正中有合范纹，其中一面饰布纹。墙基拐角处用大鹅卵石砌筑，以让墙基更为牢固。小鹅卵石长20厘米，大鹅卵石长40～50厘米。墙基之上的墙体因遭破坏而无残留，是砖体墙，夯土墙、夹骨泥墙或木墙等均不得而知。

（三）房屋内部结构

隔墙：在房屋中的第五间东边应为一道隔墙，只因遭破坏而不复存在，但在北墙西段墙基上有一段墙基垂直向南，这就是隔梁所残留的墙基，它是将墙基建在基槽中，基槽槽口平直，直壁，平底，仅长55、宽58、槽口至槽底深15厘米。基槽中的墙基是以青砖分层错缝砌筑，黄稀泥挂缝，墙基的长、宽、高与基槽的长、宽、深相同。

居住面：房屋内地面均有分布，土色分上、下两层。下层为红烧土面铺而成，厚5～20厘米，其方法是将原始的红烧土地面夯实，再在其上放置柱础基石。上层为褐灰色土，厚10～20厘米，经夯实并稳固柱础基石，此层平整。其上表面有一薄层土色为黑灰色，较为平滑，为长期踩踏而致。居住面土层中包含物较少，均为瓷器残片，可辨器形有碗、盏、盘、盅等，瓷器器壁上饰有花草、连枝花等青花。

柱础和柱洞：柱础布局分为4条，每条设置5个柱础，每个柱础下均有基脚石，基脚石形状不一，有宽扁形鹅卵石，有不规则的长条形条石，也有圆形鹅卵石。柱础大部分已不存在，只发现东边第一间房内有柱础一个（编号iS1～1），此柱础石近方形，且不光滑美观，只是有柱础的六侧边凿有轮廓分明的线条。柱础石长40、宽37、厚17厘米。

灶：房内共发现炉灶4座，其编号分别为DZ203、DZ205、DZ206、DZ207。

DZ203位于DT0630的西南部，屋内第五间房内的西北部。此灶用五块板瓦在地面上竖筑形成灶体，灶口呈梅花状，在西南部的一块板瓦上凿掉半节板瓦而形成灶门，灶门高10、宽14厘米，在与灶门框对应的一块板瓦上削去一角，形式烟囱。灶口大底小，深24厘米。所用板瓦长24、宽17～22、厚1.4厘米（图八八；图版一二，2）。

DZ205位于DT0730的东南部，屋内第三间房的中部偏北，灶体为方形，其底先用青砖平铺一层，四边用薄砖侧砌，现残存一层，上部结构不清，灶体内残存有黑色灰烬。灶长、宽均为35，深15厘米（图八九）。

DZ206位于DT0730的东部偏北，该房屋内第三间房的北偏东部，灶体平面为长方形，四边用薄砖侧砌，残存一层，灶门和烟道不清，灶体内残存有黑色灰烬。灶长50、宽40、深18厘米（图九〇）。

DZ207位于DT0927南部，该屋内第一间房南部，灶体平面呈椭圆形，周边用青砖侧砌，残高一层，灶门和烟道不清，灶内填土为红褐色土，为红烧土颗粒，土质结构疏松，底层有黑灰烬，灶体直径74～76、深16厘米（图九一；图版一二，3）。

（四）门道

门道不是很清楚，清理中仅在屋内第二间房北面发现后门一处，因破坏严重，只能从门道口下面所铺条石的长度测得后门宽70厘米，分两步台阶向北延伸，台阶宽25～35、高10厘米，再向北连接鹅卵石路面，卵石路面上遭受破坏，从现场看，台阶底层的东部有一条宽35厘米的土筑路面。残长140厘米，卵石镶嵌其间，再用小砖侧嵌而形成。

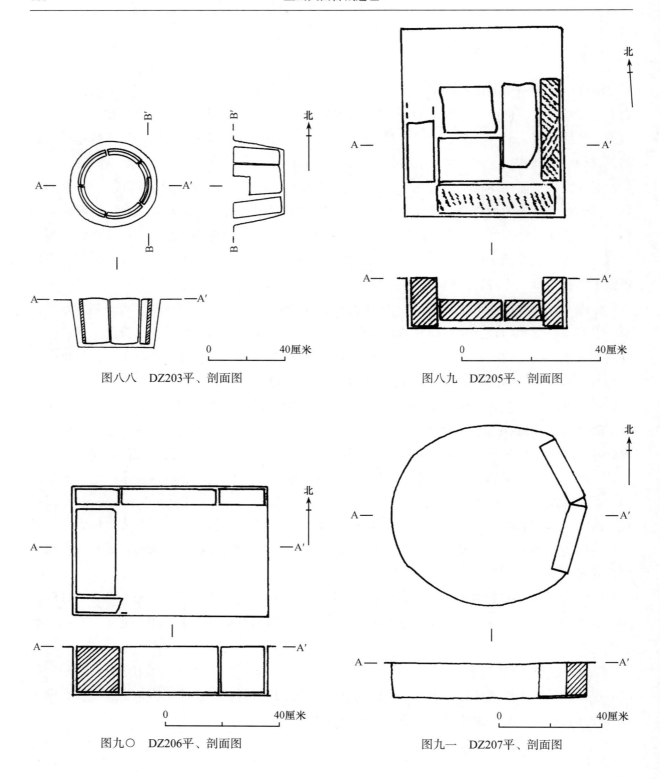

图八八　DZ203平、剖面图

图八九　DZ205平、剖面图

图九○　DZ206平、剖面图

图九一　DZ207平、剖面图

（五）屋顶及梁架结构

结构已不清楚，但从每间房下所残留的柱础基石布局来分析，这是一座内有多间房屋的宽敞的柱架式房屋。

四、屋外地面特征

（一）活动面

分布在房子的南部，即在DT0728～DT0928探方中，均有一块非常平整的一层黄土层，经过夯实。虽然只有5厘米厚，却是房主人有意填实作为室外活动场所用的，据此，我们推测DF202的正门有可能在此附近，因南墙墙基等遭毁，所以正门的位置无法准确核定下来。

（二）散水路面

分布在房址的北面，从残存的现状看，这一条东西走向的散水路面残毁呈东、西两段，中间一段已毁坏无存，路面以10～15厘米长的鹅卵石镶嵌而成，并由南向北略带倾斜，既可方便行走、又可起到排除房屋雨水的作用。

五、与周边房屋和其他遗迹的关系

与DF202具有相同的层位关系有DF203，DF203有可能为DF202的附属房屋或邻居。

因DF202北面没有布方发掘，从东部DT1129～DT1126等探方来看，编号为DG206有可能为DF202的排水沟或垃圾坑。

以上我们将3处柱架式结构的房屋基址介绍完毕，下面我们再来分别叙述这26处砖混合型墙基的三种类型房屋基址。

第一种类型是墙基下有基槽的房屋基址共14处，它们是AF7、AF8、AF9、BF7、BF8、BF9、BF11、DF1、DF7、DF8、DF9、DF12、DF201、DF202，叙述如下。

AF7于2002年10月27日开始清理工作的，11月3日清理完毕，位于AT1810、AT1910、AT1811、AT1910等四个探方中，叠压在探方第④层下，打破第⑤层，距地表深70厘米。

AF7仅残存东、西、南三面墙基，平面大致呈方形。墙基均是建在基槽中，基槽槽口都很平直，槽沟侧壁也垂直向下，平底，东、西两条基槽均长400、宽60～70、槽口至槽底深40厘米，南面基槽因被AT1810北壁所压，未能全部揭示出来，已揭示出来的基槽长290、宽20～40、深40厘米。墙基均以灰砖和卵石分层横向平铺两排，两排中间有5～10厘米间隙，其间再填以小卵石和泥土，东、西两面墙基长400、宽50～60、高35～40厘米，南面墙基仅揭示出来一部分，其长、宽、高同于其基槽的长、宽、深（图九二）。AF7涉及的范围东西长765、南北宽540、高40厘米。

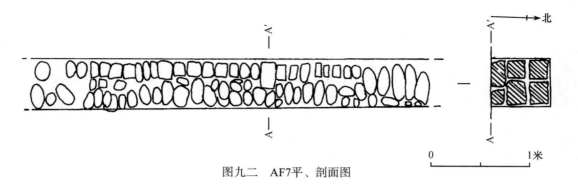

图九二　AF7平、剖面图

由于严重扰乱，原始居住面已不存在，在其后来的堆积黄斑灰色土中，含少量的青花瓷片。

AF8于2002年11月3日开始清理工作，11月5日清理完毕，位于AT2210的中部，叠压在探方第③层下，打破第④层，距地表深50厘米。

AF8仅残存一条墙基和房屋内一小块垫土，它的墙基是建筑在基槽中。基槽是在地面上挖掘而成，基槽槽口呈东西走向的笔直长条形，基槽侧壁垂直，平底，已揭示出来的基槽长400、宽74、深14厘米。基槽中的墙基是以灰砖和石块分层横向平铺两排，两排中间有20～25厘米的间距，其间填以小石块和泥土，所用灰砖多不完整，完整的灰砖长20、宽18、厚4厘米。石块以长10～15厘米为多见，已揭示出来的墙基长166、宽66、高4厘米（图九三）。

房屋内垫土层仅残留在墙基西端的一块，为黄色土，紧密，纯净，不含遗物。已揭示出来的地面垫土层南北长210、东西宽120、厚50～60厘米。AF8的墙基和垫土层所涉及的范围为东西长400、南北宽210、高60厘米。

在墙基的间隙泥土中出有少量青花瓷碗残片和夹砂陶罐、釉陶缸等残片。

在AF8周边未发现同时期的其他附属遗存。

AF9于2002年11月4日发现并开始清理墙基的垫土层，11月12日清理结束，11月27至28日两天又取探方隔梁才将AF9全面揭开并清理完毕。位于AT1912～AT2112、AT1913～AT2113等六个探方中，叠压在探方第⑤层下，打破第⑥层，距地表深95厘米。

AF9残存南墙、东墙两道呈曲尺形的墙基和房内地面，墙基之上残留有正墙墙体，墙基建在基槽中。南墙基槽和东墙基槽互相垂直相连，呈曲尺形，基槽槽口平直，基槽两边侧壁下

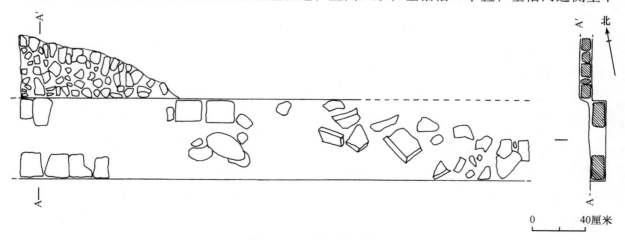

图九三　AF8平、剖面图

垂，平底，基槽宽85、槽口至槽底深75厘米，南墙基槽已揭示出来的部分长1250、东墙基槽残长235厘米。

墙基是先用白石条分层错缝并排砌筑三层，三层所用白长石的长、宽、厚各不相同，各层白条石长45～70、中、下层白条石宽35～40、上层白条石宽55，上、中、下三层白条石的厚度分别为10、20、15厘米。在三条白条石之上用灰砖平铺一层，灰砖长30、宽15、厚5厘米。最后再用红条石在灰砖之上砌一层形成墙基。红条石长一般在70～110、宽15～20、厚15厘米。所形成的南墙墙基宽75、高65厘米，长度与南墙基槽长度大体相当。东墙墙基宽60、高65厘米，其长度大体与东墙基槽的长度相当。

墙体即正墙是在墙基的红条石之上用灰砖采取盒子方式砌筑起来的，灰砖的长、宽、厚与墙基中所用灰砖相同，以黄泥作为粘合剂。南墙正墙宽35、残高20、残长770厘米，东墙正墙已破坏无存（图九四）。

房屋内地面即垫土层是分层铺垫，压紧，土质紧结，较硬。屋内两墙转角处保留被火烧烤过的硬面。垫土层计有四层：第一层为黄色黏土；第二层为黄绿色黏土；第三层为黄灰色颗粒土；第四层为浅黄色黏土。每个小层厚15厘米左右，四小层共厚60厘米。主要分布在南墙以北的地带。其范围东西残长1140、南北残宽415厘米。垫土层中出土遗物很少，仅有少量白瓷片、青花瓷片出土，器形有碗、杯、盘等（图九五）。

AF9残存的墙基和房屋地面所涉及的范围东西长1250、南北宽485、残高85厘米。

AF9未发现同时期的其他附属遗存。

BF7于2001年8月17日开始清理工作，8月22日清理完毕，位于BT1708西部，叠压在探方第④层下，打破第⑤层，距地表深90厘米。

BF7仅残存一条墙基，墙基方向为北偏东30°。墙基建在基槽中，基槽槽口较平直，槽沟两侧壁斜直，平底。已揭示出来的基槽长490、槽口宽70、槽底深60、槽口至槽底深18厘米。

残存的墙基只有上、下两层：下层用大块的河砾石分两排平铺槽底，砾石一般长25～45厘米，其间间隙以泥土填实。上层则用灰砖垒砌，因破坏原因，其灰砖多以移动，不能观察原始的砌筑方法，灰砖长24、宽12、厚5厘米。墙基南端已伸向BT1608中而未发掘，仅揭示出来的墙基长、宽、高与其基槽的长、宽、深基本相同。在墙基填塞的泥土中未发现包含物（图九六；图版一三，1）。

BF7未发现同时期其他附属遗存。

BF8是在2001年11月5日开始清理，11月8日清理完毕，位于BT1112～BT1115、BT1012、BT1014几个探方中，叠压在探方第③层下，打破第④层，距地表深30厘米。

BF8平面呈南北方向的长方形，残存有住房墙基、围墙墙基、房内地面、房外平台及排水沟，其范围涉及南北长1660、东西宽800、残高45厘米（图九七；图版一三，2）。

住房墙基是由一道南北走向的墙基和两道东西走向的墙基垂直相交所构成。墙基两侧面平整而笔直，建筑较规范，均建在其基槽中，基槽是在地面上开挖而成，槽口平直，两侧壁下垂，平底。槽口宽56～68、槽口至槽底深45、南北走向的基槽长780、东西走向的两道基槽分别长652、263厘米。

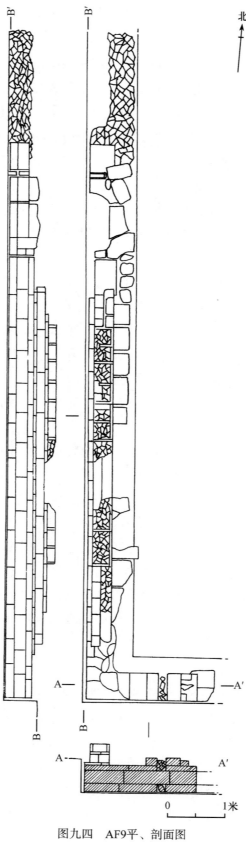

图九四　AF9平、剖面图

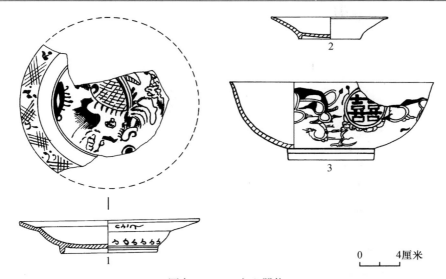

0　　4厘米

图九五　AF9出土器物

1.青花瓷盘（AF9：5）　2.白釉盏（AF9：3）　3.青花瓷碗（AF9：4）

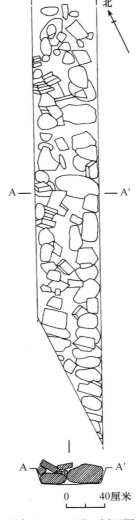

0　　40厘米

图九六　BF7平、剖面图

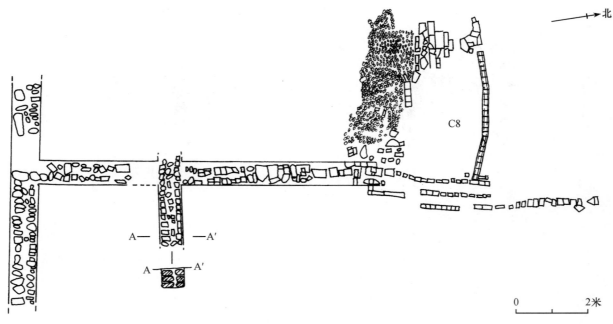

图九七　BF8平、剖面图

　　基槽之中的住房墙基是以鹅卵石、石块和灰砖混合砌筑，其方法是：分层错缝两排垒砌，墙基的两侧面都较整齐，两排基石之间填以小石块、砖块和泥土。使用的鹅卵石长30～40厘米，石块一般长30～50、宽30～35、厚15厘米为多，完整的灰砖长30、宽15、厚8厘米。由于毁坏的原因，残存的墙基只有三四层高了，住房墙基宽52～65、残高42厘米，残长与基槽相同。

　　围墙墙基主要分布在基址的北部，在偏东的地方有一段围墙墙基，另外在房外平台的北面和东面各有一条围墙墙基相交呈曲尺形。这三条围墙墙基的特点是：走向都不笔直而是呈弧形的；曲尺形的围墙墙基的转角处不是直角；所砌墙基或墙体均为单墙。因此，它们是围墙墙基无疑。

　　围墙墙基也是建在其基槽中，基槽两边侧壁垂直，平底，基槽宽25、槽口至槽底深25厘米，东边一段围墙墙基和基槽残长515、曲尺形的两道围墙墙基基槽残长982厘米。

　　东边围墙墙基是以石块铺底作墙基第一层，其上再用灰砖分层错缝堆砌，现墙基仅残存两层。使用灰砖和石块的大小规格与住房墙基的砖石相同，墙基宽28、残高20厘米。曲尺形墙基也是以石块铺底作第一层，其上再用薄灰砖分层错缝堆砌，现墙基仅残存两层，使用的石块长24、宽16～24、厚16厘米，使用的薄灰砖长18、宽15、厚3厘米。曲尺形墙基宽18～24、残高20厘米，残长与基槽相同。

　　房内地面主要分布在南北走向的住房墙基两侧，灰褐色土，土质结构紧密，较纯净，堆积较薄，其范围涉及南北长780、东西宽652厘米、厚10～15厘米。

　　排水沟在BF8的北部，与住房墙基较为靠近，其平面呈南北走向的长条形。其建筑方法是：先在地面上挖出沟槽，再在沟槽两侧边用砖块和石块单排平砌。所用灰砖与住房墙基灰砖规格大小相同，条石长60、宽20、厚15厘米。排水沟内空宽24～44、沟口至沟底深24、残长350厘米。排水沟底部南高北低，沟水由南向北排出。

BF8与同时期的BF13相邻。

BF9于2001年10月30日开始清理，11月3日清理完毕，位于BT0917～BT1117几个探方中，叠压在探方第③层下，打破第④层，距地表深50厘米。

BF9仅残存三道墙基及少部分房内地面，平面呈东西走向的长方形，未发现门道，南墙墙基方向为93°。

三道墙基是东、西二道墙基与一道南墙墙基的东西两端相连，而且相连处互相垂直。

墙基均是建立在基槽中，基槽即在地面上开挖而成，槽口笔直，槽沟两侧壁平整下垂，平底。基槽宽40～55、槽口至槽底深24、南墙基槽长811（南墙中段350厘米无基槽）、东墙基槽长240、西墙基槽长184厘米（图九八；图版一三，3）。

基槽中的墙基主要是用长4～10厘米的卵石铺成，现仅残存两层堆砌的卵石，所砌成的墙基长、宽、高与其基槽的长、宽、深相同。唯有南墙基槽的中段全是用灰砖分层双排错缝顺砌，现仅残留两层灰砖，所用灰砖长350、宽32、残高8厘米。

屋内地面仅在南墙墙基两侧有小面积的残留，黄褐色土和红褐色土，较纯净，不含文化遗迹，厚15～20厘米。

BG7位于BF9南墙墙基南面，并与之平行，与BF9具有相同一层位关系，应为BF9的附属建筑遗存。

BF11是在2001年11月10日开始清理，11月14日清理完毕，位于BT0814、BT0914两个探方中，叠压于探方第③层下，打破第④层，距地表深95厘米。

BF11仅残存一东西走向的墙基，方向92°。墙基建在基槽中，基槽在地面上开挖而成，槽口较平直，槽沟两边侧壁平整下垂，平底，基槽残长7.32、宽70～90、槽口至槽底深5厘米（图九九）。

基槽中的墙基是用石块和青砖混建起来的。即先用大石块在基槽内分层错缝砌成两排，再用青砖和石块横向两排砌筑在大石块之上，所砌筑的两排墙基之间有10～15厘米的间隙，最后用小石块、断砖和黄色黏土填实，大石块一般长50、宽25、厚20～22厘米，而其中还有少量特大的石块，长105、宽50、厚24厘米，青砖长16、宽10、厚5厘米。一般的石块长10～15厘米。墙基填塞的黄色黏土，无包含物。

房内地面已破坏无存。

未发现同时期的其他附属遗存。

DF1于2000年10月23日发现并开始清理，10月31日清理完毕，位于DT0930、DT0931两个探方中，叠压在探方第③层下，打破第④层，距地表深50厘米。

DF1残存北、西、南三道墙基和房内地面，已揭示出来的平面呈长方形。

三道墙基均是建筑在基槽中，基槽是在地面上开挖而成，槽口平直，槽沟两侧壁平整下垂，平底。三道基槽的规格不尽相同，南、北两道基槽的尺寸比较接近，已揭示出来的基槽长266～270、宽66～80、槽口至槽底深20～25厘米。而西墙基槽有北段与南段之分，即北段基槽窄，南段基槽宽，已揭示出来的北段基槽长260、宽50、槽口至槽底深20厘米。南段基槽长274、宽80、槽口至槽底深20厘米。三道墙基都填有黄褐色黏土作为垫土，并将垫土夯打结

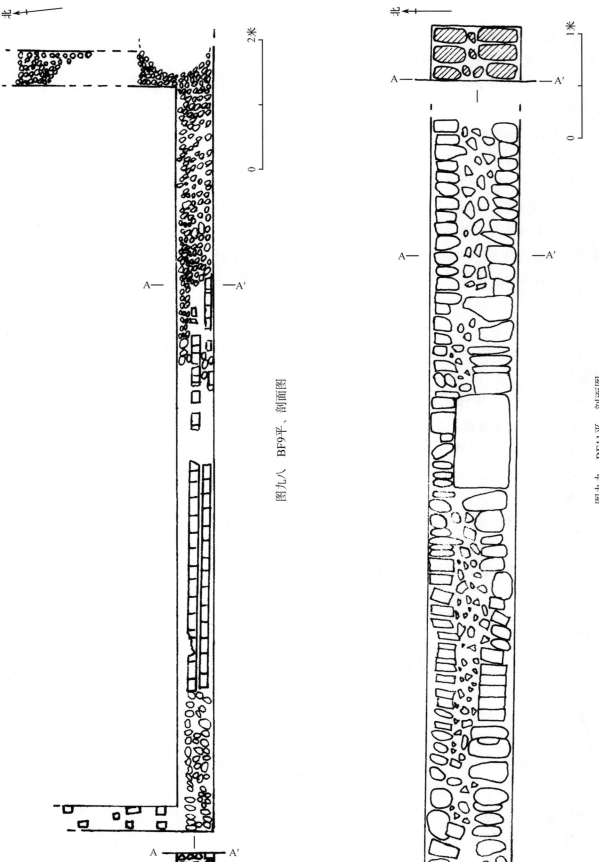

图九八　BF9平、剖面图

图九九　BF11平、剖面图

实，垫土厚9~12厘米。

墙基是在基槽的垫土之上用灰砖、石块混合砌筑，仅残留一层墙基。北面墙基多以石块分层顺砌两排，保持墙基两侧面较为整齐，已揭示出来的墙基长278、宽60~70、高12厘米。南墙墙基是以较规整的石块和砖块分层顺砌成三排，已揭示出来的墙基长112、宽56、高12厘米。西墙墙基多以砖块砌成两排，已揭示出来的墙基长432、宽42、高12厘米（图一〇〇）。三道墙基所使用的灰砖长24、宽15、厚10厘米，所使用的石块长30~60厘米不等、宽30~40、厚12~15厘米。墙基之中的间隙都是以黄色黏土填实，填土中未出文化遗物。

在三道墙基所形成的中间地带为房内地面，为灰色土，结构紧密，较纯净，不含包含物。其范围南北长470、东西宽270、厚15~20厘米。

DH5位于DF1北墙墙基的北侧，与DF1具有相同的层位关系，应为DF1的附属遗存。

DF7于2002年9月19日开始清理工作，9月26日清理完毕，位于DT0909、DT1009、DT1010三个探方中，叠压在探方第④层下，打破第⑤层，距地表深95厘米。

DF7残存垫土层、墙基及排水沟。

垫土层主要分布在墙基之下及其两侧，其余的部分已毁坏无存。为红褐色土，结构紧密，内含少量小石块、炭屑等，无遗物出土。其涉及范围南北长620、东西宽590、厚10~20厘米。

墙基建筑在垫土层之上，以挖浅槽填砖石的方式砌筑墙基，浅槽长、宽、深与墙基的长、宽、高相等。

DF7在平面上残存三道墙基，即东、西两道墙基及连接东西两道墙基的一段东西走向的墙基。墙基是由青砖和石块混合分层错缝砌成双排，双排中间的空间用黄色黏土填实，现均只残留一层砖石了，东边墙基已毁坏不见完整的墙基形状了，所用的青砖多已残断呈方形，残长15~20、宽15、厚5厘米，所用的石块最长为40~60厘米，以最小石块长580、宽53、残高15厘

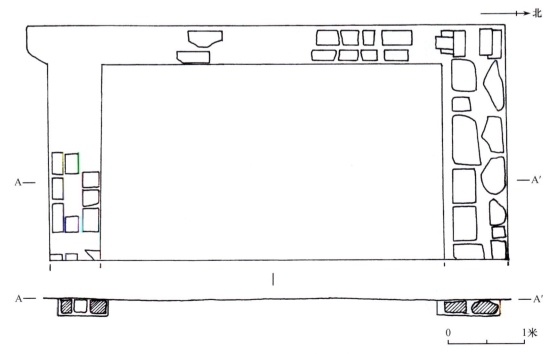

图一〇〇　DF1平、剖面图

米（图一〇一）。

排水沟位于东西走向一段墙基的北侧而紧靠墙基，是以这段墙基作为沟的南壁，其北壁则是以砖石单排垒砌与墙基平行的壁面，排水沟的口面明显低于墙基，沟底呈下凹形，从沟底的情况观察，沟中之水是由西向东排除的。排水沟砌用的青砖与石块大小与墙基所用的完全相同，仅揭示出来的排水沟长400、宽50、深15厘米。DF7范围南北长620、东西宽590、残高25厘米。

DF7未发现同时期的其他附属遗存。

DF8于2002年10月3日开始清理工作，10月12日清理完毕，位于DT0907～DT0910四个探方中，叠压在探方第⑥层下，打破第⑦层，距地表深150厘米。

DF8仅残存墙基和垫土层。

墙基建在垫土层之上，是以开挖浅槽填埋砖石的方式进行砌筑，即用鹅卵石和青砖混合铺成单排，浅槽槽沟长、宽、深与填埋的墙基长、宽、高相同，DF8共有四段墙基，四个探方中各有一段，在南边的三段墙基宽15～20、高10厘米，长分别为270、320、95厘米（图一〇二）。所用的青砖均为不完整的，残长20、宽15、厚5厘米，卵石长15～20厘米。最北面一段墙，仅用七块青砖顺砌而成，且只残留一层墙基，所用青砖长20、宽15、厚5厘米，所砌成的墙基长145、宽15、高5厘米。四段墙基形成的范围南北长900、东西宽350、残高50厘米。

墙基之下的垫土层在四个探方中均有广泛的分布，为黄色黏土，土质较杂，结构紧密，内含碎砖瓦片、少量炭屑及动物骨骼。出有少量青花瓷、白瓷残片，器形有碗、杯、盘。还有零星的釉陶残片出土，器形有罐、钵、缸等。

DF8残存的四段墙基均为单排砌筑，每段墙基均不够笔直，而且纵横相交的两条墙基也不互相垂直，所以墙基之上的墙体只能砌得低矮，因此推断它不可能是居住房墙体下的墙基，而

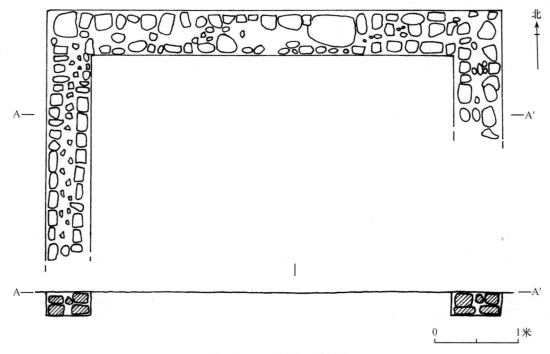

图一〇一 DF7平、剖面图

未发掘

北

未发掘

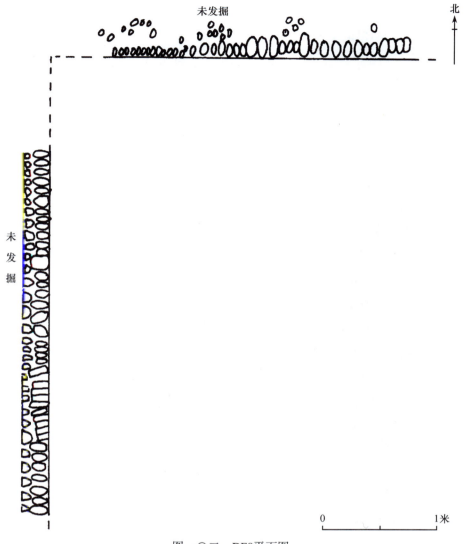

0 1米

图一〇二 DF8平面图

只能是院落围墙或是室外平台之类护坡的基础。

DF8未发现同时期其他附属遗存。

DF9是于2002年10月24日发现于DT2313中并开始清理工作的，后又于10月28日在DT2314发现其北达的一段墙基，当日清理完毕，位于DT2313、DT2314两个探方中，叠压在探方第③层下，打破DF10，距地表深60厘米。

DF9仅残存墙基和垫土层。

墙基建在垫土层之上，采用开挖浅槽填埋砖石方式进行砌筑，所残存的两段墙基均是用鹅卵石和青砖混合砌成单排，现仅残留一层，所用鹅卵石大的长50、小的长10~15厘米，所用青砖均为不完整的断砖，一般长约15厘米。筑成的墙基长15~25、高10厘米，北段墙基长105、南段墙基长240厘米（图一〇三）。

墙基之下的垫土层在DT2313、DT2314中主要分布在墙基以东地带，为红褐色土，结构较疏松，内含较多的断砖、小石块、石灰颗粒及少量动物骨骼，出有较多青花瓷片，器形有碗、杯、盘等，还有釉陶壶、陶托等残片出土。另外还出有一枚铜钱和3块铁片等。垫土层范围南北长540、东西宽165、厚15厘米。

DF9墙基均为卵石和青砖单排砌筑，这种墙基之上的墙体不可能达到一定的高度而用为居住房的墙体，因此，推测它是低矮的围墙或是室外平台边缘一类的护坡基础。

DF12与DF9具有同时期层位关系，且位置相邻，因之它们应是同时期的建筑遗存。

DF12于2002年10月28日发现并当日清理完毕，位于DT2314的西南部，叠压于探方第③层下，打破DF10，距地表深60厘米。

DF12仅残存墙基的垫土层。

墙基建在垫土层之上，采用开挖浅槽填埋砖石方式砌筑墙基，现所残存的一段墙基均以鹅卵石和青砖混合砌成单排，墙基只留一层砖石。所用卵石长10~15厘米，所用青砖均为断砖，一般长12~15厘米，此段墙基残长165、宽10、高8厘米（图一〇四）。

墙基之下的垫土层，分布范围仅限于墙基两侧的狭小范围，而且堆积很薄仅10~12厘米，其他均遭破坏无存，垫土为深褐色黏土，土质结硬，包含物少，无文化遗物发现。

DF9与DF10具有同时期的层位关系，且位置相邻，它们应是同时期的建筑遗存。

DF201、DF202详见前面的叙述。

第二种类型是墙基下无基槽而有垫土层的房屋基址共3处：AF11、DF5、DF10。

AF11于2002年11月5日发现并开始清理，11月8日清理完毕，位于AT2212、AT2213两个探方中，叠压于探方第⑤层下，打破AH32和第⑥层，距地表深110厘米。

AF11仅残存墙基和垫土层。

墙基又有住房墙基和围墙墙基之分，它们均直接建筑在垫土层之上。住房墙基即是分布在AT2212中的一段东西走向的墙基，其建筑方法是：以方形石块两行并排砌筑墙基第一层，方形石块边长25、厚10厘米。再以灰砖分层错缝双排砌筑在第一层之上，这样逐层上砌，所使用的灰砖长28、宽12、厚10厘米，砌筑时，砖上都抹上泥浆，两排墙基之间的空隙充填小块碎砖石和泥土，这一段墙基仅残留三层。已揭示出来的墙基长327、宽45~55、残高35厘米（图一〇五）。

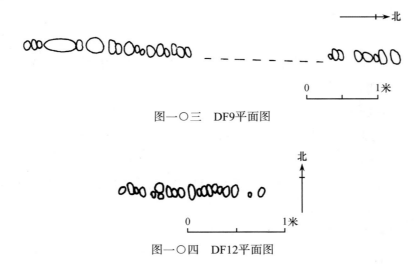

图一〇三　DF9平面图

图一〇四　DF12平面图

在住房墙基的东端，用卵石及砖角向北分层排列两三行砌筑南北走向的围墙墙基，卵石大小不一，大卵石长40、小卵石长20厘米，砌筑卵石周边都塞以泥土，所砌成的墙基仅残存三层，这段南北走向的围墙墙基长380、宽50～90、残高40厘米。最后又在此段围墙墙基的北端，转角砌有一排呈东西走向的围墙墙基，此段墙基仅残留卵石7块，所用卵石其大小与南北走向的围墙墙基中的小卵石相同。此段围墙墙基残长115、残宽20、残高10厘米。

AF11的垫土层分布在住房墙基两侧的地带，土色为红色黏土，土质较板结，内含草木灰、石灰颗粒，其堆积厚度达44～50厘米。内出有少量青花瓷碗、盘、杯残片及夹砂陶罐残片。AF11的涉及范围，东西长625、南北宽400、残高50厘米。

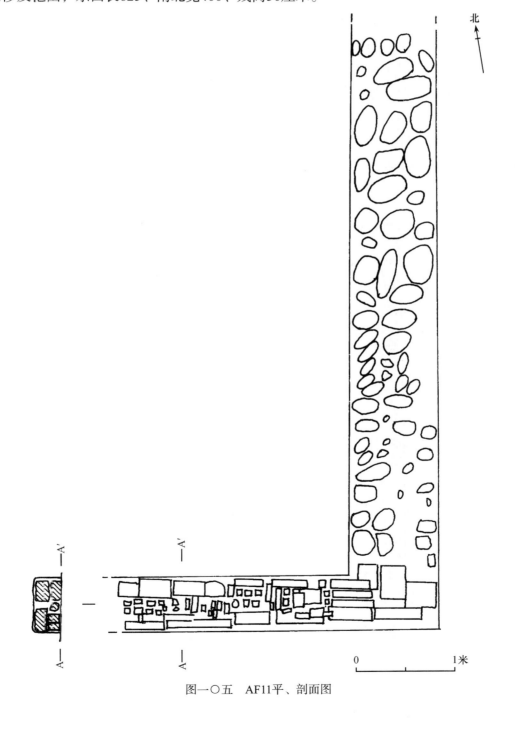

图一〇五　AF11平、剖面图

AF11未发现同时期的其他附属遗存。

DF5于2000年11月3日发现并开始清理，11月5日清理完毕，位于DT0730中，叠压于探方第⑤层下，打破第⑥层，距地表深100厘米。

DF5仅残存墙基、门道阶梯和垫土层。

墙基建在垫土层之上，以青砖的石块分层错缝顺砌两面墙基，两面墙基中间有70～90厘米宽的空间，再用碎砖、小石头和泥土填实。所用青砖长36、宽16、厚8厘米。石块则大小不一，一般以长25、宽20、厚10厘米的为多。墙基仅残留一层，已揭示出来的墙基长400、宽68～72、高10厘米（图一〇六）。

门道阶梯已揭示出来的平面大致为方形，是以青砖并列顺铺两层而成，上层与下层在其东面错落32厘米而形成阶梯踏步。所用青砖与墙基青砖规格相同，应是房屋门道出口外的阶梯，可证实DF5这套房屋的门向是朝东的。阶梯有部分被探方北隔梁所压，已揭示出来的阶梯东西长150、南北宽130、高22厘米。

垫土层主要分布在墙基和及其周围，为灰色黏土，土质结构紧密，纯净，无包含物，其范围南北长400、东西宽270、厚15～25厘米。

DF5未发现其他附属遗存。

DF10详见前面的叙述。

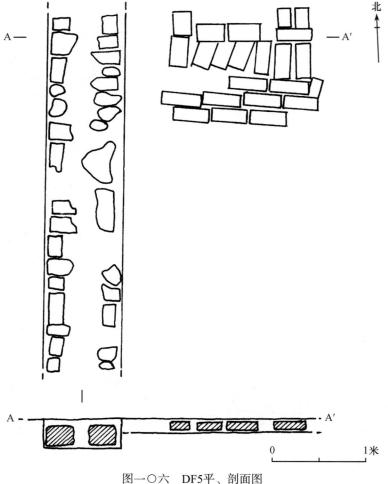

图一〇六　DF5平、剖面图

　　第三种类型是墙基下无基槽又无垫土的房屋基址，计有9处：AF4、BF2、BF3、BF4、BF12、BF14、BF15、BF16、BF17。

　　AF4于2000年11月13日开始清理工作，11月18日清理完毕，位于AT2010的中部偏北，叠压于AF3之下，打破探方第⑤c层。距地表深135厘米。

　　AF4仅残存墙基和房屋居住面。

　　墙基一条已残破呈东、西两段。东段是以青砖双排并列顺砌而成，现仅残留一层墙基，所使用的青砖完整者长30、宽16、厚10厘米。其砖墙南侧则用较大卵石镶砌，主要是对墙基起栅栏、保护作月，以加强其牢固性。所用卵石长25～30厘米。两段墙基是以卵石横向平砌而成，使用的卵石有大小之别，大卵石长38、小卵石长15～24厘米，其南面也是顺砌一排青砖。也是对北面起到栅栏保护作用，所用青砖的规格与东段墙基相同。这东、西两段墙基原是一道墙基，中间遭受破坏损毁，这道墙基残长300、宽40、高15厘米（图一〇七）。

　　房屋居住面位于墙基的北侧，灰褐色土，系经过火烧烤，质地坚硬，地面平坦，上面有AF4倒塌后的堆积，主要是大量的碎瓦片，居住面的土层中含有少量的青花瓷、白瓷残片，以及夹砂陶罐、釉陶碗残片。居住面的范围东西长300、南北宽114、厚24厘米。

　　AF4的墙基和房屋居住面所涉及的范围东西残长300、南北残宽154、残高24厘米。

　　AF4无发现同时期的其他附属遗存。

　　BF2是在2001年8月2日开始清理工作的，8月12日清理完毕。位于BT1809～BT2009、BT1808、BT1807、BT1907六个探方中，叠压于探方第②层下，打破第④层，距地表深40厘米。

　　BF2仅残存三道墙基。即大致呈东西走向的南北墙基二道，还有一道大致呈南北走向而与南北两道墙基相连的墙基，三道墙基均建在地面上，用卵石、石块和青砖相混合以两排或三排砌成长条形。砌筑时，石块和青砖上都抹有黄色泥浆，墙基中的空隙处均填塞小碎石块。从墙基的横断面观察，有的墙基残存三四层砖石块，有的墙基上仅残留两层砖石块。墙基卵石大的长50厘米，以长20～30厘米的卵石为多。现残存的三道墙基宽65～80、残高20～40厘米，北面墙基残长1015、南面墙基残长550、连接南北两道墙基中间一道墙基残长860厘米（图一〇八；图版一四，1）。

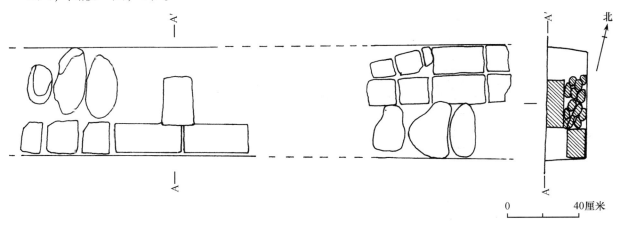

図一〇七　AF4平、剖面图

在墙基的泥土中含有少量青花瓷片、陶片等。

BF3于2001年8月4日开始清理工作，8月15日清理完毕，位于BT1805、BT1905、BT1906、BT2007四个探方中，叠压在探方第②层下，打破第④层，距地表深45～50厘米。

BF3仅残存二道墙基，即大致呈南北走向的一道墙基及南面呈东西走向的一段墙基，这两道墙基应垂直呈曲尺形，因破坏原因，其连接处已毁损无存。

墙基建筑在地面上，以卵石、石块和青砖混合砌筑二或三排，其石块和砖石之间的空隙填以小石块和泥土，所使用的石块长20～25厘米为多，青砖均为断头砖。两道墙基宽60～90、残高28～30厘米，由于破坏的原因，南北走向的一道墙基已残断为北、中、南三段，这三段墙基的长度分别为315、75、350厘米。南面墙基残长255厘米（图一○九；图版一四，2）。

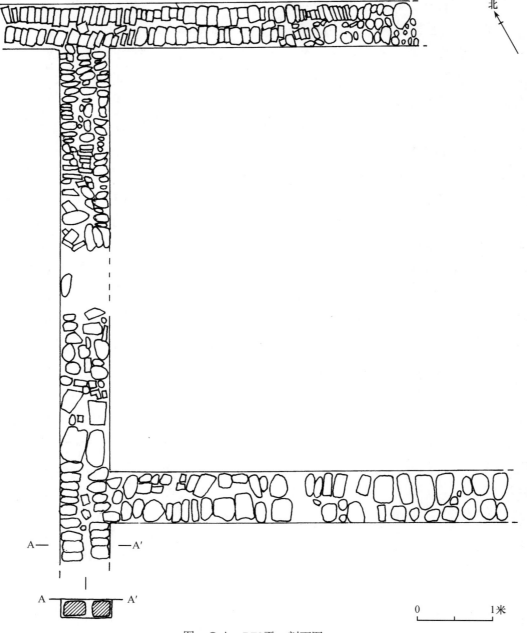

图一○八　BF2平、剖面图

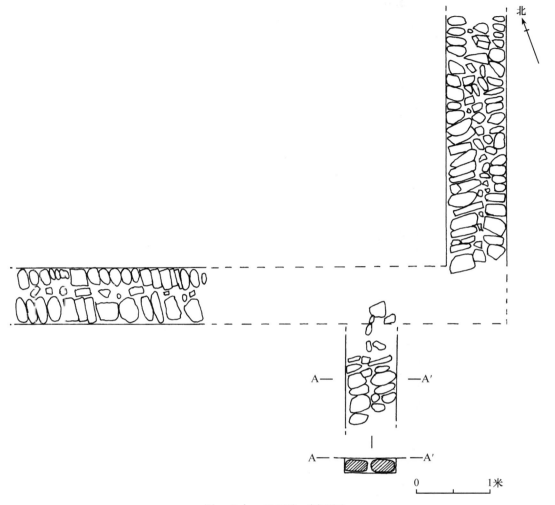

图一〇九　BF3平、剖面图

在二道墙基的泥土中出有少量的青花瓷片和陶片等。

BH3与BF3具有相同的层位关系，而且位置彼邻，BH3可能系BF3的附属遗存。

BF4于2001年8月9日开始清理工作，位于BT1705、BT1805两个探方中，叠压在探方第②层下，打破第③层，距地表深40厘米。

BF4仅残存一道呈西北至东南走向的墙基。墙基在地面上建筑，以石块和砖块混合砌成两排或三排墙基，保持墙基两侧面整齐，中间空隙填以小石块。所使用的石块长20～30厘米为多。而使用的青砖多为半头和不完整的砖块。墙残长760、宽50～55、残高25厘米。

在墙基的填塞泥土中，清理出少量青花瓷片等。

BF4未发现同时期的其他附属遗存。

BF12于2001年11月19日开始清理工作，11月21日清理完毕，位于BT1110的南部，叠压在探方第③层下，打破第④层，距地表深90厘米。

BF12仅残存一条呈东西的墙基，方向为290°。

墙基建在地面上，即以卵石、石块及残破的砖块混合分层错缝砌成两排，保持墙基两侧面平整，两排墙基之间空间较大，再以石块和泥土充填。所使用的卵石大的长达37厘米，以长15～20厘米的卵石为多。砖块多为不完整的断头砖。墙基残长425、宽65、残高10～20厘米（图一一〇）。

BF12未发现与该墙基相关的堆积与包含物。

BZ2、BF14、BF17与BF12具有相同的层位关系，应为同一时期的遗迹。BZ5靠近BF12北侧，仅距离180厘米，应为BF12的附属遗存。

BF14于2001年11月18日开始清理，11月20日清理完毕，位于BT1109南边，叠压在探方第③层下，打破第④层，距地表深50厘米。

BF14仅残存一道呈东西向的长条形墙基，东端折向北呈90°转弯。

墙基为地面上建筑，它用石块和残破砖块以横向单排呈直线砌成，所使用的卵石大的长30、小的长2厘米，所砌成的东西向墙基残长375、宽50、残高32厘米（图一一一）。

BF14未发现相关的遗物。

BH40与BF14具有相同的层位关系，且彼邻BF14北侧，并以墙基作为坑的边壁，因之BH40

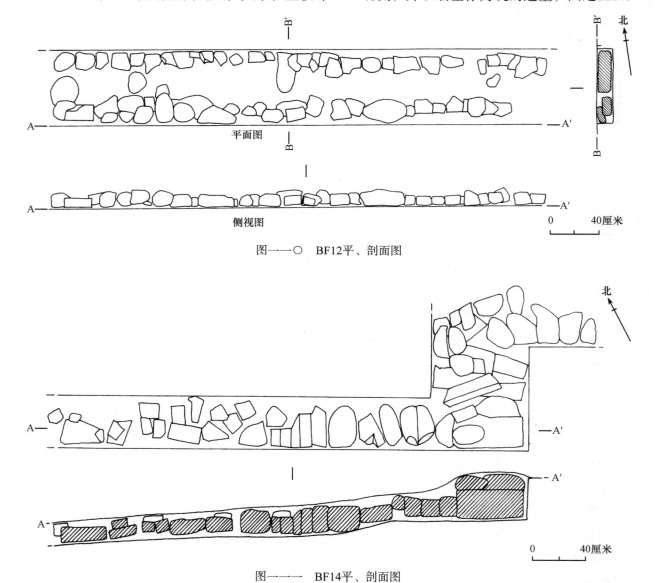

图一一〇　BF12平、剖面图

图一一一　BF14平、剖面图

应为BF14的附属建筑遗存。

BF15于2001年11月24日开始清理，11月25日清理完毕，位于BT1011、BT0911探方中，叠压在探方第③层下，打破第④层，距地表深75厘米。

BF15仅残存一段呈东西走向的墙基，方向为270°。

墙基为地面建筑，以大石块和砖块筑成。大石块长60厘米以上、宽36、厚15厘米。砖块多为残断者，而完整的砖块长24、宽14、厚10厘米。砌成的墙基残长800、残宽60、残高50厘米（图一一二）。

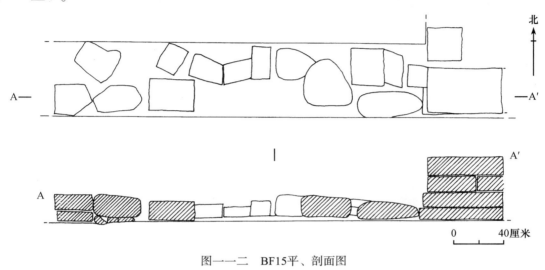

图一一二　BF15平、剖面图

BF15未发现与墙基相关的堆积及文化遗物。

从墙基的建筑及走向来看，应属院墙性质，与BF13具有同一层位关系，院墙东端紧靠BF13，它可能是BF13院墙中的一段。

BF16于2001年11月28日开始清理工作，11月29日清理完毕。位于BT1010中东部，叠压在第④层下，打破BH45，距地表深150厘米。

BF16仅残存一段平面呈长条形墙基，方向为30°。

墙基在地面上建筑，以石块（主要是鹅卵石）和不完整的砖块筑成，石块以长25～30厘米为主，砖块均为残断者，所形成的墙基残长620、残宽100、残高48厘米（图一一三）。

BF16未发现与墙基相关的堆积及文化遗物。也未发现同时期的其他建筑遗存。

BF17于2001年11月20日开始清理，11月21日清理至探方隔梁下，后又于12月11日将隔梁下的部分清理完毕，位于BT1110、BT1010、BT1109三个探方中，叠压探方第③层下，打破第④层，距地表深90厘米。

BF17仅残存平面呈曲尺形的两道墙基，即东西走向的一道墙基和南北走向的一道墙基大致成直角相连。

墙基都是在地面上建筑。东西走向的墙基是以青砖和平板形石块分层错缝砌成阶梯形。所使用的青砖长20、宽10、厚6厘米。所使用的石块长45、宽36、厚17厘米。所砌墙基残长320、宽50、残高35厘米。南北走向的墙基只用大石块单排砌筑，所使用的大卵石长达40厘米。砌成的墙基长224、宽40、残高25厘米（图一一四）。南北走向的墙基只是单排卵石砌成的墙基，

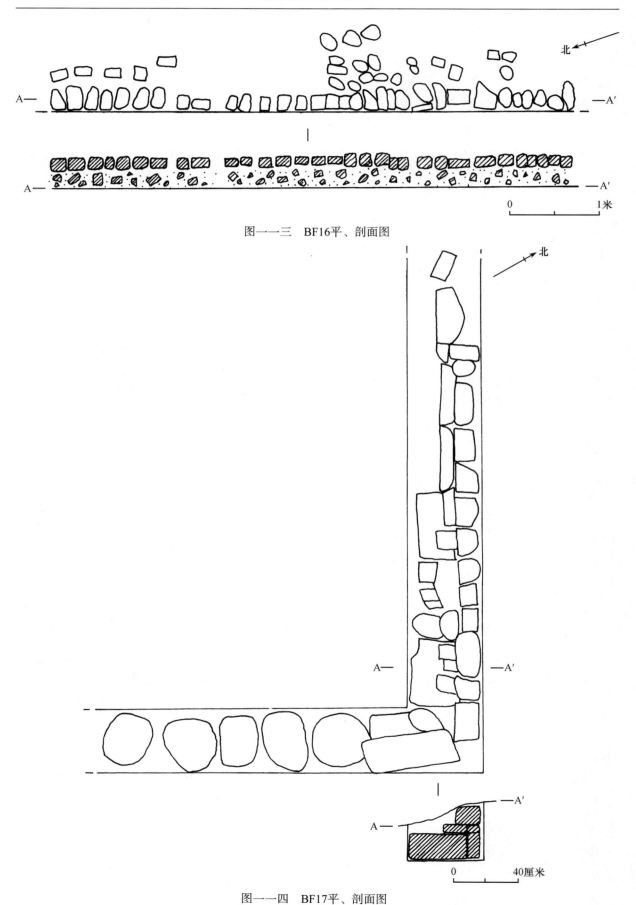

图一一三　BF16平、剖面图

图一一四　BF17平、剖面图

它不能作为居住房屋墙体下的墙基，应为院墙和围墙的墙基。

BF17没有发现与墙基相关的堆积及文化遗物。

BF17北面有BF12，南面有BF14，它们都具有相同的层位关系，其房屋的布局及走向也基本相同，应为同一时期的建筑遗存。

第三节　院墙建筑基址

在大昌古城遗址的考古发掘中，我们时常会碰到一些零散的石块或砖块堆砌的与房址墙基相似和相关的建筑遗址，也因为这些堆砌的建筑遗迹被后来的活动破坏无几，使它们失去了原有的面孔而不清晰，我们在发掘现场没有将它们归类为明确的房屋建筑基址。现在我们将它们作为《院墙建筑基址》单独一节进行陈述，也使用拼音简化字母"Q"来替代。2005年在A区共发掘和清理了这类建筑基址共18处（详见附表二）。

下面将这类建筑基址分为纯石块型、纯砖块型、砖、石混合型三种类别分别叙述。

一、纯石块型

共计9处，分别是AQ203、AQ204、AQ205、AQ210、AQ211、AQ213、AQ216、AQ217、AQ219。

AQ203于2005年11月9日发现并开始清理，11月10日清理完毕，位于AT2020探方中，叠压在探方第④层下，打破第⑤层，距地表深80～90厘米。

AQ203残存两段平面呈曲尺形墙体，它们是用条石和石块采用分层错缝双排在地面上砌筑，石块间一般都填塞小块砖头和泥土，墙体不够规范平整。所用条石一般长40～60、宽20～30、厚14～16厘米。石块以长25～30厘米为多，由于破坏原因，所砌墙体仅残留一层石块，两排墙体已不成形，已揭示出来的两段墙体宽52～70、残高25、南北向墙体长400、东西向墙体长250厘米（图一一五）。

在清理墙体的泥土中出有骨牌2块、石杵1件。

AQ204于2005年11月8日发现并清理完毕。位于AT2220中，叠压在探方第③层下，打破第④层，距地表深60～80厘米。

AQ204残存南北走向的墙体一段，以鹅卵石分层单排平铺于地面上，卵石一般长20～30厘米。残存仅一层墙体，残长120、宽20～35、残高15～25厘米（图一一六）。墙体中未出包含物。

AQ211于2005年11月18日清理完毕，位于AT2119中，叠压在探方第④层下，打破第⑤层，距地表深115厘米。

AQ211残存一段南北走向的墙体，以石块在地面上平铺而成，因受破坏，墙体已不完整，所用石块长30～40、宽10～30厘米不等、厚10～15厘米。现存的墙体残长100、残宽40、残高10～15厘米（图一一七）。

图一一五　AQ203平、剖面图

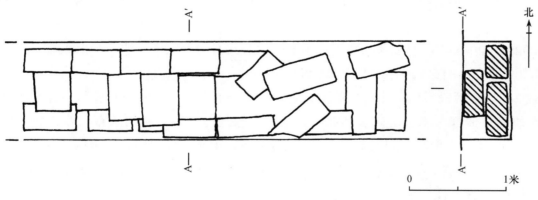

图一一六　AQ204平、剖面图

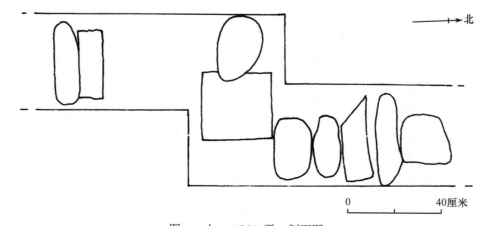

图一一七　AQ211平、剖面图

在清理墙体中未发现文化遗物。

AQ217于2005年12月15日发现并清理完毕，位于AT2620中，叠压在探方第④层之下，打破AG216，距地表深120厘米。

AQ217残存一段南北向的墙体，以卵石和条石在地面上双排平铺而成。因受到破坏，墙体已不完整，仅残留一层。所用卵石长30厘米，条石长60厘米以上、宽75、厚35厘米。所揭示出来的墙体残长200、宽30～45、残高20～35厘米（图一一八）。

墙体中出有瓷器残片。

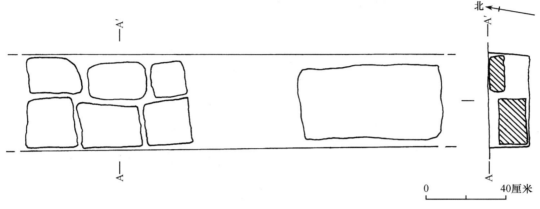

图一一八 AQ217平、剖面图

AQ219于2005年12月15日发现并清理完毕，位于AT2520、AT2620中，叠压在AC2之下，打破第⑥层，距地表深180厘米。

AQ219残存一段南北向的墙体，以条石和卵石在地面上横向或纵向铺成。因受到破坏，墙体已不完整。所有条石长80、宽25、厚20厘米，卵石长40～50厘米，已揭示出来的墙体长200、宽12～52、残高22～50厘米（图一一九）。

从AQ219的发掘现场观察，它叠压在明代城墙路基的底部，应是城墙路基下的城墙护坡。

二、纯砖块型

共计5处，编号为AQ206、AQ208、AQ209、AQ214、AQ218。

AQ209于2005年11月20日发现并开始清理，11月21日清理完毕。位于AT2118内，叠压于探方第④层下，打破第⑤层，距地表深95～100厘米。

AQ209残存一段呈东南至西北走向的墙体。以灰砖和红砖在地面上分层双排堆砌而成，砖块间填有泥土。墙体已不完整，墙体的两端均被毁坏无存，砖块较为散乱。所使用的灰砖长32、宽

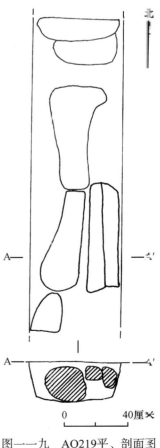

图一一九 AQ219平、剖面图

16、厚6厘米，红砖长24、宽12、厚6厘米。残存的墙体残长206、宽32～60、残高6～20厘米（图一二○）。

墙体泥土中出有少量青花瓷片。

墙体砌筑不够规范，墙体侧面不显笔直，推测墙体属于院墙或围墙之类的墙体。

AQ214于2005年11月24日开始清理，11月26日清理完毕，位于AT2419内，叠压于探方第⑥层下，打破第⑦层，距地表深195厘米。

AQ214残存一小段东西向的长方形墙体，是由青砖在地面上砌筑，其底层由两块砖平铺两条再错缝上砌，砌筑时砖上抹有泥浆，两排砖中间填有不规则断砖。所使用的青砖长32、宽15、厚6厘米。残留的墙体残长100、宽54、残高18厘米（图一二一）。

AQ214墙体砌筑方式规范，形体整齐，应为居住房屋的墙体。

AQ218于2005年12月15日发现并开始清理，12月16日清理完毕。位于AT2620内，叠压在AG206第①层下，打破AC2，距地表深60厘米。

AQ218仅揭示一段南北向的墙体，以青砖分层单行顺铺在AC2倒塌土之上，砌筑时砖缝抹上石灰，所用青砖长40、宽20、厚9厘米。墙体仅残留一层。已揭示出来的墙体长200、宽20、残高9厘米（图一二二）。

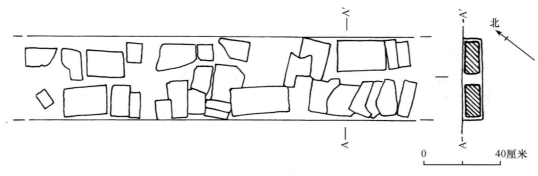

图一二○　AQ209平、剖面图

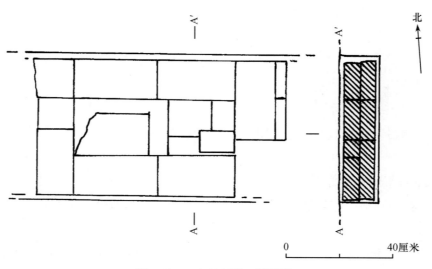

图一二一　AQ214平、剖面图

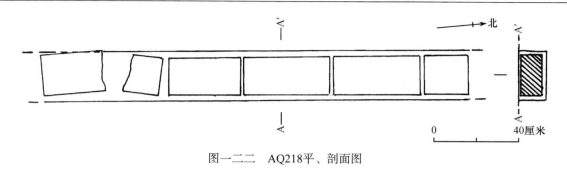

图一二二　AQ218平、剖面图

三、石、砖混合型

共计4处，编号为AQ201、AQ202、AQ212、AQ215。

AQ202于2005年12月6日发现，12月9日清理完毕，位于AT2519、AT2520两个探方中，叠压在探方第②层下，打破第③层，距地表深60厘米。

AQ202残存一段南北走向的墙体，由卵石、石块和砖块分双排在地面上砌筑，卵石和石块长10～30厘米不等，砖块均为断头砖，墙体的两侧面之间的空间填有碎砖石瓦砾和泥土，墙体仅残留一层，残长445、宽40、残高20厘米（图一二三；图版一四，3）。墙体中未含文化遗物。

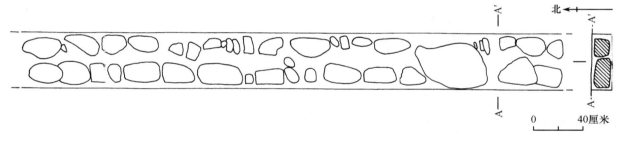

图一二三　AQ202平、剖面图

AQ202与AC1相邻，方向、层位相同，因之推断其可能为AC1的附属建筑物。

AQ212是在2005年11月21日发现并开始清理的，至11月22日清理完毕，位于AT2017内，叠压在探方第⑤层下，打破第⑥层，距地表深150～165厘米。

AQ212残存一段大体呈东西走向的墙体。是由不规则的石块、卵石和残缺的砖块在地面上分双排砌筑，所使用的石块和卵石以长30厘米的为多，由于破坏的原因，墙体已不完整，墙体侧面仅有一侧石块、砖块还保留原样，其余已经散乱。两面墙体之间填有碎小砖、小石块和泥土。已揭示出来的墙体长306、宽70～80、残高8～15厘米（图一二四）。

墙土中出有少量的青花瓷片，可辨器形有碗。

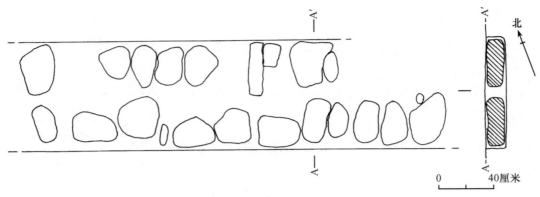

图一二四　AQ212平、剖面图

第四节　路　面

大昌古城遗址在四个年度的考古发掘中，共发掘路面20条，其中2000年发掘路面4条，2001年发掘路面1条，2002年发掘路面7条，2005年发掘路面8条。若按路面所在的区域来分划，则A区发掘路面10条，B区发掘路面1条，D区发掘路面9条。这些路面当然是有着便利人们行走，即方便交通的作用，但有的路面不仅有着方便交通的作用，同时它还有利于散水的功能，甚至是以散水、保护建筑基础免受溃水侵害为其主要功能。因此，我们在2000年度的D区曾清理发掘散水1条（编号DS1），无论从该建筑的结构、用材、功能等方面都非常靠近本节路面，故而我们也一并归入本节中叙述（详见附表三）。

在这21条路面（含散水1条）的建筑遗迹中，我们根据其建筑的用材及结构，大致可划分为以下三种类型。

一是以泥土作为路面的建筑材料，以卵石或青砖镶嵌路边，这类型的路面计有2条，占路面总数的9.52%；

二是以煤渣或炭渣夹小石块作为路面的建筑材料，以卵石镶嵌路边，这种类型的路面计有3条，占路面总数的14.29%；

三是大昌古城遗址中发现数量最多，最为普遍的一种路面，它是一种卵石路面或者以卵石为主要材料，以青砖作为辅助材料铺筑的路面，这种类型的路面计有16条，占遗址路面总数的76.19%。

第一种类型路面修筑起来最为简便，用筑路面的泥土可以就近用材，耗费工时少，修筑速度快。但这种类型路面不利水、不耐用，素有"天晴一把刀、下雨一团糟"的说法，不具备散水的功能，共2条，编号为DL2、DL3。

DL2于2000年11月1日发现并开始清理，11月2日清理完毕，位于DT0730的西部，叠压在探方第④层下，打破第⑤层，距地表深70厘米。

DL2平面呈南北走向的长条形，路面用灰色泥土填筑，夯打结实，路面土质纯净，无包含物，路面的两条侧边用大卵石横向平砌。所用卵石也大小不一，大的卵石长达35厘米，小的卵石长15厘米。路面的南北两端分别为探方南北两壁所压，路面中部被DH7所扰乱而中段无存。

已揭示出来的路面长400、宽94、残高24厘米（图一二五）。

DL3于2000年11月2日发现并开始清理，11月5日清理完毕，位于DT731南部，叠压在探方第④层下，打破第⑤层，距地表深97厘米。

DL3平面呈东西走向的长条形，路面用黄色泥土填筑，夯实，黄土质较纯，无包含物，路面两侧边用青砖横向平置铺砌，侧边较整齐。所用青砖长32、宽17、厚9厘米，路面西端被探方西壁所压，东端北侧为DH8扰乱。路面残长360、宽106、厚14厘米（图一二六）。

第二种类型路面修筑方式较为简捷方便，但修筑材料需从远处运输。它较泥土路面散水更好、不易渍水，比较坚固，使用寿命也要长一些，属于这种类型的路面计3条。我们在实际工作中，就看到有的路面就是一侧高，另一侧低，使路面形成一个斜面。这种类型路面除了有便利交通、方便行走的功能外，还有散水功能，它排除积水、保护其建筑物基础不受雨水的侵蚀。此种类型的3条路面就可分A、B两型。

A型 单一便利交通、方便行走的路面只有1条，编号BL1。

BL1于2001年8月21日发现并开始清理，以后又断断续续进行清理，至10月18日才结束清理。位于BT1709～BT1909三个探方内，叠压在探方第④层下，打破第⑤层，距地表深70厘米。

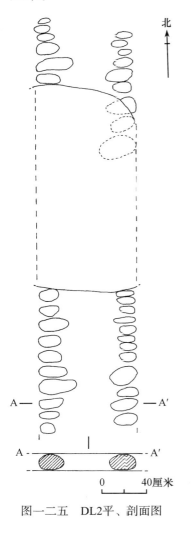

图一二五 DL2平、剖面图

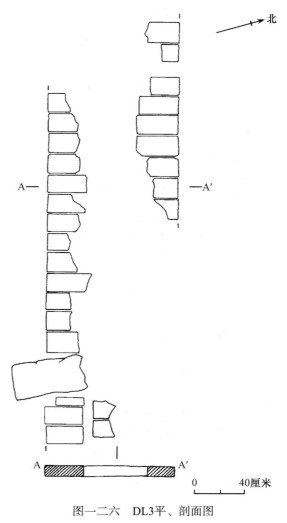

图一二六 DL3平、剖面图

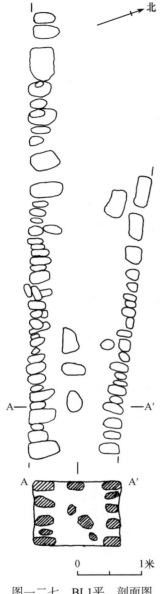

图一二七　BL1平、剖面图

BL1平面大致呈东西走向的长条形，由于受到地势影响，路面起伏较大，呈坡状。路面由较多的煤渣、卵石、石块、残砖和泥土等填垒而成，其两侧边则用卵石、石块及残砖砌成。所用卵石及石块大的长50、小的长20～30厘米。所揭示出来的路面长1350、宽144～186、厚20～130厘米（图一二七）。

在清理路面填土堆积中，出有少量青花瓷片，器形有碗、杯、盘、灯等，还有布瓦。

B型　既有便利于交通、方便行走的作用，又有散水功能的路面，计有2条，它们是AL204、AL205。

AL204于2005年10月27日发现并开始清理，之后又断断续续进行清理，直到11月底与其共存的城墙遗迹AC1清理完毕。位于AT2617～AT2620四个探方内，在AC1城墙墙基的东侧而紧靠墙基，并与之平行，其东侧与AG201排水沟相连。叠压在探方第②c层下，打破第④层，距地表深45～55厘米。

AL204平面呈南北走向的长条形，路面用炭粒和石块筑成，质地坚实，路面有一定的斜度，即由西向东倾斜，西侧紧靠AC1城墙墙基，是AC1城墙的外侧护坡，东侧与AG201排水沟并列，起着排除雨水、保护城墙墙基、方便交通的作用。所揭示出来的一段路面长1900、残宽150～180、厚5～10厘米。

AL204路面炭粒中出有少量明清时期的青花瓷片。

AL205于2005年10月27日开始清理工作，之后又与同时期的、有组合关系的其他遗迹进行断断续续的清理，至11月底才清理完毕。位于AT2517～AT2520四个探方中，在AC1城墙墙基的西侧而紧靠墙基，并与之平行。叠压在探方第③层下，打破第④层，距地表深45厘米。

AL205平面呈南北走向的长条形，路面用炭粒和石块筑成，质地坚实。路面有一定的斜度，即由东侧向西侧倾斜，东侧紧靠AC1城墙墙基，是AC1城墙的内侧护坡，与AL204一样，起着排除雨水、保护城墙墙基、方便交通的作用。所揭示出来的一段路面长1900、残宽60、厚5～10厘米。

AL205路面炭粒中含少量明清时期的青花瓷片。

第三种类型路面修筑方式比较讲究，也最为费工，成本最高。这种路面美观且经久耐用，共计16条。就其功能来说，既有单一便利交通、方便行走的一种路面，又有一种除上述的功能外，兼具散水、保护建筑物不受雨水侵蚀的功能，明代城墙C2的内外两侧护坡就是属于这种类型。

A型　单一的方便行走的路面，共计9条，按其筑路所用的材料可分为两亚型：纯石质型和砖石混合型。

A Ⅰ 型　纯石质的路面共计有5条，编号为AL1、AL2、AL203、DL5、DL201。

AL1于2002年11月6日发现并开始清理，11月7日清理完毕。位于AT2111内，叠压在AF9之下，打破探方第⑦层，距地表深140厘米。

AL1仅揭示出来的平面呈长方形，其大部分为探方东壁所压。它是用卵石在地面上平铺而成，卵石之间间距较大，再填上黄色泥土覆盖压紧。所使用的卵石长20～30厘米不等。所揭示出来的路面长200、宽40～80、厚20厘米（图一二八）。

在路面的泥土中，出有少量的青花瓷器残片。

AL2于2002年11月8日发现并及时清理，次日清理完毕。位于AT2210内，叠压在探方第⑤层下，打破第⑥层，距地表深120厘米。

AL2仅残存路面的一段，其平面为东西走向。是用小卵石作扁平状"人"字纹铺垫，残存六排，排列有序，路面的两端及两个侧边均已残损。所使用的卵石大的长25、小的一般长10～15厘米。残存的路面长160、宽100、厚5～10厘米（图一二九）。

路面泥土中未发现文化遗物。

AL203于2005年11月18日开始清理发掘工作的，至11月19日清理完毕。位于AT2019内，叠

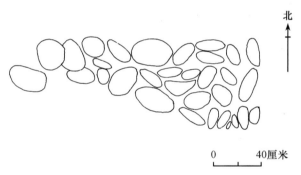

0　　　40厘米

图一二八　AL1平面图

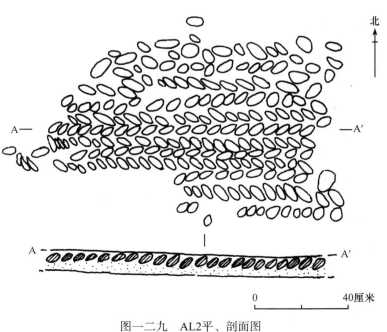

0　　　　　　40厘米

图一二九　AL2平、剖面图

压在探方第⑤层下，打破第⑥层。距地表深170厘米。

AL203仅残存东西走向的一段路面，它是用小卵石以扁平状横向排列铺就，其北侧路边的大卵石呈"一"字形顺向镶砌，路面大部分及南侧被毁坏无存。所用小卵石长8～12、大卵石长20～35厘米。残留的路面残长200、宽70、厚10～25厘米（图一三〇）。

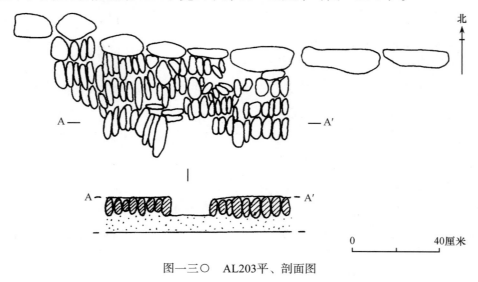

图一三〇　AL203平、剖面图

在路面的清理中未发现文化遗物。

DL5于2000年9月25日发现并开始清理，10月5日清理完毕。位于DT1008～DT1010三个探方中，叠压在探方第⑥层下，打破第⑦层，距地表深120～130厘米。

DL5平面呈南北走向的长条形，整个路面由长8～15厘米的卵石扁平状铺就。路面中脊线上则由较大的卵石单行砌成一条路面，它既有利于路面上小卵石的固定，又能方便行走。路边两侧各砌一条扁平的大卵石作为路面的挡边。路面使用的大卵石长20～30厘米，路面的挡边有部分因遭破坏而缺失，整个路面由于受到地形的影响形成北高南低。所揭示出来的路面全长1100、宽120～170、厚30厘米（图一三一；图版一五，1）。

路面的东西两侧各有一条排水沟，与路面并行，使路面免受积水侵害。

东侧的排水沟，紧靠路面挡边卵石，用青砖分层错缝砌成二条作为沟的东西两壁，沟底以小石块、砖块铺垫形成明沟。在排水沟的南端，仅残留沟的西壁，其余均遭毁坏。所用青砖长40、宽20、厚10厘米。排水沟面宽56、内空宽22、沟口至沟底深30、已揭示沟的长度为647厘米。

西侧的排水沟则以路面挡边作沟的东壁，西壁是以长20～30厘米的卵石砌筑单排一条，即形成明沟。由于毁坏原因，排水沟已不完整，有的卵石已挪动原来位置，但仍可以见到排水沟面宽60～70、内宽宽20～25、沟口至沟底深20、所揭示出来沟长400厘米。

东西两侧的排水沟均受地势高低的差异影响，沟中之水是由北向南排除的。

DL5路面泥土出土物较为丰富。有动物骨骼、铁块、釉陶残片、青花瓷片等。釉陶器物主要是酱紫色、酱黄色釉陶，器形多为盆、罐；青花瓷器多为碗、盘等（图一三二）。

DL201于2005年10月17日发现并开始清理，10月24日清理完毕，位于DT0528、DT0529两

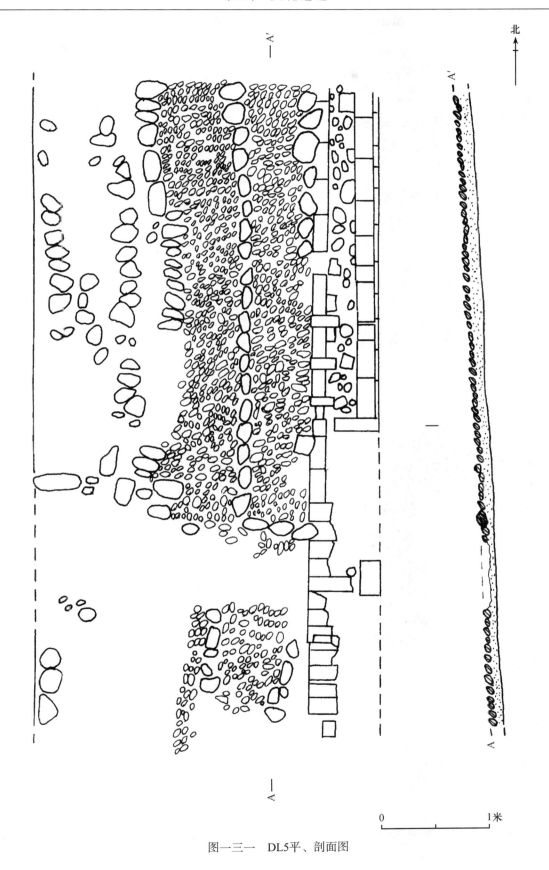

北

图一三一　DL5平、剖面图

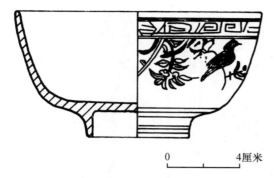

图一三二　　DL5出土器物

青花瓷碗（DL5：2）

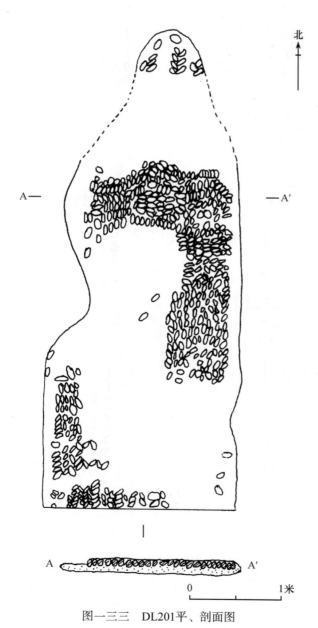

北

A—　　　　　　　　—A'

A　　　　　　　　　A'

0　　　　　　　　　　1米

图一三三　　DL201平、剖面图

个探方中，叠压在探方第②层下，打破第③层，路面距地表深25～40厘米。

DL201平面呈南北走向的长条形，路面是以侧立卵石镶嵌而成，局部有"人"字形花纹铺设。大部分卵石的铺设排列并无规律，所用卵石大的长度不到20厘米，小的只长28厘米，路面因受地形影响，北端高出南端8厘米。路面残长550、残宽194～214、厚3～15厘米（图一三三）。

DL201有部分路面卵石被毁掉后还残留有其下面的褐灰色细土的垫土层。从剖面观察，DL201有两个层面：下层为褐灰色细土，厚2～5厘米；上层为卵石侧立镶嵌的路面，厚3～12厘米。下层分布范围较上层略大一些。

DL201路面的构筑方法是：首先将其路基整平、压紧，再以褐灰色细土垫上一层，最后在垫层上镶嵌侧立卵石。镶砌时，卵石上拌有褐灰色泥浆，路面结构紧密，不易松动。

垫土层上的褐灰色路土纯净，细腻，不含遗物。

AⅡ型　砖石混合型的路面计有4条，它们是DL1、DL4、DL6、DL203。

DL1于2000年10月30日发现并开始清理，11月4日清理完毕，位于DT0930内，叠压在探方第④层下，打破第⑤层，路面距地表深70厘米。

DL1在探方内所揭示的平面呈曲尺形，路面由南北走向折拐弯为东西走向。路面构筑较为规整。首先在要修建路面地段上铺垫黄色路基土，压紧整平，在路基土上主要以卵石分排铺设"人"字形花纹，花纹排列整齐，卵石大小、形状较均匀，卵石一般长约8厘米。在路面的中脊线上以青砖纵向平铺1条或并列两条形成走道，南北向的路面中脊线上两条顺铺的青砖仅残留数块。路面的两侧都是以青砖侧卧镶嵌作为挡边，当然大部分挡边上的青砖已毁损无存。完整的青砖长28、宽14、厚4~8厘米。黄土路基厚5~8厘米，其范围即与路面相当。所揭示的路面东西长400、南北宽330、厚15厘米（图一三四）。

黄色路基土及路面泥土中未发现出土物。

DL4于2000年10月31日发现并开始清理，11月1日清理完毕。位于DT0830内，叠压在探方第④层下，打破第⑥层，路面距地表深75厘米。

DL4仅揭示出来路面的三角形段面，从路面的边线观察，其方向不呈东西走向，它由卵石和青砖构成，卵石扁状铺就，青砖则随意铺放。所用卵石长10~15厘米为多，青砖多为残缺的不完整者，所揭示出来的路面长220、宽76、厚8厘米（图一三五）。

路面填土中无遗物。

DL6于2000年10月13日发现并清理发掘，10月15日发掘完毕。位于DT0907内，叠压在DF8下，打破第⑨层，路面距地表深200厘米。

DL6仅在DT0907内揭示出来一部分，其主体路面为南北走向的卵石铺成。在主体路面的北端则有南北平行两条青砖镶嵌呈小道路面向西直角拐弯，伸入探方西壁中。

主体路面上的卵石铺面得较为松散，其东侧横向砌筑的一条大卵石则是主体路面的挡边，西侧主体路面的挡边则在探方西壁外不能见到。主体路面上的小卵石一般长约10厘米，东侧挡边上的大卵石长30~50厘米。已揭示出来的主体路面长250、宽228、高20~30厘米（图一三六）。

以青砖顺锥呈东西走向的、南北平行的两条挡边所形成小道路面轮廓清晰，路面铺有大卵石和砖块。大卵石长30~35厘米，青砖完整者长20、宽15、厚10厘米。揭示的小道路面长度为105、宽80、厚15~25厘米。

在清理DL6路面的泥土中出有数片青花瓷片。

DL203于2005年12月7日发现并开始清理，12月清理完毕。位于DT0922的东部，叠压在探方第②层下，打破第③层，路面距地表深35~45厘米（图一三七）。

从残存的路面观察，DL203平面近方形。在平面布局上，路面是由条石、青砖和卵石路面三部分构成。

条石一块位于路面西侧，是DL203路面的始端，推测条石以西可能为一间房屋的门道或出口，条石长102、宽25~31、厚20厘米。

在条石东面的中间部位，横向平铺三块并列青砖后，再折拐呈直角向南铺设青砖。而南向铺设的青砖因被取走而无存，在折拐处还残留一块平面有凸线花草纹的半头砖。完整的青砖长32、宽16、厚5厘米。横向平铺的并列青砖形成了卵石路面的中心走道，它也成为卵石路面上的一条中脊线，对加强路面上卵石的稳固性、方便行走都颇有作用。

在平铺青砖的两侧即是侧立镶嵌的卵石路面，路面上卵石铺设以并行排列的为多，只有局部是以"人"字形花纹铺设的。所使用的卵石一般以长6~9厘米为多，最大的卵石长12厘米，最小的卵石长只有4.5厘米。在路面的东北两面边缘，则是以青砖侧卧嵌地面作为路面的挡边。嵌入的青砖有两种规格，一种与路面中心平铺的青砖规格相同，另一种青砖残长19、宽18、厚7厘米。

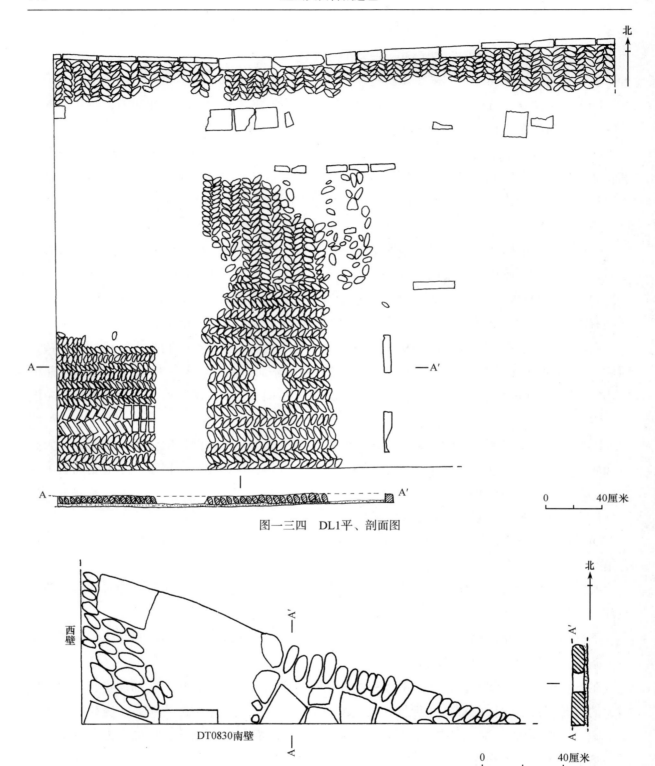

图一三四　DL1平、剖面图

图一三五　DL4平、剖面图

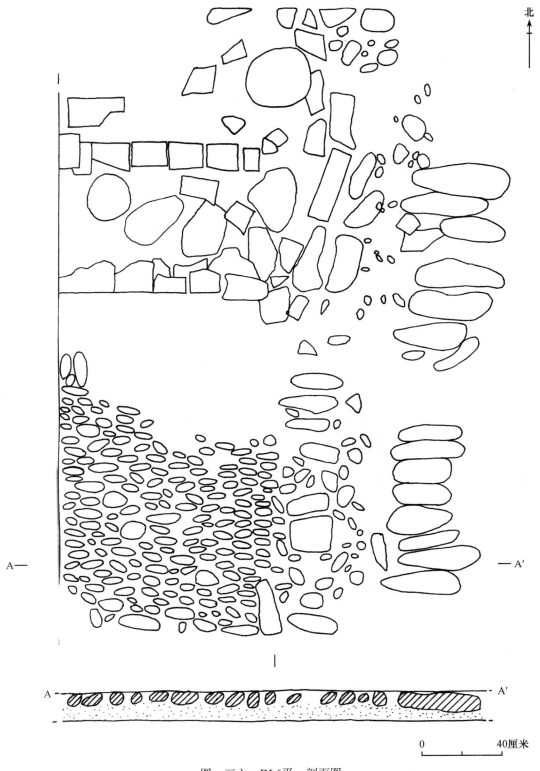

北

图一三六　DL6平、剖面图

0　　　　40厘米

　　卵石路面靠近中间的地带略高于边缘2～3厘米，而青砖平铺的中心走道低于卵石路面3～5厘米，现存的路面南北残长160、东西宽117（不含条石）、厚10～15厘米（图一三七）。

　　从剖面观察，DL203有上、下两层：下层为黄褐色细土铺成的层面，厚4～7厘米；上层为卵石侧立镶嵌的路面，厚3～10厘米。两个层面分布的范围基本相近，下层细土层略大一点。

　　根据上述情况，可以看出DL203的构筑方法是：首先将DL203的路面整平，再用黄褐色细土垫上一层，然后在路面中脊线上平铺青砖，在路面侧边嵌入侧卧的青砖，最后在路面上镶嵌侧立的卵石，镶砌时，卵石面上拌以黄褐色细土做成的泥浆，干燥后路面结构紧密，不易松动，能使卵石稳固地紧贴地面。

　　在清理DL203路土的堆积中，由于泥土纯净，未含杂物，无遗物发现。

　　B型　既可便利行走，又有散水、保护建筑物基础作用的路面，计有7条，这种路面都有一个最基本的特征，这就是它们不受地势的限制，其路面总是由一侧向另一侧倾斜，如果没有这

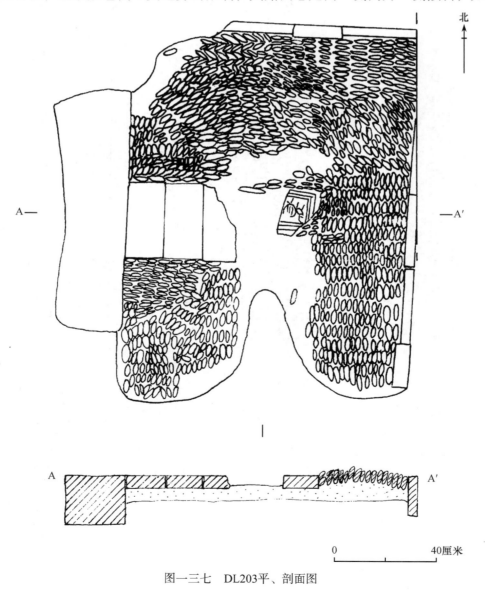

图一三七　DL203平、剖面图

一特征，它们的散水功能就无法显现出来。就建筑材料而言，有纯石质型和砖石混合型之分，可分为2个亚型。

B I 型 纯石质型路面，计有5条，编号为AL3、AL4、AL201、AL202、DL202。其中，前四条路面均为AC2城墙护坡，建筑规模庞大，工序复杂；最后一条路面是一座房屋墙壁外侧的散水。它们对所附属建筑物都起着保护的作用。

AL3于2002年11月15日开始清理，11月22日清理一次，12月5日清理完毕。位于AT2410～AT2412、AT2510～AT2512六个探方中，叠压在探方第⑥层下，打破第⑦层，路面距地表深130厘米。

AL3平面呈南北走向的长条形，其东侧边缘与明代城墙AC2连接，西侧边缘与房址AF12的下水沟相邻并列。路面由东侧向西侧倾斜。它以卵石作扁平状铺就，大部分卵石作横向并列排列，局部较为杂乱。路面的中脊线一带毁损严重。所用卵石大的长30、小的长10～12厘米。

从剖面上观察，AL3有两个层面，下层是灰色夹黄斑黏土，为卵石面下的垫土层，土质较硬，呈块状，纯净，厚15～20厘米。上层为卵石面，为扁圆体卵石镶嵌而成，厚10～20厘米。已揭示出来的路面长1525、宽180～220、厚24～28厘米（图一三八；图版一五，2）。

在AL3路面土的清理过程中，未发现遗物。

AL3与AL4、AC2具有相同的层位及组合关系，位于AC2的西侧，为AC2的内侧护坡，起着排除雨水、保护城墙墙基、方便行走的作用。

AL4是在2002年11月24日开始清理工作的，以后又断断续续做过一些清理，至12月5日清理完毕。位于AT2510、AT2511、AT2610、AT2611四个探方中，叠压在探方第⑥层下，打破AL5，距地表深80厘米。

AL4平面呈南北走向的长条形，其西侧边缘与AC2连接，东侧边缘因受扰乱而参差不齐，路面由西侧向东侧倾斜。路面以卵石作扁平状铺就，局部路面卵石摆成"人"字形。所用卵石大的长35～40、小的长15～20厘米。

从剖面上观察，AL4剖面有三个层面：底层平铺碎小卵石，层面厚14～17厘米；中层铺垫黄色黏土，层面厚10厘米；上层路面以卵石相嵌，层面厚10～20厘米。已揭示出来的路面长920、宽220～250、厚30～36厘米（图一三九；图版一五，3）。

在AL4路土的清理中，无遗物发现。

AL4与AL3、AC2、具有相同的层位和组合关系，位于AC2的东侧，为AC2的外侧护坡，起着排除雨水、保护城墙墙基、方便交通的作用。

AL201于2005年11月12日发现并开始清理工作，11月24日清理完毕，位于AT2517～AT2520四个探方内，叠压在探方第⑤层下，打破第⑥层，路面距地表深120厘米。

AL201平面呈南北走向的长条形，其西侧边缘与AC2连接。路面由东侧向西侧倾斜。由长8～30厘米有大小不等的卵石镶嵌而成，卵石层面厚5～20厘米。路面上有部分卵石遭毁损无存。有一条从AC2伸出的青砖砌成的排水沟AG205横穿路面，由西向东排水。

从剖面观察，AL201有上、下两层，下层为红土垫层，在垫层红土中掺有较小的卵石，土质结构硬结，层面厚40厘米左右。上层路面以卵石相嵌，层面厚5～20厘米。已揭示出来的路

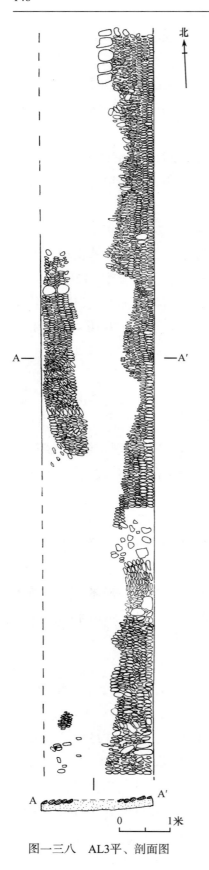

图一三八　AL3平、剖面图

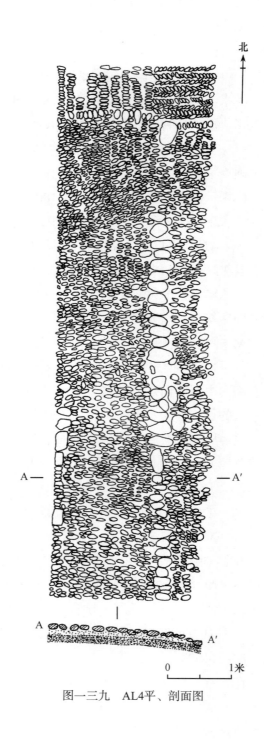

图一三九　AL4平、剖面图

面长1850、宽310、厚50厘米（图一四〇；图版一六，1）。

在AL201的路面填土中，出有少量青花瓷碗残片。

AL201与AL202、AC2具有相同的层位和组合关系，位于AC2的东侧、AL202位于AC2的西侧，AL201、AL202分别为AC2的外侧、内侧护坡，它们都起着排除雨水、保护城墙墙基、方便交通的作用。

AL202于2005年11月12日发现并开始清理，12月8日全部清理完毕。位于AT2417、AT2418、AT2420三个探方中，叠压在探方第⑤层下，打破第⑥层，路面距地表深120厘米。

AL202平面呈南北走向的长条形，因遭毁坏严重，残存的路面仅有三段，各分布三个探方一段，其西侧与AC2靠近，路面东高西低，坡度约10°。尚存的路面由长8～25厘米的卵石镶嵌于黄色路基土中，卵石层厚5～20厘米。其下的垫土层为黄色路基土，结实，内含有少量卵石，层面厚约30厘米。已揭示出来的残存路面全长1430厘米。分别在AT2417内残长100、在AT2418内残长50、在AT2420内残长330、残宽350、厚45厘米（图一四一；图版一六，2）。

在AL202的路面填土中，出有少量的青花瓷片，器形有碗、杯等。

AL202与AL201、AC2具有相同的层位和组合关系，AL202、AL201分别位于AC2的西、东侧，它们分别为AC2的内侧和外侧护坡，起着排除雨水、保护城墙墙基、方便交通的作用。

DL202于2005年10月26日发现并开始清理，11月24日清理完毕，位于DT0630～DT0930、DT0631～DT0831七个探方中，叠压在探方第②层下，打破第③层，路面距地表深45厘米。

DL202平面呈东西走向的长条形，其南侧边缘与DF202北墙墙基相连，中部因受破坏，路面被毁为东西两段，路面南侧高，北侧低，由南侧向北侧倾斜，以卵石作扁状平铺，所用卵石大小不等，一般长5～15厘米。

从剖面观察，DL202路面有上、下两层。下层为细黄泥砂垫底，层面厚5～8厘米。上层为卵石面镶嵌于细黄泥砂垫层上，起稳固作用。卵石层面厚5～12厘米。DL202路面（含中间残断部分），全长1740、宽80～90、厚10～15厘米（图一四二；图版一六，3）。

在清理DL202路面填土中，未发现遗物。

DL202与DF202具有相同的层位和组合关系，连接DF202北墙墙基，为DF202北墙的散水护坡，应为DF202的附属建筑遗存。

BⅡ型　砖石混合型路面：计有2条，AL5、DS1。

AL5于2002年12月7日发现并开始清理，12月9日清理完毕，位于AT2610内，叠压在AL4之

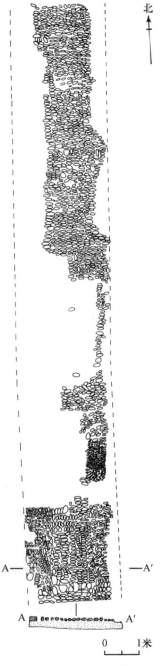

图一四〇　AL201平、剖面图

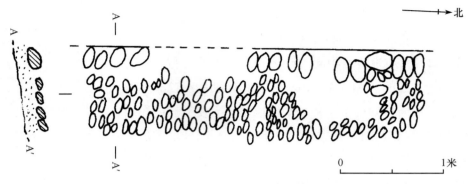

图一四一　AL202平、剖面图

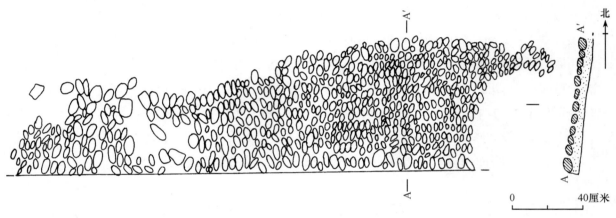

图一四二　DL202平、剖面图

下，打破第⑦层，路面距地表深135厘米。

AL5平面呈南北走向的长条形，路面西侧高东侧低，由西向东倾斜，其两侧的边缘残缺不齐。路面以卵石作扁状平铺西侧用青砖纵向侧卧状排列一条，卵石块排列较为杂乱。所用青砖长30、宽15、厚4厘米。所用卵石、最长的25、一般以长10～15厘米居多。

从剖面观察，AL5路面有上、下两层，下层为砂粒和碎石铺垫，层面厚10厘米。上层为卵石面，层面厚5～8厘米。已揭示出来的路面长200、宽110～146、厚15厘米（图一四三）。

在清理AL5路面填土中，无遗物发现。

AL5从其形状结构来看，它不仅有方便交通的作用，还有排除雨水、保护建筑物基础的功能，也因其位置在AL4之下，路面的走向及倾向的斜面也完全相同，推测AL5可能曾为AC2的外侧护坡。

DS1于2000年10月17日发现并开始清理工作，10月18日清理完毕。位于DT0730内，叠压在探方第③层内，打破第④层，路面距地表深50厘米。

DS1在当时发现时是作为散水的遗迹来编号的，没有作为路面编号是因它的形状布局似与路面不同。它平面呈南北走向的长条形，路面由北向南略带有倾斜，是由卵石和青砖砖块混合平铺，其北边为条石顺砌一条作为卵石路面的挡边。所用卵石一般长10～15厘米。所用的青砖均为不完整的残断薄砖。北边的条石长短不一，最长的条石有48厘米，短的条石只长25厘米，条石宽20、厚12厘米。已揭示出来的路面长200、宽147、厚仅8厘米（图一四四）。

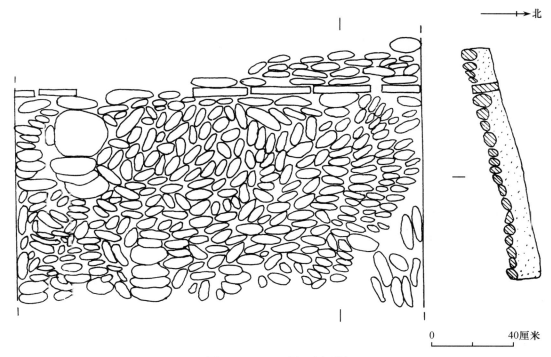

图一四三　AL5平、剖面图

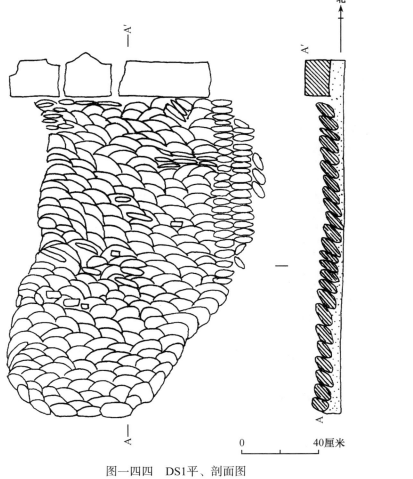

图一四四　DS1平、剖面图

在DS1清理过程中无遗物发现。

DS1主要起着排除雨水、保护建筑物的作用，推测在条石的北边可能有房屋基址一类的建筑物，由此推断它可能为一座房屋基址门道之外的走道。

第五节　炉　　灶

大昌古城遗址在四个年度的考古发掘中共发掘炉灶18座。其中2000年度发掘炉灶2座，2001年度发掘炉灶6座，2002年度发掘炉灶2座，2005年度发掘炉灶8座。这批炉灶分布在A、B、D三个区域内，即A区有炉灶3座，B区有炉灶6座，D区有炉灶9座（详见附表四）。

在18座炉灶中，有用于作坊生产的大型专业性炉灶，有用于一般居民生活的炊食炉灶，还有仅用于冬季取暖的小型地炉。它们的炉灶空间布局结构的建筑方式以及所用建筑材料诸方面都存在着明显的差异，下面将分类给予介绍。

一、生产作坊使用的专业性炉灶

计有3座，编号为BZ1、BZ2、BZ4，属于这种类型的炉灶，一般规模庞大，布局合理，结构复杂，用材比较讲究。

BZ1于2001年8月2日发现并开始清理工作，8月7日清理完毕。位于BT2005的西南部，叠压在探方第②层下，打破第③～⑤层和生土层，灶面距地表深40厘米。

BZ1平面呈东南至西北方向的长条形，由火塘、烟道和灰塘三部分构成，灶体全长276、宽180、深120厘米。

火塘在整体炉灶的东南部，其上部是以断头青砖拌以石灰垒砌的敞口圆圈，靠西部已残缺。这是放置大锅的位置。口径为130～140厘米。下部开始弧形内收，下深至70厘米（图一四五）。

在火塘口面下深至45厘米处，火塘内壁有一圈凹槽，与西北面的一块直立的厚青砖呈水平一致，这是搁置炉条的位置，炉条已被取走而复存在。这块放置炉条的厚青砖长18、宽13、厚11厘米。火门应位于火塘的西北部，正对炉条的位置，因遭破坏，火门的形状及大小已不清楚。

烟道位于火塘西南方向的上部，它用红条砖竖立砌成水沟状，红条砖拌有石灰，底部用灰布瓦铺垫，约呈弧形向上斜伸，烟道上部以红条砖覆盖，所用红条砖长14、宽11、厚3厘米。所用灰布瓦为长10～12、弦宽12厘米。烟道内空宽12、高14、烟道残长60厘米，烟道内淤积黑灰色炭灰。

灰塘也兼作工作间，是作坊人员给火塘递送燃料、清除灰烬的场所。在火塘炉条之下，以青砖垒砌的长方形框架是堆积火塘灰烬的位置。发掘清理时，堆积在这里的生熟炭粒较为丰富，它是以青砖砌筑成长方形框架，其底部为小卵石铺底，卵石层厚10厘米。框架内空长70、宽40、深50厘米。所用青砖完整者长20、宽16、厚11厘米。长方形框架与灰塘相通并连为一

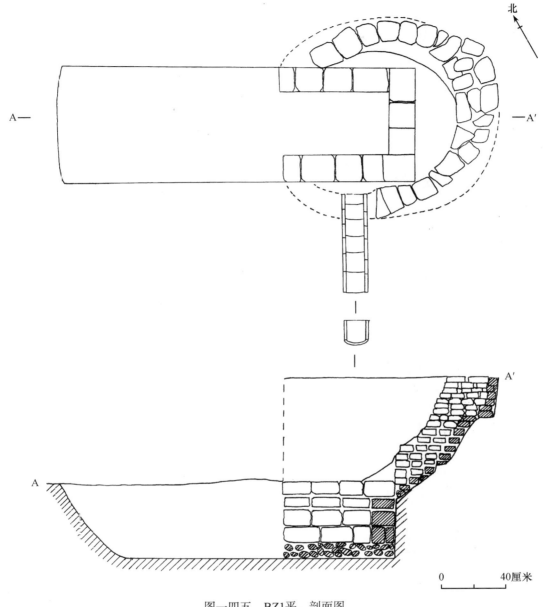

图一四五　BZ1平、剖面图

体。灰塘平面为长方形，口部长140、宽80、底部长100、宽80、口至底深50厘米。

　　BZ1的建筑方法是：先在地面上将火塘及灰塘的位置空间挖出，在火塘的最底部用小卵石铺垫，再在卵石层面上以厚青砖垒砌堆积火塘灰烬的长方形框架，最后将断头青砖向上围砌，留下放炉条的凹槽，继续向上筑成圆圈状火塘，做好火门即成。

　　火塘及灰塘内的填土为灰黑土炭渣及烧土等，火塘烧土较多，灰塘生熟炭渣极为丰富，出有少量夹砂陶器□沿残片及青砖等。

　　根据BZ1的空间布局结构、建造方式，以及残存的规模，推测它应是用作生产作坊和酿酒等的专业性炉灶。

　　BZ2于2001年7月31日发现并开始清理工作，8月7日清理完毕。位于BT2007东北角，叠压在探方第②层下，打破第③～⑤层，距地表深50厘米。

　　BZ2平面呈东南至西北方向的长方形，由火塘、灰塘两部分构成，与BZ1的结构基本相同。灶体残长162、宽120、深170厘米。

　　火塘均以断头青砖、石灰在其上部砌成圆圈形，这是放置大锅的位置，在内壁有用水泥粉刷的痕迹，往下周壁光滑，有较厚的烧土痕迹，下部呈锅底状，火塘口部直径120、深120厘米（图一四六；图版一七，1）。其下部就是放置炉条的位置，炉条已被取走无存。火门应位于火塘圆圈的东南部位，正对炉条的位置，因受破坏，火门的形状及大小等已不清楚。

　　灰塘兼作工作间，在火塘下部至底部，一直伸向东南方向，底部以小卵石铺底，卵石层厚3厘米，上面以青砖砌成长方体框架。灰塘的东南部因遭受破坏，已经残缺。灰塘底层堆积为炭渣，厚度达20厘米，灰塘残长150、宽66、深110厘米。灰塘砌筑所用的薄青砖长30、宽15、厚3厘米。稍厚的青砖长18、宽16、厚6厘米。所用的厚青砖长26、宽14、厚11厘米。

　　BZ2的建筑方法与BZ1基本相同。首先在地面上将火塘及灰塘空间挖出，再在底层铺上小卵石，然后在小卵石层面上以厚青砖（上部使用的稍薄和薄青砖）垒砌平面呈长方体的灰塘，最后以断头青砖向上围砌圆圈状的火塘，做好火门。

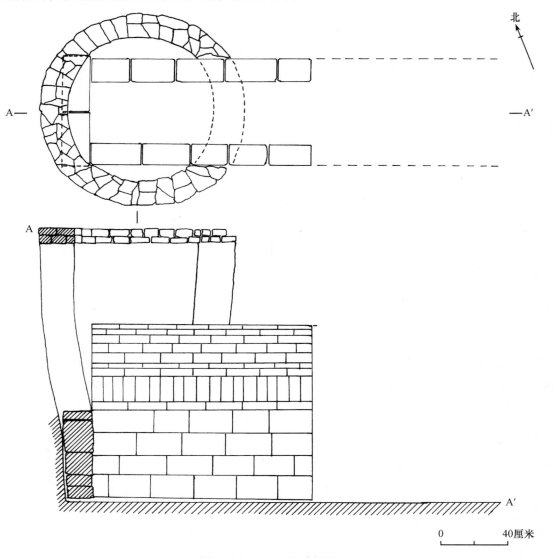

0　　　　　　40厘米

图一四六　BZ2平、剖面图

火塘及灰塘内的填土为灰褐土夹石灰、红烧土、砖瓦片及石块等，但无遗物。

根据BZ2的空间布局结构和建筑方式以及残存的规模，推测它应是生产作坊和酿酒一类所使用的专业性炉灶。

BZ4于2001年10月31日发现并开始周边轮廓的清理工作，11月7日清理完毕。位于BT1017、BT1117的北壁，叠压在探方第②层下，打破第③、④层，距地表深45厘米。

BZ4平面呈东西方向的长条形，由火塘、烟道、灰塘三部分组成。

火塘位于其东部，上部是放置大锅的位置，即向下深14厘米的圆圈边缘，靠西部残缺。圆圈直径140厘米。以下45厘米深的周壁是泥浆抹过一层，厚约2～4厘米，现成为烧壁，向下中间有30厘米深，周围一圈用大方青砖竖砌一周，大方青砖边长30、厚7厘米，再以下是石块和残砖块围砌一周，最底层是用长24、宽14、厚3厘米的薄扁青砖竖立砌成高30厘米的长方体灰塘，底部最东端用两层石块垒成，就在这石块上面置放炉条，炉条已被取走无存（图一四七；图版一七，2）。

烟道在火塘南侧，开口距地面深90厘米，四周用宽形青砖砌成，宽形青砖长30、宽22、厚4～6厘米，烟道内沉积有黑灰土沫。烟道内空宽16、高25、长94厘米，烟道斜直向上，斜度高差50厘米。

灰塘兼作工作间，位于火塘的西部，与火塘相连，是作坊人员给火塘递送燃料，清除灰烬

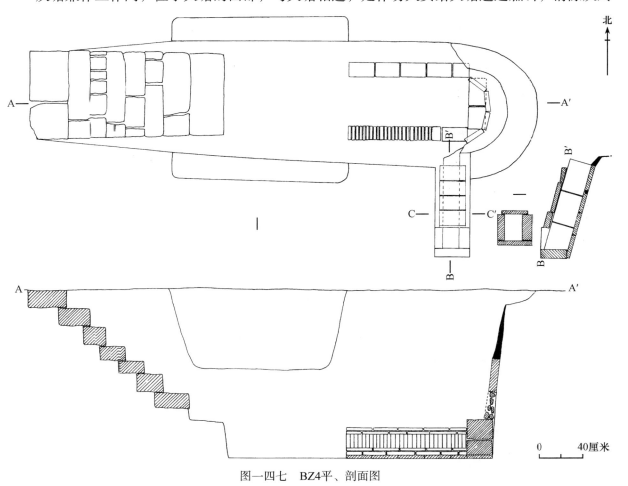

图一四七　BZ4平、剖面图

和炭渣的场所。在火塘的下部炉条之下，用薄扁砖竖立垒砌的长方体灰塘，最底层为3厘米厚的卵石碎块铺成，这里是堆积火塘下浅灰烬和炭渣的位置，其底面上还有厚厚的一层从火塘下来的炭渣。它与西边的灰塘连成一体。在灰塘的中部两则，在距离底面高85厘米处，各有长120~166、宽20、距地表深76厘米的小平台，可用作放置燃料及相关工具的用途。

在灰塘的西部是作坊人员上下灰塘的台阶。从平面到下面灰塘有8级台阶，其上部7级台阶是用石块、石条和砖块砌成，石条长的达65、宽20、厚20厘米。最下面的一级为土台阶。每级高约14~24、长17~20、宽80厘米。包括台阶在内的灰塘兼工作间长达410、宽160、深160厘米。

BZ4的建筑方法是首先在地面上将火塘及灰塘的位置空间挖出，再在底层铺上卵石碎块，然后在卵石碎块层面上用薄扁砖竖立垒砌长方体的灰塘，并砌起放置炉条的平台，同时将西部的8级台阶做好以方便人员上下和材料下达，再在炉条之上用石块、残砖块、大方青砖一圈一圈向上垒砌。做好火门和烟道的预备工作，直到火塘的全部完成。BZ4现存规模全长474、宽160、深160厘米。

火塘与灰塘内堆积的全是砖瓦片，有少许黄褐色、红褐色土层。与炉灶相关的堆积中未发现文化遗物。

二、家庭生活使用的炊食炉灶

计有11座。属于这种类型的炉灶，一般规模都不大，布局结构较为简单，以火塘、火门、灰坑为多见，当然也只有火塘（即单塘）或有火门的炉灶，这类炉灶能在火塘上适合放置铁锅或其他炊具。下面我们将它们分开叙述。

1. 有两塘的炉灶

计有8座，编号为AZ1、BZ3、BZ5、BZ6、DZ1、DZ201、DZ202、DZ204。

AZ1于2002年10月24日发现并开始清理工作，10月27日清理完毕。位于AT1813中部偏南，叠压在探方第④层下，打破第⑤层，距地表深60厘米。

AZ1平面呈东西方向的长条形，它由火塘和灰坑两部分构成，灶体全长222、宽108、深45厘米。

火塘位于灰坑的西部，下部呈不规则半圆形，用石块砌成，石块大小不等，最长的石块长达60、宽30、厚12厘米。火塘直径70、深30厘米（图一四八；图版一七，3）。

灰坑在火塘的东部，平面呈长方形，北面以石块和青砖砌筑，南面是借AF6的墙基为边，所用石块长28、宽18、厚15厘米，青砖长27、宽17、厚8厘米。灰坑长125、宽90、深40厘米。

填土与堆积：火塘内堆积为灰土夹红烧土块，灰坑堆积为灰土夹大量草木灰及炭渣，均无文化遗物发现。

AZ1借AF6墙基为边，与AF6具有相同的层位关系，因此断定AZ1是AF6的附属建筑遗存。

BZ3于2001年10月30日发现并开始清理工作，10月31日清理完毕。位于BT1117的北端，叠压在探方第②层下，打破第③、④层，距地表深50厘米。

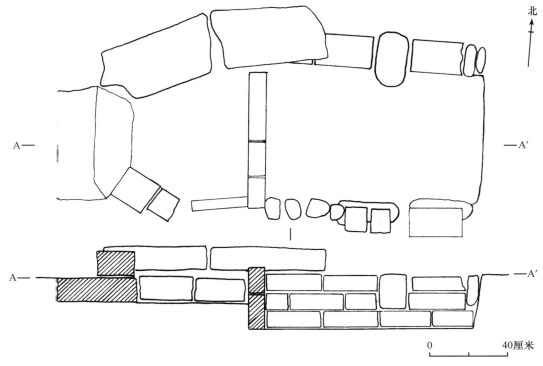

图一四八 AZ1平、剖面图

BZ3由火塘、火门和灰坑三部分构成。灶体全长200、宽56～98、深18～76厘米（图一四九；图版一八，1）。

火塘在灶体的东部，平面为圆形，直壁，平底，内壁周边有2厘米的烧壁，火塘四周用长10～20、厚7厘米的方形青砖砌成。火塘内空直径54、深17厘米。

灰坑在火门的东面，是在地面挖下去的，下去有三层台阶。在灰坑的最东面有长约94、宽38、厚16厘米的条石铺垫，可能为炉灶操作人员作座位之用。灰坑长82、宽95、深76厘米。

BZ3的建筑方式是先将火塘、火门和灰坑的空间位置挖成，然后开始砌砖和抹泥，火门伸到东面有一小平台，及灰坑下的二级台阶，均被烧烤过，有2厘米的烧壁。其灰坑底面是直接挖成，BZ3全长142、宽56～98、深76厘米。

火塘和灰坑底部有2～5厘米厚的灰烬，其上部全部填有碎瓦片及黄褐色黏土。可能为房屋倒塌后堆积，无遗物。

BZ5于2001年11月19日发现并开始清理，当日清理完毕。位于BT1110中部偏北，叠压在探方第③层下，打破第④层，距地表深80厘米。

BZ5平面呈东西方向的长条形，由火塘和灰道两部分构成，灶体全长106、宽31、深28厘米。

火塘位于灶体的西部，平面呈圆形，是以一块青砖和两块板瓦围成。青砖长28、宽12、厚4厘米，板瓦残长12、弦宽30厘米。火塘口朝东，与灰道相连。火塘口宽12、高12厘米。火塘直径26、残存的深度为12厘米（图一五○）。火塘周边还零散着两块青砖，它们都是火塘及灰道两侧所围砌的青砖，因遭破坏而移动了位置或被取走。

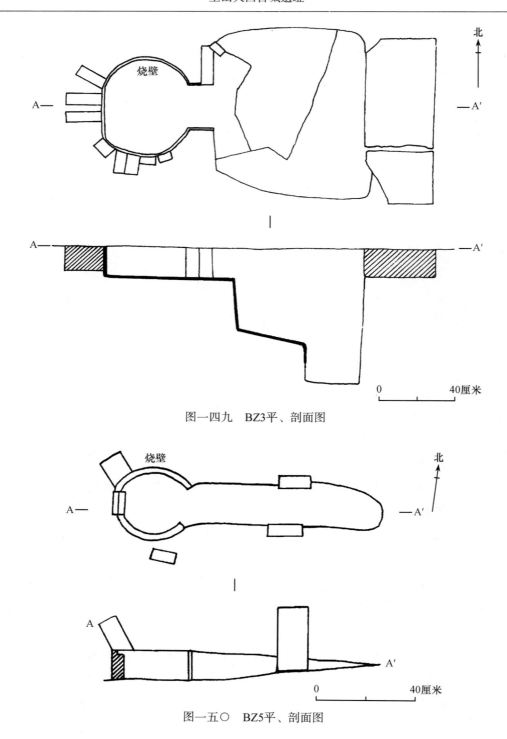

图一四九　BZ3平、剖面图

图一五○　BZ5平、剖面图

灰道位于火塘的东部。平面为长条形，即由火塘口向东延伸，其深度由深变浅，再到消失。火道长76、宽20、深0～14厘米。

火塘及灰道中均堆积有煤渣。可鉴证煤为炉灶之燃料。堆积中无遗物发现。

BZ5与BF12具有相同的层位关系，且平面位置靠近，推测BZ5可能为BF12的附属建筑遗存。

BZ6于2001年11月24日上午发现，并于当天清理完毕。位于BT1408东北角，叠压在探方第

③层下，打破第④、⑤层，距地表深70厘米。

BZ6平面大致呈东西向的长条形，它由火塘、火门和灰坑三部分构成，全长180、宽72、深20～60厘米。

火塘位于灶体最西端，平面为圆形，其口面一周用方形青砖竖砌，用作支柱点放置炊具用。方形青砖边长20、厚5厘米，周边均有较薄烧壁，底面堆积大量灰烬。火塘直径72、沿面距底深20厘米（图一五一；图版一八，2）。

火门位于火塘的东侧而紧邻火塘。火门两侧用四块方砖竖砌，其下端用一块大石块平置。火门宽20、长26、高20厘米。

灰坑在火门的东端，平面呈长方形，其底部要低于火门底部50厘米，它是向下挖掘而成。灰坑长90、宽70、深60厘米。

BZ6灶体是在地面上建的，灶面仅高出当时地面10厘米高，从残存形式看，此炉灶为炊食之用，当然也可用于冬季取暖。

BZ6填土多为瓦片、砖块及红褐色土，土质结构疏松，没有出现遗物。

DZ1于2000年10月20日发现并开始初步清理，10月23日清理完毕。位于DT0733中南部，叠压在探方第③层下，打破⑤、DG4和生土层，距地表深130厘米。

DZ1平面呈南北向的长条形，由火塘、火门和灰坑三部分构成。灶体全长108、宽38、深52厘米（图一五二；图版一八，3）。

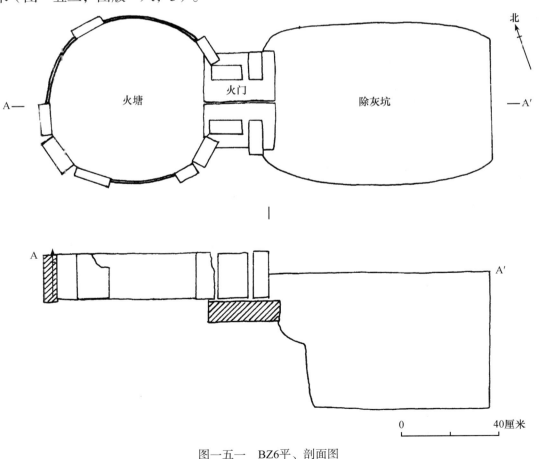

图一五一　BZ6平、剖面图

火塘位于灶体南端，平面为半圆形，周边有明显的烧壁，烧壁厚2～3厘米，火塘直径38、深20厘米。

火门位于火塘的北侧，底下有一横置的青砖作过桥。青砖长24、宽16、厚12厘米。火门宽18、长15、高8厘米。

灰坑在火门过桥之下并向北延伸，平面为长方形，坑壁竖直，平底微斜，在火门过桥之下的西侧有一竖立砌筑的青砖，东侧不见，估计破坏所致。青砖长30、宽20、厚12厘米。灰坑中部的东侧有一处塌陷，底部堆积煤渣，灰坑长100、宽24、深48厘米。

灶内堆积较多的煤渣，无其他遗物发现。

DZ201于2005年10月9日发现并开始初步清理工作。位于DT0623的西北部，叠压在探方第②层下，打破黄色生土层，距地表深55厘米。

DZ201平面呈东西向的长条形，由火塘、火门、灰坑三部分构成。全长106、宽44、深25厘米（图一五三）。

火塘位于灶体的西端，平面为半圆形，其口部与内壁的抹泥烧烤呈烧壁，厚2～3厘米。火塘直径27、深24厘米。其口沿是放置铁锅或其他炊具的位置。

火门位于火塘的东侧，为竖砌两块相对应的青砖而成，青砖长24、宽14、厚7厘米。火门宽15、长14、高24厘米。

灰坑在火门的东边与火门相连，平面呈长方形，为7块青砖围砌而成，青砖均采用侧卧砌筑，青砖规格与火门相同，火坑长62、宽44、深16厘米。

火塘及灰坑内堆积黄褐色黏土及少量煤灰，未发现其他遗物。

DZ201与DF201具有相同的层位关系，而且平面位置邻近，两者仅相距20厘米，推测DZ201可能为DF201的附属建筑遗存。

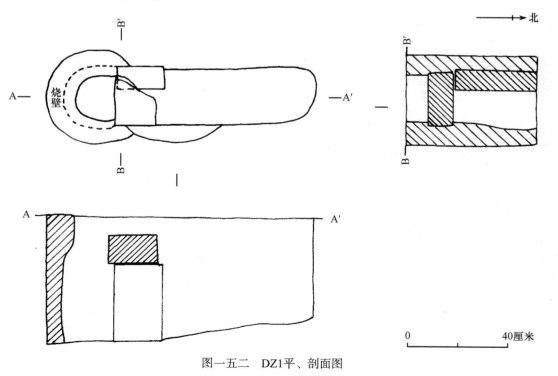

图一五二　DZ1平、剖面图

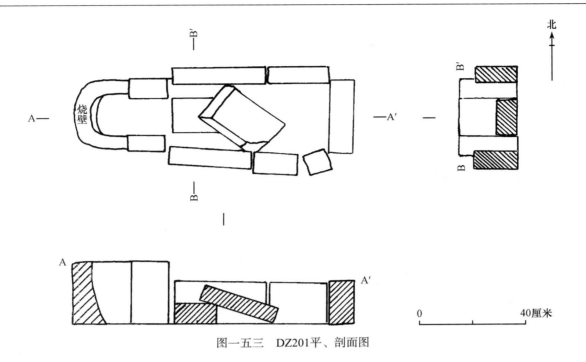

图一五三　DZ201平、剖面图

DZ202于2005年10月25日上午发现即开始清理，当日清理完毕。位于DT0628的西南部，叠压在探方第②层下，打破第③层，距地表深85厘米。

DZ202平面呈不规则椭圆形，它由火塘和灰坑两部分构成，灶体全长50、宽38、深31厘米（图一五四；图版一九，1）。

火塘位于灶体北部，是放置铁锅或架设铁锅架的位置，平面大致呈圆形，它的口面与底面形状、大小相同，火塘周壁平直，有褐色的烧壁痕迹，底面周边略高，中心略凹，是放置柴草着火的地方。火塘南北长34、东西宽38、深16～18厘米。

灰坑位于火塘的南面，系一个圆形小坑，口大底小，呈喇叭状的同心圆，坑壁呈弧形下收，这是储存火塘退出灰烬的地方，灰坑口径16、底径6、坑口至坑底深13厘米。

火塘与灰坑内均堆积有草木灰、红烧土颗粒及黑炭粒，结构松软，不含其他遗物。

根据DZ202的布局结构特征，推测它是用来炊煮食物的炉灶。

DZ204于2005年11月5日发现，11月6日清理完毕。位于DT0326北部，叠压在探方第②层下，打破第③层，距地表深85厘米。

DZ204平面呈东西向的长条形，它由火塘、灰坑两部分构成。全长95、宽40、深25厘米（图一五五）。

火塘位于灶体的西部，其南北两边为弧形，塘壁陡直，有烧烤痕迹，塘底平坦，火塘的西边叠砌青砖二块，在放置铁锅或其他炊具煮食时，这里可以出烟。青砖长30、宽14、厚65厘米。火塘直径40、口沿至底深25厘米。

灰坑位于火塘的东面，平面呈窄条形，坑壁陡直，坑底平坦，在灰坑东端底部放置有一断头青砖。灰坑长44、宽22、坑口至坑底深25厘米。

火塘及灰坑周壁垮塌严重，火塘内堆积有红烧土与煤灰，灰坑内堆积有煤灰和黄黑土，无

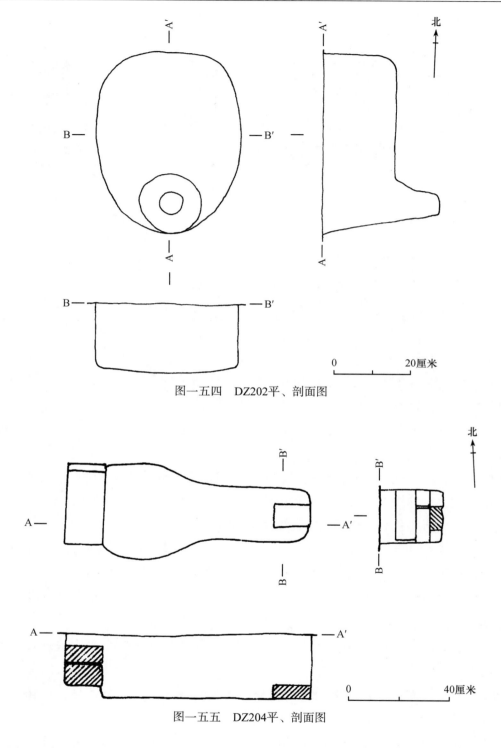

图一五四　DZ202平、剖面图

图一五五　DZ204平、剖面图

其他遗物发现。

　　DZ204与DF204有着相同的层位关系，其位置仅相距20厘米，据此推断DZ204可能为DF204的附属建筑遗存。

2. 单塘炉灶

即只有火塘的炉灶，虽然它们是单塘，但却有火门或烟囱，或是火塘宽阔，均不只是冬天取暖才使用的那种地炉。它们都是可以放置铁锅或其他炊具热煮食物的。属于这种炉灶计有3座，编号为AZ202、DZ2、DZ203。

AZ202于2005年12月2日发现并开始清理，当日清理完毕。位于AT2218的中部，叠压在探方第⑧层下，打破生土层。距地表深201厘米。

AZ202平面呈西北至东南向的椭圆形，它由火塘和火门构成。灶体全长130、宽77、口沿至底部深42厘米（图一五六）。

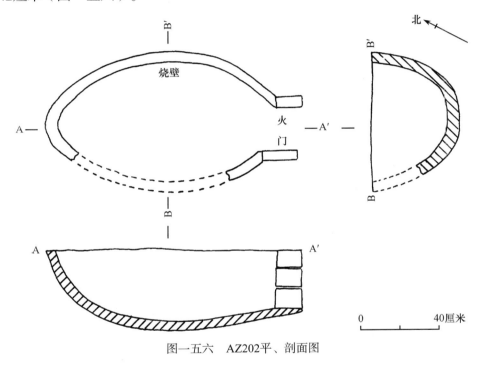

图一五六　AZ202平、剖面图

火塘平面为椭圆形，其内空长径110、短径63、深37厘米。弧形塘壁，凹底，火塘壁有明显的红烧土硬壁。火门位于火塘的东南方向而紧连火塘，其门两侧各有三块石块砌成。是火塘燃料的进口，火门宽22、高30厘米。

AZ202由于火塘平面呈椭圆形，在火塘放置的铁锅或其他炊器后，形成了燃烧时的抽风状态，即由火门吸进空气，由其西北方向的顶端似有烟囱的抽风作用。所以火塘燃烧特别旺盛，而火塘西北的顶端塘壁受热的温度最高，那里红烧土塘壁最硬。

DZ2于2000年10月15日发现并开始清理，10月21日清理完毕。位于DT0731的北端及北隔梁下，叠压在探方第③层下，打破第④层，距地表深50厘米。

DZ2平面呈方形，它仅有火塘，因火塘内堆积有较多的炭渣和草木灰，而且在四周所砌的砖壁上有火烧的痕迹，所以确定为炉灶无疑，也因为塘腔较深，估计原来可能有一边有火门，由于毁坏而不见踪影，DZ2全长122、宽110、深56厘米（图一五七）。

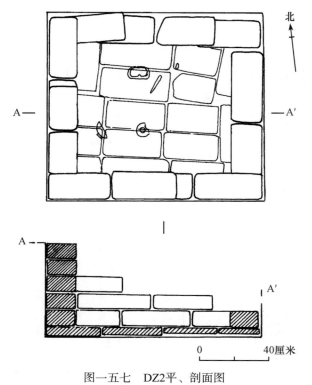

图一五七　DZ2平、剖面图

火塘全部由砖砌筑，即在方形的土坑底铺上方形青砖，因地势东边略高，西部略低，所以用稍厚方形青砖铺西面，用最薄的方形青砖铺东西，使整个底面平整，稍厚方形青砖边长30、厚3～5厘米。最薄方形青砖边长23、厚2.5厘米。然后在四边用青砖错缝垒砌，西墙已砌有五层，东墙仅有一层，其他南北两面也只残存两三层，这是因毁坏所致，估计东面可能开砌有火门，因受破坏而不得而知，火塘内空长87、宽76、深49厘米。估计火塘上部放置铁锅或架设锅架都是比较大的。

在火塘内的堆积中含有较多的炭渣和草木灰，出有夹砂陶罐残片、瓷片和动物骨骼，还出有两件铁器。在两件较完整的青花瓷碗中，有一件碗内底有"白玉斋"三字，并且阴刻着一个"官"字，还有"长春佳器"字样（图一五八）。

从DZ2的结构形制来看，它不是用于冬季取暖的炉灶，也不像一般家庭所用的炊食炉灶。而有可能是为某一工程集体炊食所用的临时性的炉灶。

DZ203于2005年10月30日发现并开始清理，10月31日清理完毕。位于DT0630的西南部，叠压在探方第②层下，打破第③层，距地表深50厘米。

DZ203平面呈梅花形，由火塘、火门、烟囱三部分构成，灶体直径46、口面到底深26厘米（图一五九；图版一九，2）。

火塘是在平面挖一深26、口径46厘米的圆形坑槽，坑底略小，用五块形制相同的板瓦沿坑壁竖砌而成，口沿呈梅花状。以下部土层为塘底即形成火塘，火塘内空直径34、口至底深24厘米。板瓦长24、上宽22、下宽17、厚1.4厘米。

火门即灶门，位于火塘东南向，在一块侧砌的板瓦上凿去一部分即成火门，火门宽14、高10厘米。在与火门相对应的一块板瓦的上部削去一角形成烟囱。

填土有上、下两层：上层为草木灰和未燃尽的木炭灰、红烧土颗粒等；下层为灰土，质地疏松，填土均无其他包含物。

DZ203虽然是单塘（只有火塘）灶体，但有火门和烟囱，上面是放置铁锅和其他炊具的。所以它不是冬季取暖的地灶，而是炊煮食物的炉灶。

DZ203位于DF202房屋内的地面上，为DF202附属建筑遗存。

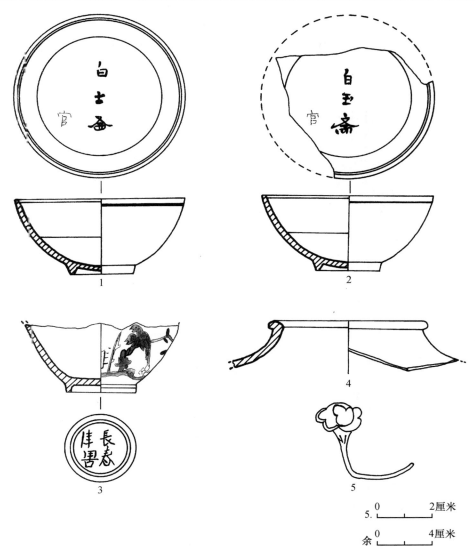

图一五八 DZ2出土器物

1.瓷碗（DZ2：1）　2.瓷碗（DZ2：2）　3.青花瓷碗（DZ2：3）　4.陶罐口沿（DZ2：5）　5.铜簪（DZ2：4）

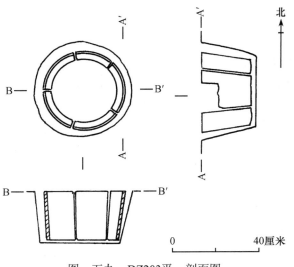

图一五九 DZ203平、剖面图

三、以冬季烤火取暖为主的炉灶

计有4座，编号为AZ2、DZ205、DZ206、DZ207。属于这一类型的炉灶在结构上都只有单塘（火塘），没有火门、烟囱及灰坑，同时在形制布局上属于体积很小的地炉，火塘口沿至底部很浅，不足20厘米深。

AZ2于2002年11月17日发现，11月18日开始清理工作，11月21日清理完毕。位于AT2210的中部，叠压在探方第⑥层下，距地表深160厘米。

AZ2平面为长方形，仅有火塘，灶体长64、宽52、深16厘米。

火塘平面呈长方形，是在地面挖一长方形浅坑，将长30、宽16、厚8厘米的青砖侧卧紧贴坑壁，每边用砖两块，底面为房屋地面，火塘内空长58、宽42、口沿至底深16厘米。

火塘内填土主要为红烧土渣、炭屑等，出有陶、瓷残片和动物骨骼，出有一件青花瓷碗。

AZ2的结构布局只能用于冬季取暖。

DZ205于2005年11月8日发现并开始清理，当日清理完毕。位于DT0730的东南部，叠压在探方第②层下，距地表深50厘米。

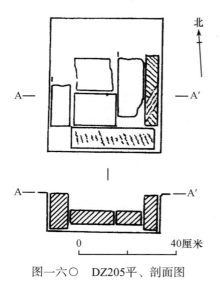

图一六〇　DZ205平、剖面图

DZ205平面为长方形，靠北部已残缺，仅残存火塘，灶体残长65、宽44、深16厘米（图一六〇）。

火塘残存的平面呈方形，北部已残缺，它在地面上挖出一个长方形的浅坑，东壁和南壁均用加工过的条石及青砖砌成，条石长32～40、宽14、厚10厘米。青砖均为断头青砖，火塘底部仅残留用三块半头青砖平铺而成。砖与条石均有火烧痕迹及烟熏痕迹。火塘内空长30、宽30、口沿至底面深8厘米。

塘内填土厚7厘米。分上、下两层：上层为灰白色细灰烬，内夹有木炭灰；下层有少许红烧土颗粒，均无遗物。

DZ205位于DF202房屋内地面上，系DF202的附属建筑遗存，根据DZ205的布局结构及规格推断，只能用于冬季烤火取暖。

DZ206于2005年11月8日发现并清理，当日清理完毕。位于DT0730的东北部，叠压在探方第②层之下，距地表深50厘米。

DZ206平面呈长方形，东、南两边略残，仅存火塘，灶体全长50、宽40、深18厘米（图一六一；图版二〇，1）。

火塘的平面呈长方形，它与DZ205的建造方法相同，在地面上先挖一长方形浅坑，用青砖侧卧紧贴四面坑壁（也有半头青砖），东、南两面壁砖已缺失，青砖长32、宽18、厚5厘米，火塘底部未铺砖，仍为房屋地面，火塘内空长46、宽35、口沿至底面深18厘米。

塘内填土有上、下两层：上层为灰白色细灰烬；下层有少许红烧土，土质结构松散，均无包含遗物。

DZ206位于DF202房屋内的地面上，系DF202的附属建筑。

根据DZ206的结构及规格，推断其功能是用于冬季烤火取暖。

DZ207于2005年11月8日在清理DF202地面时发现，当日清理完毕。位于DT0929中部，叠压在探方第②层之下。距地表深40厘米。

DZ207平面呈圆形，仅有火塘，灶体直径74～76、口沿至底面深16厘米（图一六二；图版二○，2）。

火塘是在地面上挖掘深16厘米的圆形浅坑，圆形周边用长28～32、宽18、厚7厘米的青砖侧卧砌成，现残存东边所砌两块青砖，其他青砖均已缺失，塘底为平底，有1厘米厚的烧土，东边所剩下的两块青砖有明显烧烤痕迹。火塘内空直径及深度分别为74～76、16厘米。

塘内填土为红褐色烧土，土质结构疏松，内夹有灰烬，没有发现遗物。

DZ207位于DF202房内地面上，系DF202附属建筑遗存。

根据DZ207的结构和规格，推断其功能主要是用于冬季烤火取暖。

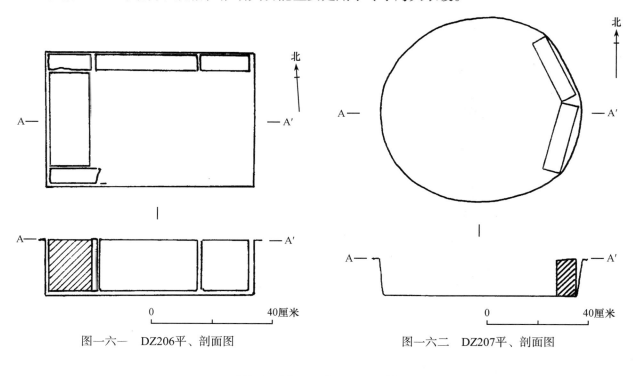

图一六一　DZ206平、剖面图　　　　　图一六二　DZ207平、剖面图

第六节　水　井

大昌古城遗址在四个年度的考古发掘中，只发现并清理了1口水井，编号为AJ201，见附表八。

AJ201于2005年11月30日发现并开始清理工作，12月2日清理完毕。位于AT2220的东北部，叠压在探方第⑦层下，打破第⑧层和生土层。井口距地表深220厘米。

AJ201平面近方形，方向约10°，为青砖砌筑的水井，水井东西长184、南北宽160、井口至井底深122厘米（图一六三；图版二○，3）。

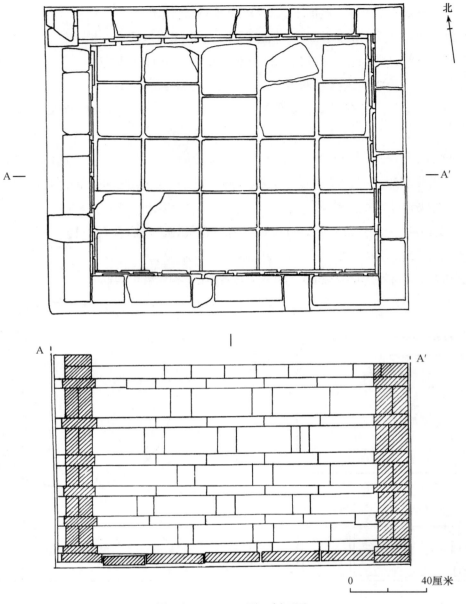

图一六三　AJ201平、剖面图

　　AJ201是首先根据水井的位置空间在地面上挖出方形土坑，然后在靠近土坑四壁用青砖采用一侧一平错缝砌筑盒子墙，到井口顶端三层单砖错缝平砌。井底用方形青砖分排平铺二层。砌筑井壁所用青砖有三种规格：第一种青砖长34、宽12、厚7厘米；第二种青砖长40、宽20、厚10厘米；第三种是方形青砖，边长20、厚7厘米。井底平铺的方形青砖边长30、厚6厘米。最后将挖出的散土回填于坑壁与井壁之间的空隙中，填实。水井内空，东西长148、南北宽132、井口至底面深112厘米。

　　井内堆积土色为灰土，因蓄水沉积，土质结构紧密，内含有花纹砖瓦少许、蛋壳碎片，另出有青砖出水龙头1件，少量硬陶罐残片，铜钥匙1件，以及大量青花瓷片，器形有碗、盘等（图一六四）。根据AJ201形制结构，推测它是一口蓄水水井。

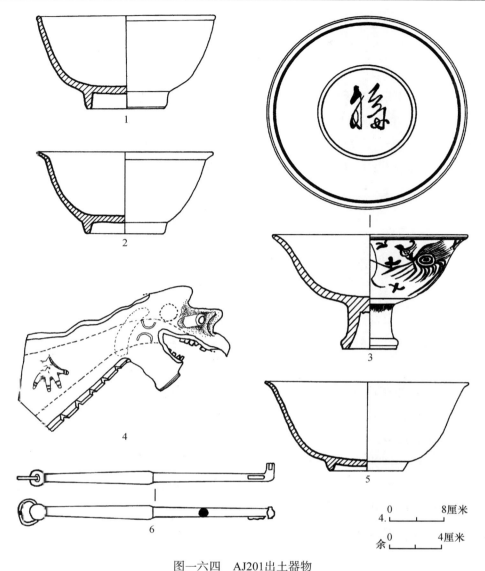

图一六四　AJ201出土器物

1. 白釉碗（AJ201：1）　2. 白釉碗（AJ201：4）　3. 青花高足碗（AJ201：2）　4. 陶水龙头（AJ201：3）
5. 蓝釉碗（AJ201：5）　6. 铜钥匙（AJ201：6）

第七节　灰坑或窑穴

　　大昌古城遗址在四个年度的考古发掘中共发掘灰坑或窑穴184个。其中2000年度发掘灰坑30个；2001年度发掘灰坑43个；2002年度发掘灰坑71个；2005年度发掘灰坑40个。这批灰坑分布在除C区以外的A、B、D三个区域内，即A区分布有灰坑57个，B区分布灰坑有43个，D区分布灰坑有84个（详见附表五）。

　　在184个灰坑中，有一批是先用来做贮藏食品的窑穴而建造的，因此制作比较讲究、形制也比较规整，废弃后而成为垃圾坑的；有作为粪池来建造的，废弃后而成为垃圾坑的；有作为家畜、家禽的积肥而建造的，废弃后作为垃圾坑的；还有的是为生产或生活用煤需掺入黄土或修建房屋需要作为取土坑而填入建筑废弃物的；有的是以自然地势形成而作为居民生活垃圾坑的，等等。由于灰坑的形成及来历不尽相同，造就了灰坑的形状与结构也存在着明显的差异。

就灰坑的口沿形态来说，在184个灰坑中大致可以纳为长方形、方形、圆形、椭圆形及不规则形五种类型。根据统计，属于长方形口沿的灰坑（含圆角长方形，近似长方形）计有44个，占灰坑总数的23.91%；属于方形（含圆角方形，近似方形）的灰坑计有14个，占灰坑总数的7.61%；属于圆形（含近似圆形）的灰坑计32个，占灰坑总数的17.39%；属于椭圆形（含近似椭圆形）的灰坑计53个，占灰坑总数的28.81%；属于不规则形的灰坑计41个，占灰坑总数的22.28%。下面我们将按照这五种类型分别叙述。

一、长方形口的灰坑

可以分为直角长方形口沿、圆角长方形口沿、近似长方形口沿三种。

（一）直角长方形口沿的灰坑

计有16个，现以AH3、AH4、AH17、BH1、BH3、BH9、BH25、DH1、DH207为例加以说明。

AH3位于AT2010的东南角、AT2009的北隔梁和关键柱内，叠压在探方第④c层下，打破AF3、AH12和第⑥层下，坑口距地表深126厘米。

AH3坑口平面呈长方形，竖直壁，平底，其结构是先挖就长方形土坑，土坑长310、宽245、坑口至坑底深110厘米，再在坑内以条石与卵石相间垒砌四壁到坑口，口沿上面均铺条石，底面有8排卵石铺底，坑口上北壁和西壁的条石有残缺，条石和卵石垒砌的土坑内空长228、宽160、深92厘米（图一六五；图版二一，1）。

坑内堆积分两层。第①层：灰褐色亚黏土，厚62厘米，含大量的青色砖块，其中完整的砖长37、宽14、厚4.3厘米，坑内本层出有少量青花瓷片，有的碗外底书有"大明嘉靖年制""大明年造""成化年造"，还有一骨板，上刻有"丙辰年"三字，推测为嘉靖三十五年（1556年）。另有铜器出土。第②层：灰黑色亚黏土，厚48厘米，含大量石灰、蚧壳类残骸，少量炭屑、砖瓦块，几块动物骨骼，出有较丰富的青花瓷碗残片。在70厘米深处出一完整的孩童骨架，它位于坑的东北部，头部用半个陶瓷罩住，脸部至脚用瓦片盖住。在73厘米深处出一直径为32厘米的石磨上旋，偏于东南部，一些青花瓷片上书有如"贵""金""榜题"（图一六六）。当中的骨架孩童应属于非正常死亡的灰坑葬。

从AH3出土的有文字遗物推断，应为明代嘉靖年间或稍后的遗迹。

AH4位于AT2110东南角，叠压在探方④层下，打破第⑥~⑧层，坑口距地表深130厘米。

AH4坑口平面呈长方形，竖直壁，平底。其结构是先挖就长方形土坑，坑口长250、宽200、坑底长240、宽200、坑口至坑底深120厘米（图一六七）。然后再以卵石和零星的青色石块混合垒砌四壁，南北两壁的最上层均斜竖垒砌着一排青砖，坑底为灰黄色亚砂土。所形成的坑口内空长165、宽130、坑底长160、宽122、坑口至坑底深120厘米。

坑内堆积分为两层。第①层为灰黄色亚砂土，厚50厘米，含有大量沙砾、砖瓦碎片、石块

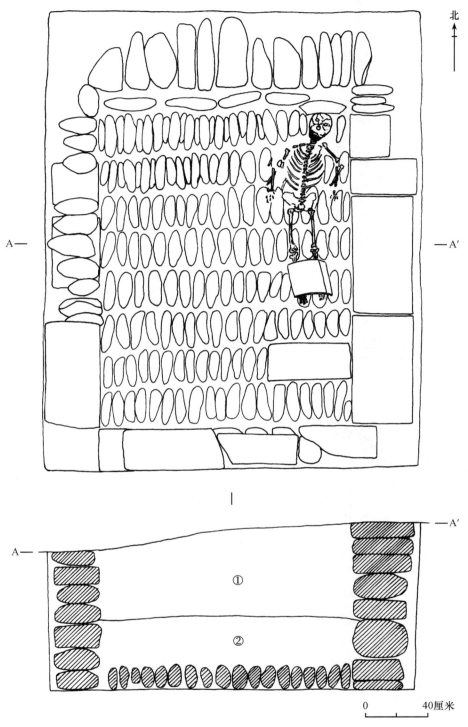

图一六五 AH3平、剖面图

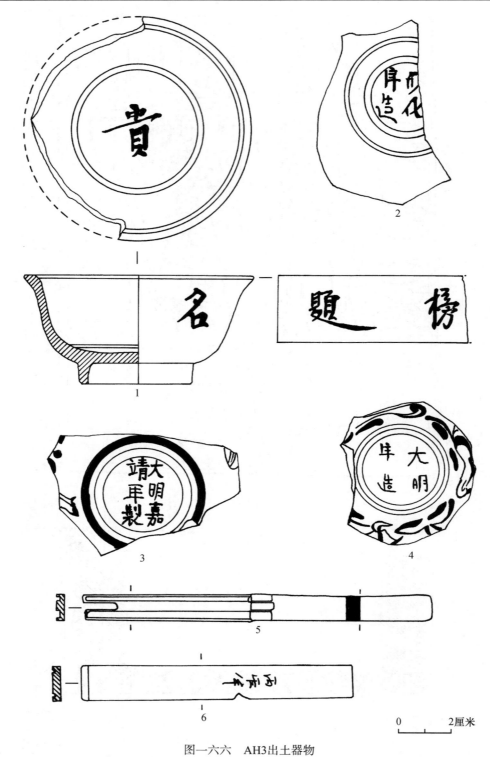

图一六六　AH3出土器物

1. 青花瓷碗（AH3：3）　2. 青花瓷碗底（AH3：6）　3. 青花瓷碗底（AH3：4）　4. 青花瓷碗底（AH3：5）

5. 铜钥匙（AH3：1）　6. 骨板（AH3：2）

及少量青花瓷片及彩瓷器口沿。第②层为灰黑色亚砂土，厚70厘米。含有大量的砖瓦碎片，出有少量青花瓷片，器形有杯等，还出了直径为60厘米的石磨上旋一块，石杵1件及铁锅残片、瓦当残片等。

AH17位于AT2110南部，叠压在探方第⑦层下，打破第⑧层，坑口距地表深160厘米。

AH17坑口平面为长方形，竖直壁，平底。其建造方式是先挖就长方形土坑，坑口长141、宽85、坑底长138、宽80、坑口至坑底深41厘米（图一六八）。然后以条石顺向三行铺盖底面，再在底面四周以条石垒筑四壁。条石长短、宽窄不一，一般以长48、宽28、厚10厘米为多见。由于扰乱的原因，条石所砌的坑壁已

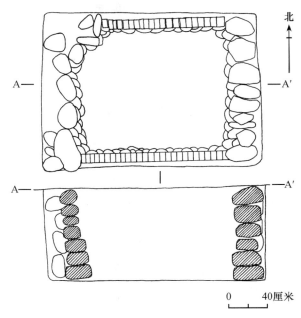

图一六七　AH4平、剖面图

不完整，其坑内空口底尺寸相同，长125、宽65、坑口至坑底深30厘米。

坑内堆积只有一层，即灰黄色亚砂土，土质疏松，出有红色夹砂陶罐、器盖等。

BH1位于BT1806、BT1906内，开口于探方第③层下，打破第④、⑤层，坑口距地表深60厘米。

BH1坑口平面大致呈长方形，有些类似东周时期带"凸"字形墓道的土坑墓，斜直壁，平底。其结构是先将"凸"字头的长方形土坑挖好，然后用大小不一的石块将坑壁砌成，石块间的缝隙全部用石灰浆灌缝粘连，再用石灰浆在面上抹平一层。BH1坑内底部东头为锅底状，推测为当时的粪坑，其"凸"字头则为掏粪坑。上部用砖块竖垒其坑口，底部全部用小卵石铺垫而成，坑底较平，掏粪坑的东段呈锅底状，坑口长440、宽134～220、坑底长390、宽86～134、坑口距坑底西头深84厘米（图一六九；图版二一，2）。

坑内堆积为一层，深灰色土，土质结构松散，内包含大量的小石块、半头砖及小瓦片，同时亦有石灰颗粒、红烧土颗粒及煤碳渣颗粒等。

坑内出土物主要是青花瓷片，可辨器形有碗、盘、碟、杯、罐等。

BH3位于BT2007偏东部，开口于探方第②层下，打破第③层，坑口距地表深70厘米。

BH3坑口平面为长方形，竖直壁，平底。其建造方式是先将长方形土坑挖出，再用条形薄砖面铺而成。底中部铺底砖被毁掉无存，然后用条石垒砌四面坑壁即成。灰坑的东面坑角因遭BZ2扰乱而破坏。坑口长240、宽200、坑底长200、宽160、坑口至坑底深20厘米（图一七〇）。

坑内堆积为一层，褐灰色土夹砖瓦碎片。出有青花瓷碗残片及釉陶钵、罐残片。

BH3因坑底较浅，不宜储藏食品，推测它可能用于家畜的积粪坑。

BH19位于BT0715的中部偏西，开口于探方第②层下，打破第③层，距地表深45厘米。

BH19坑口平面呈长方形，斜直壁，平底。其建造方式是先挖出长方形土坑，然后用卵石

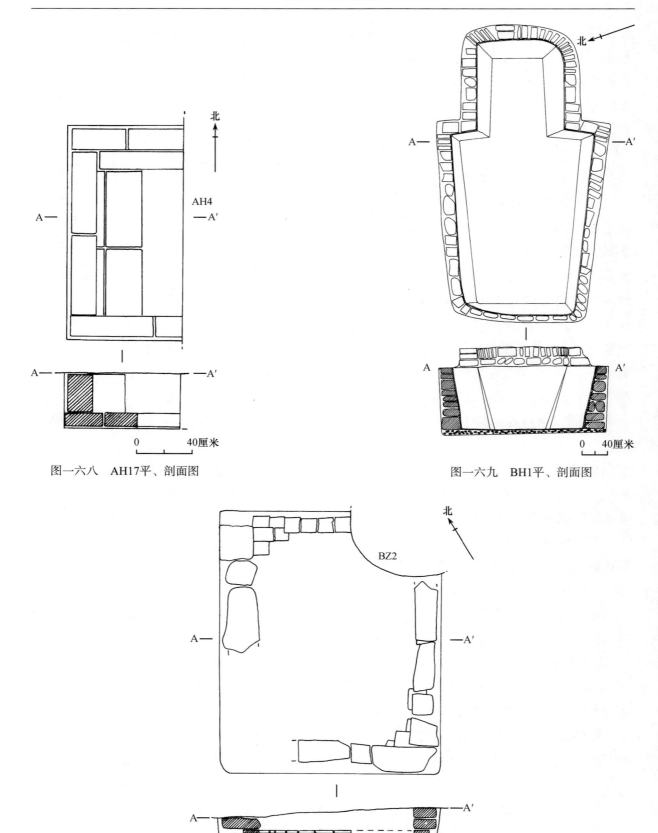

图一六八　AH17平、剖面图

图一六九　BH1平、剖面图

图一七〇　BH3平、剖面图

垒砌四壁，共砌四层卵石即成，底面仍为土坑底，灰坑东南角因遭破坏致使壁上卵石缺失，坑口长150、宽130、坑底长120、宽100、坑口至坑底深40厘米（图一七一）。

坑内堆积只有一层，为灰黑色土，含砖瓦碎片及炭渣，出有少量青花瓷片，器形有碗、盘、杯。

根据BH19坑内堆积有较多的炭渣及灰黑色填土，推测该坑是存放木炭一类的贮藏坑。

BH25位于BT0816的南部，开口于探方第③层下，打破第④、⑤层，坑口距地面深95厘米。

BH25因靠近BT0816南壁，其南壁被探方南壁所压，未作扩方清理。从揭示出来的坑口平面看，灰坑平面为长方形，斜直壁，平底微凹。其建造方式是先挖出长方形的土坑，坑壁斜直，然后用卵石、石块和砖块混合垒砌四

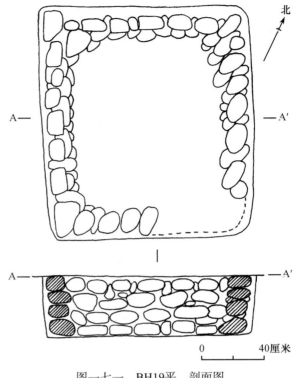

图一七一　BH19平、剖面图

壁，大的卵石和石块放在底部，保持坑壁有一定的斜度，避免石壁倒塌。坑口长370、宽190、坑底长280、宽134、坑口至坑底深100厘米（图一七二）。

坑内堆积分两层。第①层黄褐色黏土夹黑斑土，为废弃后的填土，厚34～50厘米，土质疏松，呈块状，出有石猪槽及青花瓷碗、盘、碟残片、陶罐（图一七三），其中青花瓷碗外壁为淡描折枝菊花，外底单框三行六字为篆书"大清道光年制"。第②层浅灰色黏土，为废弃时的沉淀层。厚42～52厘米。土质较软，呈块状，出少量青花瓷片。

根据BH25坑内堆积及出土物情况，推断为猪粪坑。

DH1位于DT0730的东南角，开口于探方第③层下，打破第④、⑤层，坑口距地表深56厘米。

DH1坑口平面为长方形，斜弧壁，平底。其结构是先将长方形土坑挖好，然后用条石围砌在坑口，坑口东北部的条石缺失，条石大小不等。大条石长50～60、宽35～43、厚15厘米。灰坑南部被探方南部所压，未扩方清理发掘，仅揭示出来的部分坑口长101、宽82、坑底长95、宽61、坑口至坑底深67厘米（图一七四）。

坑内堆积只有一层，为灰色填土，内含有大量砖瓦碎块和石块，夹有少量石灰颗粒和炭屑，出有少量夹砂陶罐、釉陶罐和青花瓷碗残片。

根据本坑形状及结构特点推断它原为粪池，废弃后成为堆积废弃建筑物的垃圾坑。

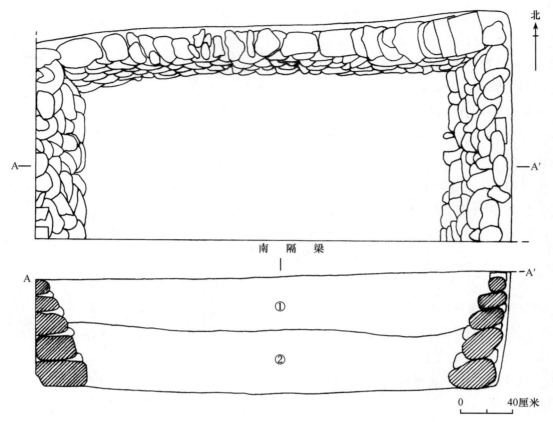

图一七二　BH25平、剖面图

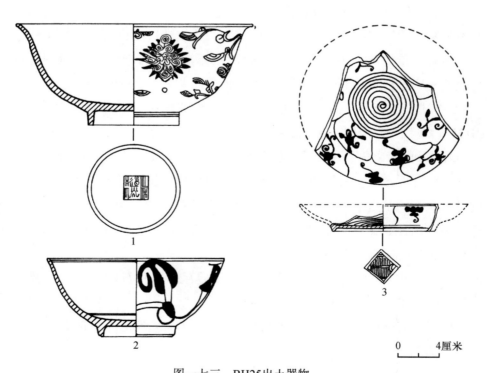

图一七三　BH25出土器物

1.青花瓷碗（BH25∶1）　2.青花瓷碗（BH25∶2）　3.青花瓷盘（BH25∶3）

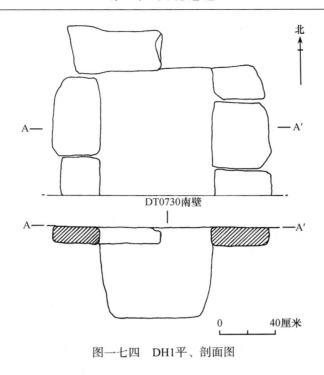

图一七四　DH1平、剖面图

（二）圆角长方形口沿的灰坑

计有17个，现以AH1、AH10、AH21、AH28、AH33、BH8、BH21、BH40、DH8为例加以说明。

AH1位于AT2010的中部，开口于探方第③层下，打破第④a和⑤a层，坑口距地表深31厘米。

AH1坑口平面呈圆角长方形，斜直壁，平底，其结构是先挖出长方形土坑，然后在靠东壁垒砌石块，涂上三合土，西壁涂三合土，北壁也垒砌石块，南壁的石块遭受扰乱而被取走。坑口长186、宽164、坑底长168、宽94、坑口至坑底深93厘米（图一七五）。

坑内堆积共四层。

第①层：深灰色亚黏土，厚60厘米，土质结构疏松，含大量布瓦碎片和较多的陶瓷片，出土器形有釉陶罐、青花瓷碗。第②层：黄色黏土，厚3厘米，含少量陶瓷片，出有铜钱一枚、铁勺一件。第③层：灰褐色亚黏土，厚13厘米，含大量的炭屑、瓦片，出有动物骨骼、陶罐、瓷器残片、铜钱两枚，其中一枚为"乾隆通宝"。第④层：灰色亚黏土，厚20厘米，土质疏松，含大量红色砖块，出有青花瓷碗、杯、盘、碟，有的青花瓷碗内底刻有"光"字，外底有方形印章花纹。

根据AH1的形制及坑内堆积，推测AH1可能原为一储存坑，废弃后成为建筑材料垃圾坑。

AH10位于AT2009、AT2109两个探方中，开口于探方第④a层下，打破第⑤a、⑤b及第⑥层，坑口距地表深130厘米。

AH10坑口平面呈圆角长方形，竖直壁，平底，其结构是先挖出长方形土坑，然后用卵石垒砌四壁，底部仍为土坑底面，坑口长190、宽165、坑底长180、宽140、坑口距坑底深104厘米（图一七六；图版二一，3）。

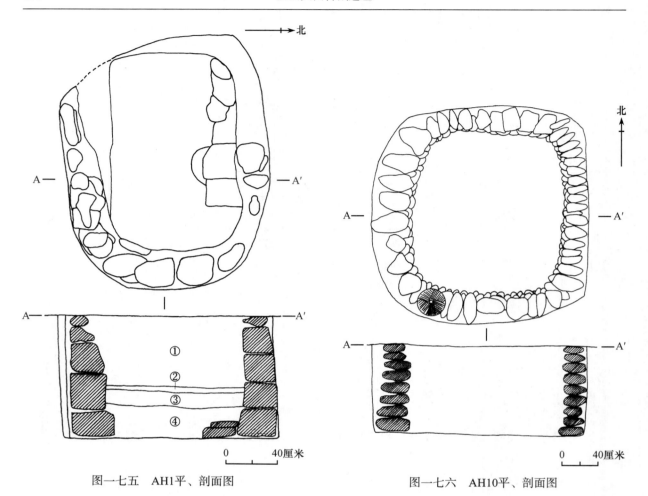

图一七五　AH1平、剖面图

图一七六　AH10平、剖面图

图一七七　AH21平、剖面图

坑内堆积为一层，灰褐色亚黏土，土质疏松，含大量砖瓦碎片，出有少量青花瓷片，器形有碗、杯，并出有较多青花书"贵"字碗底。

根据AH10的形制特点，初步推测它是一个储藏坑，废弃后作为建筑废弃物的垃圾坑。

AH21位于AT1812北边，开口于探方第④层下，打破第⑤层，坑口距地表深75厘米。

AH21坑口平面呈圆角长方形，斜直壁，平底，坑壁均抹过一层厚4厘米的三合泥浆。坑口长176、宽100、坑底长154、宽72、坑口至坑底深80厘米（图一七七）。

坑内堆积只有一层，为灰色土，含砖瓦碎片、石灰颗粒，出有夹砂泡菜罐和少量青花瓷片，器形有碗、杯（图一七八）。

根据AH21的形制特征及堆积物，初步推测它原来是一个灰浆坑，废弃后作垃圾坑。

图一七八 AH21出土器物

1. 青花瓷碗（AH21：5） 2. 青花瓷碗（AH21：4） 3. 陶灯盘（AH21：1） 4. 陶罐（AH21：2）
5. 青花瓷杯（AH21：3）

AH28位于AT2412、AT2413两个探方中，开口于探方第⑤层下，打破⑥、⑦、⑦a、⑧层，坑口距地表深110厘米。

AH28坑口呈圆角长方形，竖直壁，平底。其结构是先挖圆角长方形土坑，然后用残断青砖在土坑底面上平铺10排，再用条石垒砌四壁（北壁条石已倒塌），条石四壁与土坑四壁之间的空隙填以卵石、断头青砖和泥土，坑口长280、宽220、坑底长240、宽190、坑口距底深120厘米（图一七九）。

坑内堆积只有一层，为灰黑黏土，土质较疏松，含较多草木灰、砖渣和小石块，出有动物骨骸和少量青花瓷碗、杯残片。

根据AH28的形制及结构特点，原来是作为积肥坑，废弃后成为垃圾坑。

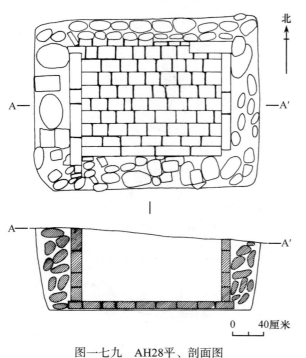

图一七九　AH28平、剖面图

AH28与AF12具有同一层位，而且又借AF12北墙基作为坑边，因此，推断AH28属于AF12的附属遗存。

AH33位于AT2111、AT2112、AT2211、AT2212四个探方四中，开口于探方第⑥层下，打破第⑦~⑨和生土层，坑口距地表深145厘米。

AH33坑口平面呈圆角长方形，斜直壁，平底，属土坑型制。坑口长330、宽230、坑底长180、宽100、坑口至坑底深125厘米（图一八〇）。

坑内堆积只有一层，填土为黄褐色土，土质较硬，内含大量砖瓦碎片，出有少量的白瓷片和两件铜簪。

AH33的形制规整，推测它开始作为贮藏坑使用的，废弃后才作为填埋建筑抛弃物的垃圾坑。

BH8位于BT2009的中部，开口于探方第④层下，打破第⑤层，坑口距地表深50厘米。

BH8坑口平面略为长方形，竖直壁，平底，其结构是先挖好土坑，然后再用卵石和残破砖块垒砌四壁，坑口长148、宽145、坑底长142、宽140、坑口至坑底深74厘米（图一八一；图版二二，1）。

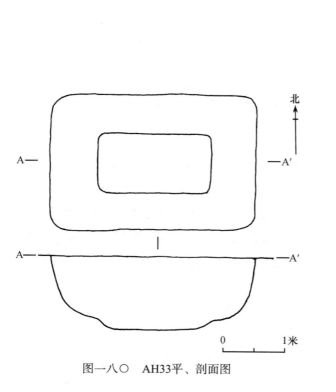

图一八〇　AH33平、剖面图

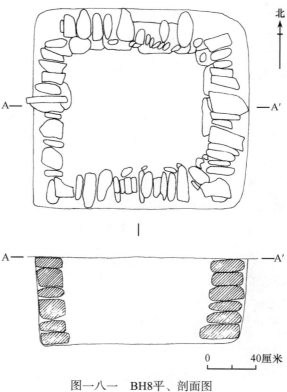

图一八一　BH8平、剖面图

坑内堆积只有一层，为褐绿色土，土质结构紧密，较硬，夹杂大量的瓦渣，也有砖块、石块、草木灰及石灰颗粒，出有釉陶壶、青花瓷碗残片及动物骨骼。

根据BH8的形制特征及堆积物，推测它原来是作为动物粪坑使用的，废弃后作为填埋建筑抛弃物的垃圾坑。

BH21位于BT1017的西北部，开口在探方第②层下，打破第③、④层，坑口距地表深50厘米。

BH21坑口平面呈圆角长方形，竖直壁，平底。属土坑型制。坑口长94、宽60、坑底长90、宽58、坑口至坑底深30厘米（图一八二；图版二二，2）。

坑内堆积只有一层，即填土为灰土，土质结构疏松，夹有较多的布瓦片及黄褐色土块，出有青花瓷碗残片。

从BH21的形状上看，应为当时一个储水用的水坑，与BZ3具有同一层位及相同组合关系。

BH40位于BT1109的中北部，开口在探方第③层下，打破第④层，坑口距地表深105厘米。

BH40坑口大致呈圆角长方形，斜直壁，平底，其结构是先挖好长方形土坑，然后用厚薄不等的砖块在四壁垒砌成圆角长方形状，并在其表面上涂抹石灰浆，坑底则采用长约15厘米的卵石铺垫，最后用散土将所砌砖壁与土坑壁之间的空隙填实。坑口长158、宽100、坑底长146、宽84、坑口至坑底深98厘米（图一八三；图版二二，3）。

坑内堆积分二层。上层为黄褐色土，坚实，混杂石灰浆碎块、大石块、砖块、瓦片等。出土10余片青花瓷片、釉面夹砂陶片。下层为灰褐土，土质疏松，夹一些砖块、石块及瓦片，有少量青花瓷片及釉陶片，出有釉陶盆、罐、青花瓷碗、灯等。

根据BH40的形制与结构判断，BH40为贮藏食品的窑穴，它借BF14墙基作为坑的南边，因此，推断BH40是BF14的附属建筑。

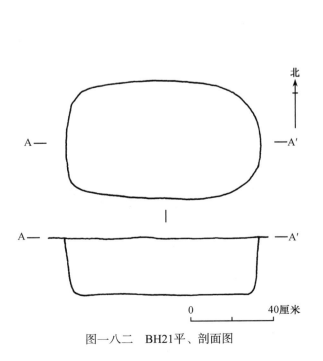

图一八二　BH21平、剖面图

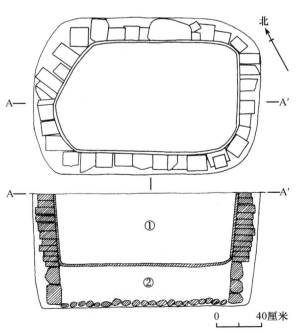

图一八三　BH40平、剖面图

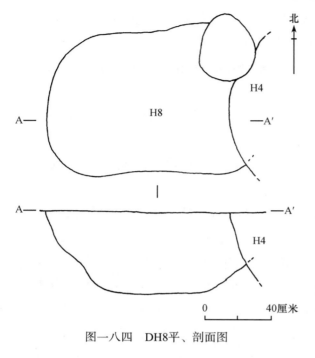

图一八四　DH8平、剖面图

DH8位于DT0731的中部偏南，开口于探方第④层和DH4下，打破DL3，坑口距地表深115厘米。

DH8坑口平面为圆角长方形，斜弧壁，平底，坑口长108、宽92、坑底长90、宽78、坑口至坑底深52厘米（图一八四）。

坑内堆积只有一层，黄褐色土，土质较软，含少量炭屑和石灰颗粒、卵石、砖块，出有动物骨骼和牙齿、釉陶片及青花瓷碗、盘残片。

根据DH8的堆积及坑口边缘有许多黄绿色粪土，DH8的南边有一条石槽，槽内也有这种黄绿色粪土，推测这一带可能为猪圈，DH8则为积肥坑。

（三）近似长方形口沿的灰坑

计有11个。现以BH2、DH213、DH224为例说明。

BH2位于BT1706的东北角，开口于探方第②层下，打破③～⑤层及生土层，坑口距地表深约55厘米。

BH2坑口近似长方形，斜直壁，平底，其结构是在挖好近似长方形的土坑后，用石灰浆涂抹坑底和坑壁，然后在灰坑口沿的南侧用砖和石块砌边。坑口长144、宽106、坑底长102、宽60、坑口至坑底深93厘米（图一八五；图版二三，1）。

坑内堆积只有一层，填土为灰黄色亚砂土，含较多的砖块、石块，出有缸片、陶片和青花瓷碗残片及铜钱。

根据BH2的形制特征及坑底有些似为粪便的遗物，推断BH2原为一个粪坑，废弃后作为垃圾坑。

DH213位于DT0327的北部和DT0328的中南部，开口于探方第②层下，打破第③层，坑口距地表深60厘米。

DH213坑口平面为近似长方形，坑壁北端弧圆形，东、西、南三壁陡直，平底。坑口长336、宽105～115、坑底长316、宽105～115、坑口至坑底深40厘米（图一八六；图版二三，2）。

坑内堆积只有一层，有少量褐土，主要为布瓦碎片和少量灰色薄砖碎块，出有黄釉陶钵、粗瓷碗、白瓷碗、青花瓷碗等残片，同时还有铁剪、铁钉、铁片等发现。

根据DH213的形制及其堆积，初步推断其应是因生产或生活用煤需要掺拌黄土等取完土后，用来堆积建筑抛弃物的垃圾坑。

DH224位于DT0330和DT0331两个探方内，开口于探方第③层下，打破生土层，坑口距地表深130～170厘米。

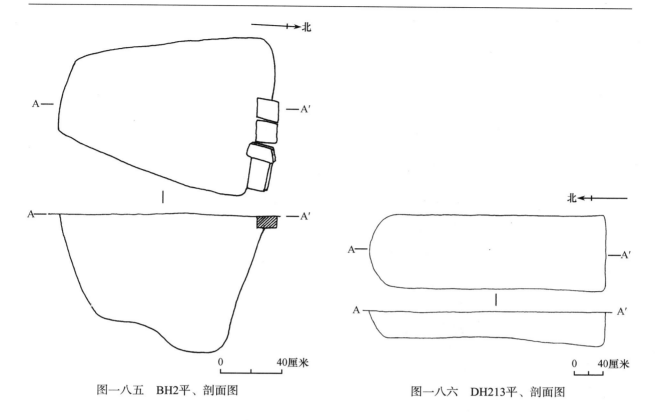

图一八五 BH2平、剖面图

图一八六 DH213平、剖面图

DH224所揭示坑口平面大致为近似长方形，竖直壁，底较平。仅揭示出来的部分坑口长650、宽370、坑底长636、宽350、坑口至坑底深97～140厘米（图一八七）。

坑内堆积只有一层，填土为灰土，含有大量砖瓦碎片、石灰颗粒，出有灰筒瓦、釉陶罐、缸、粗瓷碗、白瓷碗、杯、青花瓷碗、杯、汤匙残片。

根据DH224的形制及堆积物，参照同类型灰坑的功能，推断DH224是作为取土坑挖成的，后来用于堆积建筑抛弃物而成为垃圾坑的。

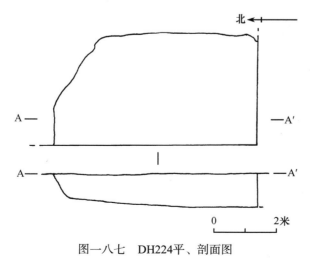

图一八七 DH224平、剖面图

二、方形口的灰坑

属于方形口沿的灰坑可以分为直角方形口沿、圆角方形口沿和近似正方形口沿三种。

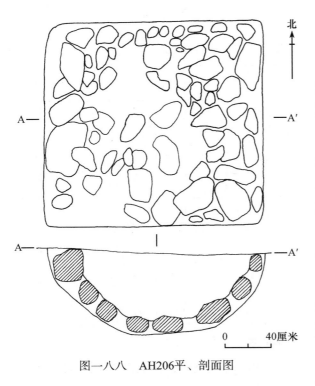

图一八八　AH206平、剖面图

（一）直角方形口沿的灰坑

计有1个，编号AH206，位于AT2220的东北角，叠压在探方第⑥层下，打破第⑦层，坑口至地表深150厘米。

AH206坑口平面为正方形，较平缓的弧壁，底部不是很平坦。其结构是先挖好正方形土坑，然后用鹅卵石铺垫坑底与坑壁，口沿上亦有部分铺有鹅卵石，坑口边长约186、坑底长120、宽100、坑口至坑底深约60～70厘米（图一八八；图版二三，3）。

坑内堆积只有一层，主要由鹅卵石组成，分布无规律，较为凌乱。含有少量砖瓦、碎砖、石块，另出有少量青花瓷片。

根据AH206形制及包含物推断，其时代应为明代中期。

（二）圆角方形口沿的灰坑

计有10个，现以BH43、DH34、DH37、DH202为例加以说明。

BH43位于BT1011东北部，叠压于探方第②层下，打破第③层，坑口距地表深约50厘米。

BH43坑口平面为圆角方形，坑壁微斜，坑底平整。其结构是先挖成方形土坑，然后在坑壁及坑底涂抹石灰砂浆，厚约3～5厘米。坑口长120、宽110、坑底长80、宽78、坑口至地表深95厘米（图一八九）。

坑内堆积只有一层，黄褐色黏土，土质较疏松，包含有少量石块。出土有瓷片、釉面夹砂陶片约50片。器形有碗、杯、罐等，纹饰有花枝纹、云彩纹、绳纹及弦纹等。

根据BH43出土物可判断，其时代应为清代晚期。

DH34位于DT1107的东部，部分压于东隔梁下，叠压于探方第③c层下，打破③d层，坑口距地表深165厘米。

DH34坑口平面为圆角方形，非常光滑的斜直壁，底部较为平坦。其结构是先挖好圆角方形的土坑，然后加之以石炭边。坑口边长140、坑底边长80、坑口距地表深110厘米（图一九○；图二四，1）。

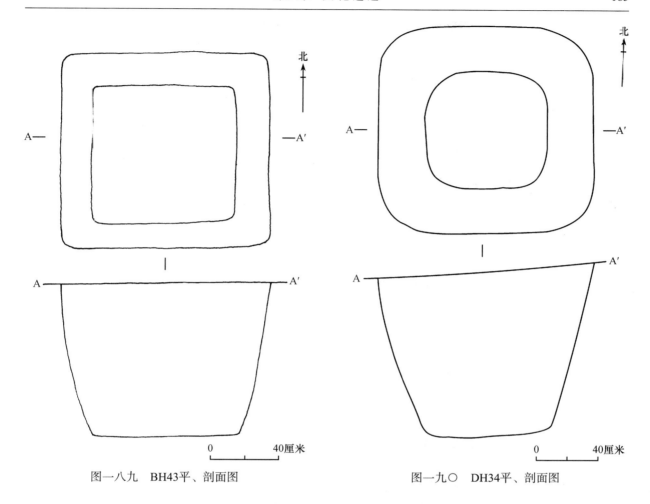

图一八九 BH43平、剖面图　　　　图一九〇 DH34平、剖面图

坑内堆积为一次性废弃形成的堆积，包含物有少量瓷片，土质十分松软。

根据DH34形制及其包含物，可推测其年代应为明末清初，其用途可能是当地居民的储蓄坑。

DH37位于DT1108的东南部，部分压于隔梁下，叠压于探方③c层下，打破第⑥层，坑口距地表深160厘米。

DH37坑口平面呈圆角方形，斜直壁，非常光滑，平底。其结构是先挖圆角方形的土坑，周壁抹有三合土的石炭边。坑口边长180、底边长100、深100厘米（图一九一；图版二四，2）。

坑内堆积只有一层，为废弃后一次性形成的堆积，土质十分松软，含少量瓷片等物。

根据DH37形制及其包含物，可推测其年代应为明末清初，用途应为当地居民的储蓄坑。

DH202位于DT0423的北部，叠压于探方第②层下，打破生土层，坑口距地表深50厘米。

DH202坑口平面呈圆角方形，斜直壁，平底。其结构是先挖圆角方形土坑，四壁均用泥沙混合浆粉砌而成，厚5~8厘米，平整光滑，填土为灰色土，坑底与坑壁一样用泥沙混合铺底抹平，厚3~5厘米。坑口边长202、坑底边长146、深约96厘米（图一九二）。

坑内填土为灰黑色土，含较多大砾石及乱石块等。出土物多以青花瓷片、白瓷片居多，较碎，也有厚实较粗瓷片。器形有泥陶缸、灯座、粗瓷杯、盖、青花瓷碗等。

根据DH202形制及包含物可断定其年代为清代。用途为当时居民储存物品用的窑穴。

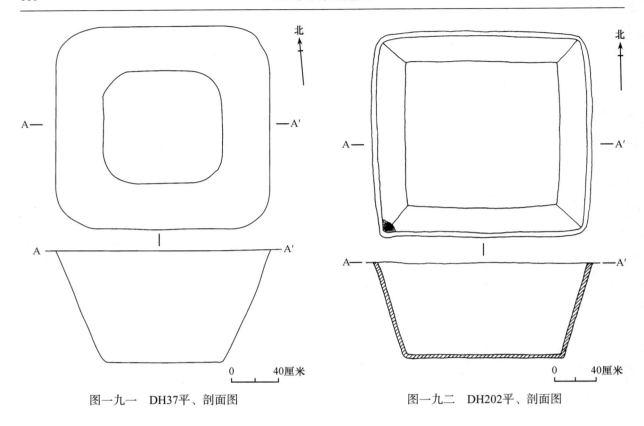

图一九一　DH37平、剖面图　　　　　　图一九二　DH202平、剖面图

（三）近似正方形口沿的灰坑

计有3个，以DH50、DH229为例说明。

DH50位于DT2216中，部分压于东、北隔梁下，叠压于DF10下，打破第④层，坑口距地表深约120厘米。

DH50坑口平面形状呈近正方形，弧壁，平底。其结构是为取土后形成的土坑。坑口长316、宽262、坑底长235、宽220、深约70厘米（图一九三）。

坑内堆积分两层。第①层为浅灰色亚黏土，夹杂有大量黑色灰烬，土质疏松，包含有较多青灰碎瓦及砖块、动物骨骼23件、陶片50余片、器形判断为盆、罐等，瓷片80余片，多为青花瓷，较常见的有植物花纹，口沿普遍为侈口，另见一件可复原的白釉素面瓷盘。第②层黄灰色黏土，包含较多青灰碎瓦及砖块，土质较疏松。出土物有瓷片50余片，多为青花瓷，纹饰有斑点纹、单线纹、双线纹、植物花朵纹等，口沿多为侈口。另有陶片近40片、铁、骨骼等少许。

根据其出土物及地层关系，其年代可判断为明代晚期，系取土时形成，后废弃作垃圾坑。

DH229位于DT1223的东南部，叠压于探方第②层下，打破第③层，坑口距地表深40~60厘米。

DH229坑口平面形状呈近正方形，壁陡直，底较平坦。其结构是取土形成的土坑。坑口长250、宽210、坑底长220、宽185、坑口至坑底深160厘米（图一九四）。

坑内堆积只有一层，为灰色土，较松软，无黏性，含残砖断瓦较多，以布瓦片为主，砖块较厚，其规格均为宽17、厚9厘米（长未知），出土遗物有灰陶瓦当、釉陶罐、灰白粗瓷碗、白瓷盅、青花瓷碗、铜钱、铁釜、铁罐残片等。

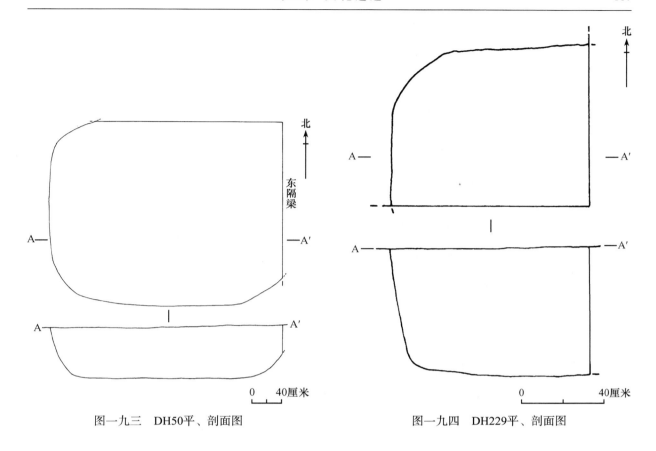

图一九三　DH50平、剖面图　　　　　　　　　图一九四　DH229平、剖面图

根据DH229的出土物"崇祯通宝"以及青花瓷碗外底行书"大明年造"可判断其年代为明代末年。其用途可能是窑穴，废弃后为垃圾坑。

三、圆形口的灰坑

属于圆形口沿的灰坑又可以分为圆形口沿灰坑和近圆形口沿灰坑两种。

（一）圆形口沿的灰坑

计有13个，以AH19、BH20、BH44、DH19、DH211、DH226为例说明。

AH19位于AT1812的南部，部分压于隔梁下，延伸入AT1811中，其叠压于探方第③层下，打破第④层，坑口距地表深60厘米。

AH19亢口平面形状为圆形，斜直壁，平底。其结构是先挖出土坑，然后在周壁及底上抹三合土，厚7厘米。周壁砌石块。口径为185、底径为70、深120厘米（图一九五）。

坑内填土为深灰色土，出有少量瓷片、陶片及砖渣，器形有碗、杯、罐等。

根据AH19的形制及其包含物，可以判断其年代为清代。其用途可能为当时居民的积粪坑。

BH20位于BT0917的东北角，叠压于探方第②层下，打破第③、④层，坑口距地表深约45厘米。

BH20坑口平面形状为圆形，内弧壁，口小底大，平底。其结构为人工挖掘而成的土坑。口径为90、底径为90、深约68厘米（图一九六；图版二四，3）。

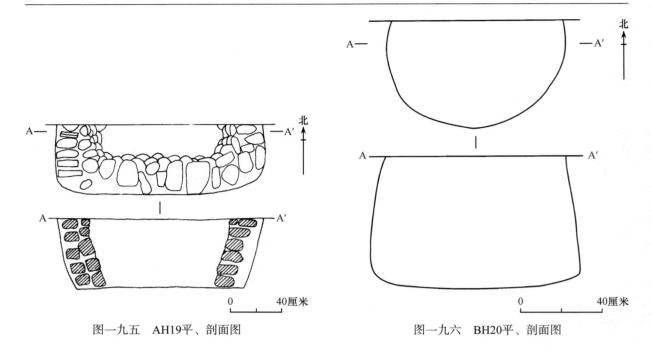

图一九五　AH19平、剖面图　　　　　　　图一九六　BH20平、剖面图

坑内堆积为建筑废弃物堆积，含大量砖瓦碎片、煤炭灰等。出土有青花瓷碗、灯（图一九七），另有较多布瓦出土。

根据BH20的形制及其包含物可断定其年代为清代晚期。其用途为当时居民的窑穴储藏坑。

BH44位于BT0812的南部，叠压在探方第③层下，打破第④层，坑口距地表深约90厘米。

BH44坑口平面形状为圆形，斜直壁，平底。为人工挖掘而成的土坑。口径115、底径70、坑口至坑底深60厘米（图一九八）。

坑内填土为黄褐色土，夹粗黄砂颗粒，出有红陶罐、釉陶罐及青花瓷碗、杯等。

根据BH44的形制和出土物可断定其年代大致为清代，疑其原为石灰坑，后废弃为垃圾坑。

DH19位于DT1107东南部，部分延伸入隔梁内，叠压探方于③层下，打破③a层，坑口距地表深55厘米。

DH19坑口平面形状为圆形，弧壁，底下凹。为人工挖掘后形成的土坑。口径为350、底径260、坑口至坑底深30～75厘米（图一九九）。

图一九七　BH20出土器物
1.青花瓷碗（BH20：2）　2.银器盖纽（BH20：1）

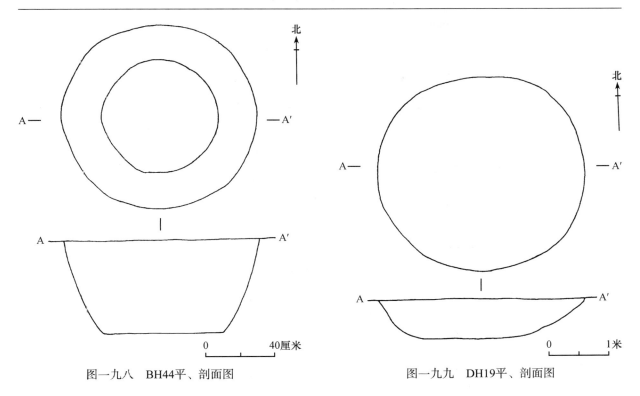

图一九八　BH44平、剖面图　　　　　　图一九九　DH19平、剖面图

坑内堆积为灰褐色土，含大量灰炭、零星煤屑及少量砖石瓦片等，土质较疏松，出有缸、罐、灯及青花瓷碗、盘残片等（图二〇〇）。

根据DH19的包含物可断定其年代应为清代晚期，可能是当时居民的取土坑，后废弃为垃圾坑。

DH211位于DT0628的东南部，叠压于探方第②层下，打破第③层和生土层，坑口距地表深55～65厘米。

DH211坑口平面形状为圆形，弧壁，平底。其结构为人工挖掘而成的土坑。口径为215、底径105、坑口至坑底深约35～45厘米（图二〇一；图版二五，1）。

坑内填土只有一层，灰褐色土，板结，内含较多的石灰颗粒、石块、灰色砖块、小布瓦的碎片等。出土物以青花瓷片最多，其次为仿影青瓷、白瓷和粗瓷等瓷片。陶器有泥质陶罐，瓷器有青花瓷碗、白瓷小盘、碟等。

根据DH211出土物判断其年代应为清代，其用途可能为取黄土形成的土坑，后废弃为垃圾坑。

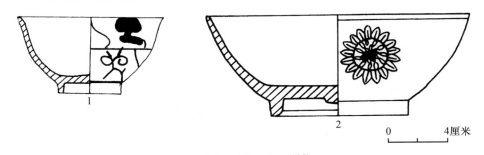

图二〇〇　DH19出土器物
1. 青花瓷碗（DH19：3）　　2. 青花瓷碗（DH19：4）

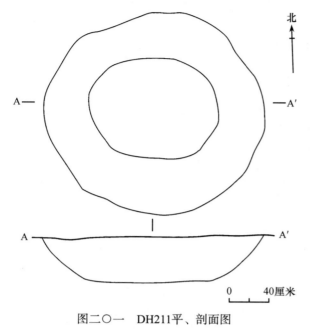

图二〇一　DH211平、剖面图

DH226位于DT0821的西南部，叠压在探方第②层下，打破第③层和生土层。坑口距地表深60～70厘米。

DH226坑口平面形状为圆形，东、西、北三壁似圆柱状面，唯南面坑壁呈斜坡状，圜底。其结构为人工取土后形成的土坑。口径为137、底部长径146、短径76、坑口至坑底深45～60厘米（图二〇二）。

坑内堆积只有一层，填土为灰褐色土，泥土较少，土质疏松，含有小布瓦、砖块等，出有釉陶罐、酱釉陶缸、灰白粗瓷碗、白瓷碗、青花瓷碗残片及铸铁锅残片等。

根据DH226出土物性质可断定其年代大致为清代，为当时居民取土后形成的土坑，后废弃为垃圾坑。

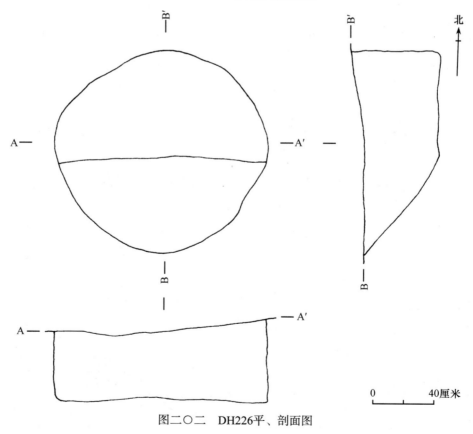

图二〇二　DH226平、剖面图

（二）近圆形口沿的灰坑

计有19个。以AH38、AH45、AH210、BH31、DH42、DH222为例加以说明。

AH38位于AT1911内，叠压于探方第⑥层下，打破第⑦、⑧层，坑口距地表深160～170厘米。

AH38坑口平面呈近圆形，弧壁，圜底。其结构为人工挖掘而成的土坑，坑壁尚存挖掘时留下的工具痕迹。坑口长径330、短径310、坑口至坑底深155厘米（图二○三）。

坑内堆积分两层。上层填土为黄褐色土，含有石灰屑和炭渣，厚约50厘米，出土较多瓷片及少量陶片，器形有碗、盘及夹砂陶钵等。下层填土有较大的卵石且无任何出土物。

根据AH38出土物可断定，其年代应为明代晚期，先充当存储物品的窑穴，后废弃成为倾倒建筑垃圾的垃圾坑。

AH45位于AT2211中部偏西北，叠压于DF9垫土层中，打破第⑦～⑨层。坑口距地表深170厘米。

AH45坑口平面形状为近圆形，弧壁，平底。其结构为人工挖掘而成的土坑。口部长径240、短径220、底部长径180、短径160、坑口至坑底深约60厘米（图二○四；图版二五，2）。

坑内土色较杂，黄黑相杂，较潮湿的沙土，土质疏松，坑底部有粪便痕迹。出有较多青花瓷片。器形有碗、杯、盘，少量夹砂陶罐、釉陶钵残片（图二○五～二○七）。

根据AH45出土物及底部存留的粪便可以断定其年代为明代晚期，当地居民所用粪坑废弃后形成垃圾坑。

AH210位于AT2217、AT2317、AT2417、AT2218、AT2318、AT2418中，叠压于探方第⑤层下，打破第⑥～⑧层，坑口距地表深125～150厘米。

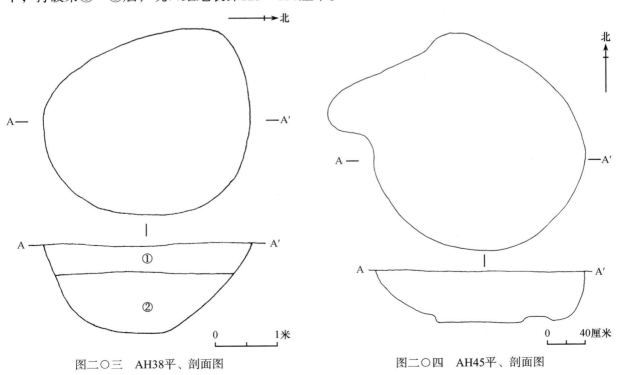

图二○三　AH38平、剖面图　　　　　　图二○四　AH45平、剖面图

图二〇五　AH45出土器物（一）

1. 青花瓷碗（AH45：7）　　2. 青花瓷碗（AH45：9）　　3. 青花瓷碗（AH45：18）　　4. 青花瓷碗（AH45：10）
5. 青花瓷碗（AH45：2）　　6. 青花瓷碗（AH45：4）

　　AH210坑口平面形状为近圆形，弧壁，底不平坦。其结构应为地形原因而形成的自然坑，未发现任何人工加工痕迹。坑口长径1310、短径900、坑底长径715、短径505、坑口至坑底深110～230厘米。

　　坑内堆积只有一层，填土为灰褐色土，含大量砖瓦碎块及鹅卵石（或河中巨石），灰褐色土中夹有大量红褐色煤渣、黑色炭粒、石灰颗粒，土质较疏松，出有雕花青砖、釉陶罐、钵、缸、青花瓷碗、盘、杯、汤匙等。

　　根据AH210出土物，可断定其年代应为明代中期。

　　BH31位于BT0716的西南角，叠压于探方第④层下，打破第⑤层，部分压于隔梁、关键柱下未发掘，坑口至坑底深150厘米。

　　BH31坑口平面形状为近圆形，斜直壁，平底。其结构为人工挖掘出的土坑，口径195、深

图二〇六　AH45出土器物（二）

1. 青花瓷杯（AH45：22）　　2. 青花瓷杯（AH45：12）　　3. 青花瓷碗（AH45：11）　　4. 青花瓷碗（AH45：6）

5. 青花瓷碗（AH45：3）

70厘米，然后经卵石砌成厚约70厘米石壁，其内径约125厘米（仅发掘部分），坑口至坑底深30厘米（图二〇八）。

坑内堆积只有一层，填土为灰黑色土地，夹砖石及瓦片等，出有青花瓷杯、碗、盘等。

根据BH31出土物及地层关系，可断定其年代为明末清初，应为窑穴废弃后形成垃圾坑。

DH42位于DT2113的东南角，叠压于DF10下，打破第④~⑦层。坑口距地表深105厘米。

DH42坑口平面形状为近圆形，斜直壁，平底。其结构为人工挖掘而成的土坑，坑口长径235、短径220、坑底长径172、短径175、坑口至坑底深78厘米（图二〇九）。

坑内堆积只有一层，填土为灰褐土，含较多砖瓦且有石灰粉撒布。出土有猪骨、泥质陶灯、夹砂陶罐、钵、缸、釉陶罐、钵、缸及青花瓷碗、杯、盘残片。

根据DH42的出土物，可以断定其年代应为明代晚期，为取土后形成土坑，废弃后成为垃圾坑。

图二〇七　AH45出土器物（三）

1.青花瓷碟（AH45：8）　2.青花瓷碗（AH45：1）　3.青花瓷碗（AH45：5）　4.青花瓷碗（AH45：13）

5.青花瓷杯（AH45：15）

　　DH222位于DT0429的北部，叠压于探方第②层下，打破第③层。坑口至地表深45厘米。

　　DH222坑口平面形状为近圆形，斜弧壁，平底。其结构为人工挖掘而成的土坑。坑口长径300、短径280、底长径165、短径150、坑口至坑底深70厘米（图二一〇）。

　　坑内堆积只有一层，填土为灰色土，土质较硬，含较多布瓦片，少量青砖块，砖块有城台砖状，薄片砖较多。出土有黑釉陶罐、红釉陶钵、豆青瓷碗、青花瓷碗、盘残片。

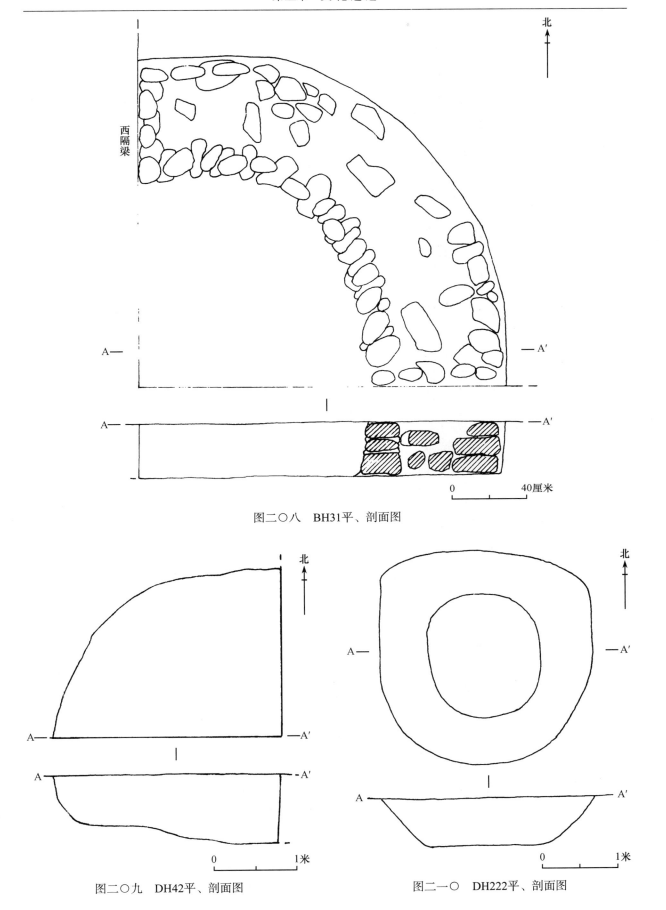

图二〇八 BH31平、剖面图

图二〇九 DH42平、剖面图

图二一〇 DH222平、剖面图

根据DH222出土遗物，可以断定其年代为清代早期，系取土后形成的土坑，后废弃为垃圾坑。

四、椭圆形口的灰坑

属于椭圆形口沿的灰坑可以分为椭圆形口沿和近椭圆形口沿灰坑两种。

（一）椭圆形口沿的灰坑

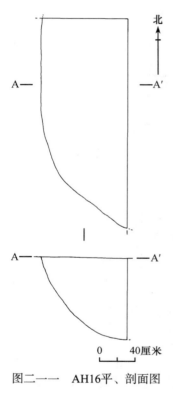

图二一一　AH16平、剖面图

计有22个，以AH16、AH26、AH44、AH203、AH205、AH208、AH211、BH16、DH43、DH218为例说明。

AH16位于AT2109的东部，并向东、北延伸至东隔梁、北隔梁，叠压于探方第⑧层下，打破生土层。坑口距地表深195厘米。

AH16坑口平面形状为椭圆形，弧壁，圜底。其结构为人工挖掘而成的土坑，坑口长径为225、短径100、深100厘米（图二一一）。

坑内堆积分两层：上层为黄褐色亚黏土，含少量炭屑、石灰屑，出土较多青花瓷片和夹砂陶片，另出有三个较完整的青花瓷碗及两个夹砂陶罐（图二一二、二一三）。下层为灰黑色亚黏土，含较多炭屑，青花瓷和釉陶片等较少。

根据AH16出土物及层位关系，可断定其年代应为明代早期。

AH26位于AT2412的西南角，叠压于第⑥层下，打破第⑦层。坑口距地表深110厘米。

AH26坑口平面形状为椭圆形，弧壁，圜底，其结构为对自然坑加以利用的土坑型灰坑。坑口长径280、短径205、坑口至坑底深30厘米（图二一四）。

坑内堆积只有一层，填土为深褐色黏土，土质较疏松，含较多布纹瓦片、碎砖、鹅卵石等。出土少量釉陶片和青花瓷片。其中青花瓷器形有碗、杯等。

根据AH26出土物及层位关系可断定其年代应为明代晚期，系人们利用自然坑作为垃圾坑。

AH44位于AT2013中部，叠压于探方第⑤a层下，打破第⑦、⑧层及生土层。坑口至地表深205厘米。

AH44坑口平面形状为椭圆形。弧壁，平底。其结构为人工挖掘而形成的土坑型灰坑。坑口长径300、短径225、坑底长径220、短径175、坑口至坑底深50厘米（图二一五）。

坑内堆积只有一层，为一次性形成。填土为灰褐土，含大量砖块及瓦片等。出土有少量青花瓷片等。

根据AH44出土物及其层位关系，可断定其年代应为明末清初，系为人们取土形成的土坑，后填埋建筑废弃物及生活垃圾等。

AH203位于AT2018的西北部，叠压于探方第③层下，打破第④层。坑口距地表深55～65

图二一二　AH16出土器物（一）

1. 青花瓷碟（AH16：6）　2. 青花瓷碗（AH16：1）　3. 青花瓷碗（AH16：4）　4. 青花瓷碗（AH16：3）

厘米。

AH203坑口平面形状为椭圆形，斜直壁，平底。其结构为先人工挖掘出土坑，再用青砖铺底，贴砌四壁。坑口长径120、短径72、坑底长径90、短径64、坑口至坑底深25~34厘米（图版二五，3）。

坑内堆积只有一层。填土为炭渣、石灰，含有青砖和布瓦碎片较多，有少量釉陶片和瓷片，瓷片以青花瓷为主，器形主要有碗。青砖大小规格不一，一般为10~20厘米长、宽10~15、厚约5厘米。

根据AH203形制及出土物，可断定其年代应为清代晚期，可能开始作为积粪坑使用，后废

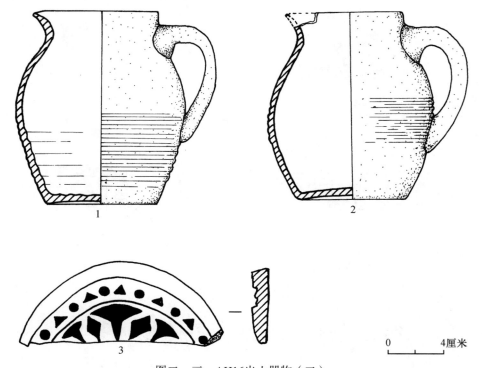

图二一三　AH16出土器物（二）

1. 陶罐（AH16：2）　2. 陶罐（AH16：5）　3. 瓦当（AH16：7）

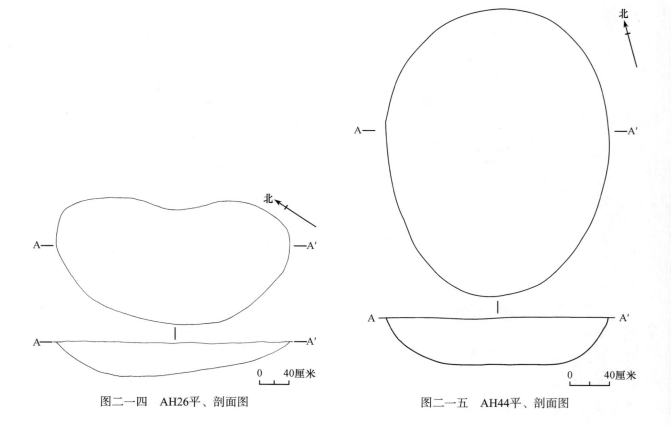

图二一四　AH26平、剖面图　　　　　图二一五　AH44平、剖面图

弃为垃圾坑。

　　AH205位于AT2218、AT2219、AT2220、AT2318、AT2319、AT2320内，叠压于探方第③层下，打破第⑧层，坑口距地表深100～150厘米。

　　AH205坑口平面形状为椭圆形，斜直壁，平底。其结构为人工挖掘而成的土坑型灰坑。坑口长径为1000、短径为500、坑底长径为850、短径400、坑口至坑底深150～160厘米（图二一六；图版二六，1）。

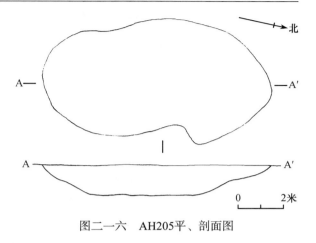

图二一六　AH205平、剖面图

　　坑内堆积分三层。第①层为碎砖瓦层，厚10～20厘米，出有少量青花瓷片。第②层填土为黄色沙土，土质较疏松，细腻，厚约5～15厘米，无任何包含物。第③层填土为灰土，厚约120～140厘米，土质较疏松，含有灰色砖瓦、布瓦碎片等。出土大量青花瓷残片。另有少量釉陶，器形主要是碗、盘、罐、汤匙等。另出有"嘉庆通宝"铜钱、少量动物骨骼及牙齿等（图二一七～二二一）。

　　根据AH205出土物及层位关系，可判断其年代应为清代中晚期。其用途为生活垃圾坑。

　　AH208位于AT2218、AT2118中，部分压于隔梁下。叠压于探方第⑤层下，打破第⑥～⑧

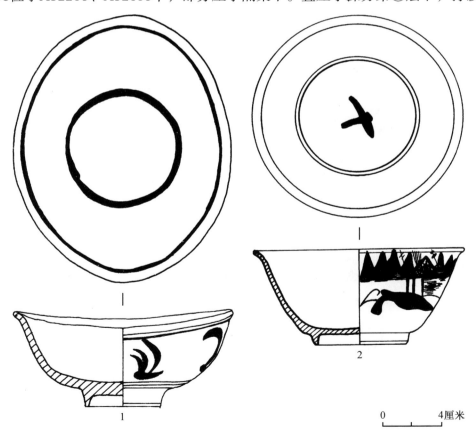

图二一七　AH205出土器物（一）

1. 青花瓷碗（AH205：17）　　2. 青花瓷碗（AH205：18）

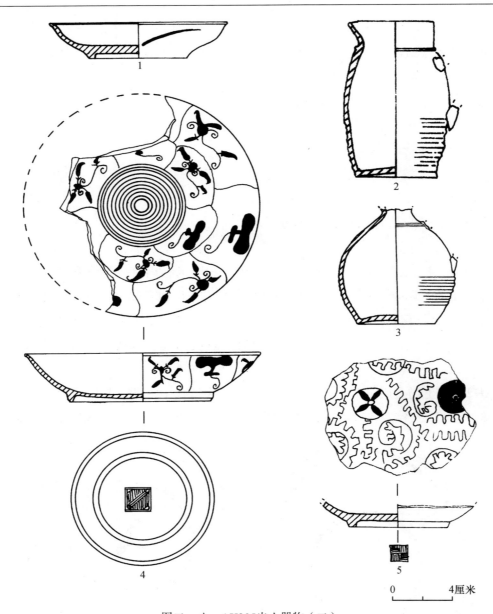

图二一八　AH205出土器物（二）

1.青花瓷碟（AH205∶33）　2.陶罐（AH205∶8）　3.陶壶（AH205∶22）　4.青花瓷盘（AH205∶28）

5.青花瓷盘（AH205∶4）

层及生土层。坑口距地表深130～145厘米。

　　AH208坑口平面形状为椭圆形，弧壁，圜底。其结构为人工挖掘而成的土坑型灰坑。坑口长径为170、短径138、坑口至坑底深度为80～85厘米（图二二二）。

　　坑内堆积只有一层，填土为灰褐色土，土质较疏松，夹有大量黑色炭粒。坑内距坑口20厘米处南部（AT2118东隔梁下）分布有小面积红烧土，质地坚硬，长约25、宽约24、厚5厘米，面积约为600平方厘米。出土有少量砖块和动物骨骼（猪骨），另有釉陶片、白瓷片，以青花瓷片为主，器形有白瓷盘、青花瓷碗、杯等。

　　根据AH208层位关系及出土物，可以断定其年代应为明代中期。为当时人们的垃圾坑。

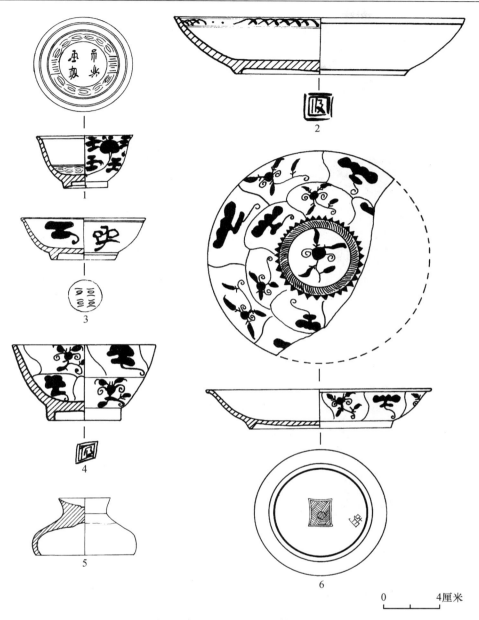

图二一九 AH205出土器物（三）

1. 青花瓷杯（AH205：16） 2. 青花瓷盘（AH205：25） 3. 青花瓷盏（AH205：32） 4. 青花瓷碗（AH205：6）
5. 器盖（AH205：12） 6. 青花瓷盘（AH205：24）

AH211位于AT2218、AT2217中，部分压于隔梁下，叠压于探方第⑦层下，打破第⑧层及生土层。坑口距地表深177～325厘米。

AH211坑口平面形状为椭圆形，上部弧壁，下部直壁，平底。其结构为人工挖掘而成的土坑型灰坑。坑口长径为225、短径为181、坑底长径为200、短径为140、坑口至坑底深度为75～161厘米（图二二三）。

坑内堆积只有一层，填土为深灰色土，土质较疏松，细腻，包含有大量动物骨骼（牛骨）。出土有大量陶片、瓷片，陶片以灰褐色陶片为主，器形有缸，瓷片以青花瓷片为主，器形多为碗。

图二二〇　AH205出土器物（四）

1. 青花瓷碗（AH205：26）　2. 羹匙（AH205：7）　3. 青花瓷碗（AH205：2）　4. 青花瓷盏（AH205：15）　5. 青花瓷碗
（AH205：27）　6. 青花瓷杯（AH205：34）　7. 青花瓷碗（AH205：35）　8. 青花瓷杯（AH205：19）

　　根据AH211层位关系及出土物分析，可以断定其年代应为明代中期。其用途为当时人们的生活垃圾坑。

　　BH16位于BT1807的北部，叠压于探方第④层下，打破第⑤层，坑口距地表深150厘米。

　　BH16坑口平面形状为椭圆形，西、北壁为弧壁，其他为竖直壁，平底。其结构为人工挖掘出土坑，然后用卵石铺底，再用石块和卵石砌壁，中部用石头砌有几个方柱。坑口长径为860、短径为354、坑底长径为800、短径为318、坑口至坑底深度为76厘米（图二二四；图版二六，2）。

　　BH16坑内堆积只有一层，填土为黄褐色土，出土有釉陶罐、灯、粗瓷壶、青花瓷碗、盘，还有布瓦片出土。

　　根据BH16的层位关系及出土物分析，可断定其年代应为明末清初，从坑形和结构来看其用途可能为当时人们的积粪坑。

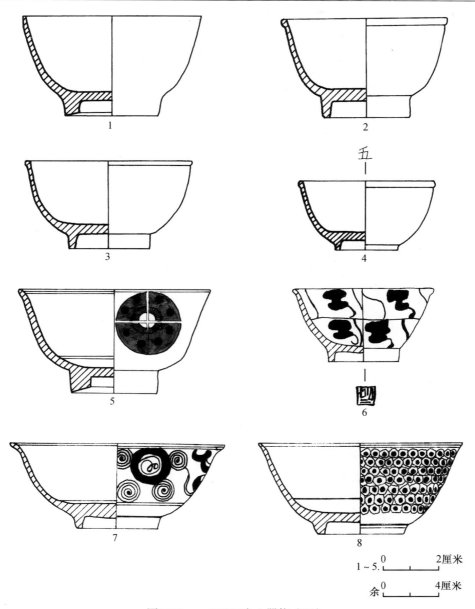

图二二一 AH205出土器物（五）

1. 白釉杯（AH205：11） 2. 白釉杯（AH205：9） 3. 白釉杯（AH205：23） 4. 白釉碗（AH205：36）
5. 青花瓷杯（AH205：14） 6. 青花瓷碗（AH205：13） 7. 青花瓷碗（AH205：31） 8. 青花瓷碗（AH205：10）

DH43位于DT2116东部，部分压于DF10下，被G10打破，打破第④层。坑口至地表深80厘米。

DH43坑口平面形状为椭圆形，斜直壁，平底。其结构为人工挖掘而成的土坑，后在坑底铺垫一层圆形卵石，厚约8～10厘米。坑口长径为177、短径为102、坑底长径为105、短径为70、坑口至坑底深度为95厘米（图二二五）。

坑内堆积只有一层，填土为灰色亚砂土，土质较纯净，疏松，含少量砖瓦碎片及卵石，出有少许猪骨、釉陶罐、青花瓷碗、杯残片等，青花瓷胎较粗糙，纹饰模糊不清。

根据DH43层位关系及出土物可断定其年代应为明代晚期。从其形制来看，应为当地居民储物用的窑穴。

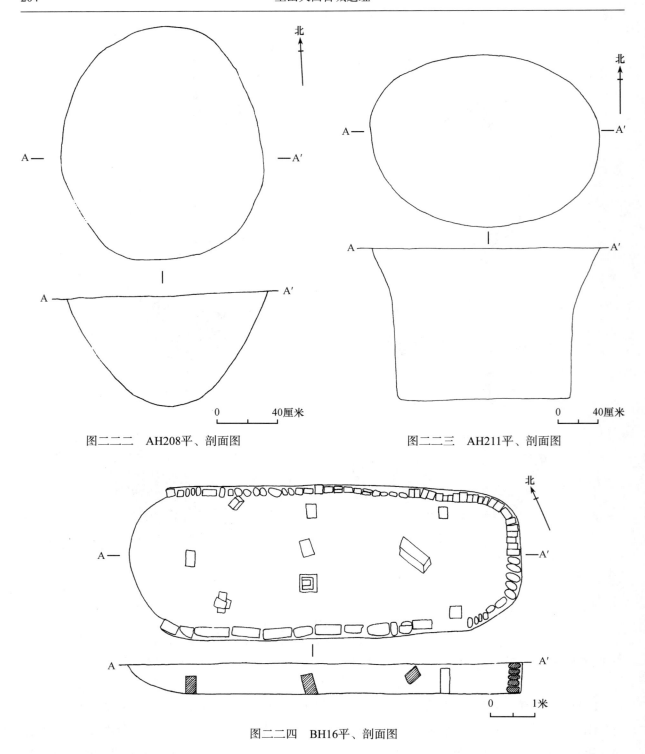

图二二二　AH208平、剖面图

图二二三　AH211平、剖面图

图二二四　BH16平、剖面图

　　DH218位于DT1025、DT1125中，部分压于隔梁下，叠压于探方第②层下，打破第③层和生土层。坑口距地表深度为55～70厘米。

　　DH218坑口平面形状为椭圆形，弧壁，平底，其形制为人工挖掘而成的土坑。坑口长径为485、短径为380、坑底长径为423、短径为318、坑口至坑底深度为50厘米（图二二六）。

　　坑内堆积只有一层，填土为灰土，土质疏松，含较多砖瓦碎片、砖块及布瓦片均厚实。出

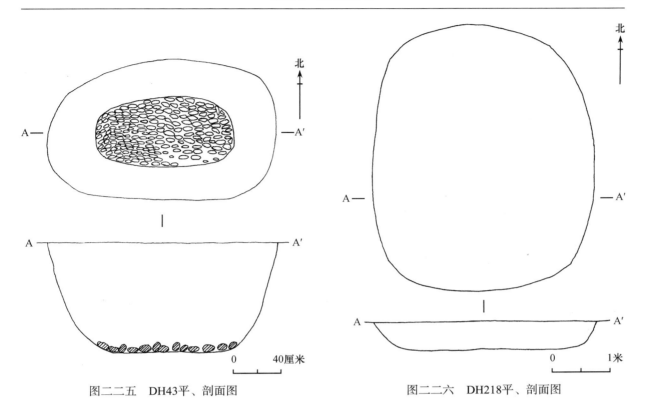

图二二五　DH43平、剖面图　　　　　　　图二二六　DH218平、剖面图

土有褐色釉陶缸、粗瓷碗、杯、青花瓷碗、盅、盆、盘残片等。

　　根据DH218层位关系及出土物分析，可断定其年代应为清代，从其形制来看，为取土而形成的土坑，后被用来作垃圾坑。

（二）近椭圆形口沿的灰坑

　　计有31个，以AH2、AH30、AH32、AH35、BH11、DH22、DH23、DH28、DH51、DH203为例说明。

　　AH2位于AT2010的东南角，叠压于探方第③层下，打破④a、④b、⑤a层，坑口距地表深62厘米。

　　AH2坑口平面形状为近椭圆形，斜直壁，圜底。其结构形制为人工挖掘而成的土坑。坑口长径191、短径149、坑口至坑底深度为69厘米（图二二七）。

　　坑内堆积只有一层，填土为黄褐色亚黏土，含较多砖、瓦块，出土遗物有红陶夹砂罐和青花瓷碗片等。

　　根据AH2层位关系及出土遗物分析，可判断其年代应为清代早期。

　　AH30位于AT2111中部，叠压于探方第⑦层下，打破第⑧层，坑口至坑底深185～190厘米。

　　AH30坑口平面形状为近椭圆形，弧壁，圜底。其形制为人工挖掘而成土坑。坑口长径为190、短径为120、坑底至坑口深度为43厘米（图二二八；图版二六，3）。

　　坑内堆积只有一层，填土为黄土，土质较为疏松，含有大量石块，出有少量青花瓷片，器形有碗、盘等。

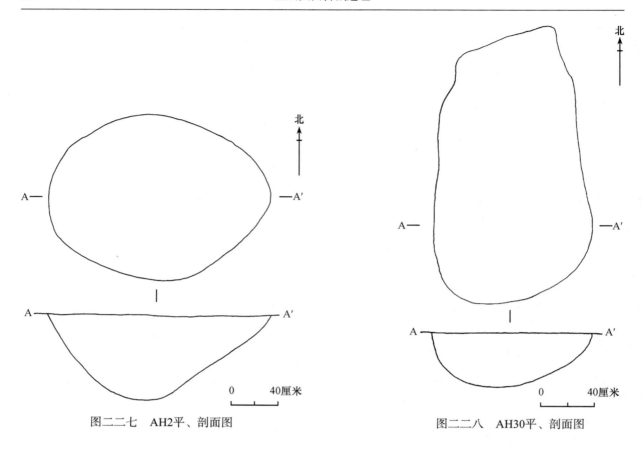

図二二七　AH2平、剖面图　　　　　　　　図二二八　AH30平、剖面图

　　根据AH30的层位关系及出土遗物分析，可断定其年代应为明代早期。可为当时的取土坑，后废弃为垃圾坑。

　　AH32位于AT2213、AT2212内，部分压于隔梁下，叠压于AF11垫层下，打破第⑦～⑨层，坑口距地表深170厘米。

　　AH32坑口平面形状为近椭圆形，弧壁，圜底。其结构形制是利用地形形成的自然坑，为土坑型灰坑。坑口长径为740、短径为360、坑口至坑底深度为50～120厘米（图二二九）。

　　坑内堆积只有一层，填土为浅灰色亚黏土，土质较疏松，包含大量河滩卵石、砖瓦碎片，出土有动物骨骼、牙齿、铜发簪1件，青花瓷片多见，也有白瓷片，器形有碗、盘等。纹饰主要以植物花纹为主，口沿多为侈口。

　　根据AH32的层位关系及出土遗物分析，可断定其年代应为明末清初，系利用自然坑作为垃圾坑而成。

　　AH35位于AT1912内，叠压于探方第⑤a层下，打破第⑦层，坑口距地表深190厘米。

　　AH35坑口平面形状为近椭圆形，弧壁，平底。其形制为人工挖掘而成的土坑，尚在坑壁上保留有铲土工具的痕迹。坑口长径为600、短径350、坑底长径为170、短径100、坑口至坑底深度为60～125厘米（图二三〇）。

　　坑内堆积可分二层：上层为密集的碎瓦片及少量砖渣。下层为较多大石块，少量瓦及砖渣，出有少量青花瓷碗、盘、杯和青白瓷碗、釉陶罐、灯等（图二三一）。

　　根据AH35层位关系及出土物分析，可断定其年代为明末清初。可能最开始为取土坑，后

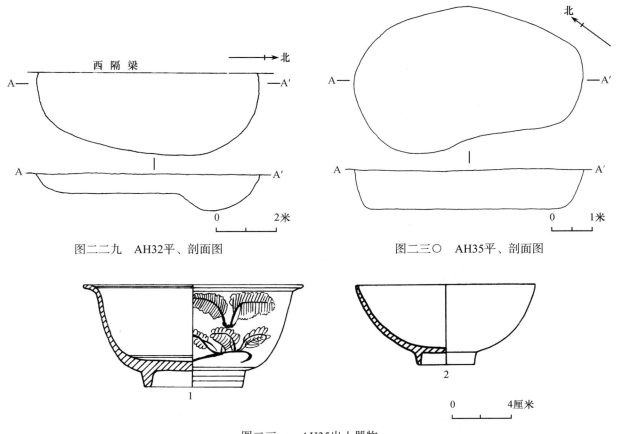

图二二九　AH32平、剖面图

图二三〇　AH35平、剖面图

图二三一　AH35出土器物

1.青花瓷碗（AH35：23）　2.青白釉碗（AH35：1）

被填满建筑垃圾。

BH11位于BT1709、BT1809、BT1909、BT1808、BT1908、BT2008内，叠压于探方第④层下，打破第⑤层及生土层。坑口至地表深度为90厘米。

BH11坑口平面形状为近椭圆形，弧壁，平底。其结构为人工挖掘而成土坑，北壁用石头垒砌而成，石块不规则，坑底中腰段有一条不规则石段。坑口的长径为1558、短径为230、坑底长径为1438、短径为235、坑口至坑底深度为50～105厘米（图二三二；图版二七，1）。

BH11坑内堆积只有一层，较厚，填土以煤渣和煤灰为主，亦夹有少量杂色土，土质十分疏松，含有较多砖瓦碎片，出有铁刀、铜钱、釉陶罐、钵、青花瓷碗、杯、碟、汤匙等（图二三三～二三五）。

根据BH11的出土遗物及层位关系分析，可断定其年代应为明末。此坑北面建有道路，可能为当时修路形成的堆积坑。

DH22位于DT0108的中部，叠压于DF6下，打破第④～⑥

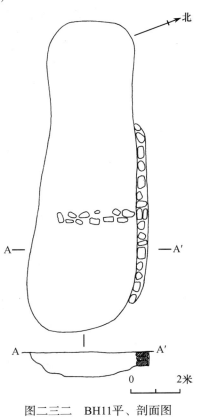

图二三二　BH11平、剖面图

图二三三　BH11出土器物（一）

1. 酱釉陶钵（BH11：12）　2. 青花瓷碗（BH11：11）　3. 青花瓷碗（BH11：1）　4. 青花瓷碗（BH11：16）

5. 陶罐（BH11：15）　6. 青花瓷盘（BH11：2）　7. 青花瓷碗（BH11：8）　8. 青花瓷杯（BH11：20）

层。坑口至坑底深度为105厘米。

DH22坑口平面形状为近椭圆形，斜直壁，平底，其形制为人工挖掘而成的土坑。坑口长径为400、短径为325、坑底长径为400、短径为234、坑口至坑底深度为152厘米（图二三六）。

DH22坑内堆积为多次堆积而成，坑内不同区域土质土色明显不同。整体而言土质疏松，包含大量砖瓦碎片，接近坑底处发现一层淤土层，较紧密，下面三层湿度、黏度大。出土遗物有动物骨骼、铁块及较多的釉陶钵、缸、罐、夹砂陶罐、青花瓷碗、杯、盘、勺等，另有铜钱、铜牌饰等出土（图二三七～二四〇）。

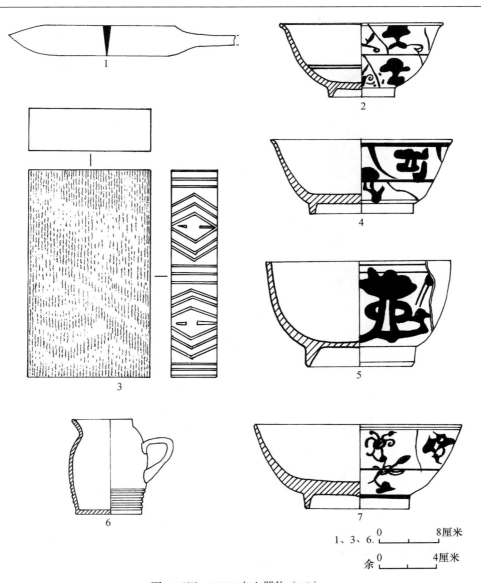

图二三四　BH11出土器物（二）

1. 铁刀（BH11：5）　　2. 青花瓷碗（BH11：7）　　3. 砖（BH11：6）　　4. 青花瓷碗（BH11：24）　　5. 青花瓷碗（BH11：10）
6. 陶罐（BH11：19）　　7. 青花瓷碗（BH11：17）

　　根据DH22层位关系及出土遗物分析，可断定其年代应为清代晚期。为取土坑，而后作为垃圾坑使用。

　　DH23位于DT0907的西北部，部分压于隔梁下，叠压于探方第③层下，打破DH26。坑口至坑底深度为100厘米。

　　DH23坑口平面形状为近椭圆形，弧壁，平底。其结构为人工挖掘而成的土坑型灰坑。坑口长径为180、短径为45、坑底长径为80、短径为10、坑口至坑底深度为90厘米（图二四一）。

　　坑内堆积为三层，土质均较疏松。第①层为红色土，包含有大量石灰点。第②层为瓦片堆积。第③层土为夹有灰褐色土的瓦片堆积，出土遗物有青花瓷碗、杯、釉陶罐、钵等。

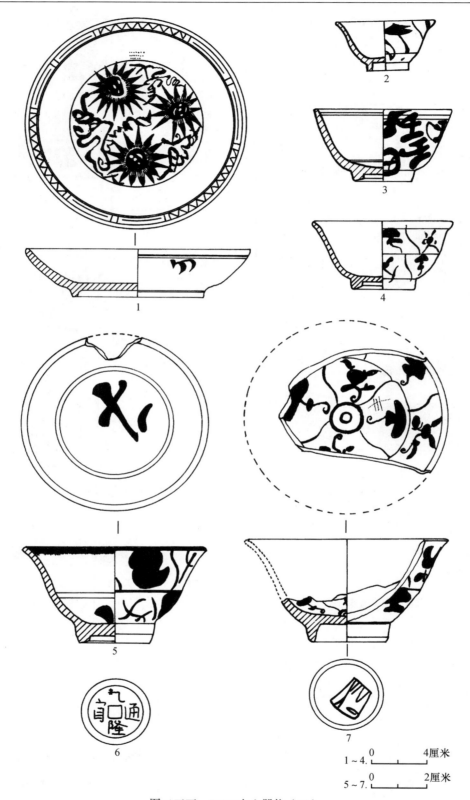

图二三五　BH11出土器物（三）

1. 青花瓷盘（BH11∶21）　　2. 青花瓷杯（BH11∶23）　　3. 青花瓷杯（BH11∶22）　　4. 青花瓷碗（BH11∶18）

5. 青花瓷杯（BH11∶13）　　6. 铜钱（BH11∶3）　　7. 青花瓷碗（BH11∶4）

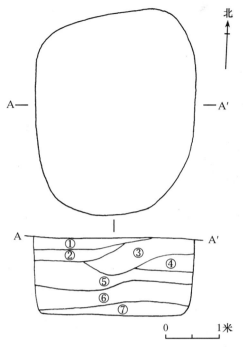

图二三六 DH22平、剖面图

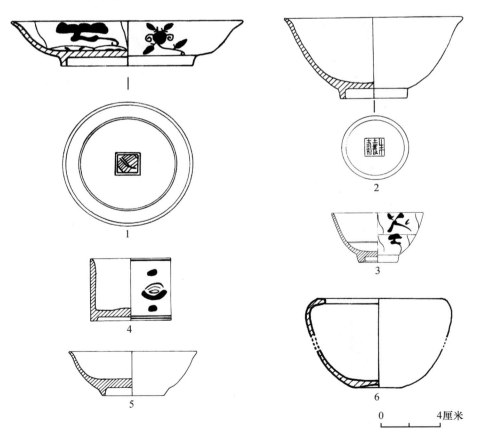

图二三七 DH22出土器物（一）

1.青花瓷盘（DH22：30） 2.瓷碗（DH22④：10） 3.青花瓷杯（DH22：35） 4.青花瓷杯（DH22：1）
5.瓷碗（DH22③：7） 6.天蓝釉尊（DH22③：13）

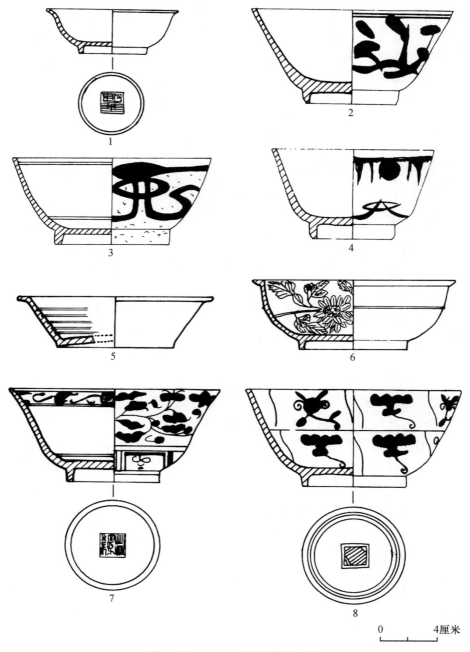

图二三八　DH22出土器物（二）

1. 瓷碗（DH22：33）　　2. 青花瓷碗（DH22：20）　　3. 青花瓷碗（DH22：34）　　4. 青花瓷碗（DH22④：11）　　5. 盆（DH22：6）
6. 青花瓷盆（DH22：18）　　7. 青花瓷碗（DH22②：5）　　8. 青花瓷碗（DH22⑥：14）

　　根据DH23出土遗物及层位关系可断定其年代应为清代晚期。应为取土形成的土坑，后废弃为垃圾坑。

　　DH28位于DT1008内，叠压于探方第③b层下，打破第④层。坑口至坑底深度为115厘米。

　　DH28坑口平面形状为近椭圆形，斜直壁，圜底。其结构为人工挖掘而成的土坑型灰坑。坑口长径为320、短径为300、坑口至坑底深度为134厘米（图二四二）。

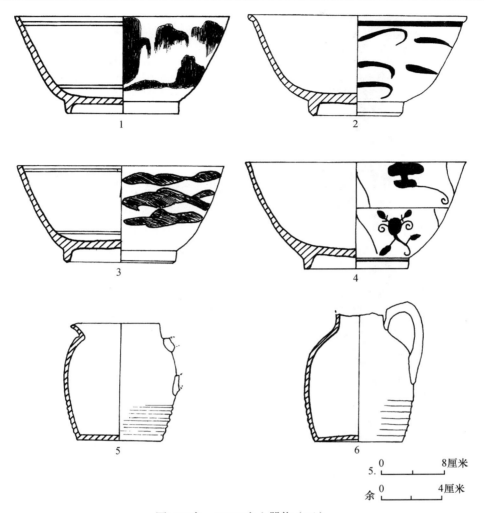

图二三九　DH22出土器物（三）

1. 青花瓷碗（DH22⑤：12）　2. 青花瓷碗（DH22：8）　3. 青花瓷碗（DH22⑥：15）　4. 青花瓷碗（DH22⑦：24）
5. 陶罐（DH22④：28）　6. 陶罐（DH22⑦：4）

坑内堆积可分三层。第①层为灰褐色土，含有较多炭屑。第②层灰褐色土中夹杂一层淤土。第③层灰褐色土中夹炭屑较少。填土中含有砖块，出土遗物有釉陶罐、盆、壶、盒及青花瓷碗、盘、汤匙残片等（图二四三）。另出有"道光通宝""嘉庆通宝"字样的铜钱。

根据DH28的层位关系及出土遗物分析，可断定其年代应为清代晚期。

DH51位于DT2316、DT2416内，部分压于隔梁下，叠压于DF10下，打破DF11。坑口至地表深度为160厘米。

DH51坑口平面形状为近椭圆形，弧壁，底不平。其形制为人工取土形成的土坑。坑口长径为630、短径为200、坑底长径为500、短径为150、坑口至坑底深度为45～80厘米（图二四四）。

坑内堆积为一层，填土为灰褐色土，上部砖瓦数量较少，下部砖瓦数量多。出有陶盆及釉陶器盖、青花瓷碗、盘、杯、勺等残片，另出有木器1件。

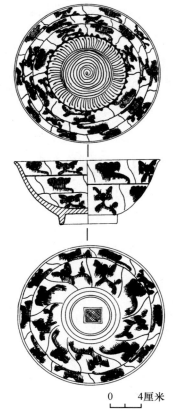

图二四〇　DH22出土器物（四）
青花瓷碗（DH22⑥：23）

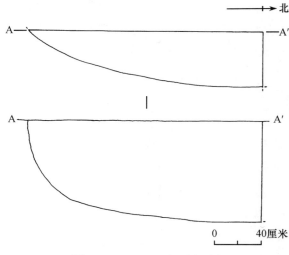

图二四一　DH23平、剖面图

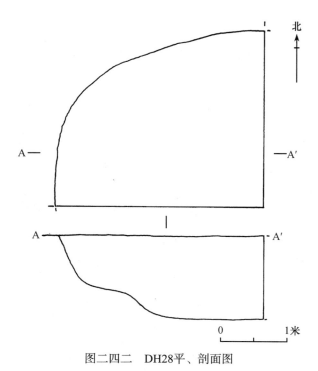

图二四二　DH28平、剖面图

根据DH51层位关系及出土遗物分析，可断定其年代应为明代晚期。

DH203位于DT0325的东南角，叠压于探方第②层下，打破第③层和生土层。坑口距地表深度为45厘米。

DH203坑口平面形状为近椭圆形，斜直壁，底下凹。其形制为人工挖掘而成的土坑。坑口长径为370、短径为158、坑底长径为360、短径为136、坑口至坑底深度为120厘米（图二四五）。

坑内堆积只有一层，填土为灰褐色土，包含有碎砖瓦等，未见其他遗物。

根据DH203出土遗物及层位关系可断定其年代应为清代。应为取土坑废弃后作垃圾坑。

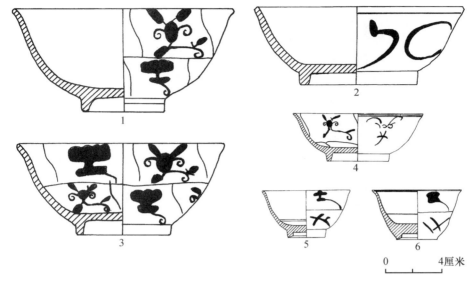

图二四三 DH28出土器物

1.青花瓷碗（DH28②：6） 2.青花瓷碗（DH28：7） 3.青花瓷碗（DH28②：5） 4.青花瓷碗（DH28：3）
5.青花瓷杯（DH28：1） 6.青花瓷杯（DH28：2）

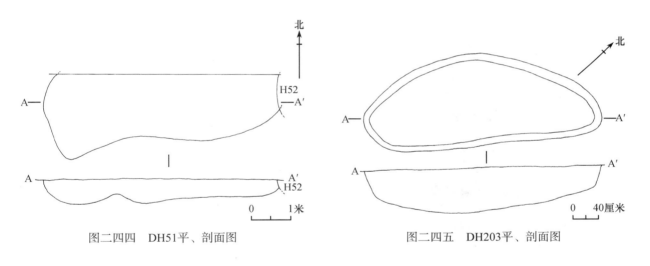

图二四四 DH51平、剖面图　　　　　　　图二四五 DH203平、剖面图

五、不规则口沿的灰坑

计有41个，以AH6、AH12、AH31、AH202、AH207、AH209、BH45、DH7、DH13、DH26、DH44、DH48、DH227为例说明。

AH6位于AT2010的西南角，部分压于隔梁下并延伸至AT2009内，叠压于探方第④d层下，打破⑤c层及AF3、AF4、AH12。坑口距地表深度为94厘米。

AH6坑口平面形状为不规则形，弧壁，圜底。其形制为人工挖掘而成的土坑型灰坑。坑口长径为390、宽178、坑口至坑底深度为90厘米（图二四六）。

坑内堆积只有一层，填土为灰褐色土，含较多的石头、砖块，其中完整的砖长27、宽16、高3厘米。陶器有夹砂陶瓮、盆等残片，少量青花瓷片，器形有杯、碗等。青花瓷杯外底书有"大明成化年制"字样，一碗内底书有"士"字（图二四七）。

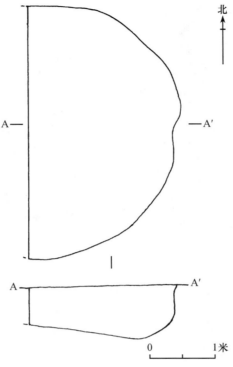

图二四六　AH6平、剖面图

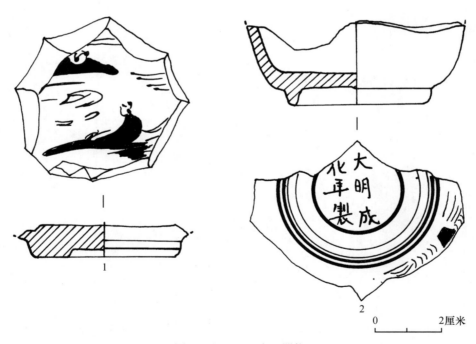

图二四七　AH6出土器物
1.青花瓷碗底（AH6：1）　2.青花瓷碗（AH6：2）

根据AH6的层位关系及出土遗物可断定其年代应为明代晚期。

AH12位于AT2010的南部，叠压于AF4下，打破第⑥~⑧层及生土层，坑口至地表深为205厘米。

AH12坑口平面形状为不规则形，斜直壁，圜底。其形制为人工挖掘而成的土坑型灰坑。坑口长约270、宽240、坑口至坑底深约97厘米（图二四八）。

坑内堆积只有一层，填土为深灰色亚黏土，含大量碳屑、鹅卵石、瓦、砖等。出土物以瓷器为主，青瓷、橙红瓷多，胎质粗厚，其中有青瓷高足杯的足。青花瓷较少，其中一碗内底书有"福"字（图二四九）。另出有动物骨骼、牙齿、鹿角等。

根据AH12的层位关系及出土遗物可断定其年代应为明代晚期。

AH31位于AT2113、AT2213、AT2013内，叠压于探方第⑤层下，打破AF9及第⑦~⑨层及生土层，坑口距地表深105厘米。

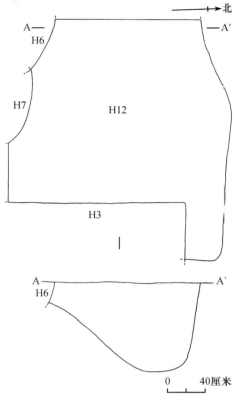

图二四八　AH12平、剖面图

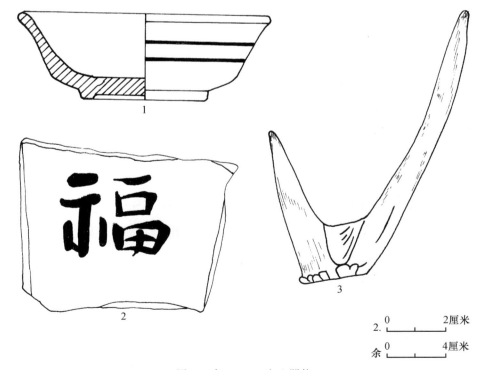

图二四九　AH12出土器物

1. 瓷碗（AH12∶3）　　2. 瓷碗底（AH12∶2）　　3. 鹿角（AH12∶1）

AH31坑口平面形状为不规则形,弧壁,平底。其形制为人工挖掘而成的土坑型灰坑。坑口长750、宽600、坑底长580、宽400、深145厘米（图二五〇）。

坑内堆积有两层。第①层为生活垃圾坑,厚约50厘米。第②层填土为灰褐色土,含大量砖瓦石等。出土少量瓷片。

根据AH31的层位关系及出土遗物可断定其年代应为明末清初,最后成为垃圾坑。

AH202位于AT2018、AT2118、AT2119中,叠压于探方第③层下,打破第④、⑤层,坑口距地表深70厘米。

AH202坑口平面形状为不规则形,弧壁,平底,其结构为利用自然坑的土坑型灰坑。坑口长600、宽570、坑底长约544、宽540、坑口至坑底深度为25~75厘米（图二五一;图版二七,2）。

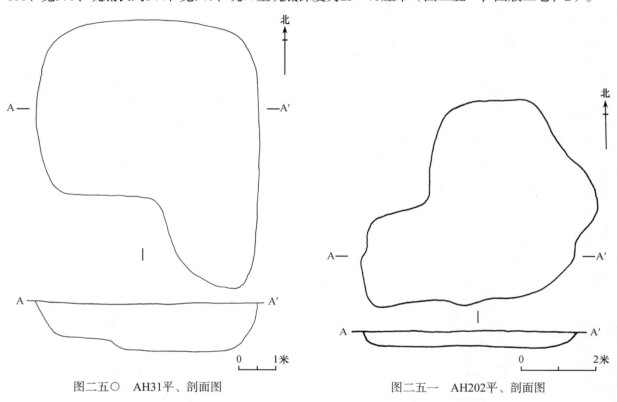

图二五〇　AH31平、剖面图　　　　　　图二五一　AH202平、剖面图

坑内堆积两层。第①层填土为红烧土,厚6~8厘米,土质较疏松,包含物有少量砖瓦碎块和动物骨骼,还有大量釉陶片和瓷片出土。釉陶片的器形有罐,瓷片以青花瓷为主,白瓷较少,器形主要有青花瓷碗、杯、盘、汤匙等。第②层填土为炭灰土,厚为18~65厘米,土质较疏松,包含物有灰色砖瓦、布瓦碎片、动物骨骼、牙齿等。出土大量瓷片,以青花瓷片为主,白瓷较少,器形主要有碗、杯、盘、汤匙等,釉陶片也占有一定数量,器形有罐,另出有铁片、铜钱等。"乾隆通宝"铜钱及瓷碗底篆书"大清乾隆年制"字样等（图二五二~二五七）。

根据AH202出土遗物及层位关系,可断定其年代应为清代晚期。当时居民利用地形形成的自然坑,作为垃圾坑。

AH207位于AT2020内,叠压于探方第⑥层下,打破第⑦层及生土层。坑口距地表深度为210厘米。

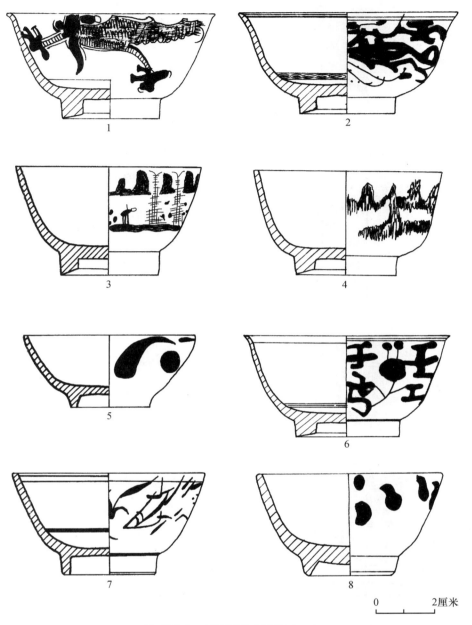

图二五二 AH202出土器物（一）

1. 青花瓷杯（AH202：5） 2. 青花瓷杯（AH202：17） 3. 青花瓷杯（AH202：65） 4. 青花瓷杯（AH202：35）

5. 青花瓷杯（AH202：18） 6. 青花瓷杯（AH202：30） 7. 青花瓷杯（AH202：23） 8. 青花瓷杯（AH202：19）

AH207坑口平面形状为不规则形，陡直壁，平底。其形制为人工挖掘而成的土坑。坑口长340、宽250、坑底长160、宽150、坑口至坑底深40～60厘米（图二五八）。

坑内堆积只有一层，填土为深灰土夹炭灰。较纯净，无包含物。

根据AH207形制及层位关系，可断定其年代应为明代中期。

AH209位于AT2418内，叠压于探方第⑤层下，打破第⑥～⑧层和生土层。坑口距地表深150厘米。

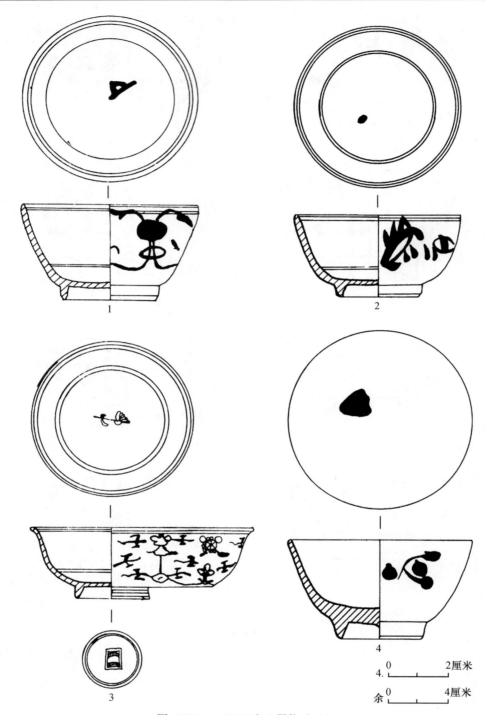

图二五三　　AH202出土器物（二）

1.青花瓷碗（AH202：22）　2.青花瓷碗（AH202：14）　3.青花瓷碗（AH202：15）　4.青花瓷杯（AH202：1）

图二五四　AH202出土器物（三）

1. 青花瓷碗（AH202：34）　　2. 青花瓷碗（AH202：28）　　3. 青花瓷碗（AH202：61）　　4. 青花瓷杯（AH202：60）

5. 青花瓷碗（AH202：54）　　6. 青花瓷碗（AH202：32）　　7. 青花瓷碗（AH202：63）　　8. 青花瓷碗（AH202：56）

9. 青花瓷碗（AH202：21）　　10. 青花瓷碗（AH202：58）　　11. 青花瓷碗（AH202：43）　　12. 青花瓷碗（AH202：16）

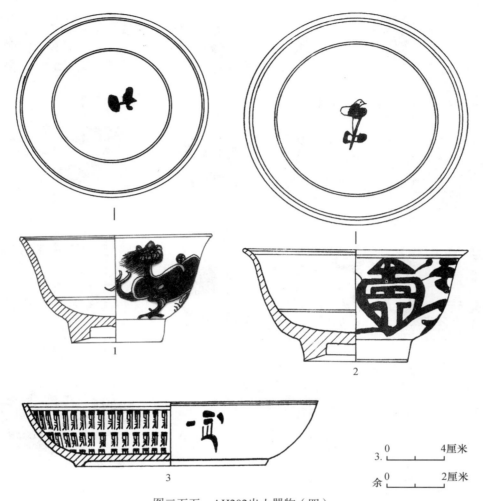

图二五五　AH202出土器物（四）
1.青花瓷杯（AH202：27）　2.青花瓷杯（AH202：13）　3.青花瓷盘（AH202：29）

　　AH209坑口平面形状为不规则形，西壁陡直，其他为弧壁，平底。其形制为人工挖掘而成的土坑。坑口南北长270、东西宽250、坑底南北长200、东西宽120、坑口至坑底深度为100～200厘米（图二五九）。

　　坑内堆积有四层。第①层填土为炭灰土，厚50～60厘米，出土有青花瓷片，器形有碗底，有印款现象，花纹多为花草纹、也有山水纹。第②层为碎砖瓦、石块堆积，厚为60～100厘米，无遗物出土。第③层为炭灰土。厚为30～40厘米，无包含物。第④层填土为矿渣，厚约10厘米，包含一些矿石和铜铁渣等。

　　根据AH209的出土遗物及层位关系，可断定其年代应为明代晚期。为当时人们所挖的较深的一个取土坑，后被用作垃圾坑。

　　BH45位于BT0911、BT1011、BT1111、BT1010中，叠压于BF16下，打破探方第⑤层及生土层。坑口距地表深135厘米。

　　BH45坑口平面形状为不规则形，斜直壁，底较平。其形制为人工挖掘而成的土坑型灰坑。坑口长336、宽290、坑底长350、宽280、坑底至坑口深140厘米（图二六〇）。

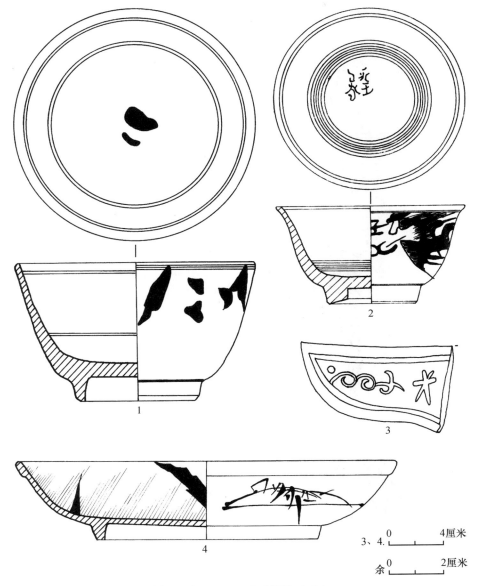

图二五六　AH202出土器物（五）

1. 青花瓷杯（H202：12）　　2. 青花瓷杯（AH202：9）　　3. 滴水（AH202：6）　　4. 青花瓷盘（AH202：41）

　　坑内堆积只有一层，填土为黄褐色土、灰褐土相混杂的堆积，土质较杂乱，疏松，含有大量砖瓦碎片及大小不等的石块。出土少量瓷片及陶片，瓷片表面饰花枝纹、菊花纹、花押纹等10余种纹饰。釉色有青白、灰白、浅灰色三种，器形有碗、盘、杯、汤匙等（图二六一、二六二）。罐、盆、灯多为陶器。陶器中无釉占少数。

　　根据BH45层位关系及出土遗物可断定其年代应为明末清初。该灰坑范围大，不规则，且打破生土，似为取土坑，后作为垃圾坑。

　　DH7位于DT0730中部偏西，叠压于探方第④层下，打破DL2及⑤层下，坑口距地表深88厘米。

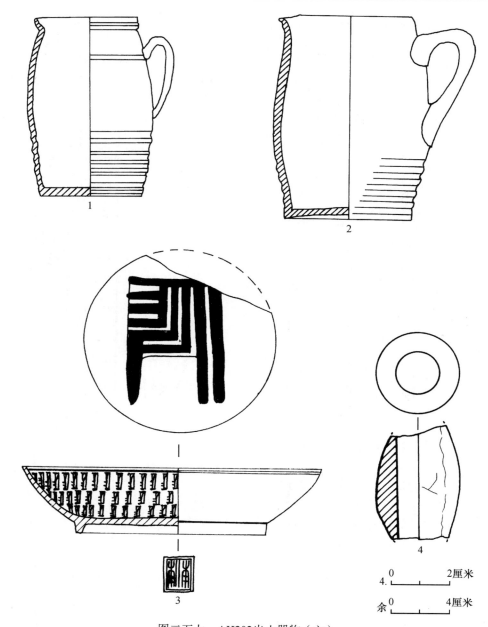

图二五七　AH202出土器物（六）

1. 陶罐（AH202：33）　2. 陶罐（AH202：2）　3. 青花瓷盘（AH202：11）　4. 纺轮（AH202：3）

　　DH7坑口平面形状为不规则形，弧壁，底较平。其形制为自然坑的土坑型灰坑。坑口长158、宽130、坑底长152、宽122、坑口至坑底深25～31厘米（图二六三）。

　　坑内堆积只有一层，填土为灰黑色土，含较多砖瓦碎片、石块、炭屑等，出土有动物骨骼、泥质红陶罐、夹砂陶缸、青花瓷碗残片，圜底小瓷杯1件。

　　根据DH7的层位关系及出土遗物可断定其年代应为明代晚期。系利用自然坑作为垃圾坑。

　　DH13位于DT0931的东南角，叠压于探方第⑥层下，打破DG9及生土层，坑口距地表深125厘米。

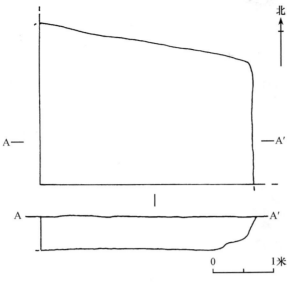

图二五八　AH207平、剖面图

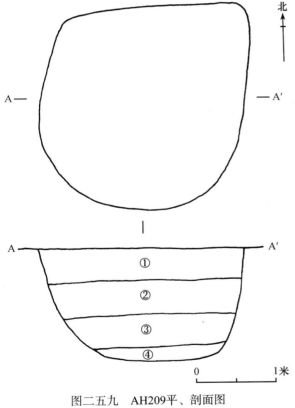

图二五九　AH209平、剖面图

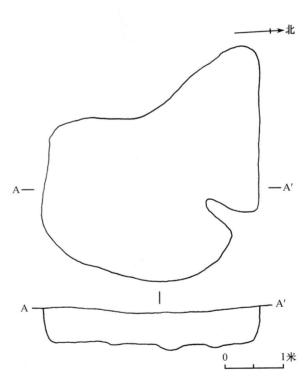

图二六〇　BH45平、剖面图

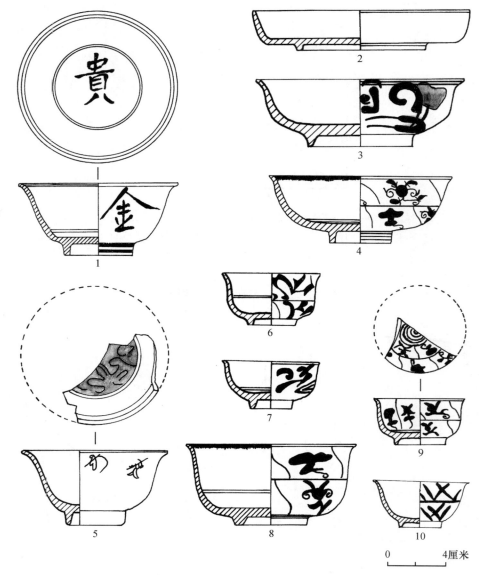

图二六一　BH45出土器物（一）

1. 青花瓷碗（BH45：2）　2. 青花瓷盘（BH45：10）　3. 青花瓷碗（BH45：13）　4. 青花瓷碗（BH45：5）
5. 青花瓷碗（BH45：4）　6. 青花瓷杯（BH45：13）　7. 青花瓷杯（BH45：11）　8. 青花瓷碗（BH45：3）
9. 青花瓷杯（BH45：14）　10. 青花瓷杯（BH45：12）

　　DH13坑口平面形状为不规则形，竖直壁，平底。其形制为人工挖掘而成的土坑，坑口长225、宽89、坑底长212、宽75、坑口至坑底深115厘米（图二六四）。

　　坑内堆积有五层。第①层灰色黏土地层，厚12～40厘米，土质较疏松，含大量砖瓦残片及少量青花瓷片。第②层灰褐色黏土层，厚10～55厘米，土质较疏松，含较少砖瓦片、瓷片及陶片。第③层灰黄色黏土层，厚20～50厘米，土质疏松，有少量石块、砖瓦片、陶片及瓷片。第④层黄褐色草木灰层，厚5～25厘米。土质疏松，空隙较大，含较多炭屑。第⑤层深灰色瓦砾层，厚5～35厘米，全部为砖瓦片，没有瓷片和陶片出土。

　　陶器有夹砂陶缸、碗、釉陶罐、杯、青花瓷碗、碟等残片。

图二六二 BH45出土器物（二）

1.青花瓷碗（BH45∶1） 2.青花瓷盘（BH45∶9） 3.青花瓷盘（BH45∶8） 4.青花瓷盘（BH45∶7）

根据DH13的层位关系及出土遗物可断定其年代应为明代中晚期，该灰坑为直壁深坑，应为取土坑，后废弃为垃圾坑。

DH26位于DT0907的中西部，叠压于探方第③层下，打破第③a层。坑口距地表深90厘米。

DH26坑口平面形状为不规则形，弧壁，底不平，其形制为人工挖掘而成的土坑型灰坑。坑口长400、宽260~300、坑底长400、宽70~110、坑口至坑底深105厘米（图二六五）。

坑内堆积只有一层，填土为灰褐色土，土质疏松，含较多的砖瓦碎片，出土有动物骨骼、铁器及少量夹砂陶罐、釉陶缸、罐、钵、灯、青花瓷碗、杯、盘等（图二六六）。

根据DH26的层位关系及出土遗物可断定其年代应为清代晚期，该坑应为取土坑，后被用作填埋建筑废弃物。

DH44位于DT2116内，叠压于探方第④层下，打破生土层。坑口距地表深90厘米。

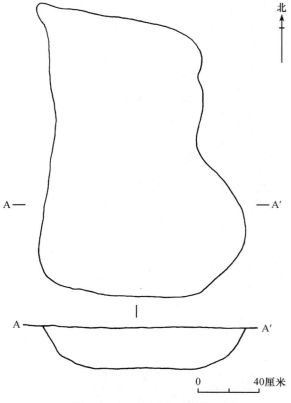

图二六三　DH7平、剖面图

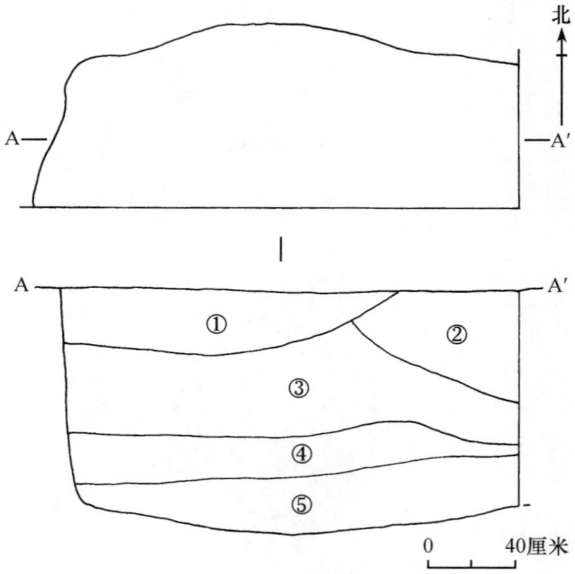

图二六四　DH13平、剖面图

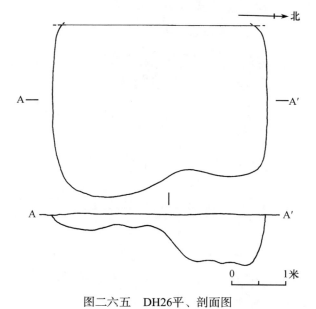

图二六五　DH26平、剖面图

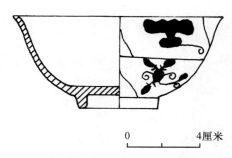

图二六六　DH26出土器物
青花瓷碗（DH26：1）

DH44坑口平面形状为不规则形，弧壁，圜底。其形制为人工挖掘而成的土坑。坑口长208、宽188、坑底至坑口深度为82厘米（图二六七；图版二七，3）。

坑内堆积只有一层，灰褐色亚黏土，土质疏松，夹有黄花黏土及红褐色亚黏土，含有较多青灰色碎砖及卵石，出土有动物骨骼、铜钱1枚、釉陶罐、缸、青花瓷碗、杯、盘等残片，纹饰有双线纹、植物花草纹、斑点纹、"人"字纹等，口沿大多为侈口。

根据DH44的层位关系及出土遗物可断定其年代应为明代晚期，其形制来看，应为窑穴，后废弃为建筑及生活垃圾坑。

DH48位于DT2313与DT2413中，叠压于DF10下，打破第⑤～⑦层，坑口距地表深底为105厘米。

DH48坑口平面形状为不规则形，斜弧壁，圜底。其形制为人工挖掘而成的土坑型灰坑。坑口长880、宽400、坑口至坑底深度为80厘米（图二六八）。

坑内堆积有两层。第①层黑褐色土，含大量砖瓦、石头等，遗物较少。第②层为黄土夹杂紫色土，土质紧密，湿润，并有铁锰化合物经长期沉淀而成的浅色斑迹，含大量砖瓦片、石块，出有铜锥1件、红陶罐、盆、青花瓷碗、盘、杯残片等。

根据DH48的层位关系及出土遗物可断定其年代应为明代晚期，应为取土坑，后废弃为垃圾坑。

DH227位于DT1123中部，叠压于探方第②层下，打破第③层及生土层。坑口距地表深30厘米。

DH227坑口平面形状为不规则形，斜直壁，平底。其形制为人工挖掘而成的土坑。坑口长

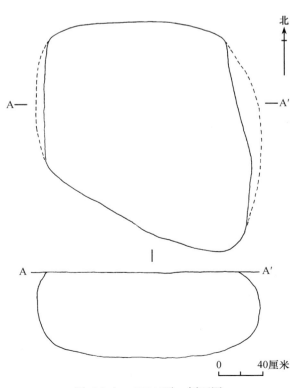

图二六七　DH44平、剖面图

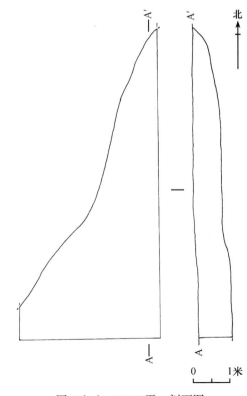

图二六八　DH48平、剖面图

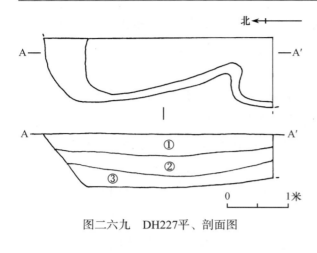

图二六九　DH227平、剖面图

380、宽110～128、坑底长310、宽94～124、坑口至坑底深度为94厘米（图二六九）。

坑内堆积有三层。第①层褐灰色土，厚20～50厘米，内含较多石块、厚砖及瓦片，土质较疏松。第②层灰色土，厚16～30厘米，距坑口48～80厘米，内含较多的草木灰，土质较疏松。第③层黄褐色土地，厚10～38、距坑口约90～94厘米，为长期淤积形成。土质较板结。灰坑的三层出土遗物相同，皆为瓷器残片，可辨器形有碗、盅等。器壁内外饰有花、草叶纹等青花。

根据DH227的层位关系及出土遗物可断定其年代应为清代，就灰取土坑，后废弃为垃圾坑。

第八节　灰沟或排水沟

大昌古城遗址在四个年度的考古发掘中共发掘灰沟或排水沟44条。其中2000年度发掘灰沟或排水沟11条；2001年度发掘灰沟或排水沟8条；2002年度发掘灰沟或排水沟11条；2005年度发掘灰沟或排水沟14条。这批灰沟或排水沟分布在除C区外的A、B、D三个区域内，即A区分布有灰沟或排水沟13条，B区分布有灰沟或排水沟8条，D区分布有灰沟或排水沟23条（详见附表六）。

这44条灰沟的形状绝大多数为较直的长条形，有弯曲和拐折现象的较少。这批灰沟几乎全为排水所建，大部分灰沟是人工挖掘的土沟，无特殊建造，其中规模较大的几条灰沟应为城墙的护城河；另一部分处于居住房屋附近的灰沟则多为砖石修砌而成，形制较规整。

根据这批灰沟的特征，我们将其划分为两种类型，即土沟结构和砖石结构灰沟。其中土沟结构的灰沟有30条，约占灰沟总数的68.2%；砖石结构的灰沟有14条，约占灰沟总数的31.8%。下面我们将按照这两种类型分别叙述如下。

一、土沟结构的灰沟或排水沟

计有30条，以AG2、AG5、AG206、BG5、DG1、DG2、DG3、DG4、DG12、DG14、DG206为例说明。

AG2位于AT2109的东部，叠压于探方第⑦层下，打破第⑧层。沟口距地表深度为162厘米。

AG2为东西走向，沟口平面形状为长条形，弧壁，圜底。沟口长300、宽106、沟口至沟底深约32厘米（图二七〇）。

沟内堆积为三层。第①层黄色沙土，土质较纯净，无包含物。第②层黄褐色亚黏土。土中含大量砖石瓦砾碎片，另有少量青花瓷片、釉陶片出土。器形有碗、杯为主。第③层灰黑色黏土，含较多的炭屑，还出有少量陶片。

根据AG2的层位关系及出土遗物可断定其年为明代中晚期。

AG5位于AT2610内，叠压于AL5下，打破第⑦~⑨层及生土层。沟口地表深度为200厘米。

AG5为东西走向。沟口平面形状为长条形，弧壁，圜底，其形制为人工挖掘而成的土沟，无特殊构造。沟口长200（未完全发掘）、宽240、沟口至沟底深190厘米（图二七一）。

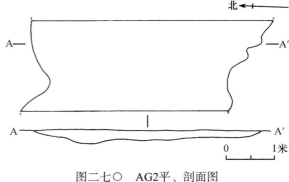

图二七〇　AG2平、剖面图

沟内堆积为三层。第①层黄褐色土，较硬，呈块状，出有青花瓷片。第②层灰褐土，土质疏松，亦呈块状，含草木灰、夹石灰颗粒、砾石块等，出有草叶纹青花瓷圈足、釉陶罐碎片。第③层灰色淤土夹褐斑，土质较湿润，松软，呈块状，出有白瓷碗口沿、碟底、黄釉硬陶罐等。

根据AG5的层位关系及出土遗物可断定其年代应为明代晚期。其用途应为排水沟。

AG206位于AT2620内，开口于第④层，叠压在第⑤层下，打破生土层。沟口距地表深为120厘米。

AG206为南北向，沟口平面形状为长条形，弧壁，平底。其结构为人工挖掘而成的土沟，较宽深。沟口长430、宽200、沟底长225、宽200（未完全发掘）、沟口至沟底深175厘米（图二七二）。

沟内堆积分为两层。第①层灰色淤土夹红色砖粒、砖瓦碎片等。第②层灰褐色淤土，土

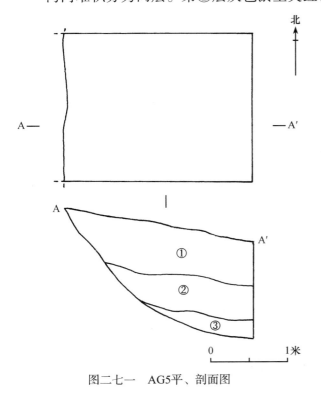

图二七一　AG5平、剖面图

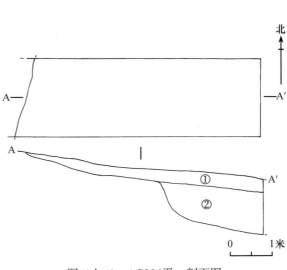

图二七二　AG206平、剖面图

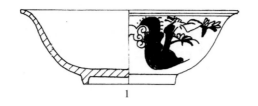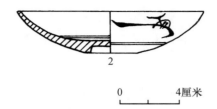

图二七三　AG206出土器物

1. 青花瓷碗（AG206②：2）　2. 青花瓷碟（AG206②：1）

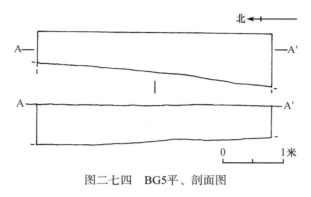

图二七四　BG5平、剖面图

质较疏松，出土有青花瓷片，器形有碗、盘等（图二七三）。另出有坩埚1件和铁屑1块。

AG206位于明代城墙的外侧，为明代晚期城墙的城壕，故其时代应为明代晚期。

BG5位于BT2008内，叠压于探方第⑤层下，打破第⑥层。沟口距地表深为115厘米。

BG5为南北走向，沟口平面形状为长条形，斜直壁，底不平。其形制为人工挖掘而成的土沟。沟口长400、宽55～95、沟底长400、宽30～95、沟口至沟底深55～76厘米（图二七四）。

沟内堆积只有一层，灰褐色黏土，土质较疏松，含有较多砖瓦。出土有青花瓷碗、盂等（图二七五）。纹饰多为花枝纹，另出有带戳印纹或素面的陶片。另外还有残缺碗底部书有"大明年造"字样。

根据BG5出土遗物及层位关系分析，可断定其年代应为明代晚期。

DG1位于DT0733内，叠压于探方第①层下，打破第②层，沟口距地表深25厘米。

DG1为南北走向，沟口平面形状为长条形，直壁，平底。其形制为人工挖掘而成的土沟。沟口长250、宽24、沟底长250、宽24、沟口至沟底深18厘米。

沟内堆积只有一层，填土接近于第②层的灰褐色黏土，较疏松，沟内砖瓦片较多，出土有夹砂陶罐残片、灰陶片及少量瓷片等。

根据DG1的层位关系及出土遗物分析，可断定其年代应为近代。

DG2位于DT0735及DT736内，叠压于探方第②层下，打破生土层。沟口距地表深45～74厘米。

DG2为东西至南北走向，沟口平面形状为长条形，弧壁，底不平。其形制为人工挖掘而成的土沟。沟口长500、宽200、沟底长500、宽98、沟口至沟底深21厘米。

沟内堆积只有一层，填土为灰褐色黏土，土质紧密，含较多青砖块、石头等。出土极少青花瓷片和陶片，另外还出有少量动物骨头和牙齿。

DG2估计为护城河的河底，上部被破坏，时代应与城墙同期为明代晚期。

DG3位于DT0733及DT0734内，叠压于探方第⑤层下，打破生土层。沟口距地表深165厘米。

DG3为东西走向，沟口平面形状为长条形，斜直壁，底略平。其形制为人工挖掘而成的土沟。沟口长200、宽530、沟底长200、宽250、沟口至沟底深105厘米（未完全发掘）（图二七六）。

图二七五　BG5出土器物

1.青花瓷碗（BG5∶1）　2.青花瓷碗（BG5∶2）　3.香炉（BG5∶4）　4.羊角（BG5∶3）

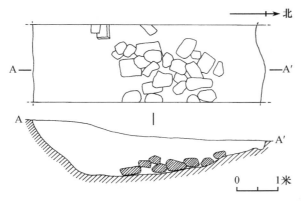

图二七六　DG3平、剖面图

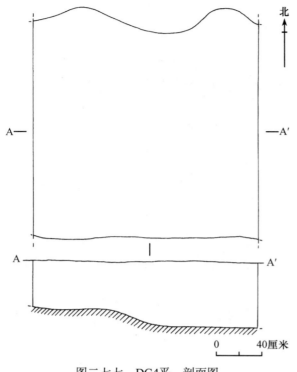

图二七七 DG4平、剖面图

沟内堆积为两层。第①层黄褐色黏土，土质较紧密。以砖石、瓦砾为主，另有少量瓷片和陶片及铁钉出土。另有鸟纹瓦当1件。第②层近生土，有大量砖瓦，沟底有大石，有瓷片出土，器形有碗、盘等，纹饰精美。另有泥质和夹砂陶罐出土，纹饰有乳钉纹、弦纹、素面等。另有一块带"贵"字的瓷片。

DG3时代可能与DT0732城墙时代相同，为明代晚期。DG3应为城墙的壕沟。

DG4位于DT0733内，叠压于探方第⑤层下，打破生土层。沟口距地表深155厘米。

DG4为东西走向，沟口平面形状为长条形，弧壁，底略平，其形制为人工挖掘而成的土沟。沟口长200、宽210、沟底长200、宽125、沟口至沟底深55厘米（图二七七）。

坑内堆积有两层。第①层黄褐色黏土，包含物较少，仅见少量砖石及陶片、瓷片等。第②层为砖瓦层，填土近生土，出有少量瓷片。

DG4与DG3时代一致，均为明代晚期，亦为城墙壕沟。

DG12位于DT2214、DT2314、DT2414内，叠压于探方第③层下，打破DF9、DF10。沟口距地表深45厘米。

DG12为东西走向，沟口平面形状为长条形，直壁，平底，其形制为人工挖掘而成的土沟。沟口宽80~180、沟底宽80~180、沟口至沟底深70厘米（图二七八）。

沟内堆积有三层：第①层为大量砖瓦堆积层。第②层土色较杂，含较多瓷片，其中有白瓷碗、青花瓷盘、碗、盆等。第③层为浅黄色土，土质较细，为沉淀的淤泥，较纯净，无包含物。

根据DG12的层位关系及出土遗物分析，可断定其年代为明末清初。系人工挖掘的排水沟，后废弃作为垃圾沟，先堆入大量生活垃圾，后用来放置建筑废弃物。

DG14位于DT1430、DT1429内，叠压于探方第③a层下，打破第③b层，沟口距地表深45~50厘米。

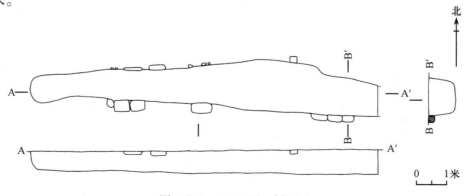

图二七八 DG12平、剖面图

　　DG14为近南北走向，沟口平面形状为弯曲的长条形，斜弧壁，平底。其形制为人工挖掘而成的土沟。沟口长600、宽150～180、沟底长600、宽100～150、沟口至沟底深45～60厘米（图二七九）。

　　沟内堆积只有一层，填土为灰褐色黏土，土质疏松，含有青灰碎瓦片、砖头和石块，出土有青花瓷片、浅灰釉、深灰釉、青白釉及灰白釉等，另有浅灰釉的粗瓷片，多为花草纹，器形有碗、盘。泥质陶片多为酱釉色，另有铁片及动物骨骼出土。

　　根据DG14的出土遗物及层位关系分析，可断定其年代应为明代早期。

　　DG206位于DT1129、DT1128、DT1127、DT1126内，叠压于探方第②层下，打破第③层及生土层。沟口距地表深40～100厘米。

　　DG206为南北走向，沟口平面形状为长条形，北段沟壁弧壁，南段沟壁为陡直，底部较平坦。其形制为人工挖掘而成的土坑。沟口长1163、宽220～280、沟底长1153、宽180～285、沟口至沟底深8～105厘米（图二八〇）。

　　沟内堆积只有一层，填土为灰褐色土，土质疏松，内含有近代灰色厚砖块、大石块等。出土遗物有釉陶、粗瓷、白瓷、青花瓷残片等。可辨器形有黄釉陶罐、青花瓷碗、盘等，并出土有铜刀一把。

　　根据DG206的层位关系及出土遗物分析，可断定其年代应为清代中晚期。

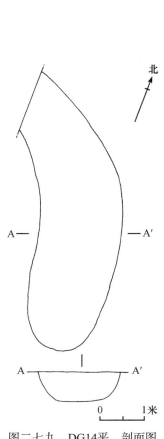

图二七九　DG14平、剖面图

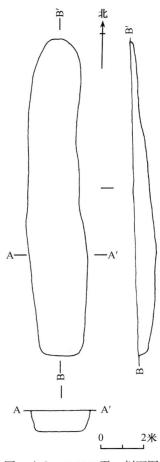

图二八〇　DG206平、剖面图

二、砖石结构的灰沟或排水沟

计有14条，以AG202、AG203、AG204、AG205、BG1、BG2、BG3、BG4、BG7、DG7、DG13、DG204为例说明。

AG202位于AT2118内，部分压于隔梁下，叠压于探方第③层下，打破第⑤层，沟口距地表深75～85厘米。

AG202为东南至西北走向，沟口平面形状为长条形，直壁，平底，其结构是先挖土沟，然后用上下层砖砌成较直的沟壁，沟壁用灰砖平铺而成，中间有圆形过道。沟口长540、宽18～90、沟口至沟底深10～20厘米（图二八一）。

沟内堆积只有一层，填土与AH202第二层堆积相似，土色为灰土，结构较疏松，无包含物。

根据AG202的层位关系及出土遗物分析，可断定其年代应为清代晚期。其用途为自西向东排水。

AG203位于AT2018内，叠压于探方第④层下，打破第⑤层。沟口距地表深95～100厘米。

AG203为东西走向。沟口平面形状为长条形，直壁，平底。藕色结构为先挖土沟，然后用青砖或红砖竖放排列而成沟壁，沟底由青砖平铺而成。沟长183、宽14～16、沟口至沟底深10～16厘米（图二八二）。

沟内堆积只有一层，填土为深灰色夹灰土，土质较硬，含少量砖瓦碎片、石块，出有极少青花瓷片。

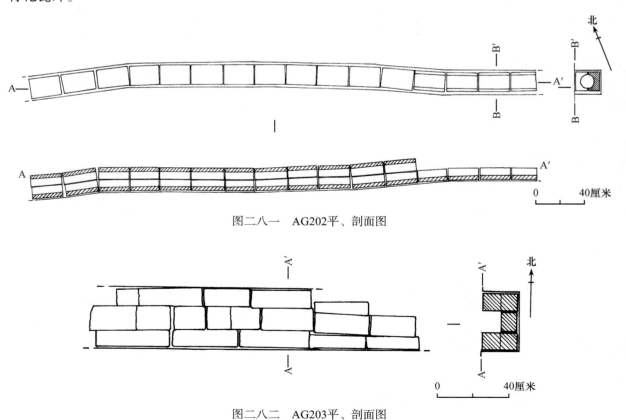

图二八一　AG202平、剖面图

图二八二　AG203平、剖面图

根据AG203的形制及层位关系，可断定其年代应为清代早期，AG203因受到破坏，毁坏严重，其用途应为排水沟。

AG204位于AT2018的东南角，叠压于探方第④层下，打破第⑤层。沟口距地表深80～110厘米。

AG204为东西走向，沟口平面形状为长条形，直壁，平底。其结构为先用人工挖掘土沟，宽36、深22厘米。然后沿两侧沟壁竖放砖块，在沟底平铺灰砖，再在沟壁砖块上盖砖块，形成了一个为梯形形状的过水道，其上底14、下底16、高14厘米。沟长170、宽50～95、深20～22厘米（图二八三）。

沟内堆积只有一层，填土为深灰色土，土质较疏松，无包含物。

根据AG204的形制及层位关系，可断定其年代应为清代早期。根据沟的结构，由四块砖拼成梯形的过道，推断其用途为排水沟，因被破坏，沟已残缺，后被填实。

AG205位于AT2517内，叠压于探方第⑤层下，打破第⑥层，沟口距地表深140厘米。

AG205为东西走向，沟口平面形状为长条形，略带弧弯，直壁，平底，其结构为人工挖掘出土沟后，用卵石铺沟底，单砖块横放作沟壁，上盖有砖盖。沟口长340、内宽10、外宽30、深16厘米（图二八四；图版二八，1）。

沟内堆积只有一层，填土为深灰色土，松软，较纯净，无包含物出土。

根据AG205的形制及层位关系，可断定其年代应为明代晚期，其自西向东穿过城墙，由城

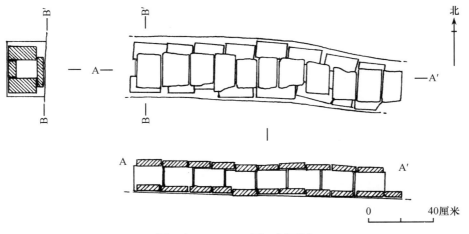

图二八三　AG204平、剖面图

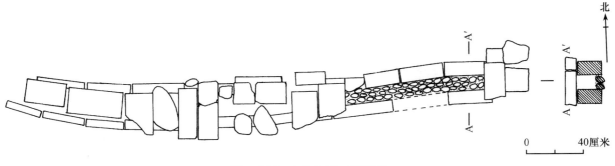

图二八四　AG205平、剖面图

内向城外排水。

BG1位于BT2008的北部，叠压于探方第②b层下，打破第③a层，沟口距地表深40厘米。

BG1为东南至西北走向，沟口平面形状为略有弧度的长条形，直壁，凹槽底，其结构为人工先挖土沟，用凹槽状的砖砌底，两壁侧用青砖垒砌而成，顶有盖砖，形状较规整。沟长230、宽16、深14厘米（图二八五；图版二八，2）。

沟内堆积只有一层，填土为深灰色黏土，仅在沟内发现一个较完整的青花瓷碗，无其他包含物。

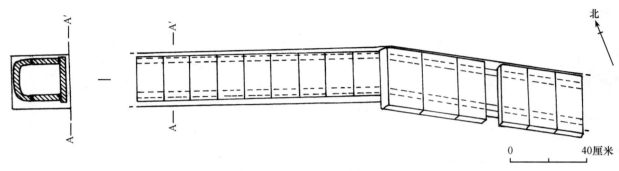

图二八五　　BG1平、剖面图

根据BG1的形制及层位关系，可断定其年代应为清代晚期。

BG2位于BT2008的南部，叠压于探方第②b层下，打破第③a层，沟口距地表深38厘米。

BG2为东西走向折为南北走向。沟口平面形状为拐折的圆弧状，直壁，平底。其结构为先人工挖掘出土沟，宽70、深20厘米，然后用一层青砖铺垫底部，两壁则用青砖和石块垒砌，其内宽为24、内深12、长度为300厘米（图二八六；图版二八，3）。

沟内堆积只有一层，填土含较多煤渣，土质较疏松，出土有青花瓷碗残片和陶壶残片。另出有残缺釉陶罐1件。

根据BG2的层位关系及出土物，可断定其年代应为清代晚期，其用途为排水沟。

BG3位于BT2009内，叠压于BF2下，打破第③层，沟口距地表深35厘米。

BG3为东北至西南走向，沟口平面形状为略带弧形的长条形，弧壁，圜底，其结构为人工挖掘出土沟，用凹槽形青砖铺垫沟底，青砖及石块垒砌两壁，然后再以青砖盖板。沟口长498、内宽12、外宽30、沟口至沟底深17厘米（图二八七）。

沟内堆积只有一层，填土为深灰色黏土，土质疏松，出土物有青花瓷片、瓦片、石灰、陶片等。另出有1件金属耳挖。

根据BG3的形制及层位关系，可断定其年代应为明代晚期，用途为房屋外的排水沟。

BG4位于BT1908、BT1808，叠压于探方第③a层下，打破第③b层，沟口距地表深70厘米。

BG4为近东西走向，沟口平面形状为长条形，中部遭受破坏，直壁，平底。其结构为人工挖成土沟，宽30、深26厘米，然后在沟底垫砖单层青砖，两壁用单层青砖横放而成，再以青砖平铺作盖。沟长450、内宽12、深16厘米（图二八八；图版二九，1）。

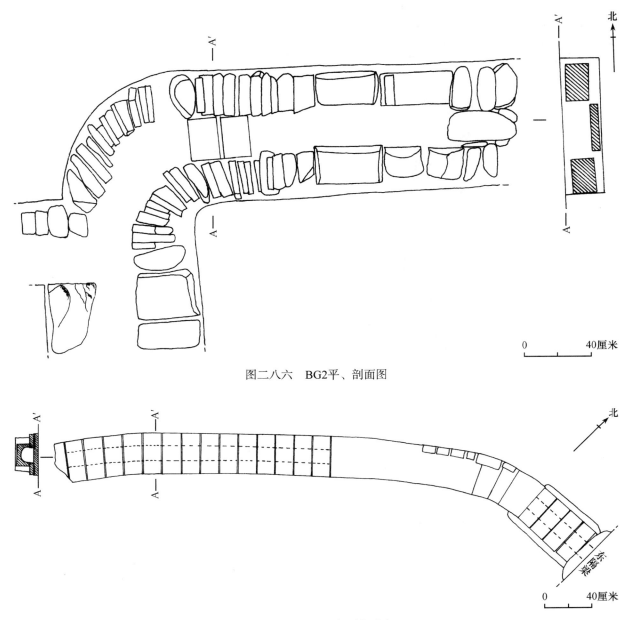

0   40厘米

图二八六 BG2平、剖面图

北

0   40厘米

图二八七 BG3平、剖面图

沟内堆积只有一层，填土为深灰色黏土，土质疏松，无包含物。

根据BG4的形制及层位关系，可断定其年代应为明代中期，其用途为排水阴沟。

BG7位于BT1117、BT1017、BT0917内，叠压于探方第③层下，打破第④层。沟口距地表深50~55厘米。

BG7为东西走向，沟口平面形状为长条形，直壁，平底。沟形制为先挖土沟，宽44、深48厘米，然后用石板铺垫沟底，长形石条砌成两壁，用石板铺作沟盖，形成一个剖面为正方形的通道。沟长1440、内边长25~30厘米（图二八九；图版二九，2）。

沟内堆积只有一层，填土为灰褐色土，土质较疏松，包含有少量小瓦及石块等。

根据BG7的形制及层位关系，可断定其年代应为清代中期，应为BF9房屋前的排水沟。

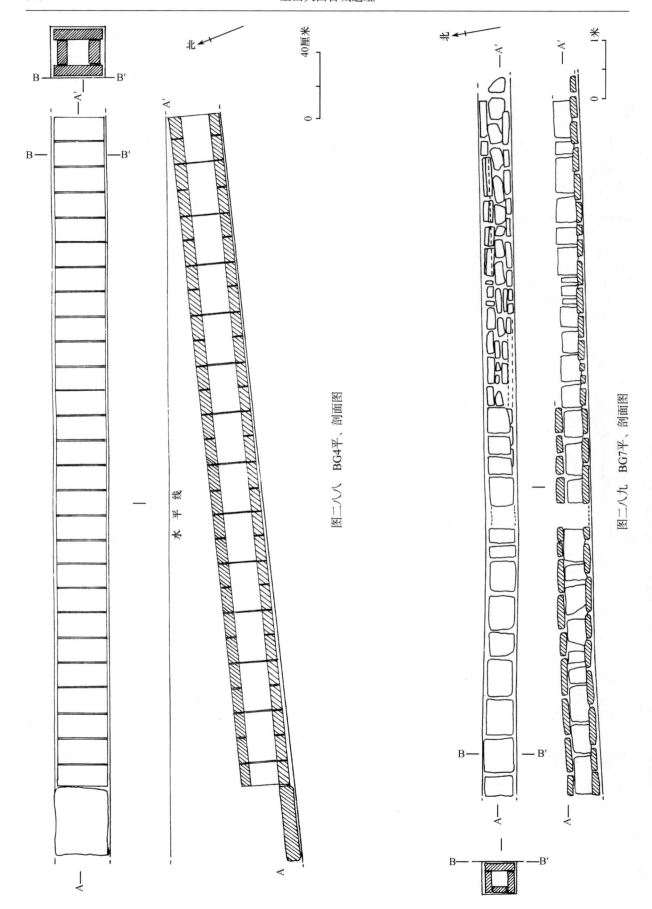

图二八八　BG4平、剖面图

图二八九　BG7平、剖面图

　　DG7位于DT0731中部偏北，延伸至东西两壁，叠压于探方第⑤层下，被DH4打破，打破第⑥层。沟口距地表深104厘米。

　　DG7为东西走向，沟口平面形状为长条形，一面直壁，另一面为弧壁，圜底。其结构为先用人工挖掘而成的土沟，后在沟北侧用砖石砌成挡水，仅东端保存三层砖石，其余仅剩一层砖石。南边无砖石砌挡水，沟底铺鹅卵石。沟口长400、宽92、沟口至沟底深27厘米（图二九〇）。

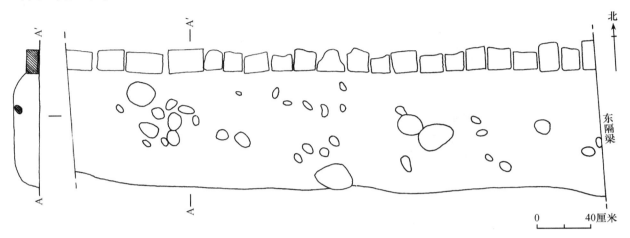

图二九〇　DG7平、剖面图

　　沟内堆积只有一层，填土为灰黄色土，含有少量炭屑，出较多瓷片，器形有碗、碟等（图二九一），酱釉壶残片、夹砂灰陶罐残片，另出有动物骨骼。

　　根据DG7的出土遗物及层位关系，可断定其年代应为明代晚期。

　　DG13位于DT2313内，叠压于探方第③层下，打破DF9。沟口距地表深45厘米。

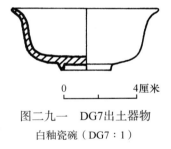

图二九一　DG7出土器物
白釉瓷碗（DG7∶1）

　　DG13为东西走向，沟口平面形状为长条形，直壁，底部较平坦。其结构为先用人工挖掘出土沟，后在沟壁两侧用竖立的石头作壁，底部未处理，仍为泥底。沟口长410、宽13、沟口至沟底深15厘米（图二九二）。

　　沟内堆积只有一层，填土为少量灰黑色淤泥沉积沟底，包含有极少量的小碎瓦片。

　　根据DG13的形制及层位关系，可断定其年代为明末清初。

　　DG204位于DT0429的中部，叠压于探方第②层下，打破第③层，沟口距地表深50厘米。

　　DG204为东西走向，沟口平面形状为长条形，直壁，平底。其结构为人工挖掘土沟之后，用青砖铺砌沟底。横放的单层青砖作为两壁，扰乱严重，未见沟盖。沟口长250、宽30、沟口至沟底深16厘米（图二九三；图版二九，3）。

　　沟内堆积只有一层，填土为黄褐色土，土质紧密，较硬，较纯净，无包含物。

　　根据DG204的层位关系及形制可断定其年代应为清代，其用途为排水沟。

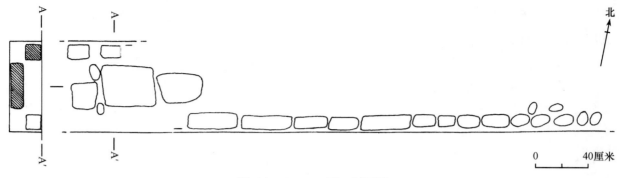

图二九二　DG13平、剖面图

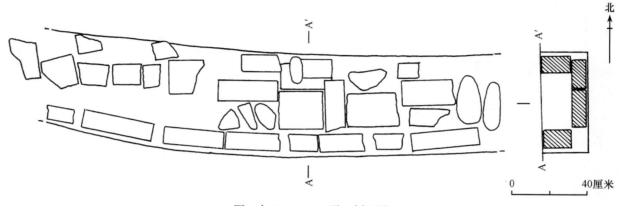

图二九三　DG204平、剖面图

第九节　墓　葬

　　大昌古城遗址在四个年度的考古发掘中共发掘墓葬2座。其中2000年发掘墓葬1座，编号M1，位于D区；2005年发掘墓葬1座，编号M201，亦位于D区（详见附表七）。

　　DM1位于DT0731中部偏西，叠压于探方第③层下，打破DH2及第④层，由于该墓扰乱较为严重，墓形状和大小均未知。在墓的填土中发现有方砖，该墓墓壁应为用砖砌成，墓底距地表深77厘米，墓向为南北向（图二九四；图版三〇，1）。

　　人骨保存不佳，仅有零碎骨片及牙齿，未发现葬具，葬式不明。

　　墓内填土为深灰色颗粒状土。随葬品有铜质花钩1件、瓷碗1件、泥质红陶、灰陶罐、釉陶壶、粗瓷碗残片等。

　　根据DM1的出土遗物及层位关系判断，其年代应为明末。

　　DM201位于DT0431内，叠压于探方第①层下，打破第②层，形制为长方形竖穴坑墓。墓口平面形状为长方形，直壁，平底。墓口长130、宽60、墓底长128、宽58、墓口至墓底深20厘米（图二九五；图版三〇，2）。

　　未发现葬具，人骨保存良好，经鉴定为儿童，仰身直肢葬，头朝北，面向东。

　　墓内填土为未经夯打的灰色土，未见随葬品，含有较多砖瓦碎片，不见其他遗物。

　　根据DM201的层位关系及形制可断定其年代为清末民初。

北

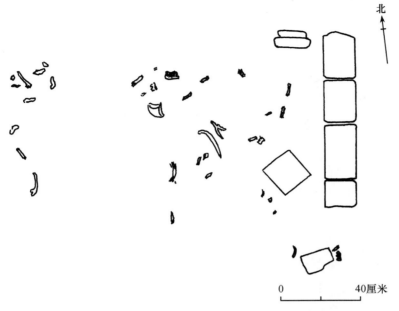

0   40厘米

图二九四 DM1平、剖面图

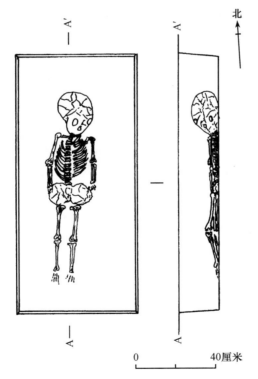

0   40厘米

图二九五 DM201平、剖面图

第四章 文化遗物

大昌古城4个年度的发掘，各区出土了较多的遗物，其种类有瓷器、陶器、铜铁器、骨器以及少量的动物骨骼和牙齿，现分类叙述于下。

第一节 瓷　　器

瓷器以白釉蓝花的青花瓷器为主，有少量单色釉瓷器如青釉、白釉和蓝釉器物出土，彩瓷很少。器形以碗为最大宗。其次为杯、盘、碟盏等日常生活用品，同时也出土了少量的笔筒、鸟食罐、瓷塑人物、动物等文化用品和玩具，但陈设器罕见，仅见个别青花花瓶残片。

根据釉面及花色的不同，可将瓷器分为二类，一是单色釉瓷，这类瓷器较少，它主要包括青釉、白釉、酱釉、黄釉、粉色釉。二是白釉蓝花的青花瓷，它所占比例较大，青花瓷以白釉为主，釉色略有差异，包含灰白釉、青白釉、浅灰白釉等。在青花瓷中，纹饰图样丰富，风格各异。题材多为植物类、动物类、人物类、山水风景类、文字类。花鸟、草叶纹、山水风景纹。另有少量人物、瑞兽纹等。不少器物上有青花款识，有些为年号、吉语、堂名款等。瓷器均为日常生活用器，主要有碗、杯、盘、碟、盏、灯等。

一、瓷　　碗

分单色釉和青花瓷两类。

（一）单色釉碗

分青釉、白釉、黄色釉、绿色釉。

1. 青釉碗

17件。分五型。

A型　5件。分四式。

Ⅰ式　2件。深腹，DH32：1，撇口，圆唇，外墙内敛里突乳钉足。白胎施青灰釉，饰草叶纹。口径15、底径5.4、高7厘米（图二九六，1；图版三一，1）。

Ⅱ式　1件，浅腹，AT2413⑦：2，撇口，圆唇，外墙内敛直平足。白胎施灰青釉。全身冰裂纹。口径13.4、足径5.4、高4.5厘米（图二九六，2）。

Ⅲ式　1件。弧腹微下垂。AT2410⑥：2，撇口，圆唇，直墙齐平足。白胎施灰青釉。口径

16.2、足径6.6、高6.4厘米（图二九六，3）。

Ⅳ式 1件。深腹壁。DH22④：10，撇口，尖唇，下腹微弧，直墙齐平足，圈足内有一印章图案不清。白胎施青釉。口径11.6、足径4.2、高6厘米（图二九六，4；图版三一，2）。

B型 7件。敞口，腹壁微直。分三式。

Ⅰ式 3件。上腹微直，DH32：4，尖圆唇，下腹内敛，齐平足，浅腹。灰白胎施灰青釉。口径15.6、足径5.4、高5.2厘米（图二九六，5）。

Ⅱ式 1件。腹稍深。DT2014⑤：2，尖圆唇，微曲腹，直墙足，厚底。白胎施青釉泛豆

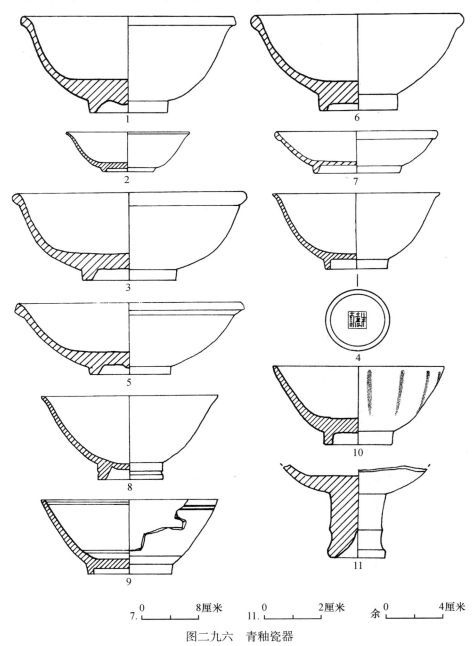

图二九六 青釉瓷器

1.AⅠ式青釉碗（DH32：1） 2.AⅡ式青釉碗（AT2413⑦：2） 3.AⅢ式青釉碗（AT2410⑥：2） 4.AⅣ式青釉碗（DH22④：10）
5.BⅠ式青釉碗（DH32：4） 6.BⅡ式青釉碗（DT2014⑤：2） 7.BⅢ式青釉碗（BT1808④：24） 8.C型青釉碗（DT0427②：1）
9.DⅠ式青釉碗（DT0430③：3） 10.DⅡ式青釉碗（DT0428③：1） 11.E型青花高足碗（AH8：1）

青。口径15、足径5.4、高7厘米（图二九六，6）。

Ⅲ式　3件。浅腹。BT1808④：24，尖圆唇，腹壁稍直，直墙圆足，平底。灰白胎施灰青釉。口径21、底径12、高6厘米（图二九六，7）。碗底有花押。

C型　1件。笠式，敞口，深腹。DT0427②：1，腹壁斜直，圆唇，窄圈足稍高。灰白胎施青釉泛豆青。口径12、底径4.4、高6厘米（图二九六，8；图版三一，3）。

D型　3件。斜直腹壁，敞口。分二式。

Ⅰ式　1件。斜直腹壁。DT0430③：3，圆唇，平底，直墙齐平足，深腹，灰白胎施青釉闪青灰色。口沿内外各施二道青线纹。另碗内还着青线纹二道。口径12.2、底径5.8、高5.4厘米（图二九六，9）。

Ⅱ式　2件。斜直壁，微弧。DT0428③：1，圆唇，下腹微内敛，平底，圈足稍高，直墙齐平足，外壁饰竖条阴刻纹。白胎青釉闪绿，全身饰冰裂纹。口径12、底径4.6、高5.6厘米（图二九六，10）。

E型　1件。高足碗。AH8：1。口沿残，竹节状高足，足内半空。米白色瓷胎，青色釉，全身冰裂纹。残高6.6、足高4.6厘米（图二九六，11）。

2. 白釉碗

27件。分七型。

A型　8件。敞口，根据腹壁的形状可分二亚型。

Aa型　4件。敞口，弧腹，分二式。

Ⅰ式　1件。圆弧腹，腹壁弧度大。AH35：1，尖唇，平底，圈足，白胎施白釉近影青。口径11.6、底径3.8、高5.4厘米（图二九七，1；图版三一，4）。

Ⅱ式　3件。深腹。DT0424③：1，圆唇，腹壁弧度稍小，略为鸡心式底。直墙齐平足。细瓷白胎施白釉。口径13.6、底径4.8、高6.6厘米（图二九七，2）。

Ab型　4件。敞口，微弧腹，分三式。

Ⅰ式　1件。上腹壁微直，下腹略内敛。AJ201：1，圆唇，平底，圈足稍高，白胎施白釉，全身着冰裂纹。口径13.2、底径5.6、高7厘米（图二九七，3；图版三一，5）。

Ⅱ式　2件。腹壁弧度较小，AT2010⑦：15，平唇，平底，直墙足，外底有乳突，灰白胎施白釉。碗外壁阴刻隐形莲瓣纹。口径16、底径8、高6.8厘米（图二九七，4）。

Ⅲ式　1件。腹壁弧底小。DT0529②：1。圆唇，平底，圈足外削内平足，厚胎壁，白胎白釉闪亮青，全身施冰裂纹。口径10.6、底径4.2、高5.9厘米（图二九七，5）。

B型　4件。敞口，内腹壁微直，分三式。

Ⅰ式　1件。内腹壁弧度小。AT2010⑦：16，尖圆唇，微下卷，平厚底，厚圈足，灰白胎施白釉泛亮青，全身着冰裂纹。口径15、底径5.4、高7.2厘米（图二九七，6）。

Ⅱ式　2件。内腹壁较直。DH57：1，敞口，圆唇较厚，内平底，直墙内斜削圈足。外底有乳突。灰白胎施灰白釉，釉不及圈足。口径15.4、底径5.4、高7厘米（图二九七，7，图版三一，6）。

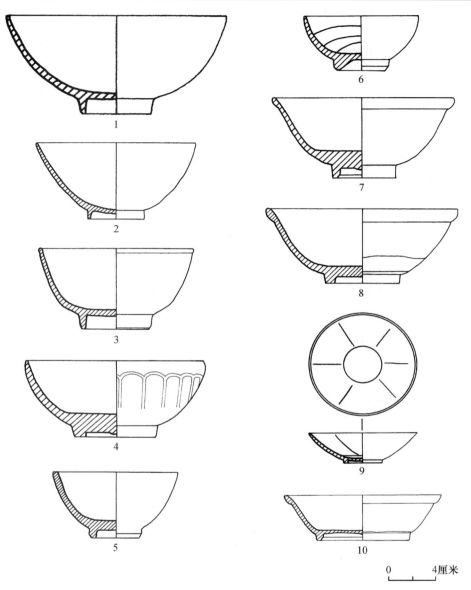

图二九七　白釉瓷器

1. Aa I 式白釉碗（AH35：1）　　2. Aa II 式白釉碗（DT0424③：1）　　3. Ab I 式白釉碗（AJ201：1）　　4. Ab II 式白釉碗（AT2010⑦：15）
5. Ab III 式白釉碗（DT0529②：1）　　6. B I 式白釉碗（AT2010⑦：16）　　7. B II 式白釉碗（DH57：1）　　8. B III 式白釉碗（DG201：1）
9. C型白釉碗（BT1409④：1）　　10. D型白釉碗（BT1808④：26）

　　III式　1件。上内腹壁微直，下腹弧壁。DG201：1，敞口，尖圆唇且厚，平底，直墙齐平足，灰白胎施白釉青色，釉不及底。口径16.4、底径6.4、高6.5厘米（图二九七，8）。

　　C型　1件。斜微直腹壁。BT1409④：1，敞口，尖唇，平圈足，小圜底，内壁着五条放射形阴刻纹，内底饰放射形太阳纹。白胎施灰白釉。口径18、底径6.4、高5.2厘米（图二九七，9）。

　　D型　1件。侈口。BT1808④：26，尖唇外下卷且厚，斜直腹壁，内斜削圈足，平底。外底有乳突，白胎施白釉。口径20、底径11.6、高6厘米（图二九七，10）。

　　E型　10件。撇口，据腹壁的形状分三亚型。

　　Ea型　3件。内弧腹壁稍大。DT0731⑥：4，尖唇，下腹折弧，平底，外墙内敛足。白胎白釉泛亮青。口径13.6、底径10.4、高6.6厘米（图二九八，1）。

　　Eb型　2件。腹壁弧度较小。AJ201：4，撇口，折上壁，下腹缓收，平底，圈足，白胎施白釉。口径13、底径6、高6.2厘米（图二九八，2）。

　　Ec型　6件。斜弧壁，分三式。

　　Ⅰ式　2件，弧腹稍深。AT2110⑤：7，尖唇，下腹微垂，圈足外撇，平底，细瓷白胎，釉色白中闪亮青，外壁为花瓣形浅浮雕凸径。口径11、底径6、高4.6厘米（图二九八，3）。

　　Ⅱ式　2件。曲腹稍浅。AT2009④：16，圆尖唇，平底，矮圈足，白胎白釉泛青。口径12.4、底径4.8、高3.6厘米（图二九八，4；图版三二，1）。

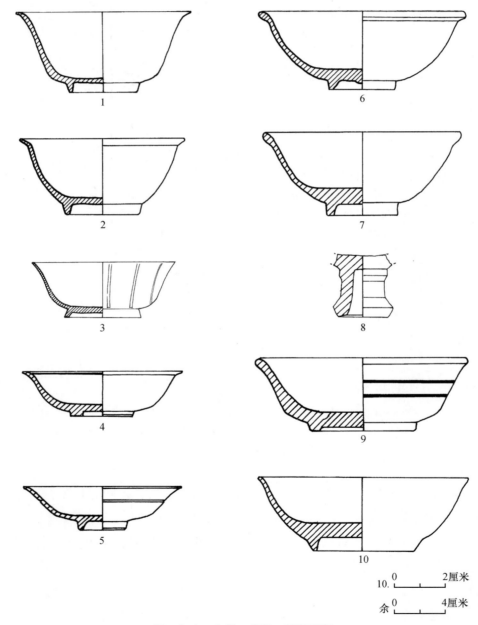

图二九八　白釉、黄釉、绿釉瓷器

1. Ea型白釉碗（DT0731⑥：4）　2. Eb型白釉碗（AJ201：4）　3. EcⅠ式白釉碗（AT2110⑤：7）
4. EcⅡ式白釉碗（AT2009④：16）　5. EcⅢ式白釉碗（DH57：9）　6. FⅠ型白釉碗（DT0329③：1）
7. FⅡ式白釉碗（DH57：8）　8. G型白釉高足碗（DT0431②：3）　9. 黄釉碗（AH12：3）　10. 绿釉碗（DH22③：7）

Ⅲ式 2件。浅腹。DH57：9，圆唇外撇，斜腹壁较直，平底，窄圈足，白胎白釉泛亮青，外腹部有凹弦纹一道。口径12.2、底径3.8、高3.8厘米（图二九八，5）。

F型 2件。撇口，分二式。

Ⅰ式 1件。微弧腹。DT0329③：1，尖圆唇且厚，并外撇折壁，平底，内墙外斜坡足，外底有乳突，灰白胎施白釉泛青。口径16.4、底径5.2、高6.4厘米（图二九八，6）。

Ⅱ式 1件。微斜直壁。DH57：8，尖圆唇外卷且厚，下腹缓收，平底，直墙齐平足，灰白胎施白釉，青料蓝中闪灰。口径15.6、底径5.6、高6.8厘米（图二九八，7）。

G型 1件。高足碗，腹部残。DT0431②：3，高足柄，内空为喇叭状，白胎施白釉闪豆青。底径4、残高5厘米（图二九八，8；图版三二，2）。

3. 黄釉碗

1件。AH12：3，撇口，圆唇，腹壁微内弧，下腹急收，矮圈足，平底，外腹壁施二道弦纹，白胎施黄釉。口径16.4、底径8.4、高6厘米（图二九八，9）。

4. 酱釉碗

1件。DH22③：7，撇口，圆唇，腹壁弧度较小，外墙内敛斜道足，平底，厚底胎。灰白胎酱釉色。口径8.2、底径4、高3厘米（图二九八，10；图版三二，3）。

（二）青花碗

347件。分十二型。

A型 70件。敞口。根据腹壁形状可分为三亚型。

Aa型 15件。墩式。分四式。

Ⅰ式 3件。墩式直腹。AT2212⑧：9，直口，平底，直墙平足，白胎施白釉泛豆青，外壁沿下饰三道弦纹，内饰青花回纹一道，腹部饰云气花草纹。口径12.6、底径6.7、高7.2厘米（图二九九，1）。AT2113⑦：4，直口，圈足，下底略凹，白胎施白釉泛青灰，外壁沿下饰三道弦纹，内绘梵文一道，腹壁饰蓝彩渔翁泛舟图案，青花明艳。口径12.4、底径6.8、高7.6厘米（图二九九，2；图版三三，1）。

Ⅱ式 4件。垂腹。AT2210⑦：3，尖唇，直墙齐平足，微圜底，白胎施白釉泛亮青，外壁饰青花梅松人物图，青料明艳，图像清晰。口径11.4、底径5.2、高5.6厘米（图二九九，3；图版三三，2）。DL5：2，直墙圆足，平底，灰白胎釉面泛青灰，外壁沿下饰四道弦纹，其间饰回纹一道，腹部饰折枝花鸟纹图案，下腹及圈足饰六道弦纹。口径13、底径5.4、高6.9厘米（图二九九，4；图版三三，3）。

Ⅲ式 3件。深垂腹。AT2009④：18，直口，平唇，直墙平足，平底，白胎釉面，青料蓝中闪灰，内壁上、下腹各饰二道弦纹，外壁饰青花缠枝莲纹。口径12、底径4.8、高6.4厘米（图二九九，5）。

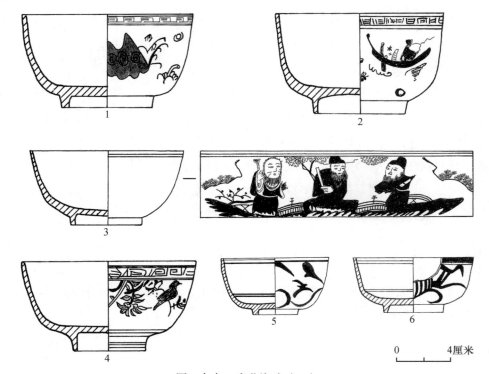

图二九九　青花瓷碗（一）

1. Aa I 式青花碗（AT2212⑧：9）　2. Aa I 式青花碗（AT2113⑦：4）　3. Aa II 式青花碗（AT2210⑦：3）
4. Aa II 式青花碗（DL5：2）　5. Aa III 式青花碗（AT2009④：18）　6. Aa IV 式青花碗（BT1909②a：2）

　　IV式　5件。直腹壁直垂。AT2116③：6，平唇，直口，圈足，平底，灰白胎施灰白釉泛青灰，内壁唇边涂一道蓝彩纹，下腹饰二道弦纹，外壁沿下饰一道回纹，腹部饰水上泛舟图案。口径12.4、底径6.8、高7.6厘米。BT1909②a：2，灰白胎施灰白釉泛青灰。内壁口沿下及下腹各饰二道弦纹，外壁饰草龙纹。口径13.2、底径6.4、高6.4厘米（图二九九，6）。

　　Ab型　54件。弧腹。分六式。

　　I式　5件。弧腹。AH43：1，圆唇，小圈底，直墙齐平足，外壁沿下饰多条弦纹，其间饰一道青花边框纹，腹部饰齿缘蕉叶纹，内心底饰法螺纹，青花清晰。口径13.4、底径5.8、高6厘米（图三〇〇，1）。AH30：1，平唇，直墙齐平足，平底，白胎施白釉泛亮青，外壁口沿下饰二道弦纹，腹部饰莲塘纹，青花明艳。口径14、底径5.2、高6.8厘米（图三〇〇，2）。DT0528③：4，圆唇，外削斜尖足，鸡心底，细瓷白胎，釉色白中泛青，内壁上下饰三道弦纹，底心双圈纹中隶书"福"字，外壁饰折枝花纹。口径10、底径3.5、高5厘米（图三〇〇，3；图版三三，4）。

　　II式　5件。圆弧腹。AH31：3，平唇，下腹弧收，平底，齐平足，白胎白釉，内壁沿下饰一道弦纹，外壁沿下及圈足上各施二道弦纹，腹部饰竹纹图，青花明艳。口径15、底径5.8、高6.6厘米（图三〇〇，4）。AH45：5，细瓷白胎，釉色白中泛青，内壁下腹饰二道弦纹，碗心饰兰彩折枝花纹，外壁饰青花水草纹，花纹清晰，色泽分明。口径15.8、底径3.2、高5.8厘米（图三〇〇，5）。

　　III式　4件。深斜腹。BT1016⑤：1，尖圆唇，上腹微斜直，下腹缓内收，直墙平齐足，平

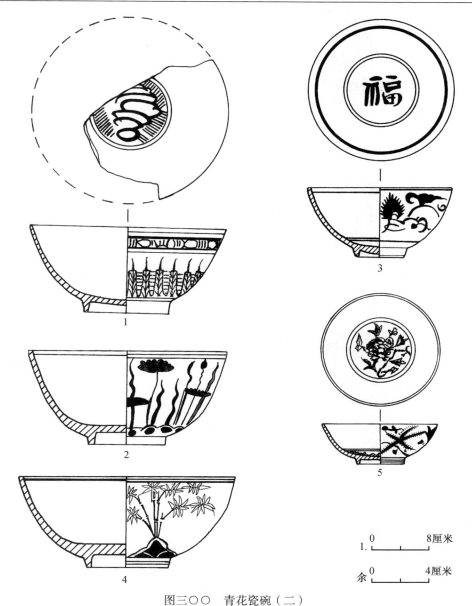

图三〇〇　青花瓷碗（二）

1. AbⅠ式青花瓷碗（AH43：1）　　2. AbⅠ式青花瓷碗（AH30：1）　　3. AbⅠ式青花瓷碗（DT0528③：4）

4. AbⅡ式青花瓷碗（AH31：3）　　5. AbⅡ式青花瓷碗（AH45：5）

底，青胎白釉泛豆青，内壁沿下饰二道弦纹，外壁沿下及圈足上各饰二道弦纹，腹部饰海水奔马图。口径14、底径5.6、高7厘米（图三〇一，1）。BT1709⑤：29，平底，直墙足，白胎施白釉泛亮青，内壁下腹饰二条弦纹，底心饰一牵牛花纹，并行书"和"字，外壁各框内各饰多组牵牛花及灵芝纹。外底弦纹内有一方块形印章不清。口径18、底径7.8、高8.8厘米（图三〇一，2）。

Ⅳ式　14件，腹壁弧度较小。DF11：1，圆唇，窄圈足，接近鸡心底，直墙壁齐平足，白胎灰白釉，青料蓝足泛灰，外壁沿下饰花枝纹，腹部饰三角斜线纹。口径13.6、底径4.4、高6.8厘米（图三〇一，3）。BT1908④：1，尖圆唇，平底，直墙齐平足，细瓷白胎，釉色白中泛清，内外壁均饰多组交错变形寿桃牵牛花和灵芝纹，内底饰葵花圈纹。口径18.4、底径7.2、高8.4厘米（图三〇一，4；图版三四，1）。

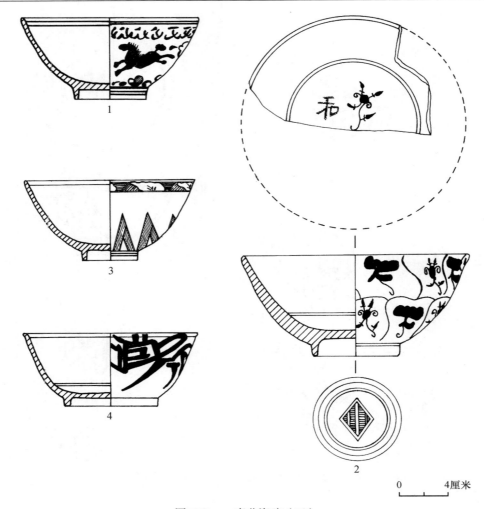

图三〇一　青花瓷碗（三）

1. AbⅢ式青花瓷碗（BT1016⑤：1）　2. AbⅢ式青花瓷碗（BT1709⑤：29）　3. AbⅣ式青花瓷碗（DF11：1）
4. AbⅣ式青花瓷碗（BT1908④：1）

Ⅴ式　15件。斜直壁。AH202：4，尖唇，外削斜尖足，平底，灰白胎泛浅绿色釉，内壁上、下腹各施二道弦纹，心底饰一点青花纹，外壁饰青花婴戏图。口径10.8、底径5.2、高5.4厘米。DH38：2，圆尖唇，直墙壁齐平足，平底，灰白釉面，内壁饰三道弦纹，外壁饰草龙纹。口径14、底径7.4、高6.2厘米（图三〇二，1；图版三四，2）。

Ⅵ式　11件，斜壁微直。BT1909③d：33，圆唇，下收内收，平底，平足，细瓷白胎，釉色白中泛青，外腹饰青花蝴蝶灵芝纹，青花明艳。口径14.8、底径6.6、高6.8厘米（图三〇二，2）。AT2010③：7，圆尖唇，内壁外斜坡足，平底，外底有乳突，内壁口沿下饰一道较粗弦纹，蓝彩下溢，外壁饰青花点纹。口径9.4、底径4.3、高3.8厘米（图三〇二，3；图版三四，3）。

Ac型　1件。敞口，圆鼓腹。AT2310⑧：3，尖圆唇，外下卷且厚，内墙外斜坡足，平底，有乳突，灰白胎施灰白釉泛褐，内壁施多组青花花卉纹。口径15.6、底径3.8、高7厘米（图三〇二，4；图版三四，4）。

B型　11件。敞口，浅腹。分五式。

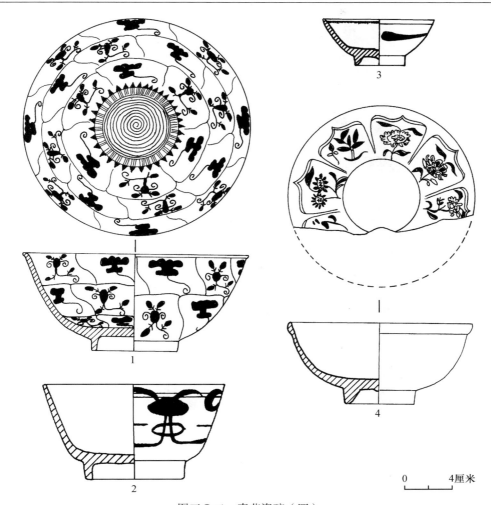

图三〇二 青花瓷碗（四）

1. AbⅤ式青花瓷碗（DH38：2）   2. AbⅥ式青花瓷碗（BT1909③d：33）   3. AbⅥ式青花瓷碗（AT2010③：7）

4. Ac型青花瓷碗（AT2310⑧：3）

Ⅰ式　1件。浅腹斜直壁。DT0429③：7，圆唇，侈口，矮圈足外削，凸底，白胎施灰白釉泛灰，内壁口沿一周饰青花边框纹，内底书隶体"寿"字，旁有针刺小孔"方三"二字。口径11.6、底径5、高3.8厘米（图三〇三，1）。

Ⅱ式　1件。微弧腹。DT0731③：2，平唇，内壁圆弧，平底，直墙壁齐平足，白胎白釉，青料蓝中闪灰，内外壁沿下各饰二道弦纹。外壁饰青花草叶纹。口径13.2、底径5.8、高5.6厘米（图三〇三，2；图版三四，5）。

Ⅲ式　2件。浅腹斜壁。AT2510⑤：1，圆唇，平底，直墙壁齐平足，灰白胎施灰白釉，外壁口沿处饰青花竖条边框花纹。口径16、底径8.4、高8.4厘米（图三〇三，3）。

Ⅳ式　3件。外弧较小。DH25：3，釉色白中带灰，外壁饰青花缠枝莲纹。口径14.6、底径7.4、高5.4厘米（图三〇三，4）。DH19：4，尖唇，内斜削圈足，平底，有乳突，灰白釉带青灰色，外壁饰青花葵花纹。口径16.8、底径8.8、高6.8厘米（图三〇三，5）。

Ⅴ式　4件。浅腹斜壁稍直。DT2113②：2，圆唇，内斜削尖足，平底，有乳突，灰白胎施灰白釉，外壁饰灵芝及牵牛花草纹。口径13、底径6.6、高4.4厘米（图三〇三，6；图版三四，

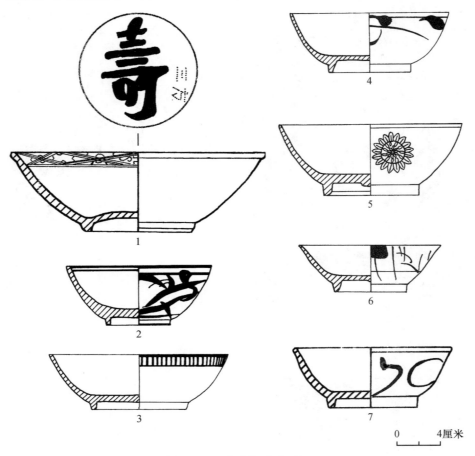

图三〇三 青花瓷碗（五）

1.BⅠ式青花瓷碗（DT0429③：7） 2.BⅡ式青花瓷碗（DT0731③：2） 3.BⅢ式青花瓷碗（AT2510⑤：1）
4.BⅣ式青花瓷碗（DH25：3） 5.BⅣ式青花瓷碗（DH19：4） 6.BⅤ式青花瓷碗（DT2113②：2）
7.BⅤ式青花瓷碗（DH28：7）

6）。DH28：7，圆唇，直墙壁齐平足，平底，釉色白中带灰，外壁饰青花草叶纹。口径14.4、足径8、高5.6厘米（图三〇三，7；图版三五，1）。

C型 10件。敞口，圆弧腹。分五式。

Ⅰ式 1件。浅圆弧腹。DT0430③：1，尖唇，齐平矮圈足，平底，釉色白中带灰，内壁饰蝴蝶花卉纹，外壁饰草叶纹。口径13.4、底径7、高4.2厘米（图三〇四，1）。

Ⅱ式 1件。微弧腹，AT2212⑥：3，圆唇，圜底，圈足稍高，胎壁较薄，釉色白中透青，外壁饰青花缠枝花纹。口径14.8、足径4.8、高5.2厘米（图三〇四，2）。

Ⅲ式 2件。深弧腹。AT1912⑤：14，尖唇，碗心内凸。细瓷白胎，釉面白中泛青，内外饰花草纹。口径10.8、底径5.4、高4厘米（图三〇四，3）。AT2010④a：20，平唇，外墙内敛足，外底有乳钉。白胎白釉。碗内底行书"白玉石"三字。素面，碗内外口沿下各饰二道青色线纹。口径11.8、底径4.4、高6厘米（图三〇四，4；图版三五，2）。AT1813⑤a：1，平唇，圈足稍高，胎壁较薄，白胎施白釉泛青灰，内底及器表饰一"寿"字。外腹饰青花蝴蝶纹。口径19、底径7.2、高7.2厘米（图三〇四，5；图版三五，3）。

Ⅳ式 1件。弧腹较小。BT2008④：22，尖圆唇，外削斜尖足，平底，釉色白中透青，外

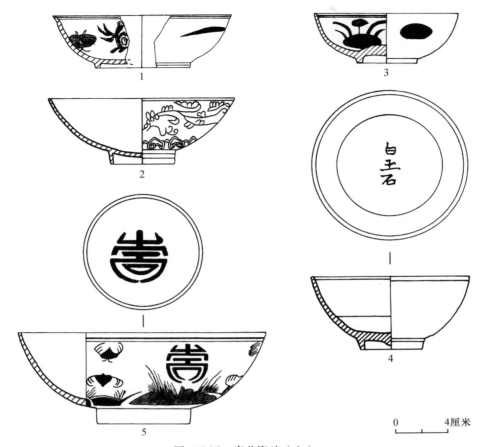

图三〇四 青花瓷碗（六）

1. CⅠ式青花碗（DT0430③：1） 2. CⅡ式青釉碗（AT2212⑥：3） 3. CⅢ式青花碗（AT1912⑤：14）

4. CⅢ式白釉碗（AT2010④a：2） 5. CⅢ式青花碗（AT1813⑤a：1）

壁饰芭蕉纹，圈足有两道弦纹。口径15、底径8、高5.8厘米（图三〇五，1；图版三五，4）。DZ2：1、DZ2：2，圈足，圜底。细瓷白胎泛亮青，碗内壁书"白云斋"字样，另刺一"官"字。口径11.9、底径4.5、高5.5厘米。两碗仅字体有别，其余相同（图三〇五，2、3；图版三五，5、6）。

Ⅴ式 5件。圆弧腹。DF10：5。圈足，平底，釉色白中透青，内壁上、下腹各饰二道弦纹，外壁饰杂宝纹。口径12.8、底径4.8、高5厘米（图三〇五，4）。DT2415③a：10，圆唇，直墙平足稍高，平底，白胎白釉泛青灰，外壁饰多个篆体"寿"字。口径10、底径4、高5厘米（图三〇五，5）。

D型 38件。敞口，斜直壁。分四式。

Ⅰ式 7件。AT2109⑥：1，圆唇，外墙内敛平足，平底，釉色白中带灰，内壁上、下腹各饰二道弦纹，外壁饰婴戏纹。口径10.4、底径5.5、高5.8厘米（图三〇六，1）。AT2112⑥：1，平唇，内斜削圈足，平底，釉色白中泛灰，外壁饰花草纹。口径11.6、底径5.4、高6.2厘米（图三〇六，2）。斜直壁稍陡。AH210：4，尖唇，外斜削尖足，平底，足墙壁较厚，白釉泛青灰，内壁上下饰三道弦纹，外壁饰海水奔马纹。口径11.6、底径6.4、高6.4厘米（图三〇六，3）。

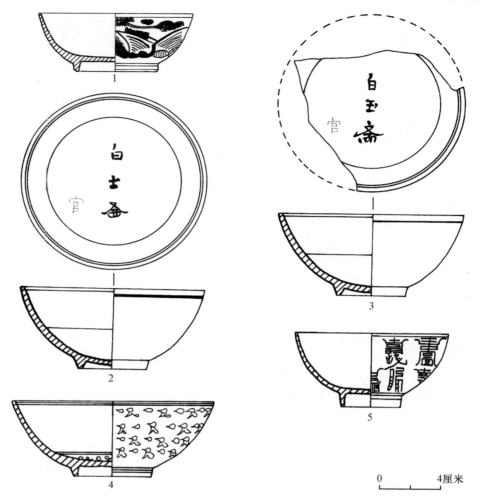

图三〇五　青花瓷碗（七）

1. CⅣ式青花碗（BT2008④：22）　2. CⅣ式青花碗（DZ2：1）　3. CⅣ式青花碗（DZ2：2）　4. CⅤ式青花碗（DF10：5）
5. CⅤ式青花碗（DT2415③a：10）

Ⅱ式　7件。腹壁微斜直。AT2019⑤：5，平唇，直墙圈足，平底，白胎白釉闪豆青，内壁上、下腹各饰二道弦纹，外壁饰青花缠枝纹。口径11.3、底径6、高6.2厘米（图三〇六，4；图版三六，1）。DH22：12，圆唇，下腹缓收，圈足，平底，白胎白釉泛青灰，内壁上、下腹各饰二道弦纹，外壁饰山水纹，青花明艳。口径13.4、底径9、高8.4厘米（图三〇六，5）。

Ⅲ式　18件。BT1909③e：42，圆唇，腹壁较斜直，直墙齐平足，平底有乳突，灰白胎施灰白釉泛青灰，外壁饰草龙纹。口径13.8、底径6.6、高6.6厘米（图三〇六，6）。斜壁微弧。DH22⑥：15，平唇，外斜削尖圈足，平底，灰白胎施灰白釉，内壁上、下腹各饰二道弦纹，外壁饰蟠螭纹。口径13、底径7、高6.4厘米（图三〇六，7；图版三六，2）。BT1709④：34，尖唇，外削斜尖足，平底有乳突，釉色白中带灰。外壁饰海水奔马图，青花明艳。口径10.8、底径5.2、高6厘米（图三〇六，8）。

Ⅳ式　6件。直壁，斜度较小。DT1108③c：7，平唇，直墙圈足，平底，釉色白中带灰，内壁上、下腹各饰二道弦纹，外壁饰青花缠枝纹。口径11、足径6.2、高6厘米（图三〇六，9；图版三六，3）。BT1908③c：11，圆唇，直壁，斜度稍大，外削斜圈足，灰白胎施灰白釉，内壁

图三〇六 青花瓷碗（八）

1. D I 式青花碗（AT2109⑥：1） 2. D I 式青花碗（AT2112⑥：1） 3. D I 式青花碗（AH210：4） 4. D II 式青花碗（AT2019⑤：5）
5. D II 式青花碗（DH22：12） 6. D III 式青花碗（BT1909③e：42） 7. D III 式青花碗（DH226：15） 8. D III 式青花碗
（BT1709④：34） 9. D IV 式青花碗（DT1108③c：7） 10. D IV 式青花碗（BT1908③c：11）

饰六道弦纹，外壁饰草龙纹。口径13.2、底径7.6、高5.8厘米（图三〇六，10；图版三六，4）。

E型　21件。敞口，斜直壁微弧。分五式。

Ⅰ式　2件。微弧腹。AT2020⑧：1，尖唇，下腹缓收，假圈足，平底，白胎施白釉泛亮青，外壁饰海水奔马图案，青花明艳。口径12.2、底径5、高5.2厘米（图三〇七，1）。DH32：2，外削斜尖足，平底，白胎白釉泛青灰，内壁饰三道弦纹，外壁饰青花卷云人物纹，青料蓝中闪灰。口径12、底径4.8、高6.8厘米（图三〇七，2；图版三六，5）。

Ⅱ式　1件。弧腹较小。AH45：10，圆唇，斜弧壁，直墙圆足，平底，灰白胎施浅灰色釉，外壁饰渐变点饰纹。口径14、足径5.6、高7厘米（图三〇七，3）。

Ⅲ式　2件。BT2009⑤：2，平口，直墙齐平足，足墙较厚，平底，碗心微凹，灰白胎，釉色白中带青灰。内壁口沿及下腹各饰一道弦纹，外壁饰青花渐变点饰折枝花纹。口径12.4、底径6.3、高6.4厘米（图三〇七，4）。上腹壁微斜直。BT1808⑤：14，平唇，下腹缓收，外削矮圈足，平底，内壁沿下饰二条弦纹，外壁饰兰草云气纹。口径16、底径6.8、高7.2厘米（图三〇七，5）。

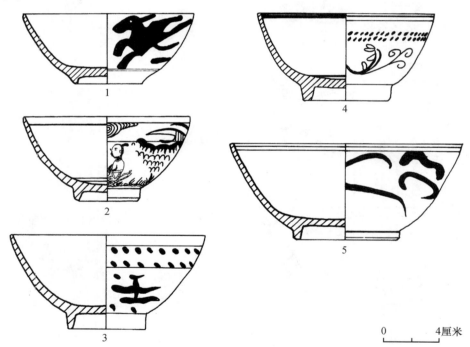

图三〇七　青花瓷碗（九）

1. EⅠ式青花碗（AT2020⑧：1）　2. EⅠ式青花碗（DH32：2）　3. EⅡ式青花碗（AH45：10）　4. EⅢ式青花碗（BT2009⑤：2）　5. EⅢ式青花碗（BT1808⑤：14）

Ⅳ式　8件。斜直壁微内收。AT2119④：4，尖唇，外墙内敛斜削圈足，平底有乳突。灰白胎施灰白釉泛青灰，内壁口沿下积釉太浓，底心双圈内饰青花结带绣球纹，口径12.4、底径5.6、高6厘米（图三〇八，1）。AT1812④：1，平唇，直墙齐平足，平底，外壁饰青花草龙纹，下底饰一"田"字，青料蓝中闪灰。口径15.2、底径6.8、高7.2厘米（图三〇八，2）。

Ⅴ式　8件。腹壁斜直。BT1809③b：7，圆唇，直墙圆足，平底。白胎施白釉闪豆青。口径14、底径6.4、高6.6厘米（图三〇八，3；图版三六，6）。DH15：1，尖唇，下腹缓收，外

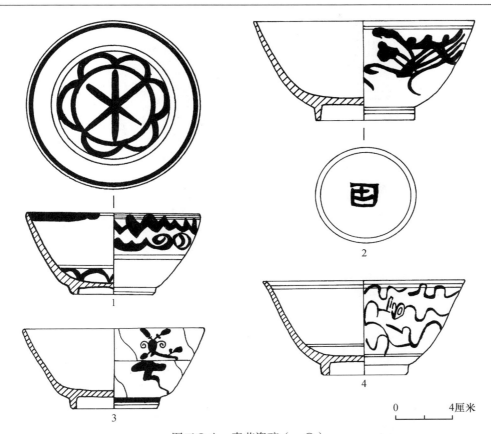

图三〇八 青花瓷碗（一〇）

1. EⅣ式青花碗（AT2119④：4） 2. EⅣ式青花碗（AT1812④：1） 3. EⅤ式青花碗（BT1809③b：7）

4. EⅤ式青花碗（DH15：1）

斜削圈足，平底，细瓷白胎，釉色白中泛青，内壁饰四道弦纹，外壁饰青花卷云纹。口径14、底径6、高6.8厘米（图三〇八，4；图版三七，1）。

F型 2件。大敞口。分二式。

Ⅰ式 1件。直壁深腹。AT2218⑤：1，圆厚唇外下卷，外墙内敛里斜道足，足墙较厚，平底，厚胎底，灰白胎，釉色泛青灰，内釉不及底，外釉不及圈足，外腹饰青花卷云纹。口径22、底径13、高8.4厘米（图三〇九，1）。

Ⅱ式 1件。直壁浅腹。BT1709④：35，圆厚唇外下卷，外墙内敛足，平底，厚胎，灰白胎施灰白釉，白中闪灰，外壁饰青花卷云纹，青料蓝中泛灰。口径20.4、底径11.4、高6.8厘米（图三〇九，2）。

G型 3件。敞口，折腹，分二式。

Ⅰ式 1件。曲腹微折壁。AT2019⑥：5，平唇，外壁弧度较大，内墙外撇平足，底略下凹，内外壁口沿下各饰二道弦纹，外壁饰青花水波纹。口径17、底径7、高7.2厘米（图三〇九，3）。

Ⅱ式 2件。曲腹折壁。BT1706③：1，平唇，大曲腹，外墙内敛里斜道足，足墙较厚，平底，釉色白中带灰，外壁饰青花水波纹。口径17.8、底径7.4、高7厘米（图三〇九，4）。DT2213③：2，口大底小，平唇，直墙圆足，足墙较薄，平底，白胎白釉泛青色，内壁口沿处饰重十字凌形纹，外壁口沿处及下腹均饰青花梵纹。口径17.6、底径6.2、高7厘米（图三〇九，5）。

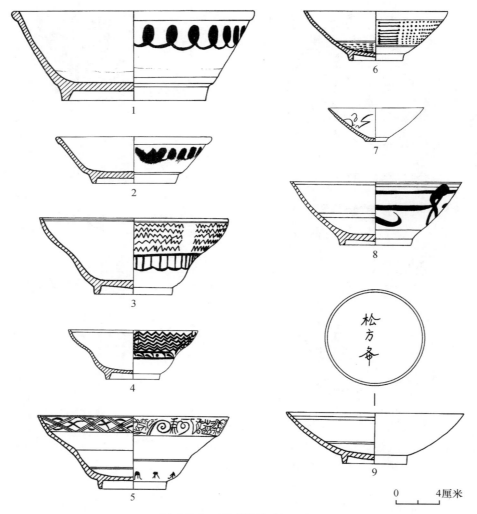

图三〇九　青花瓷碗（一一）

1. F I 式青花碗（AT2218⑤：1）　　2. F II 式青花碗（BT1709④：35）　　3. G I 式青花碗（AT2019⑥：5）
4. G II 式青花碗（BT1706③：1）　　5. G II 式青花碗（DT2213③：2）　　6. H I 式青花碗（DH222：1）
7. H II 式青花碗（BH12：9）　　8. H III 式青花碗（DT2214③：1）　　9. H IV 式青花碗（DT1331②：1）

　　H型　4件。敞口，笠式。分四式。

　　I式　1件。微斜直壁。DH222：1，平唇，外墙内敛，内墙为倒梯形，底心下凹，接近鸡心式，白胎白釉泛青灰，内壁下腹及外壁均饰青花渐变点饰纹。口径13、底径4.8、高4.6厘米（图三〇九，6）。

　　II式　1件。斜直壁。BH12：9，尖唇，假圈足，平底，口大底小，笠式，白胎白釉闪豆青，内壁饰青花兰草纹。口径13.2、底径3、高4.8厘米（图三〇九，7）。

　　III式　1件。微弧壁。DT2214③：1，平唇，直墙齐平足，平底，白胎灰白釉面，内壁饰四道弦纹，外壁饰多道弦纹及青花草叶纹。口径15.6、底径6.4、高6厘米（图三〇九，8）。

　　IV式　1件。斜浅腹。AT1331②：1，尖唇，内壁斜直腹底，凹心底，窄圈足。碗心行书"松方斋"三字。灰白胎施青釉，青料蓝中闪灰。口径16.6、底径6.4、高5厘米（图三〇九，9）。

　　I型　100件。撇口，根据腹壁的形状可分为二亚型。

　　Ⅰa型　36件。撇口，垂腹。分七式。

　　Ⅰ式　5件。腹壁较陡直。DT0331③：4，尖圆唇，外墙内敛，里墙为倒梯形，平底，灰白胎施白釉泛青，内壁近下腹施二道青料弦纹，底部绘青花缠枝莲纹，外壁饰折枝花鸟纹，外底有一"福"字印章。口径13.8、底径5.8、高6厘米（图三一〇，1；图版三七，2）。

　　AH16：4，圆唇外撇，下腹垂收，圈足稍高，平底，细瓷白胎，青灰釉泛黄，青料蓝中带褐，外壁及内底均饰芭蕉图案，口沿下饰二道蓝色线纹，圈足上饰一道弦纹。口径16.4、底径6、

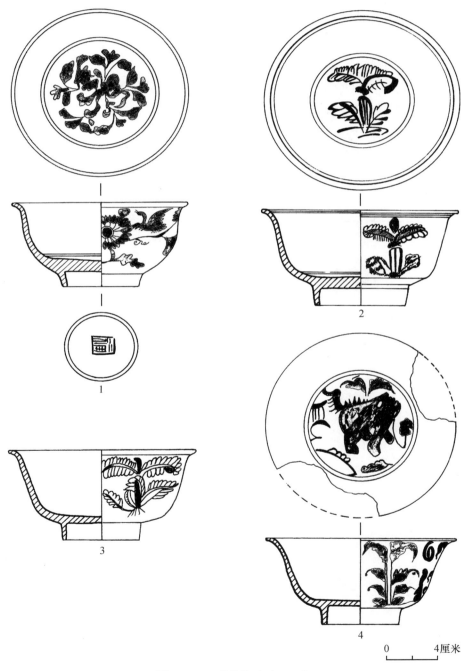

0　　　　　　4厘米

图三一〇　青花瓷碗（一二）

1. Ⅰa Ⅰ式青花碗（DT0331③：4）　　2. Ⅰa Ⅰ式青花碗（AH16：4）　　3. Ⅰa Ⅱ式青花碗（AT2211⑦：9）

4. Ⅰa Ⅱ式青花碗（AH211：2）

高8.2厘米（图三一〇，2；图版三七，3）。

Ⅱ式　9件。斜直腹壁。AT2211⑦：9，圆唇外撇，折壁，下腹垂弧内敛，平底，圈足稍高，灰白胎施白釉泛青，外壁绘芭蕉图案。口径14.6、足径6、高7.4厘米（图三一〇，3；图版三七，4）。AH211：2，灰白胎施白釉泛青灰，内底饰乳虎纹，外壁饰芭蕉图案。口径15、底径6、高7厘米（图三一〇，4；图版三七，5）。

Ⅲ式　2件。腹壁弧度较大。AH31：2，尖唇，下腹鼓弧，平底，圈足稍高，直墙齐平足，白胎施白釉泛亮青，外壁饰青花花卉"寿"字图。口径14、底径6.8、高7.6厘米（图三一一，1）。

Ⅳ式　5件。鼓腹微下垂。DT1227②：1，圆唇外撇，平底，外墙内敛足，白胎白釉泛豆青，内底外壁饰八仙过海图案。口径15、底径6.2、高7.6厘米（图三一一，2；图版三七，

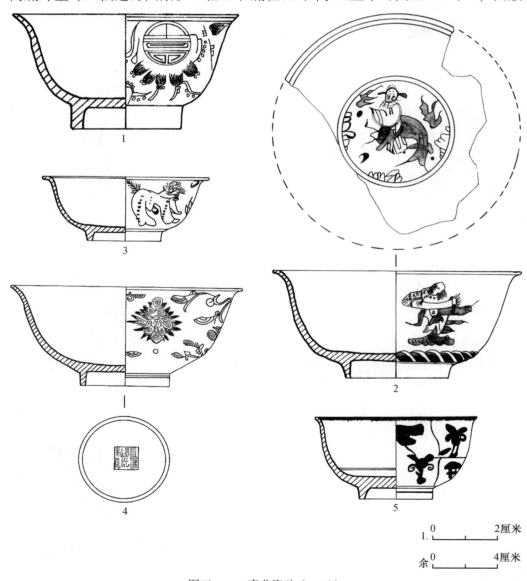

0　　　　2厘米
1.
0　　　　4厘米
余

图三一一　青花瓷碗（一三）

1.Ⅰa Ⅲ式青花碗（AH31：2）　2.Ⅰa Ⅳ式青花碗（DT1227②：1）　3.Ⅰa Ⅳ式青花碗（BT2009⑤：1）
4.Ⅰa Ⅴ式青花碗（BH25：1）　5.Ⅰa Ⅴ式青花碗（BH4：3）

6）。BT2009⑤：1，白胎白釉泛青灰，外壁饰乳虎纹。口径15.2、底径6.8、高6.2厘米（图三一一，3；图版三八，1）。

Ⅴ式　4件。深腹微垂。BH25：1，圆唇，平底，圈足稍高，直墙齐平足。白胎白釉泛亮青，外壁工笔淡描莲花和折枝花卉。青花明艳，碗底印"大清道光年制"三行六字篆文款印章。口径21.4、底径8.2、高9.8厘米（图三一一，4）。BH4：3，白胎白釉泛豆青，内外口沿施青料下溢，内下腹有两道青料线弦纹，外壁施青料牵牛花及灵芝，青料明艳，圈足，下腹施二道弦纹。口径14.8、底径6.8、高7.8厘米（图三一一，5）。

Ⅵ式　3件。鼓腹垂收。BT2009③e：20，圆唇，平底，直墙齐平足，白胎白釉泛豆青，内底两道弦纹内绘有一牵牛花纹，并刺一"温"字，口沿外饰青料，外壁方格内各间隔绘有灵芝纹、牵牛花纹，青料明艳。口径18、底径8.4、高8厘米（图三一二，1）。

Ⅶ式　8件。墩式，腹下垂。BH45：3，尖唇，直腹壁，平底，矮圈足，白胎施白釉泛亮青，内唇处涂一圈青料下溢，下腹有两道青料线弦纹，外壁唇下及腹部各施一道青料线弦纹。各方格内间隔绘有灵芝纹及牵牛花纹。口径15.2、底径4.8、高5.6厘米（图三一二，2）。DT2415③a：3，灰胎施灰白釉，内底两道青料线弦纹内绘折枝花卉。外壁唇下、腹底、圈足上各施一道青料线弦纹，腹部饰一树枝纹。口径13.4、底径5.4、高6厘米（图三一二，3；图版三八，2）。

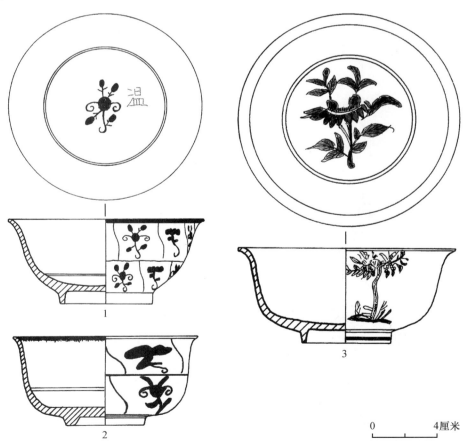

0　　　　　4厘米

图三一二　青花瓷碗（一四）

1. Ⅰa Ⅵ式青花碗（BT2009③e：20）　　2. ⅠaⅦ式青花碗（BH45：3）　　3. Ⅰa Ⅶ式青花碗（DT2415③a：3）

Ｉb型　64件。撇口，弧腹。分七式。

Ｉ式　2件。斜直腹。AH16：3，圆唇，下腹急弧收，外墙内敛足，平底，内壁近下腹有一圈弦纹，绘有芭蕉纹，外壁唇下、下腹、圈足各有一、二道弦纹，外壁饰芭蕉纹。口径14.4、底径6、高6.8厘米（图三一三，1）。

Ⅱ式　6件。腹壁弧度小。AH44：2，灰白胎施青灰釉，唇内外及圈足各施二道青料线弦纹，外壁饰两向日葵图案及花草纹。口径15.4、底径6.2、高6.6厘米（图三一三，2）。DT2113⑦：6，尖圆唇，斜腹，圈足，平底，白胎施白釉泛青灰，外壁唇下有两道弦纹，圈足

图三一三　青花瓷碗（一五）

1.Ｉ b Ⅰ式青花碗（AH16：3）　2.Ｉ b Ⅱ式青花碗（AH44：2）　3.Ｉ b Ⅱ式青花碗（DT2113⑦：6）

4.Ｉ b Ⅲ式青花碗（AF5：5）　5.Ｉ b Ⅳ式青花碗（AT2620⑤：1）

上有一道线弦纹，外壁饰三小童在兰天白云下驱赶鼠图。口径10.8、底径4.2、高5.2厘米（图三一三，3）。

Ⅲ式　2件。曲腹。AF5：5，圆唇，下腹弧收，平底，直墙圆足，白胎施白釉泛青灰，内壁唇下饰交叉纹及点纹，有弦纹一周。碗心饰菊花纹，外壁沿下及下腹饰不规则草叶纹，腹部饰兰点纹。口径14.8、底径6、高6.8厘米（图三一三，4）。

Ⅳ式　2件。腹壁微外弧。AT2620⑤：1，圆唇外撇，折壁，小圆底，尖足，白胎白釉泛亮青，内底有二道青花弦纹，底饰草叶纹，残缺，外壁沿下饰三道细青料线弦纹。下腹及圈足均饰青料线纹各一道，腹壁饰携琴访友图。口径13、底径5.2、高5.2厘米（图三一三，5；图版三八，3）。

Ⅴ式　5件。腹壁弧度稍大。BT0816③：2，圆唇，平底，内斜削圈足，白胎施白釉泛亮青，内壁下腹饰一道间断几何纹带，碗心书四个对称"永"字，里外沿下及圈足各施二条青料线弦纹。外腹绘青花凤凰梧桐纹。口径11.6、底径4.8、高5.8厘米（图三一四，1）。DT1430⑤：4，白胎白釉泛青灰，外壁饰花枝纹及鱼吻纹，用浅蓝色彩绘制，青花蓝中闪灰。口径14.2、底径3.8、高6.2厘米（图三一四，2）。

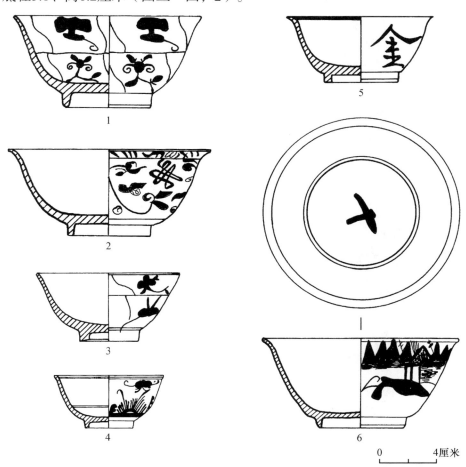

图三一四　青花瓷碗（一六）

1. ⅠbⅤ式青花碗（BT0816③：2）　2. ⅠbⅤ式青花碗（DT1430⑤：4）　3. ⅠbⅥ式青花碗（BT1808④：23）
4. ⅠbⅥ式青花碗（BT1909③d：36）　5. ⅠbⅤ式青花碗（AT2009④：17）　6. ⅠbⅥ式青花碗（AH205：18）

Ⅵ式　32件。腹壁弧度较小。BT1808④：23，白胎施白釉泛青灰，外壁唇下及圈足各施一道弦纹，腹壁施多组牵牛花及灵芝花纹。口径10、底径4、高5厘米（图三一四，3）。BT1909③d：36，圆唇，平底，直墙齐平足，白胎施白釉泛青灰，内壁上、下腹各施二道弦纹，外壁沿下饰二道弦纹，腹壁饰蝴蝶及花草纹。青料明艳。口径10.4、底径5、高5.6厘米（图三一四，4）。AT2009④：17，白胎施白釉泛豆青，内沿施一道青料弦纹，外壁书草体"金"字，圈足上有一道弦纹。口径10.4、底径5、高5厘米（图三一四，5；图版三八，4）。AH205：18，白釉泛青绿，内底饰青花蜻蜓一只，外壁饰青花山水纹，青花明艳。口径13.6、底径6.5、高6.4厘米（图三一四，6）。

Ⅶ式　15件。腹壁微弧。CT1108③：1，灰白胎施灰白釉泛浅褐，内底饰一只飞鹰博物，外壁饰多组灵芝纹及牵牛花纹。口径14、底径6.4、高5.2厘米（图三一五，1；图版三八，5）。BH45：2，圆唇，下腹急收，平底，直墙齐平足，白胎施青白釉，内壁上、下腹各施二道青料线纹，碗心饰楷书"贵"字，圈足饰二道宽弦纹，外壁书行体"金"字、"榜题名"三字残缺，青花明艳。口径10.4、底径4.4、高5厘米（图三一五，2；图版三八，6）。BT0816③：2，白胎白釉泛豆青，内外壁方框内均饰牵牛花纹及灵芝纹，青花明艳。口径12.8、底径6、高6.6厘米。

J型　26件。撇口，根据腹壁的形状又分二亚型。

Ja型　12件。微曲腹。分七式。

Ⅰ式　1件。腹壁弧度小。DT0326③：4，尖唇，斜壁，凹心底，直墙齐平足，白胎白釉泛青，内壁上下各施二道青料弦纹，口沿下饰不规则椭圆形圈一周，外壁饰青花缠枝花卉纹。口径11.4、底径5.8、高5.6厘米（图三一六，1）。

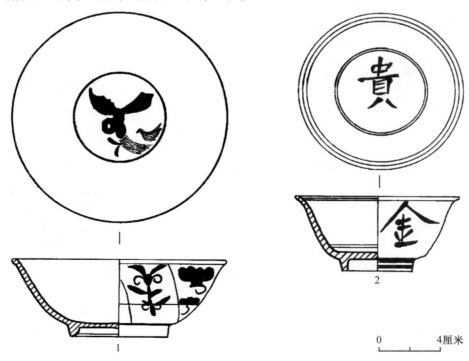

图三一五　青花瓷碗（一七）
1. Ⅰb Ⅶ式青花碗（CT1108③：1）　2. Ⅰb Ⅶ式青花碗（BH45：2）

Ⅱ式 1件。微曲腹。AH31：6，圆唇，凹心，圜底，内墙外撇圈足，灰白釉，青料蓝中闪灰，内壁上下各施二道弦纹。口沿下及下腹壁均施青料钩纹，外壁饰菊花纹，下腹饰扁圈纹一周。口径14.6、底径7、高7.4厘米（图三一六，2）。

Ⅲ式 2件。腹壁弧度较小。AT2119⑥：11，白胎白釉泛青，内壁下腹饰多条弦纹，碗心书四个"永"字，外壁饰青花"壬"字纹。口径11.6、底径5.2、高5.6厘米（图三一六，3）。AT2019⑥：10，圆唇，斜直壁，平底，直墙足，白胎施白釉泛豆青色，内壁下底有二道弦纹，碗心饰一蜘蛛动物图案，外壁青花"寿"字及动物图案，外底有一"绿"印章。口径11.6、底径4.8、高5.8厘米（图三一六，4；图版三九，1）。

Ⅳ式 1件。曲腹稍大。DT0733④：7，圆唇，平底，直墙齐平足，白胎白釉泛青灰，外壁饰朵云纹，有晕散。口径10.4、底径4.2、高4.5厘米（图三一六，5；图版三九，2）。

Ⅴ式 3件。腹微弧。AT1811⑤：3，尖唇，下腹弧收，平底，直墙齐平足，青白釉面，蓝中闪灰。内底心饰葵花纹，内外壁均饰牵牛花纹及灵芝纹。外底有一方块形印章，模糊不清。口径11、底径5.4、高6.2厘米（图三一七，1；图版三九，3）。BT1808⑤：22，白胎施白釉泛青，内壁沿下及下腹各饰一、二道弦纹。外壁沿下及圈足各饰一、二道弦纹，腹壁饰兰花纹。

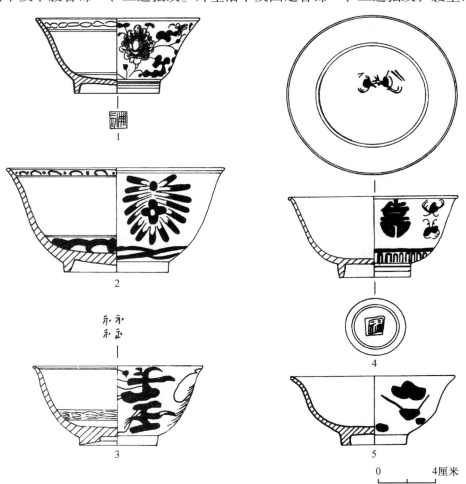

图三一六 青花瓷碗（一八）

1. JaⅠ式青花碗（DT0326③：4） 2. JaⅡ式青花碗（AH31：6） 3. JaⅢ式青花碗（AT2119⑥：11）

4. JaⅢ式青花碗（AT2019⑥：10） 5. JaⅣ式青花碗（DT0733④：7）

口径10.8、底径5.4、高6厘米（图三一七，2）。

Ⅵ式　2件。浅壁斜弧腹。BH12：4，青白釉蓝中闪灰，露足，外壁饰多组灵芝纹及牵牛花纹组合图案。口径10、底径4、高4.8厘米（图三一七，3）。DT1025②：1，圆唇，平底，内墙外斜坡足，灰白胎施白釉闪豆青色，内壁口沿一周饰不规则圈纹，外壁饰折枝花卉纹。口径11.6、底径5、高5.4厘米（图三一七，4）。

Ⅶ式　2件。弧壁稍陡直。AT2218③：2，尖唇，平底，圈足，白胎施白釉泛青灰，内壁上、下腹各施两道青料线弦纹，口沿处饰一周不规则纹，外壁饰折枝花卉纹。口径11、底径5、高5.2厘米（图三一七，5）。

Jb型　14件。撇口，内弧腹。分六式。

Ⅰ式　3件。腹壁内弧较小。AH44：4，尖唇，下腹折壁内敛，圈足，平底，白胎白釉泛青灰，外壁沿下及圈足饰多道弦纹，腹壁饰杂宝纹，碗心饰绶带纹。口径12.4、底径4.6、高6.6厘米（图三一八，1）。AT2212⑦：7，圆唇，微圜底，矮外斜削尖足，青白釉面，外壁饰渐变点饰纹。口径11、底径4、高5厘米（图三一八，2）。

Ⅱ式　1件。斜弧壁内撇。AH210：2，尖唇，下腹折壁急收，平底，直墙齐平足，白胎施

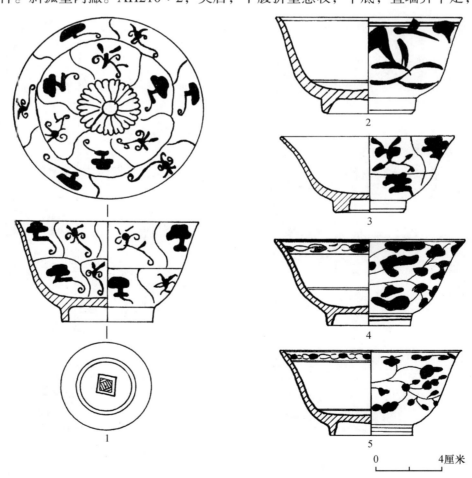

图三一七　青花瓷碗（一九）

1. JaⅤ式青花碗（AT1811⑤：3）　2. JaⅤ式青花碗（BT1808⑤：22）　3. JaⅥ式青花碗（BH12：4）
4. JaⅥ式青花碗（DT1025②：1）　5. JaⅦ式青花碗（AT2218③：2）

白釉泛亮青，外壁沿下、下腹部、圈足各施二道弦纹，腹部饰杂宝纹。口径14、底径4.8、高3.6厘米（图三一八，3）。

Ⅲ式　2件。微弧腹。DT0327②：8，圆唇，平底，直墙足，灰白胎施白釉泛豆青，内壁上、下腹饰五道弦纹，口沿处涂一道宽带蓝弦纹，内底行书"天"字，外壁饰青花把莲纹，外底印一花押图案。口径11.2、底径4.8、高4.9厘米（图三一八，4）。

Ⅳ式　5件。斜壁微直。AT2311⑤：6，圆唇，口外撇稍大，下腹折壁收，直墙圈足，平底，青白釉面，内壁口沿下饰二条弦纹，外壁沿下及下腹各饰二道弦纹。腹部饰缠枝秋葵。口径12、底径4.4、高5.4厘米（图三一八，5）。DH222：2，灰白胎施灰白釉泛青灰，内壁上、下腹各施二道弦纹，外壁饰青花卷云兰草纹。口径14.4、底径6、高6厘米（图三一八，6）。

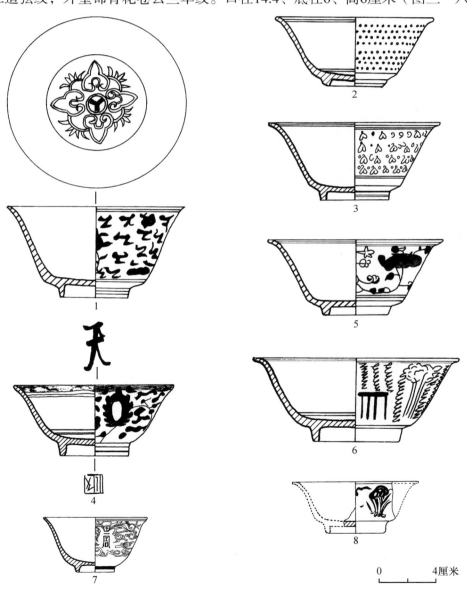

图三一八　青花瓷碗（二〇）

1. Jb Ⅰ式青花碗（AH44：4）　　2. Jb Ⅰ式青花碗（AT2212⑦：7）　　3. Jb Ⅱ式青花碗（AH210：2）　　4. Jb Ⅲ式青花碗（DT0327②：8）　　5. Jb Ⅳ式青花碗（AT2311⑤：6）　　6. Jb Ⅳ式青花碗（DH222：2）　　7. Jb Ⅴ式青花碗（BT1908③c：9）　　8. Jb Ⅵ式青花碗（BT2008④：1）

Ⅴ式　1件。曲腹。BT1908③c：9，圆唇，下腹弧收，凹心内底，圈足，白胎施白釉泛亮青，外壁饰篆体"寿"字和工笔淡描卷云纹。口径10.8、底径4、高6厘米（图三一八，7）。

Ⅵ式　2件。腹壁内弧稍大。BT2008④：1，圆唇，平底，直墙圆足，白胎施白釉闪豆青，外壁饰水仙花，青花明艳。口径12.6、底径5.6、高5.6厘米（图三一八，8）。

K型　58件。撇口，根据腹壁的形状可分三亚型。

Ka型　24件。外弧腹。分七式。

Ⅰ式　3件。鼓腹。AH44：1，圆唇，矮足，平底，白胎白釉泛亮青，外壁饰花草纹及水波纹。口径14.6、底径5、高5.2厘米（图三一九，1）。AH211：1，白胎白釉泛亮青。内底饰青花缠枝菊花纹，外壁绘折枝菊花纹。口径14.8、底径6.6、高6.2厘米。

Ⅱ式　3件。浅腹斜壁。AT2109⑦：13，圆唇，矮足，平底，青料蓝中闪灰，内口沿下饰二道弦纹，内壁饰兰花图案。口径11.6、底径5.2、高4厘米（图三一九，2）。

Ⅲ式　2件。斜直腹壁。BG5：1，圆唇，下腹弧收，外削斜尖足，白胎施白釉泛豆青，内壁沿下、腹底各施二道弦纹，内心饰结带绣球纹。外壁饰海水奔马纹。口径12.4、底径4.4、高

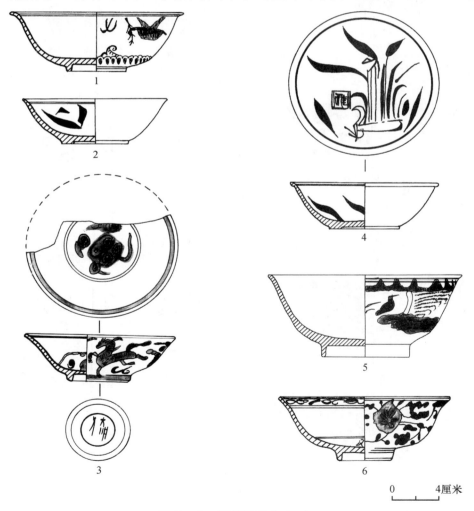

图三一九　青花瓷碗（二一）

1. KaⅠ式青花碗（AH44：1）　　2. KaⅡ式青花碗（AT2109⑦：13）　　3. KaⅢ式青花碗（BG5：1）
4. KaⅣ式青花碗（AT2009⑥：6）　5. KaⅣ式青花碗（BT1709④：18）　6. KaⅤ式青花碗（BH12：18）

4厘米（图三一九，3）。

Ⅳ式　5件。微外弧腹。AT2009⑥：6，圆唇，矮圈足，平底，白胎白釉泛青灰，内底饰兰草纹图案，并覆盖一印章"雅"字。青花明艳。口径12、底径5.2、高4厘米（图三一九，4）。BT1709④：18，白胎白釉闪豆青，外壁饰青花山水仙鹤图。青花蓝中闪灰。口径16、底径7.2、高7.2厘米（图三一九，5；图版三九，4）。

Ⅴ式　2件。曲腹。BH12：18，圆唇，下腹微鼓，平底，直墙圆足，白胎白釉泛灰，内壁口沿处双道弦纹内有草叶纹，内底双道弦纹内有青花纹，外壁饰缠枝花纹，青料明艳。口径14、底径4.4、高5.6厘米（图三一九，6）。

Ⅵ式　5件。AH205：31，灰白胎白釉泛青灰，外底有突乳，外壁饰青花云气纹。口径14.6、底径5.6、高6.2厘米（图三二〇，1）。腹壁较斜直。DT2314③：1，圆唇，下腹内敛，平底，直墙齐平足，灰白胎施灰白釉，外壁饰白描花卉纹。口径20.8、底径7.2、高8厘米（图三二〇，2；图版三九，5）。

Ⅶ式　4件。鼓腹下垂。AF9：4，尖唇，圈足，平底，白胎白釉泛青，釉色明亮，外壁饰龙凤纹及双"囍"字，图案绘画工整，青花明艳。口径19、底径8、高7.6厘米（图三二〇，3）。BH45：5，白胎青白釉，青花明艳，内壁口沿涂青花色一周下溢，下腹饰二道弦纹，外壁沿下及中腹各施一道弦纹，圈足施三道弦纹，腹部饰多组牵牛花及灵芝纹。口径14、底径4、高4.6厘米（图三二〇，4）。

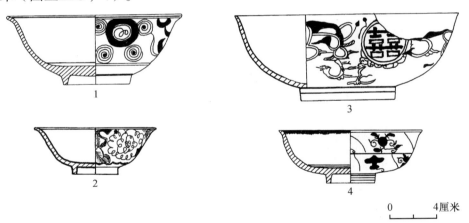

图三二〇　青花瓷碗（二二）

1. KaⅥ式青花碗（AH205：31）　　2. KaⅥ式青花碗（DT2314③：1）　　3. KaⅦ式青花碗（AF9：4）

4. KaⅦ式青花碗（BH45：5）

Kb型　31件。撇口，外斜腹壁。分七式。

Ⅰ式　2件。外斜弧腹较小。AT2217⑧：2，圆唇，折沿，直墙齐平足，平底，白胎施白釉泛青，内壁上、下腹各饰二道弦纹，外壁饰梵文。口径10.2、底径4.6、高4.8厘米（图三二一，1）。

Ⅱ式　3件。弧腹。AH45：2，圆唇，折平沿，矮圈足，微圜底，青白釉面，外腹上下及圈足各饰二道弦纹，腹部饰虫草纹。口径15、底径5.4、高5.6厘米（图三二一，2）。

Ⅲ式　1件。微圆腹。AT2018⑥：1，尖唇，平底，直墙齐平足，灰白胎施灰白釉泛青，内

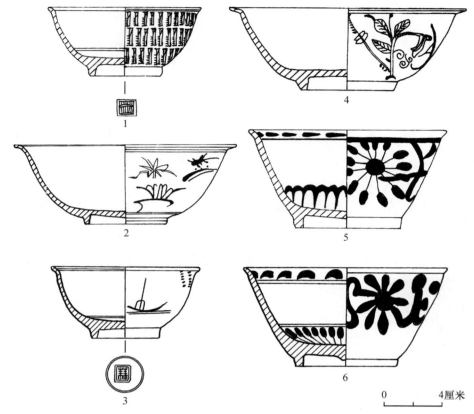

图三二一　青花瓷碗（二三）

1. KbⅠ式青花碗（AT2217⑧：2）　　2. KbⅡ式青花碗（AH45：2）　　3. KbⅢ式青花碗（AT2018⑥：1）
4. KbⅣ式青花碗（AT2019⑤：4）　　5. KbⅤ式青花碗（AT2119④：1）　　6. KbⅤ式青花碗（AH202：43）

壁上、下腹各饰二道弦纹，外壁饰青花水面泛轻舟，外底饰二道圈纹，内中印一篆体字"崇"印章。口径10.1、底径4.6、高5厘米（图三二一，3）。

　　Ⅳ式　4件。斜直壁。AT2019⑤：4，圆唇，折沿，下腹缓收，外墙内敛足，平底，白胎白釉泛灰，外壁饰青花枝叶纹。口径16、底径6.2、高5.8厘米（图三二一，4）。

　　Ⅴ式　6件。斜直壁稍陡。AT2119④：1，灰白胎施灰白釉，釉不及底，内壁沿下饰一周渐变点饰纹，下腹饰一周圆拱形青花纹，外壁饰青花菊花纹，口径13、底径7、高7厘米（图三二一，5）。AH202：43，圆唇，直墙齐平足，底心微内凹，外底有乳突，灰白胎施白釉泛灰，内壁上、下腹各饰二道弦纹，口沿下饰一周渐变点饰纹，下底饰青花花卉纹，外壁饰花草纹。口径12、底径7、高7厘米（图三二一，6）。

　　Ⅵ式　7件。上腹壁较斜直。BT1707④：3，圆唇，下腹弧收，直墙圆足，平底，灰白胎施灰白釉，内壁口沿下及下腹各饰二道弦纹，外壁饰草龙纹。口径14、底径6.4、高6.4厘米（图三二二，1）。DT0429②：2，白胎白釉泛青灰，内壁上下各饰二道青料线弦纹，碗心针刺一"松"字，外壁饰虾藻纹。口径18.8、底径6.8、高8.4厘米（图三二二，2）。

　　Ⅶ式　8件。垂腹。BH12：11，尖唇，厚胎壁，直墙齐平足，平底，白胎白釉泛青，内壁沿下及下腹各饰一、二道弦纹，外壁饰葵花纹，青花明艳。口径10.8、底径4、高4.8厘米（图三二二，3）。DG203：2，白胎施白釉泛青，内底饰青花花卉纹，外壁饰花果纹，青料蓝中闪

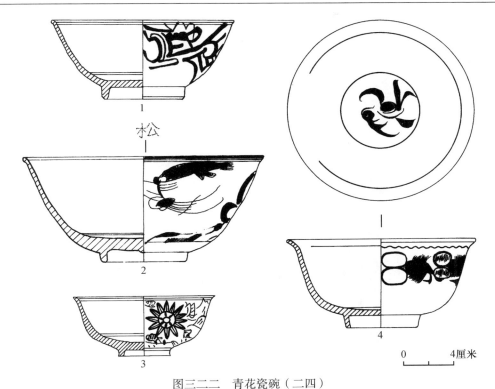

松公

0　　　4厘米

图三二二　青花瓷碗（二四）

1. Kb Ⅵ式青花碗（BT1707④：3）　2. Kb Ⅵ式青花碗（DT0429②：2）　3. Kb Ⅶ式青花碗（BH12：11）
4. Kb Ⅶ式青花碗（DG203：2）

灰。口径14.8、底径5.6、高7.2厘米（图三二二，4；图版三九，6）。

Kc型　4件。微曲弧。分二式。

Ⅰ式　2件。微弧。AT1913⑤：18，圆唇，心底略凹，直墙齐平足，灰白胎施灰白釉，外壁饰青花花卉纹。口径12、底径6.8、高5.2厘米（图三二三，1；图版四〇，1）。

Ⅱ式　2件。微曲腹。BT1909③d：22，厚圆唇，里外斜削尖足，平底，厚胎底，白胎青白釉面，外壁饰四组灵芝纹，全身有冰裂纹。口径12.8、底径6.8、高5.4厘米（图三二三，2）。

L型　3件。高足碗。分三式。

Ⅰ式　1件。AT2019⑦：6。口沿残，柱状高足，下端略翘，内空至碗底，白胎白釉，釉色白中透青，外壁下腹饰青花纹，高足上饰四道弦纹，残腹径10、足径4、残高5厘米（图三二三，3）。

Ⅱ式　1件。DT0728②：1，上碗残，仅存高足，足上端有一圈凸筋。下端为喇叭形座底，实心平底，内底挖足，细瓷白胎，釉色白中泛青，底有"福"字印章，外足饰青花尖头蕉叶纹。底径4、残高5.6厘米（图三二三，4）。

Ⅲ式　1件。AJ201：2，撇口，圆唇，斜弧腹，高足，足有喇叭形小底座，外削斜尖足，足内中空，器身釉汁白润，足底釉汁细薄透明，微见青色，内底双圈足内草书青花"禄"字，外壁饰青花凤纹。口径14.4、底径4、高8.6厘米（图三二三，5；图版四〇，2）。

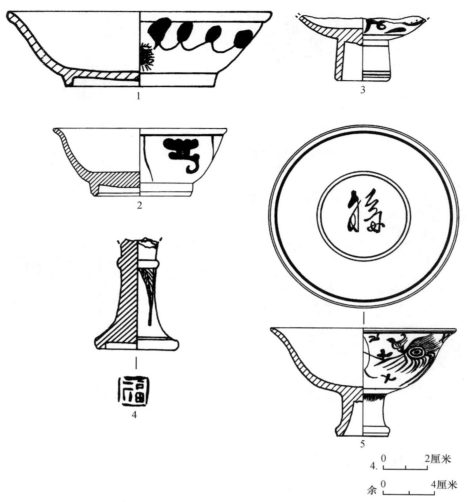

图三二三　青花瓷碗（二五）

1. Kc I 式青花碗（AT1913⑤：18）　2. Kc II 式青花碗（BT1909③d：22）　3. L I 式青花高足碗（AT2109⑦：6）
4. L II 式青花高足碗（DT0728②：1）　5. L III 式青花高足碗（AJ201：2）

二、瓷　杯

分单色釉和青花瓷两类。

（一）单色釉

分青釉、白釉、绿釉、酱釉、蓝釉五种。

1. 青釉杯

8件。分三型。

A型　4件。分三式。

I式　1件。直口，腹壁外弧稍大。AT2113⑧：1，平唇，外削斜尖足，平底，灰白胎施灰白釉泛青灰。口径7.8、底径3.8、高4.8厘米（图三二四，1）。

Ⅱ式　1件。直口，腹壁外弧稍小。AT2119⑥：10，平唇，下腹略收，外墙内敛足，平底，厚胎，白胎青釉泛淡绿。口径9、底径3、高5.4厘米（图三二四，2）。

Ⅲ式　2件。敞口，斜直壁。DT1007③d：18，平唇，下腹缓内收，外墙内敛里斜道足，平底略下凹，厚底胎，灰白胎施青灰釉，内壁饰两道弦纹，外壁饰三道弦纹。口径9.4、足径4.7、高4.5厘米（图三二四，3）。

B型　2件。残，分二式。

Ⅰ式　1件。AH31：1，残，弧腹，圈足外撇，外削拱底足，灰白胎施青灰色釉。底径3.4、残高3.5厘米（图三二四，4）。

Ⅱ式　1件。DH51：2，残，鼓腹，圈足外撇，圆足，平底，圈足内空呈喇叭形，器外饰黑线条冰裂纹。底径4、残高3.2厘米（图三二四，5）。

C型　2件。残。分二式。

Ⅰ式　1件。AT2009⑥：10，高足，足微外撇，足内半空，上端为实心，白胎施青灰釉，足外壁饰五道弦纹。底径2.6、残高6.5厘米（图三二四，6）。

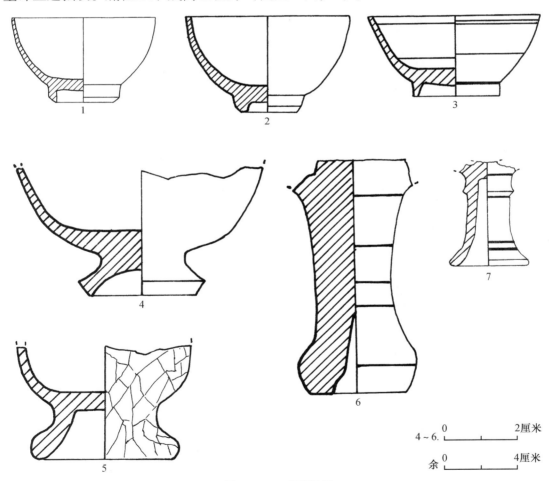

图三二四　青釉瓷杯

1.AⅠ式青釉杯（AT2113⑧：1）　2.AⅡ式青釉杯（AT2119⑥：10）　3.AⅢ式青釉杯（DT1007③d：18）

4.BⅠ式青釉杯（AH31：1）　5.BⅡ式青釉杯（DH51：2）　6.CⅠ式高足杯柄（AT2009⑥：10）

7.CⅡ式青釉杯（DT0529②：5）

Ⅱ式　1件。DT0529②：5，残，高足上端有一周凸筋。足外撇有底座，圆足，足内空，灰白胎施青釉，足外饰六道弦纹。足径4、残高6厘米（图三二四，7）。

2. 白釉杯

18件。分六型。

A型　5件。敞口，分三式。

Ⅰ式　2件。斜直腹壁，AT2412⑧：2，尖唇，下腹急收，外墙内敛足，平底，细瓷白胎，乳白釉面。口径7.1、底径2.6、高3.6厘米（图三二五，1）。DT0429③：5，同上器相同，白胎施白釉。口径6.6、底径2.6、高3.1厘米（图三二五，2）。

Ⅱ式　2件。斜壁微弧。AH205：11，平唇，下腹缓收，内斜削圈足，足墙稍厚，平底，

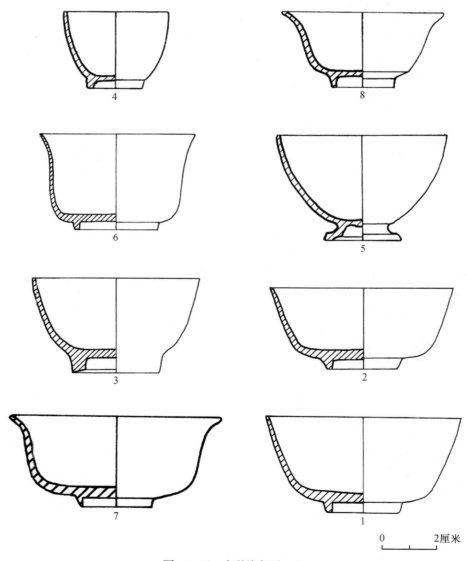

图三二五　白釉瓷杯（一）

1. A Ⅰ式白釉杯（AT2412⑧：2）　2. A Ⅰ式白釉杯（DT0429③：5）　3. A Ⅱ式白釉杯（AH205：11）
4. A Ⅲ式白釉杯（BT0714③：1）　5. B型白釉杯（BT1011④：5）　6. C Ⅰ式白釉杯（DG9：5）　7. C Ⅱ式白釉杯（DG7：1）
8. C Ⅲ式白釉杯（BT1017③：1）

白胎施白釉，釉色白中透青。口径6.1、底径3.2、高3.6厘米（图三二五，3）。

Ⅲ式 1件。微腹陡壁。BT0714③：1，平唇，直口，深腹壁，圈足，平底，白胎施白釉。口径5.6、底径3、高4.4厘米（图三二五，4）。

B型 1件。敞口，弧腹。BT1011④：5，圆唇，圈足外撇，内墙呈阶梯状外斜足。底有凹槽，白胎白釉。口径9.4、底径4.2、高6厘米（图三二五，5）。

C型 3件。撇口。分三式。

Ⅰ式 1件。直壁垂腹。DG9：5，尖唇，下腹壁陡直，矮圈足，平底，细瓷白胎。口径5.6、底径3、高3.6厘米（图三二五，6）。

Ⅱ式 1件。垂腹。DG7：1，圆唇外卷，下腹急收，矮圈足，平底，内底有一道凹槽。白胎施白釉泛亮青。口径7.6、底径2.8、高3.4厘米（图三二五，7）。

Ⅲ式 1件。曲腹。BT1017③：1，尖圆唇，上腹内弧，下腹外弧急收，圈足，平底，细瓷白胎施白釉。口径9、底径3.4、高4.4厘米（图三二五，8）。

D型 1件。撇口。腹壁弧度稍小。AT2410⑥：1，尖唇，下腹弧收，矮圈足，平底，厚底胎。白胎施乳白色釉。口径7.3、底径2.5、高3.7厘米（图三二六，1）。

E型 7件，敞口。分四式。

Ⅰ式 1件。圆弧腹。AT2010⑥：16，尖唇，里墙外斜坡尖足，足墙较厚，细瓷白胎，釉色白中透青，内腹饰弧形线条纹。口径10、底径4、高4.7厘米（图三二六，2）。

Ⅱ式 1件。弧腹。BT1709⑤：6，圆厚唇，直墙齐平足，圜底，白胎施白釉。口径6、底径3、高3.8厘米（图三二六，3）。

Ⅲ式 4件。腹壁弧度稍小。AH205：36，圆厚唇，下腹缓收，齐平足，平底，白胎施乳白釉，内底针刺小孔纹"五"字。口径9.4、底径4.2、高5厘米（图三二六，4）。BT1808⑤：30，圆唇外卷，直墙足，平底，白胎白釉，内底有戳印纹"五"字。口径9、底径4.2、高5厘米（图三二六，5）。

Ⅳ式 1件。腹壁弧度稍大。BT1909③d：8，平唇，直口，上腹壁陡直，下腹内敛，直墙齐平足，平底，白胎施白釉。口径8.4、底径4、高5厘米（图三二六，6）。

F型 1件。DT0431③：3，撇口，鼓弧腹，高足外撇，内空呈喇叭形，高足外壁有一道凸弦纹，灰白胎施白釉，全身饰冰裂纹。口径8.8、底径3.7、高8.6厘米（图三二六，7）。

绿釉杯 1件。DT1430④b：3，敞口，平唇，弧腹，外削斜尖足，平底，灰白胎施绿釉。口径9.6、底径4、高5.4厘米（图三二七，1）。

酱釉杯 1件。AT2418③：3，敛口，鼓腹，圈足较高，足外撇，内为实心，足底内凹，灰白胎施酱釉，釉不及底。口径5、底径3、高3.3厘米（图三二七，2）。

蓝釉杯 1件。AT2419⑤：2，撇口，圆唇，内弧腹，下腹折收，外墙内敛足，微凸底，内底下凹。胎土白，内外施蓝釉。口径9、底径3、高4.6厘米（图三二七，3；图版四〇，3）。

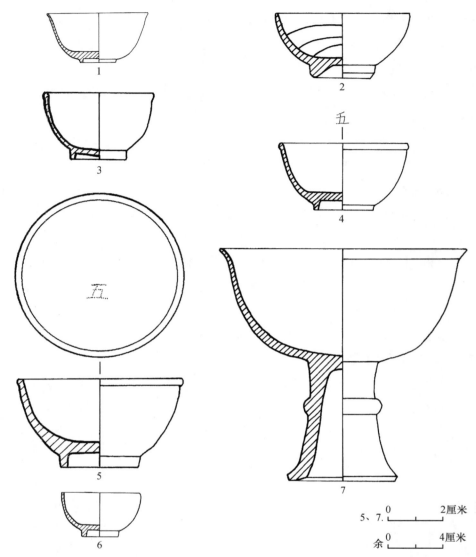

图三二六　白釉瓷杯（二）

1. D型白釉杯（AT2410⑥∶1）　2. EⅠ式白釉杯（AT2010⑥∶16）　3. EⅡ式白釉杯（BT1709⑤∶6）
4、5. EⅢ式白釉杯（AH205∶36、BT1808⑤∶30）　6. EⅣ式白釉杯（BT1909③d∶8）　7. F型白釉杯（DT0431③∶3）

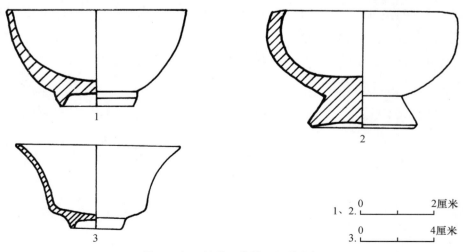

图三二七　绿釉、酱釉、蓝釉瓷杯

1. 绿釉杯（DT1430④b∶3）　2. 酱釉杯（AT2418③∶3）　3. 蓝釉杯（AT2419⑤∶2）

（二）青花

杯　269件。分九型。

A型　52件。敞口，根据腹壁的形状可分为四亚型。

Aa型　13件。敞口，弧腹。分五式。

Ⅰ式　1件。微弧腹。AT2420⑦：1，平唇，外墙内敛足，圈足稍高，平底，厚底胎，白胎施白釉泛青，外壁饰折枝花草纹，青花明艳。口径9、底径3.4、高5.6厘米（图三二八，1）。

Ⅱ式　2件。腹壁弧度小。AT2119⑥：5，平唇，直墙齐平足，平底，灰白胎施灰白釉，外壁饰青花鱼纹。口径6.6、底径2.9、高3.6厘米（图三二八，2）。

Ⅲ式　5件。上腹微弧，下腹内收。AF6：1，尖唇，内斜削圈足，平底，灰白胎施灰色釉，内底饰葵花纹，外壁饰花草纹。口径8.6、底径4.4、高3.5厘米（图三二八，3；图版四〇，4）。DT1009⑤：13，平唇，直墙齐平足，平底，厚底胎，灰白胎施白釉，内壁饰青花灵芝纹，内底有一戳印纹"田"字，外壁饰青花花草纹，青花明艳。口径7.9、底径4、高3.5厘米（图三二八，4）。DT1109⑤：1，平唇，上腹微直，下腹微弧，外壁墙内拱底足，厚底胎，釉色白中带灰，外壁饰一佛门中文字。口径6、底径3、高2.5厘米（图三二八，5）。

Ⅳ式　4件。上腹斜直，下腹弧收。BH1：4，圆唇，直墙齐平足，平底，细瓷白胎，釉色白中泛青。内壁相间饰青花灵芝和牵牛花纹，器心饰螺扇纹，外壁绘有灵芝纹。口径8.6、底径4.4、高3.4厘米（图三二八，6）。AH202：18，平唇，圈足，平底，白胎施灰白色釉，外壁饰青花点纹。口径5.6、底径2.6、高2.5厘米（图三二八，7）。

Ⅴ式　1件。圆弧腹。DG10：3，平唇，直墙齐平足，平底，白胎白釉泛豆青，外壁饰灵芝纹，外底饰四个"百"字。口径9.8、底径3.8、高4.8厘米（图三二八，8）。

Ab型　15件。敞口，微弧腹。分五式。

Ⅰ式　1件。上腹斜直，下腹微弧。AT2109⑦：10，平唇，外墙内敛齐平足，底心微内凸下弧，灰白胎施白釉，青料蓝中闪灰，外壁饰天鹅图案。口径9.2、足径4.4、高5.4厘米（图三二九，1）。

Ⅱ式　2件。斜直腹，下腹折弧收，AT2112⑥：3，方唇，直墙壁齐平足，平底，白胎白釉泛亮青，外壁饰花草叶纹。口径6、足径3、高3.4厘米（图三二九，2）。AT2112⑥：2，方唇，微直腹，下腹弧收，内斜削圈足，平底，釉色白中带灰，外壁饰花草叶纹。口径5.4、足径2.6、高3厘米（图三二九，3）。

Ⅲ式　1件。微弧腹。AT2311⑤：3，平唇，下腹弧收，直墙壁齐平足，灰白胎施白釉泛青灰，内外各饰二道弦纹，外壁饰灵芝及牵牛花纹。口径9.2、足径4、高4.8厘米（图三二九，4）。

Ⅳ式　7件。弧腹。BT0817④：2，圆唇，下腹微鼓，直墙壁齐平足，平底，器身釉汁白润，足底釉汁细薄透明，微见青色，内外壁均饰多组灵芝及牵牛花纹，外底心有一印章图案。口径9.8、足径5.7、高5厘米（图三二九，7；图版四〇，5）。AH202：35，平唇，上腹壁稍直，内斜削圈足，足墙壁稍厚，平底，白胎白釉涝青灰色，外壁饰青花山水纹图案。口径6.1、足径3.2、高3.6厘米（图三二九，6）。BT1011④：3，圆唇，弧腹，内斜削圈足，平底，灰白胎施灰

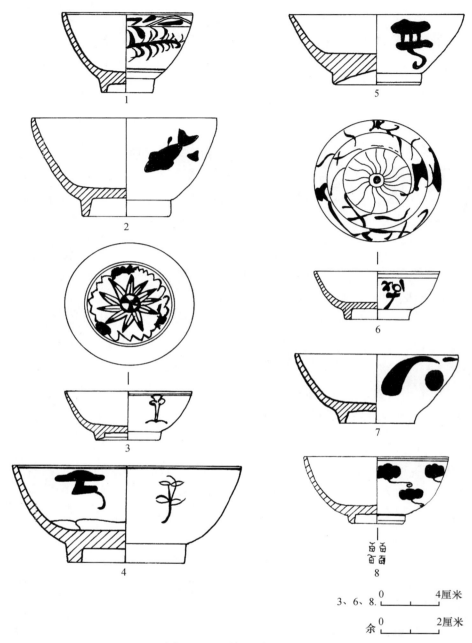

图三二八　青花瓷杯（一）

1. AaⅠ式青花杯（AT2420⑦：1）　　2. AaⅡ式青花杯（AT2119⑥：5）　　3. AaⅢ式青花杯（AF6：1）
4. AaⅢ式青花杯（DT1009⑤：13）　　5. AaⅢ式青花杯（DT1109⑤：1）　　6. AaⅣ式青花杯（BH1：4）
7. AaⅣ式青花杯（AH202：18）　　8. AaⅤ式青花杯（DG10：3）

白釉，外壁饰草龙纹。口径9.6、足径4.4、高5厘米（图三二九，5；图版四一，1）。

　　Ⅴ式　4件，腹壁弧度小。BT2009②b：5，方唇，微弧腹，下腹急收，内斜削圈足，内心微凸，平底，细瓷白胎，釉色白中泛青，外壁饰五道弦纹，腹部饰圈纹，下腹饰变形莲瓣纹。口径9.6、足径4、高5.2厘米（图三二九，8）。DT2115③：7，平唇，腹部弧度较小，外墙内敛，平底，里墙度有槽足，灰白胎施白釉泛亮青，内壁饰两道弦纹，外壁饰花草凤纹。口径8、足径3、高4.7厘米（图三二九，10）。DT1107③c：18，尖唇，弧腹，内斜削圈足，平底，

图三二九 青花瓷杯（二）

1. AbⅠ式青花杯（AT2109⑦：10） 2. AbⅡ式青花杯（AT2112⑥：3） 3. AbⅡ式青花杯（AT2112⑥：2）
4. AbⅢ式青花杯（AT2311⑤：3） 5. AbⅣ式青花杯（BT1011④：3） 6. AbⅣ式青花杯（AH202：35）
7. AbⅣ式青花杯（BT0817④：2） 8. AbⅤ式青花杯（BT2009②b：5） 9. AbⅤ式青花杯（DT1107③c：18）
10. AbⅤ式青花杯（DT2115③：7）

灰白胎施灰白釉，内壁饰二道弦纹，外壁饰多组灵芝及牵牛花纹。口径6.4、足径2.6、高3.5厘米（图三二九，9）。

Ac型 18件，敞口，斜直壁微弧。分三式。

Ⅰ式 4件。斜直壁。BT1709⑤：25，平唇，外斜削直墙足，平底，白胎白釉泛豆青，内外壁饰多组灵芝及牵牛花纹，内底饰风火轮，外底有四道弦纹，中心有一方形印章图案。口径9.4、足径5、高5厘米（图三三〇，9）。BH11：22，圆唇，外墙内敛，内斜削圈足，足墙壁较厚，平底，内壁饰四道弦纹，外壁饰二道弦纹，腹壁饰青花缠枝莲纹。口径9.6、足径4、高5.2厘米（图三三〇，2）。

Ⅱ式 12件。斜弧腹。BH1：3，尖唇，浅腹，直墙圈足，平底，灰白胎施白釉泛亮青，内壁唇下施青色花边纹，中间为楼亭、行人、小桥、垂钓鱼翁、小河泛舟图案，内底饰风纹，外壁饰草龙纹。口径9、底径4.3、高2.9厘米（图三三〇，11）。DH17：2，平唇，浅弧

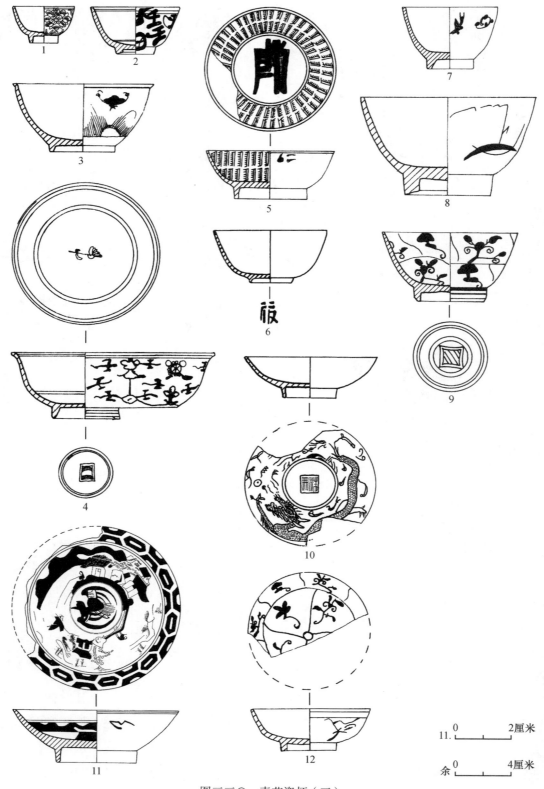

图三三〇　青花瓷杯（三）

1. AdⅡ式青花杯（BT1706③：4）　　2. AcⅠ式青花杯（BH11：22）　　3. AdⅡ式青花杯（DT1007③d：33）
4. AcⅢ式青花杯（AT2119③：4）　　5. AcⅡ式青花杯（DH17：2）　　6. AdⅠ式青花杯（AT0729②：2）
7. AdⅠ式青花杯（T2110④：8）　　8. AdⅠ式青花杯（AH202：60）　　9. AcⅠ式青花杯（BT1709⑤：25）
10. AcⅡ式青花杯（AT1810④：1）　　11. AcⅡ式青花杯（BH1：3）　　12. AcⅢ式青花杯（DT1107③c：19）

腹，直墙齐平足，平镀，白胎施白釉，内壁饰梵纹，内底书一"前"字，外壁饰标点纹。口径9、足径5、高3.5厘米（图三三〇，5）。AT1810④：1，尖唇，浅弧腹，直墙壁圈足，平底，灰白胎施白釉，外腹饰一条龙纹及云纹，外底有一方形印章。口径9.4、足径4、高3厘米（图三三〇，10；图版四一，2）。

Ⅲ式　2件。腹壁微下垂。AT2119③：4，圆唇，直墙圈足，平底，灰白胎施白釉泛豆青，内底饰日出海面图案，外壁饰蕉叶山水人物图，青花明艳。外底双道弦纹内为花押款。口径8.2、足径3.9、高3.8厘米（图三三〇，4）。DT1107③c：19，圆唇，直墙足，平底，灰白胎施白釉，内壁饰多组间断灵芝及牵牛花纹，外壁饰三道弦纹，腹部饰青花婴戏纹。口径8.5、足径4、高3厘米（图三三〇，12）。

Ad型　6件，敞口，深直腹。分二式。

Ⅰ式　3件，深壁微弧。AT2110④：8，平唇，下腹缓收，内墙外斜坡足，平底稍厚，灰白胎施白釉泛青灰，外腹饰青花婴戏图。口径6.7、足径3.3、高4.5厘米（图三三〇，7）。AH202：60，平唇，深弧腹，内斜削圈足，平底足墙壁，底均较厚，白胎白釉泛青色，外腹饰草叶纹。口径6.1、足径3、高3.6厘米（图三三〇，8）。AT0729②：2，形制近似（图三三〇，6）。

Ⅱ式　3件，斜鼓腹。DT1007③d：33，尖唇，直墙齐平足较矮，平底，灰白胎施白釉，外腹饰蝴蝶小草图案。口径9.8、足径4.5、高5厘米（图三三〇，3；图版四一，3）。BT1706③：4，圆唇，外墙内敛里斜坡足，圈足较高，平底，白釉施乳白釉，外腹饰缠枝牡丹纹。口径6.6、足径3、高4厘米（图三三〇，1）。

B型　25件。敞口，分二亚型。

Ba型　16件，敞口，斜直腹。分五式。

Ⅰ式　2件，直壁。AF13：1，方唇，下腹急收，外斜削足，圈足较高，平底，灰白胎施乳白釉，外腹饰飞禽纹。口径6.6、足径3.4、高4.4厘米（图三三一，5）。AT2119⑥：6，圆唇，内斜削圈足，足墙壁较厚，平底，白胎白釉泛亮青，外腹饰山水泛舟纹，青花明艳。口径6.2、足径3、高3.5厘米（图三三一，6）。

Ⅱ式　2件。斜直腹较陡。AT2019⑥：7，圆唇，下腹缓收，外斜削，里墙底有槽足。灰白胎，釉色白中透灰，内底饰点纹，外上腹二道弦纹，圈足饰二道弦纹，腹部饰婴戏图案，口径8、足径3.8、高5厘米（图三三一，10）。AT2119⑥：8，圆唇，尖足，里墙底有一圈凹槽，平底，灰胎施白釉泛灰，外腹饰婴戏图纹。口径5.9、足径2.8、高3.2厘米（图三三一，1）。

Ⅲ式　1件，浅弧腹。DT0331②：1，尖唇，外墙内敛里斜削圈足，外底有乳钉，内底微凸，灰白胎施灰白釉，外壁釉不及圈足，外腹饰青花圈点纹。口径9.4、足径4.2、高4.2厘米（图三三一，7）。

Ⅳ式　9件，斜壁微弧。AH202：65，尖唇，上腹壁较直，下腹微收，内斜削足，圈足稍高，足墙较厚，平底，灰白胎施白釉泛豆青，外腹饰山水风景纹。口径6.2、足径3.2、高3.7厘米（图三三一，4）。AH202：23，圆唇，直墙圆足，平底，灰白胎施白釉泛青，内壁饰四道弦纹，外腹饰草叶纹。口径6.4、足径3、高3.5厘米（图三三一，3；图版四一，4）。BT2009③e：25，尖唇，下腹折收，外墙内敛里斜道尖足，平底，白胎青白釉，外腹饰山水及

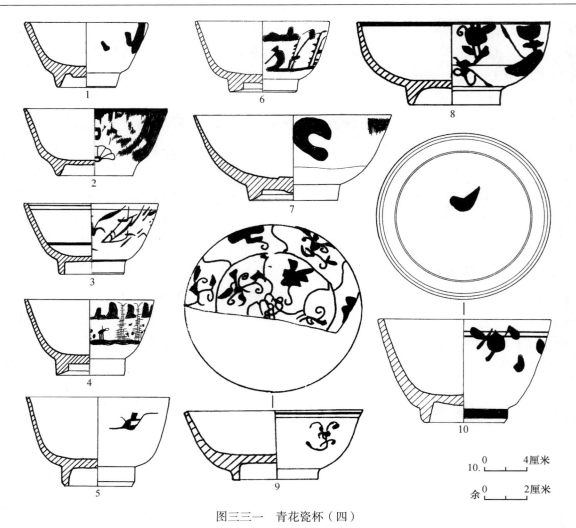

图三三一　青花瓷杯（四）

1. BaⅡ式青花杯（AT2119⑥：8）　2. BaⅣ式青花杯（BT2009③e：25）　3. BaⅣ式青花杯（AH202：23）　4. BaⅣ式青花杯
（AH202：65）　5. BaⅠ式青花杯（AF13：1）　6. BaⅠ式青花杯（AT2119⑥：6）　7. BaⅢ式青花杯（DT0331②：1）
8. BaⅤ式青花杯（BT2008③a：2）　9. BaⅤ式青花杯（DT1108③c：3）　10. BaⅡ式青花杯（AT2019⑥：7）

蝴蝶花纹。口径6.6、足径3.6、高3.3厘米（图三三一，2）。

　　Ⅴ式　2件，弧腹近垂。DT2008③a：2，圆唇，鼓腹近垂，内墙外斜坡足，平底，灰白胎施白釉闪亮青，外腹饰间断多组灵芝及牵牛花纹，青花蓝中闪灰。口径9、足径4.2、高4厘米（图三三一，8）。DT1108③c：3，尖唇，直墙齐平足，平底，内壁饰多组间断灵芝及牵牛花纹，外壁沿下饰三道弦纹，腹部饰牵牛花及灵芝花纹。口径8.4、足径4、高3.4厘米（图三三一，9；图版四二，1）。

　　Bb型　9件。敞口直腹壁，分四式。

　　Ⅰ式　1件，斜直腹壁。AT2119⑥：4，尖唇，下腹折收，里外斜削尖足，圈足较高，厚墙，平底，灰白胎施白釉泛豆青，外腹饰草叶纹。口径6、足径2.6、高3.3厘米（图三三二，1；图版四二，2）。

　　Ⅱ式　4件。直腹壁近垂。AH4②：1，尖唇，外削拱底足，厚底，白胎白釉，外壁饰草叶纹，青料明艳。口径7.5、足径2.8、高4.2厘米（图三三二，3）。AT2109⑤：6，圆唇，厚胎，外墙内敛里斜道圈足，里墙底有凹槽一道，浅棕色胎，白釉泛青，外腹饰青花点纹。口径5.8、足径2.6、高3厘米（图三三二，2）。

Ⅲ式 1件。浅腹斜平壁。DF10：15，尖唇，外削拱底足，厚底，白胎施白釉泛亮青，外腹饰花草纹。口径7.7、足径2.9、高3.4厘米（图三三二，4）。

Ⅳ式 3件，微弧腹。DT1007③a：16，圆唇，直墙齐平足，平底，灰白胎施白釉闪豆青，内外壁均饰灵芝及牵牛花纹，青料明艳。口径6.4、足径2.8、高3.3厘米（图三三二，5）。

C型 4件。敞口，弧腹。分三式。

Ⅰ式 1件。上腹弧度小。AH44：3，尖唇，外削拱底窄足，厚底，白胎白釉泛青灰色，

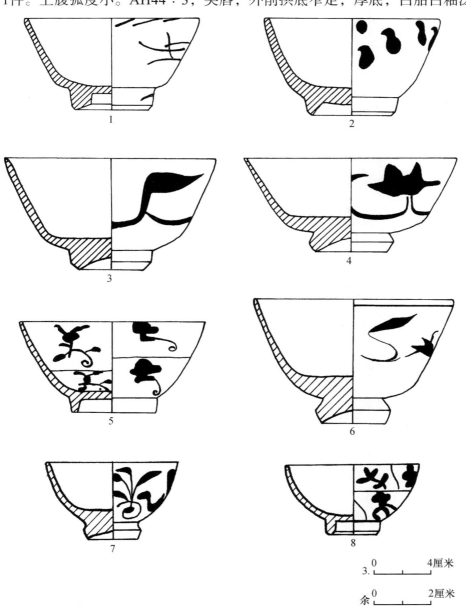

图三三二 青花瓷杯（五）

1. Bb Ⅰ式青花杯（AT2119⑥：4） 2. Bb Ⅱ式青花杯（AT2109⑤：6） 3. Bb Ⅱ式青花杯（AH4②：1）
4. Bb Ⅲ式青花杯（DF10：15） 5. Bb Ⅳ式青花杯（DT1007③a：16） 6. C Ⅰ式青花杯（AH44：3）
7. C Ⅱ式青花杯（BT1016⑤：2） 8. C Ⅲ式青花杯（BT1010④：5）

外腹饰叶纹。口径7、足径2.6、高4.5厘米（图三三二，6）。

　　Ⅱ式　1件。弧腹。BT1016⑤：2，圆唇，外削拱底足，厚底，白胎白釉泛青，外腹饰兰草纹。口径6.8、足径3.2、高4.2厘米（图三三二，7）。

　　Ⅲ式　2件。鼓腹。BT1010④：5，圆唇，里外斜削窄足，平底，白胎白釉，釉不及底，外腹饰多组间断灵芝及牵牛花纹。口径7、足径2.6、高3.6厘米（图三三二，8）。

　　D型　96件。撇口，根据腹壁的形状可分为二亚型。

　　Da型　33件。撇口，垂腹。分六式。

　　Ⅰ式　6件。弧腹微下垂。DT1107⑨：14，尖唇，直墙圆足，平底，灰白胎施白釉泛浅灰，内底饰青花纹，外腹饰缠枝花纹。口径9.6、足径4、高4.6厘米（图三三三，5；图版四二，3）。DT1008⑩：20，圆唇，直墙平足，平底，灰白胎施白釉闪豆青，外腹饰草叶纹，青花明艳。口径8.8、足径4、高4.2厘米（图三三三，3）。DT0529③：1，圆唇，外削斜尖

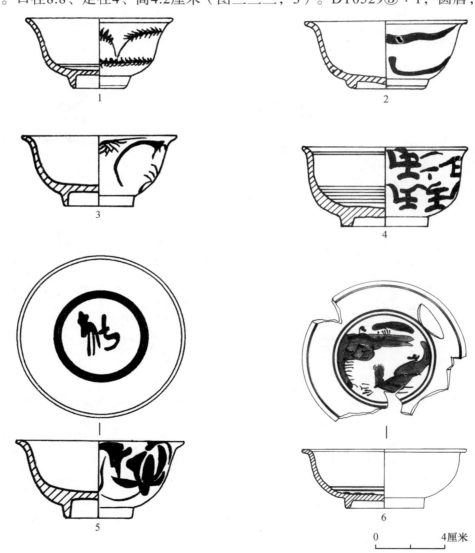

图三三三　青花瓷杯（六）

1. DaⅠ式青花杯（DT0529③：1）　2. DaⅣ式青花杯（AT2420⑤：2）　3. DaⅠ式青花杯（DT1008⑩：20）
4. DaⅥ式青花杯（BH4：5）　5. DaⅠ式青花杯（DT1107⑨：14）　6. DaⅡ式青花杯（DT0831③：4）

足，平底，白胎施白釉泛豆青，内壁饰二道弦纹，外腹饰草叶纹。口径8.6、足径3、高4.2厘米（图三三三，3；图版四二，4）。

Ⅱ式　1件。深垂腹。DT0831③：4，圆唇，鼓垂腹，直墙圆足，平底，灰白胎施白釉闪亮青，内壁饰三道弦纹，底部饰青花山水人物纹，青花明艳。口径9.2、足径4.4、高3.5厘米（图三三三，6；图版四三，1）。

Ⅲ式　1件。弧腹。AH210：6，圆唇，下腹微鼓，内斜削圈足，平底，灰白胎施灰白釉，内壁饰四道弦纹，底部饰一"Z"字形青花纹，外腹饰草龙纹。口径6.3、足径2.6、高3.6厘米（图三三四，4；图版四三，2）。

Ⅳ式　6件。圆弧腹。AH3：3，圆唇，下腹急收，外斜削圈足，平底，灰白胎施白釉，内壁饰两道弦纹，底部书"贵"字，外腹饰"题榜"二字。口径9、足径4、高4.2厘米（图三三四，6；图版四三，3）。AT2109⑤：7，圆唇，圆鼓腹，内斜削圈足，平底，白胎、白釉，内底、外腹均饰青花四爪龙纹，青花明艳。口径6.6、足径3、高3.5厘米（图三三四，3）。AT2420⑤：2，圆唇，外削斜尖足，外底有乳突，灰白胎施青灰色釉，外腹饰草龙纹。口径9.2、足径3.8、高4厘米（图三三三，2）。

Ⅴ式　8件。垂腹近墩式。BT1010④：3，圆唇，直墙圆足，平底，灰白胎白釉泛青灰，外腹壁有突起的小乳钉，底部饰青花纹，青料呈淡蓝色。口径9.6、足径4、高5厘米（图三三四，5）。BT1708④：4，圆唇，外墙内敛里斜道足，平底，内壁饰两道弦纹，口沿下积釉太浓下溢，外壁饰多组间断灵芝及牵牛花纹。口径6.3、足径2.6、高3.4厘米（图三三四，7）。

Ⅵ式　11件。鼓腹下垂。BT1909③d：26，圆唇，外墙内敛，内墙外斜坡矮圈足，平底，白胎青白釉，内壁口沿处饰一圈青料，腹部饰二道弦纹，外腹饰二道弦纹并饰多组灵芝及牵牛花纹。口径6.8、足径2.8、高3.4厘米（图三三四，2；图版四三，4）。BT1909③d：9，圆唇，外墙内敛里斜道足，平底，白胎青白釉，内壁口沿下饰圈形花边纹并饰五道弦纹，外壁饰缠枝莲纹，青花明艳。口径9.6、足径5、高4.2厘米（图三三四，1）。BH4：5，圆唇，直墙齐平矮足，平底，杯心内凹，白胎施白釉透亮青，内壁饰多道弦纹，外腹饰凤纹。口径9.2、足径4.8、高4.8厘米（图三三三，4）。

Db型　63件。撇口，斜弧腹，分六式。

Ⅰ式　1件。微弧腹。DT0730③：9，圆唇，直墙齐平足，微圜底，灰白胎施白釉，内壁饰两道弦纹，外腹饰蝴蝶纹。口径9.7、足径4.6、高5.4厘米（图三三五，1）。

Ⅱ式　4件。斜弧腹。AT2113⑦：7，尖唇，腹部弧度较小，直墙壁齐平足，微圜底，白胎白釉闪亮青，内壁口沿处饰斜竖花边纹，底心饰山水松、竹、梅纹。口径9、足径4.2、高5厘米（图三三五，4）。AT2109⑦：1，圆唇，弧腹，直墙壁齐平足，外底有乳突，灰白胎施白釉，内外饰四道弦纹，外壁饰鸭子戏水图纹。口径9.4、足径4.6、高5.2厘米（图三三五，2；图版四三，5）。

Ⅲ式　1件。鼓腹。AH210：7，圆唇，直墙齐平足，平底，白胎白釉泛青灰，外腹饰花草纹。口径8、足径3.3、高4.2厘米（图三三五，3）。

Ⅳ式　15件。斜腹壁。DT1025③：1，尖唇，内斜削圈足，平底，灰白胎施白釉，内壁饰

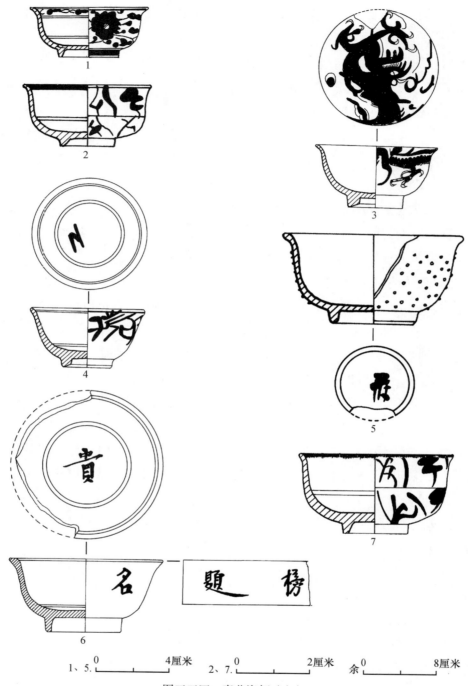

图三三四　青花瓷杯（七）

1. DaⅥ式青花杯（BT1909③d：9）　　2. DaⅥ式青花杯（BT1909③d：26）　　3. DaⅣ式青花杯（AT2109⑤：7）
4. DaⅢ式青花杯（AH210：6）　　5. DaⅤ式青花杯（BT1010④：3）　　6. DaⅣ式青花杯（AH3：3）
7. DaⅤ式青花杯（BT1708④：4）

0　　　　　　4厘米

图三三五　青花瓷杯（八）

1. DbⅠ式青花杯（DT0730③：9）　　2. DbⅡ式青花杯（AT2109⑦：1）　　3. DbⅢ式青花杯（AH210：7）

4. DbⅡ式青花杯（AT2113⑦：7）　　5. DbⅣ式青花杯（DH225：1）

两道弦纹，底部书一"士"字，外腹饰多组间断简形灵芝及牵牛花纹。口径6.2、足径2.4、高3.2厘米（图三三六，5；图版四四，1）。DH225：1，圆唇，内斜削圈足，灰白胎施白釉泛青灰，内壁饰两道弦纹，底部饰花枝纹，外壁饰多组间断灵芝及牵牛花纹，口径6.5、足径2.7、高3.2厘米（图三三五，5；图版四四，2）。AT2510⑤：2，尖唇，直墙齐平足，平底，白胎施白釉闪亮青，内壁饰五道弦纹，口沿下饰圈点纹，外壁饰花枝纹。口径8.6、足径3.6、高4.2厘米（图三三六，4）。

　　Ⅴ式　26件。曲腹。AH202：56，尖唇，弧壁，内斜削圈足，厚墙胎，平底，白胎白釉泛青白，内心书四个"永"字，外壁饰凤纹，青花明艳。口径9.4、足径4.2、高4.8厘米（图三三七，2）。BT1908④：3，圆唇，微曲腹，里外斜圈足，平底，灰白胎施白釉，内壁饰两道弦纹，底饰象形灵芝纹，外壁象形灵芝及牵牛花纹。口径6.4、足径2.8、高3.2厘米（图三三六，6）。BT1707④：1，圆唇，内斜削圈足，平底，白胎白釉闪豆青，内腹饰二道弦纹，底饰兰色绘字花纹，外壁饰多组间断灵芝及牵牛花纹，青料蓝中闪灰。口径9.8、足径4.4、高5厘米（图三三七，3）。AT2220④：4，圆唇，曲腹，直墙壁齐平足，平底，灰白胎施白釉泛亮青，内外壁饰多组间断灵芝及牵牛花纹，外底押双框文字款"示"字。口径9、足径5.1、高5.2厘米（图三三七，1）。

Ⅵ式　16件。斜弧腹。DT1103③c：7，圆唇，直墙圆足，平底，底胎较厚，灰白胎施白釉闪亮青，内壁饰六道弦纹，口沿下饰圈纹，外壁饰青花花卉纹，线条流畅，青花明艳。口径7.4、足径3.7、高3.7厘米（图三三六，3）。DG10：19，圆唇，内斜削浅圈足，平底，厚底胎，白胎白釉泛青灰，内壁饰二道弦纹，外腹饰多组间断灵芝及牵牛花纹。口径6.2、足径2.6、高3.6厘米（图三三六，2）。BT1908③c：6，尖唇，直墙内斜削圈足，平底微内凹，釉色

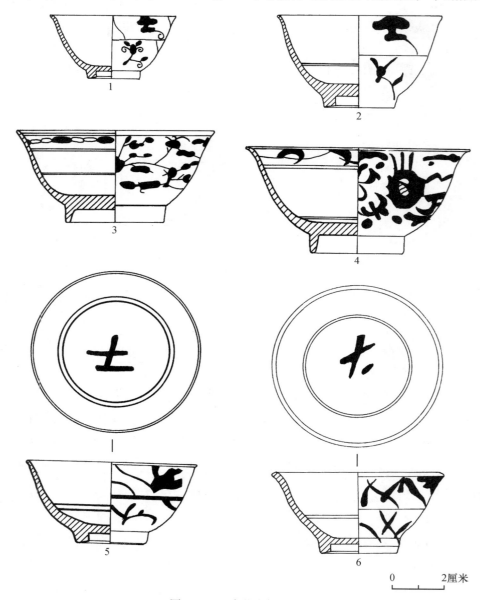

图三三六　青花瓷杯（九）

1. DbⅥ式青花杯（BT1908③c：6）　2. DbⅥ式青花杯（DG10：19）　3. DbⅥ式青花杯（DT1103③c：7）
4. DbⅣ式青花杯（AT2510⑤：2）　5. DbⅣ式青花杯（DT1025③：1）　6. DbⅤ式青花杯（BT1908④：3）

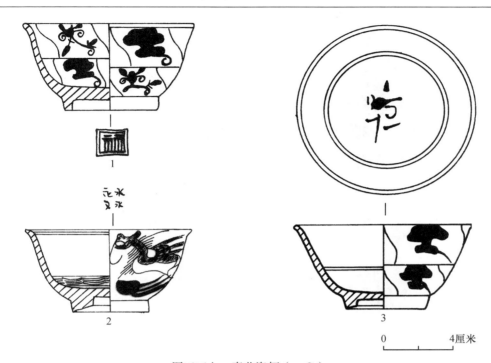

图三三七　青花瓷杯（一〇）

1. Db Ⅴ式青花杯（AT2220④：4）　　2. Db Ⅴ式青花杯（AH202：56）　　3. Db Ⅴ式青花杯（BT1707④：1）

白中透青，外壁饰多组间断灵芝及牵牛花纹。口径9.4、足径3.8、高5厘米（图三三六，1；图版四四，3）。

E型　64件。撇口。分二亚型。

Ea型　49件，撇口，斜壁。分六式。

Ⅰ式　4件。大撇口，折壁。DT0731⑤：5，尖唇，外墙内敛里直墙圆足，平底，灰白胎施白釉，釉不及底，外腹饰整齐三排细长条青花纹。口径9、足径3.2、高4.5厘米（图三三八，3；图版四四，4）。DT0733④：5，尖唇，直墙齐平足，平底，白胎白釉闪豆青，内壁饰四道弦纹，口沿下积青料太浓，外壁饰缠枝莲纹。口径9.6、足径4.4、高4.6厘米（图三三八，4；图版四四，5）。DT0909⑥：11，圆唇，斜壁折腹，直墙齐平足，平底，釉色白中透青，内底饰宝塔风景画纹，外腹饰花草纹，外底书有"大明年造"四个字。口径7.6、足径2.8、高3.6厘米（图三三八，2）。

Ⅱ式　5件。下腹鼓圆。DT0831③：1，圆唇，弧腹，内斜削浅圈足，平底，细瓷白胎，釉色白中泛青，内壁、底部均饰葡萄纹，青花明艳。口径9.2、足径4.1、高3.2厘米（图三三八，1；图版四四，6）。DT0531②：1，尖唇，鼓腹，外墙内敛尖足，平底，厚底胎，白胎白釉闪亮青，外腹饰三排梵纹。口径9.4、足径2.6、高4.4厘米（图三三九，6；图版四五，1）。DT0326③：2，尖唇，下腹微鼓，直墙齐平足，平底，白釉泛青，底部饰一株花草纹，外壁饰青花缠枝莲纹。口径6.6、足径3.4、高3.7厘米（图三三八，5）。

Ⅲ式　12件。微曲腹。AH29：10，圆唇，内斜削圈足，平底，胎壁较厚，釉色白中带灰，内下腹饰波浪纹，外壁饰青花凤纹，青料蓝中闪灰。口径6.2、足径2.8、高3.7厘米（图

图三三八　青花瓷杯（一一）

1. Ea Ⅱ 式青花杯（DT0831③：1）　　2. Ea Ⅰ 式青花杯（DT0909⑥：11）　　3. Ea Ⅰ 式青花杯（DT0731⑤：5）

4. Ea Ⅰ 式青花杯（DT0733④：5）　　5. Ea Ⅱ 式青花杯（DT0326③：2）

三三九，2；图版四五，2）。AH29：1，尖唇，下腹微鼓圆，内斜削圈足，足墙壁较厚，平底，内壁饰波浪纹，外壁饰青花凤纹。口径6.6、足径2.6、高3.7厘米（图三三九，1；图版四五，3）。

　　Ⅳ式　4件。深腹。AT2009⑤：10，尖唇，卷沿，腹微垂，直墙齐平足，平底，白胎白釉闪青灰，内壁饰四道青料弦纹，外壁饰水鸟纹。口径9.2、足径4、高5.2厘米（图三三九，4）。AT2009⑤：12，圆唇，直墙齐平足，平底，白胎白釉泛青灰，内壁饰四道弦纹，外壁饰草叶纹。口径9、足径3.2、高5厘米（图三三九，8；图版四五，4）。

V式　5件，弧腹。AT2109④：19，圆唇，直墙齐平足，平底，细瓷白胎，釉色白中透青，外壁饰青花婴戏图纹，口径8.7、足径3.8、高4.1厘米（图三三九，5；图版四五，5）。BT1709④：16，方唇，直墙圆足，平底，白胎白釉泛豆青，内外壁均饰多组间断灵芝及牵牛花纹，外底双道弦纹内有印章款。口径9.4、足径4.6、高5.6厘米（图三四〇，1；图版四五，6）。

Ⅵ式　19件。内弧腹。BT1706③：11，圆唇，下腹急收，内斜削圈足，足墙较厚，平底，内壁饰两道弦纹，底心饰"X"纹，外壁饰象形灵芝及牵牛花纹，青料蓝中闪灰。口径6.2、足径2.8、高3.5厘米（图三四〇，2）。BH4：4，圆唇，侈口，折腹，直墙齐平足，平底，厚底胎有乳突，灰白胎施白釉泛青灰，外壁饰青花草龙纹。口径9.7、足径4.4、高4.4厘米（图三三九，7；图版四六，1）。BZ2：1，撇口，圆唇，外墙内敛平足，平底，灰白胎施白釉泛

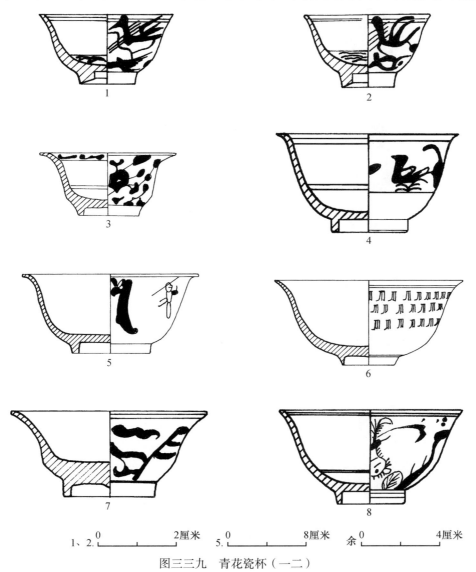

图三三九　青花瓷杯（一二）

1. EaⅢ式青花杯（AH29：1）　2. EaⅢ式青花杯（AH29：10）　3. EaⅥ式青花杯（BZ2：1）　4. EaⅣ式青花杯
（AT2009⑤：10）　5. EaⅤ式青花杯（AT2109④：19）　6. EaⅡ式青花杯（DT0531②：1）　7. EaⅥ式青花杯（BH4：4）
8. EaⅣ式青花杯（AT2009⑤：12）

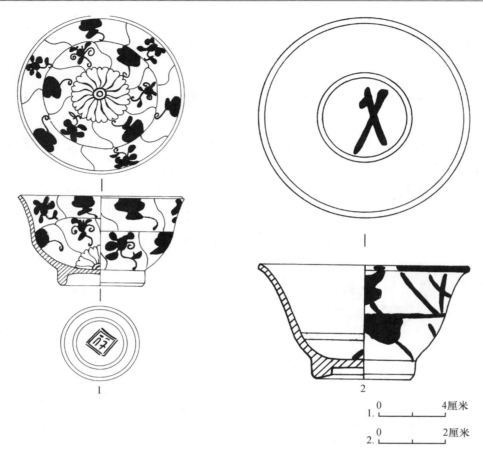

图三四○　青花瓷杯（一三）

1. EaⅤ式青花杯（BT1709④：16）　　2. EaⅥ式青花杯（BT1706③：11）

青灰，内口沿处青花边框纹，外壁饰缠枝莲纹，青花明艳。口径7、足径3.2、高3.4厘米（图三三九，3）。

Eb型　15件。撇口，弧腹，分五式。

Ⅰ式　3件，深腹。AT2217⑧：1，圆唇，折沿，腹壁稍直，直墙齐平足，平底，灰白胎施灰白釉，外壁饰青花飞鸟，青料蓝中闪灰。口径6.3、足径2.5、高4.4厘米（图三四一，4）。AH205：34，尖唇，直壁，直墙足，平底，细瓷白胎，釉色白中泛青，外壁饰青花线条勾花卉草叶纹，笔触较细，线条流畅。口径5.4、足径2.7、高4.2厘米（图三四一，2）。

Ⅱ式　2件，深斜腹。DT0831⑤：6，尖唇，下腹折收，外墙内敛圈足，底微凸，灰白胎施白釉泛豆青色，外腹饰花草纹，外底书有一个"福"字。口径6.6、足径2.3、高3.8厘米（图三四一，5；图版四六，2）。AT2419⑤：1，圆唇，下腹折收，外墙内敛里斜道足，平底，灰白胎施白釉，内底饰一圈黑彩纹，底心书有一篆体字不清，外壁饰黑彩花纹。口径6.8、足径2.6、高3.9厘米（图三四二，1；图版四六，3）。

Ⅲ式　1件。弧腹。AH210：5，圆唇，下腹弧收，内斜削圈足，平底，灰白胎施灰白釉泛青灰色，外壁饰多组间断灵芝及牵牛花纹，青花明艳。口径6.9、足径3、高3.9厘米（图三四一，6）。

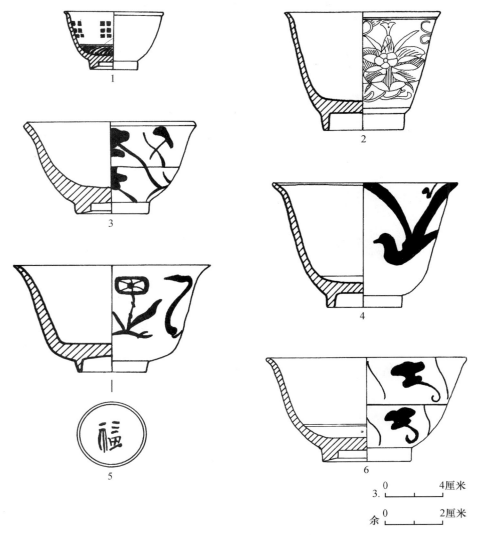

图三四一 青花瓷杯（一四）

1. EbⅤ式青花杯（AT2019④：1） 2. EbⅠ式青花杯（AH205：34） 3. EbⅤ式青花杯（BT2009③e：27）

4. EbⅠ式青花杯（AT2217⑧：1） 5. EbⅡ式青花杯（DT0831⑤：6） 6. EbⅢ式青花杯（AH210：5）

Ⅳ式 3件，微曲腹。BH11：13，方唇，下腹微鼓，里外斜削圈足，平底，灰白胎施灰白釉，内底饰一象形青花灵芝纹，外壁饰多组间断象形灵芝及牵牛花纹。口径6.4、足径2.4、高3.5厘米（图三四二，2）。

Ⅴ式 6件，浅斜壁。BT2009③e：27，斜方唇，下腹微鼓，内斜削圈足，平底，厚胎壁，白胎青白釉，青色蓝中闪灰，外壁饰多组间断灵芝及牵牛花纹。口径5.6、足径2.4、高3.6厘米（图三四一，3）。AT2019④：1，尖唇，斜直壁，直墙内斜削圈足，平底厚胎，白胎白釉，内壁饰青花方格纹，内底饰菊花纹。口径6.8、足径3.2、高4厘米（图三四一，1）。

F型 8件。撇口。浅腹。分三式。

Ⅰ式 1件，斜壁浅腹。DT0733③：4，圆唇，直墙齐平足，足墙较厚，平底，灰胎施灰白釉，内外壁均饰青花草叶纹，青料蓝中闪灰。口径9、足径4.8、高3.5厘米（图三四四，5）。

Ⅱ式 5件，弧壁浅腹。AH205：14，尖唇，下腹弧收，直墙内斜削圈足，足墙较厚，

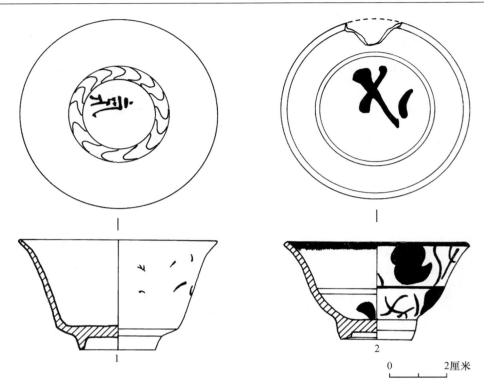

图三四二　青花瓷杯（一五）

1. EbⅡ式青花杯（AT2419⑤：1）　2. EbⅣ式青花杯（BH11：13）

平底，白胎白釉泛豆青，外壁饰青花圆圈纹，青料明艳。口径6.6、足径3、高3.7厘米（图三四四，2）。AH205：15，尖唇，直墙齐平足，平底，白胎白釉泛灰，内壁饰青花灵芝及牵牛花纹，外壁饰草叶纹。口径8.2、足径4、高3.2厘米（图三四三，1）。

Ⅲ式　2件，鼓腹浅壁。DT1107③：16，圆唇，口沿略外卷，鼓腹壁，内斜削圈足，厚墙胎，灰白胎施灰白釉，内外壁均饰青花灵芝及牵牛花纹，青花明艳。口径8.6、足径4.2、高3.4厘米（图三四四，1）。

G型　17件。撇口。分二式。

Ⅰ式　10件。鼓腹。AH202：61。尖唇，直墙平足，平底，白胎施白釉泛青。内壁饰四道弦纹，外壁饰三排梵纹。口径9.8、足径5、高4.8厘米（图三四三，2）。AT2009④：14，尖唇，鼓腹，直墙齐平足，平底，白胎施白釉闪灰，内壁饰三道弦纹，外壁书一"金"字。青料蓝中闪灰。口径8、足径3.6、高4.6厘米（图三四三，3；图版四六，4）。AH205：16，尖唇，弧腹，内斜削圈足，平底，足墙、底胎较厚，内下壁饰一周青花边框纹，底心书篆体字"永乐手制"四字，外壁饰"壬"字云纹。口径6.6、足径3、高3.6厘米（图三四三，5）。

Ⅱ式　7件。弧腹。DT1229③：1，尖唇，外墙内敛里斜削圈足，平底，足墙、底胎较厚，灰白胎施白釉泛青，外壁饰凤纹，青花明艳，外底书四个"永"字。口径9.4、足径4、高5.2厘米（图三四三，4；图版四六，5）。DT2113②：3，圆唇，弧腹微垂，直墙圈足，平底，灰白胎施灰白釉，内心饰花枝纹，外壁饰鱼澡纹，外底双圈内书有四字。口径9.5、足径3.6、高5厘米（图三四三，6；图版四六，6）。

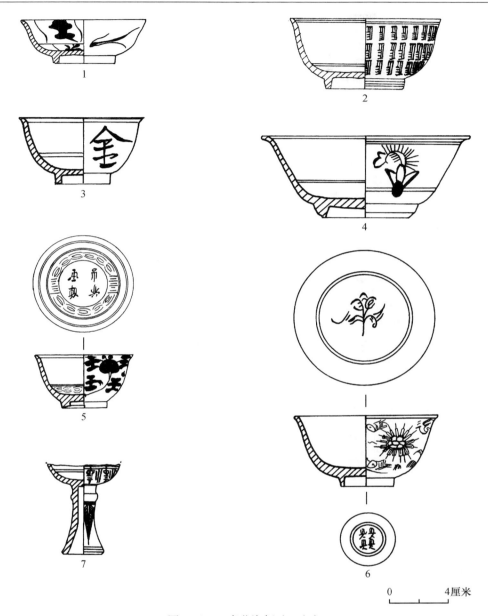

图三四三 青花瓷杯（一六）

1. F Ⅱ式青花杯（AH205：15） 2. G Ⅰ式青花杯（AH202：61） 3. G Ⅰ式青花杯（AT2009④：14）
4. G Ⅱ式青花杯（DT1229③：1） 5. G Ⅰ式青花杯（AH205：16） 6. G Ⅱ式青花杯（DT2113②：3）
7. Ⅰ型青花高足杯（DT0528③：2）

H型　2件。直口直壁。DH22：1，圆唇，平底浅足，内底心微凸，灰白胎施白釉闪豆青，外壁上下饰六道弦纹，腹部饰青花圈点纹。口径5.2、底径5.2、高4.2厘米（图三四四，4）。BT1807③：5，方唇，白胎白釉闪亮青，外壁上下饰六道弦纹，腹部饰水波草叶纹。口径5.4、足径5.4、高4.1厘米（图三四四，3）。

Ⅰ型　1件。DT0528③：2，上部残，弧壁，高细柄足呈喇叭形，外斜削足，白胎施白釉，外下腹饰青花方字，柄足饰青花蕉叶纹，青料蓝中闪灰。底径2.8、残高6.4厘米（图三四三，7）。

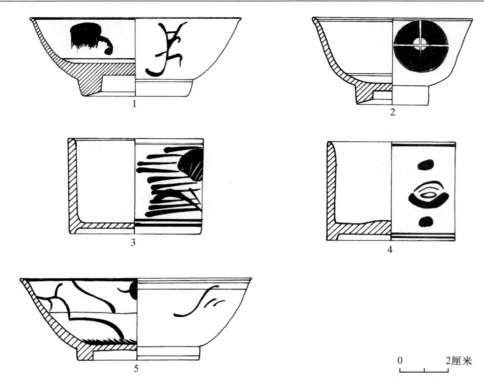

图三四四　青花瓷杯（一七）

1. FⅢ式青花杯（DT1107③：16）　2. FⅡ式青花杯（AH205：14）　3. H型青花杯（BT1807③：5）　4. H型青花杯（DH22：1）
5. FⅠ式青花杯（DT0733③：4）

三、盘

115件。分单色釉和青花二类。

1. 单色釉盘

26件。分青釉、白釉、酱色釉和绿色釉。

青釉盘　2件，分二型。

A型　1件。侈口。DT0429③：6，圆唇，外卷沿，斜弧腹，直墙齐平圈足，圜底，酱色胎施浅绿色釉，盘心露胎，素面，口径14.8、足径7.6、高3.2厘米（图三四五，1）。

B型　1件。敞口。AT2110③：12，圆唇，弧腹，外墙内敛里斜道矮圈足，下弧底，灰胎施青绿釉，外壁饰两道弦纹。口径13.9、足径7.6、高2.5厘米（图三四五，2）。

白釉盘　22件。分七型。

A型　12件。撇口，分二亚型。

Aa型　9件，撇口，弧腹。分四式。

Ⅰ式　4件，斜弧腹。DT0907⑨：3，圆唇，直墙平足，平底，灰白胎施白釉，素面，口径19.2、足径11.6、高4.4厘米（图三四六，1；图版四七，1）。DT0729③：1，圆唇，外卷平沿，外墙内敛里斜道足，平底，白胎施乳白釉，素面。口径11.2、足径6、高2.6厘米（图

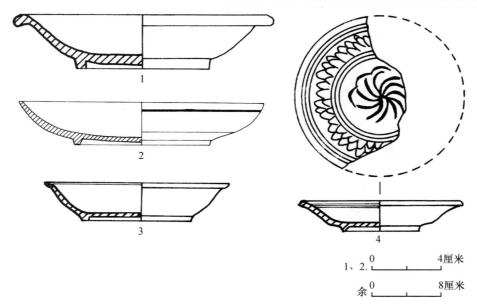

图三四五　青釉、绿釉、酱釉瓷盘

1. A型青釉盘（DT0429③：6）　2. B型青釉盘（AT2110③：12）　3. 酱釉盘（AH29：13）　4. 绿釉盘（DT1230④c：1）

三四六，3；图版四七，2）。

Ⅱ式　2件。曲弧腹。AH208：2，尖唇，深弧腹，外墙内敛圈足，微下弧底，白釉施乳白釉。口径20、足径12、高3.9厘米（图三四六，7）。AT2111⑦：3，尖唇，上折腹，外墙内敛尖足，平底，灰白胎施白釉闪灰，内壁饰一道弦纹。口径16.8、足径9、高3.3厘米（图三四六，6）。

Ⅲ式　2件。弧腹。BT0717⑤：2，圆唇，折沿，深腹，直墙齐平足，平底，白胎施白釉，内壁有冰裂纹。口径16.2、足径9、高4厘米（图三四六，4）。DH49：1，圆唇，微曲腹，外墙内敛圈足，平底，白胎施乳白釉，素面。口径16、足径9、高3.6厘米（图三四六，2）。

Ⅳ式　1件。鼓腹。DT1430④b：2，尖唇，撇口，深腹，外斜削圈足，平底，细瓷白胎施乳白釉，素面。口径17、足径10.6、高4.7厘米（图三四六，9）。

Ab型　2件。浅弧腹。分二式。

Ⅰ式　1件。DT0931④：12，圆唇，折沿，弧腹，内外墙内敛足，平底，白胎施乳白釉，素面。口径14、足径7.6、高3厘米（图三四六，5）。

Ⅱ式　1件。BT1908③c：2，圆唇，折沿，浅弧腹，外墙内敛里斜道足，凹底，白胎白釉，内外釉面有冰裂纹，素面。口径20.4、足径6、高3厘米（图三四六，8）。

B型　2件。撇口，折腹。AT2010⑦：14，圆唇，下腹折收，直墙平足，内凹外凸底，白胎施釉，素面。口径12、足径4.2、高3.4厘米（图三四七，2）。DH57：7，尖唇，折腹，直墙齐平足，平底，灰白胎施灰白釉，素面。口径12.4、足径4.2、高3.6厘米（图三四七，1）。

C型　2件。撇口，斜弧腹。AT2010⑦：12，折沿，方唇内有一道浅凹槽，腹部微弧，内墙外斜尖足，圜底，白胎施白釉，素面。口径18、足径11.6、高4.6厘米（图三四七，4）。AT2212⑦：6，方唇，折沿，直墙足，平底，白胎白釉。口径18.8、足径9、高3.6厘米（图

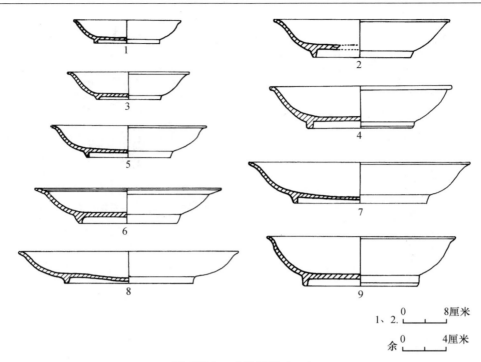

图三四六　白釉瓷盘（一）

1. AaⅠ式白釉盘（DT0907⑨：3）　2. AaⅢ式白釉盘（DH49：1）　3. AaⅠ式白釉盘（DT0729③：1）　4. AaⅢ式白釉盘
（BT0717⑤：2）　5. AbⅠ式白釉盘（DT0931④：12）　6. AaⅡ式白釉盘（AT2111⑦：3）　7. AaⅡ式白釉盘（AH208：2）
8. AbⅢ式白釉盘（BT1908③c：2）　9. AaⅣ式白釉盘（DT1430④b：2）

三四七，5）。

　　D型　1件。撇口，浅腹。DT0931⑤：10，圆唇，菱口边，内弧壁，卧足，凹底，乳白釉瓷，素面。口径13.2、足径8.8、高2.8厘米（图三四七，3；图版四七，3）。

　　E型　1件。撇口，折腹。DT2415③a：1，圆唇，直壁圆足，凹底，白胎施乳白釉。口径19、足径11、高3.2厘米（图三四七，6）。

　　F型　1件。撇口，垂腹。BH45：10，尖唇，直墙平足，平底，白胎施白釉闪亮青。口径14、足径8.4、高2.8厘米（图三四七，7）。

　　G型　3件。敞口，弧腹。AG3：3，圆唇，鼓腹，直墙齐平足，平底，白胎施白釉泛灰。口径10.4、足径5.6、高2.2厘米（图三四七，8）。DT0730③：2，尖唇，浅弧腹，外墙内敛矮足，平底，灰白胎施白釉泛豆青，外底有暗放射纹。口径12.2、足径6.3、高2.2厘米（图三四七，9）。

　　酱釉盘　1件。AH29：13，撇口，尖唇，折沿，斜弧腹，外墙内敛齐平矮足，平底，灰白胎施酱釉。口径11.3、足径6.2、高2.4厘米（图三四五，3；图版四七，4）。

　　绿釉盘　1件。DT1230④c：1，撇口，斜方唇，内弧壁折腹，外墙内敛里斜道足，平底，灰白胎施浅绿釉，内壁饰暗波浪纹，底心饰暗菊花纹。口径19、足径8.8、高3.6厘米（图三四五，4；图版四七，5）。

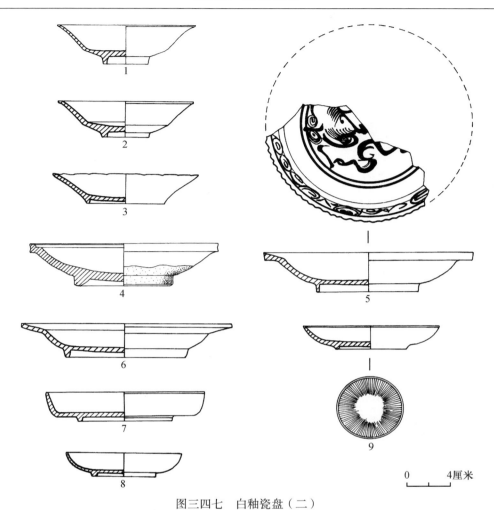

图三四七　白釉瓷盘（二）

1. B型白釉盘（DH57：7）　2. B型白釉盘（AT2010⑦：14）　3. D型白釉盘（DT0931⑤：10）　4. C型白釉盘（AT2010⑦：12）

5. C型白釉盘（AT2212⑦：6）　6. E型白釉盘（DT2415③a：1）　7. F型白釉盘（BH45：10）　8. G型白釉盘（AG3：3）

9. G型白釉盘（DT0730③：2）

2. 青花盘

72件。分五型。

A型　40件。撇口，分二亚型。

Aa型　17件，撇口，浅弧腹，分五式。

Ⅰ式　2件。曲腹。AH45：7。圆唇，折沿，中腹微鼓，直墙齐平矮足，近平底，灰白胎施白釉泛青灰。内底饰青花瑞兽，外壁饰草叶纹。口径16、足径9.6、高3.2厘米（图三四九，1；图版四八，1）。AT2113⑧：2，圆唇外卷，弧腹，直墙足，圜底，灰胎施浅灰釉，内底饰草龙纹，外壁饰花草纹。口径32、足径18.4、高6.4厘米（图三四九，3）。

Ⅱ式　5件。斜弧腹。DT0429③：8，圆唇，折沿，弧腹，外墙内敛足，平底，白胎施白釉闪豆青，内壁书“长命宝贵”四字，外壁饰青花缠枝莲纹。口径20、足径12.3、高3.8厘米（图三四八，3）。DT0731⑤：3，圆唇，折沿，斜鼓腹，直墙足，平底略凹，白胎施白釉泛灰，内底饰青花折枝花纹，外壁饰缠枝莲纹，青料蓝中闪灰。口径13.2、足径7.2、高3.2厘米

（图三四九，4；图版四八，2）。

　　Ⅲ式　2件。鼓腹。DT0931⑥：4，方唇，折沿，鼓腹，外墙内敛尖足，平底，白胎白釉闪豆青，内底饰折枝花纹，外壁饰缠枝莲纹。口径13.6、足径7.2、高3厘米（图三四九，2；图版四八，3）。

　　Ⅳ式　2件。圆弧腹。DT0525②：1，圆唇，斜壁，外墙内敛平足，平底，灰白胎施白釉泛青灰，内口沿下积禹灰浓下溢，外壁饰折枝花纹。口径15.2、足径9、高3厘米（图三四八，1）。AH205：24，圆唇，折平沿，斜弧腹，外墙内敛矮尖足，底微凹，白胎白釉泛豆青，内外壁饰多组间断灵芝及牵牛花纹，外底饰印章于款。旁锥刺"胡"字。口径15.2、足径9.6、高2.8厘米（图三四八，6）。

　　Ⅴ式　6件。微弧腹。DT1007③d：26，圆唇，折平沿，腹部微外弦，直墙足，平底，白胎白釉，内外壁均饰灵芝和牵牛花纹，青花明艳。口径19.6、足径11.6、高3.2厘米（图三四八，4；图版四八，4）。DT1430③a：6，圆唇，弧腹，外斜削尖足，圜底，灰白胎施白釉闪亮青，外壁饰青花折枝花纹。口径15.6、足径9.4、高3厘米（图三四八，2）。BT1308④：1，尖唇，斜壁，浅腹，外墙内敛里斜道足，平底，白胎施白釉泛亮青，素面，外底有印章"大清乾隆年制"。口径20、足径11.2、高2.8厘米（图三四八，5）。

　　Ab型　11件。撇口，弧腹，分六式。

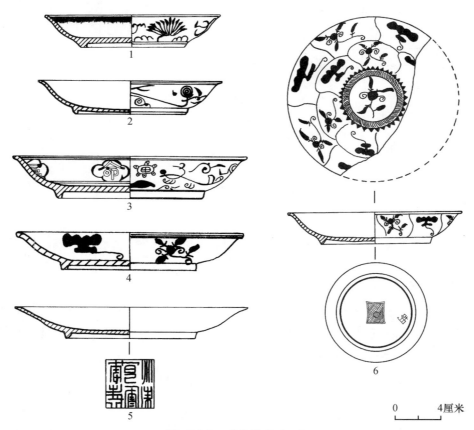

　　　　　　　　图三四八　青花瓷盘（一）

　　1. AaⅣ式青花盘（DT0525②：1）　2. AaⅤ式青花盘（DT1430③a：6）　3. AaⅡ式青花盘（DT0429③：8）　4. AaⅤ式青花盘（DT1007③d：26）　5. AaⅤ式青花盘（BT1308④：1）　6. AaⅣ式青花盘（AH205：24）

图三四九　青花瓷盘（二）

1. Aa I 式青花盘（AH45：7）　　2. AaⅢ式青花盘（DT0931⑥：4）　　3. Aa I 式青花盘（AT2113⑧：2）
4. AaⅡ式青花盘（DT0731⑤：3）

I式　3件。圆弧腹。AH31：5，圆唇，外折沿，外墙内敛里斜道足，圜底，灰胎施白釉泛青灰，内壁饰青花水波。口径14、足径6.5、高3.4厘米（图三五〇，3）。AH45：9，圆唇，折平沿，腹微鼓，外墙内敛足，圜底，灰胎白釉泛灰，内壁饰龙纹，外壁饰缠枝莲纹。口径15.8、足径8.8、高3.3厘米（图三五〇，1；图版四九，1）。

Ⅱ式　3件。鼓腹。DT0430③：4，尖唇，深腹微下垂，矮圈足，平底，白胎白釉泛青灰，内沿下饰一周莲荷纹，盘心饰蛙纹，外壁饰渐变点饰纹。口径14、足径6.5、高4厘米（图三五〇，4）。AH27：1，圆唇，鼓腹，直墙足，圜底，灰白胎施浅灰白釉，内底饰动物纹，外壁饰折枝花纹。口径13、足径7.6、高2.8厘米（图三五〇，2；图版四九，2）。

Ⅲ式　1件。内弧腹。DT0831④：9，圆唇，折壁，直墙平足，平底，白胎施白釉泛青灰，内底饰折枝花纹，外壁饰缠枝莲纹。口径13.2、足径8、高3.2厘米（图三五〇，5）。

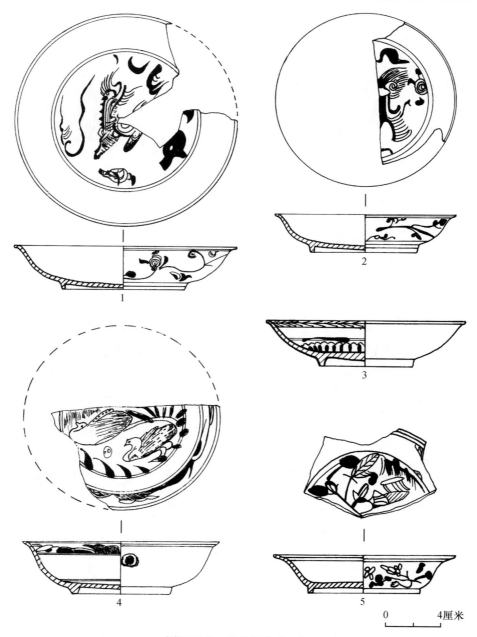

图三五○　青花瓷盘（三）

1. AbⅠ式青花盘（AH45：9）　2. AbⅡ式青花盘（AH27：1）　3. AbⅠ式青花盘（AH31：5）
4. AbⅡ式青花盘（DT0430③：4）　5. AbⅢ式青花盘（DT0831④：9）

　　Ⅳ式　2件。斜弧壁。DH48：1，圆唇，矮足，平底，白胎施白釉泛浅灰，内壁饰青花草叶纹，外壁素面。口径14.2、足径7.4、高3.6厘米（图三五一，2）。DT0526②：1，圆唇，斜曲腹，矮尖足，圜底，灰白胎釉面，内底饰青花纹，外壁素面。口径19.6、足径11.6、高3.9厘米（图三五一，1）。

　　Ⅴ式　1件。BT2008④：3，尖唇，鼓腹，矮平足，平底，白胎青白釉面，内底饰青花折枝花纹，外壁饰缠枝莲纹。青花明艳。口径13.6、足径3.6、高3.2厘米（图三五一，3；图版四九，3）。

图三五一　青花瓷盘（四）

1. Ab Ⅳ式青花盘（DT0526②∶1）　　2. Ab Ⅳ式青花盘（DH48∶1）　　3. Ab Ⅴ式青花盘（BT2008④∶3）
4. Ab Ⅵ式青花盘（BT1706③∶9）

　　Ⅵ式　1件。BT1706③∶9，圆唇，弧腹，平足，平底，灰白釉施白釉泛灰，内底饰青花纹，外壁饰青花人字纹。口径13.6、足径9.2、高3.4厘米（图三五一，4）。

　　B型　6件。撇口。分二亚型。

　　Ba型　4件。撇口，折腹，分三式。

　　Ⅰ式　1件。AT2310⑦∶1，尖唇，内折壁，下腹鼓收，外削斜圈足，平底，灰白胎施白釉泛灰。内沿饰交叉点线纹，底心饰动物纹，外壁饰云纹。口径17、足径9.8、高2.8厘米（图三五二，5）。

　　Ⅱ式　2件。AT2213⑥∶3，尖唇，内折腹，直墙足，平底，白胎施乳白釉，内沿饰线条草叶纹，底心饰松鹤图，外壁饰渐变点饰纹。口径19.6、足径11.4、高3厘米（图三五三，1）。

　　Ⅲ式　1件。BT1509⑤∶2，圆唇，折腹壁，外墙内敛矮足，微弧底，细瓷白胎，釉色白中泛青，内底饰缠枝莲纹，青花明艳。口径20.8、足径11.8、高3.4厘米（图三五三，2）。

Bb型　2件。撇口，内弧腹。分二式。

Ⅰ式　1件。DG6：1，方唇，下平沿，内弧腹，下腹外折棱收，直墙齐平高足，平底，白胎白釉，釉色白中透青，内壁饰波浪形暗云纹，下腹有多道青花弦纹，外壁饰竖斜直线暗条纹。口径10、足径4.8、高2.25厘米（图三五二，4）。

Ⅱ式　1件。DT2411③b：1，方唇，斜沿，折腹急收，外墙内敛里斜道足，平底，灰白胎，内壁施白釉，外壁施浅绿色釉。外腹饰竖线条纹。口径19、足径9.6、高3.8厘米（图三五二，2）。

C型　4件。撇口，垂腹。分三式。

Ⅰ式　1件。DT0733④：11，圆唇，曲腹下垂，直墙齐平矮足，平底，灰白胎施灰白釉泛青灰，内壁饰青花花草纹。口径12、足径10、高2.6厘米（图三五二，1）。

Ⅱ式　2件。深腹。AH1：21，圆唇，深弧腹，外斜削尖足，平底，白胎白釉闪亮青，内外壁均饰灵芝纹及牵牛花纹。口径20、足径16、高6厘米（图三五二，3）。AF4：3，圆唇，深斜腹，直墙圆足，平底，灰胎灰白釉面，外壁饰青花卷云纹。口径18.4、足径12.2、高6.6厘米。

Ⅲ式　1件。斜壁垂腹。BH45：9，圆唇，直墙足，平底，白胎青白釉，内沿饰交错十字线纹，底心饰折枝花纹。青花明艳。口径13.2、足径9、高3.4厘米（图三五二，6）。

D型　39件，敞口，分四亚型。

Da型　9件。鼓腹。分四式。

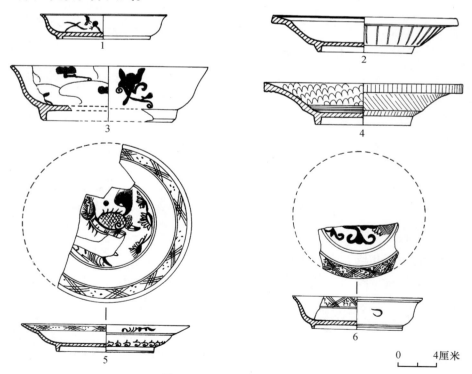

图三五二　青花瓷盘（五）

1.CⅠ式青花盘（DT0733④：11）　2.BbⅡ式青花盘（DT2411③b：1）　3.CⅡ式青花盘（AH1：21）
4.BbⅠ式青花杯（DG6：1）　5.BaⅠ式青花盘（AT2310⑦：1）　6.CⅢ式青花盘（BH45：9）

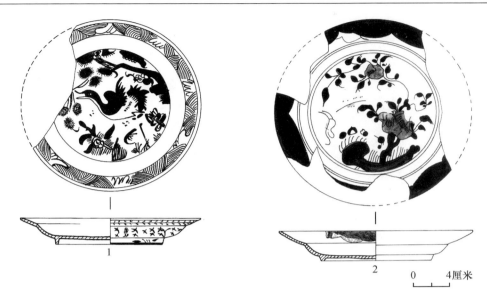

图三五三　青花瓷盘（六）
1. BaⅡ式青花盘（AT2213⑥：3）　　2. BaⅢ式青花盘（BT1509⑤：2）

Ⅰ式　2件，深鼓腹。DT0430③：5，尖唇，外墙内敛足，平底，灰白胎施白釉泛灰，内底饰青花折枝花纹。口径19、足径11.5、高4.5厘米（图三五四，4）。DH51：3，圆唇，腹壁近垂，直墙平足，白胎施白釉闪亮青，内外壁饰花草纹。口径10.2、足径6.2、高2.4厘米（图三五四，8）。

Ⅱ式　2件，斜鼓腹。AT2120⑥：1，尖唇，直墙平足，平底，灰白胎施白釉，内壁饰青花纹，口径16、足径9.8、高3.6厘米（图三五四，6）。AT2113⑤：1，方唇，直墙齐平足，圈足稍高，平底，细瓷白胎，青白釉，内壁饰草叶纹，外壁饰竹叶纹。口径25.5、足径15.5、高5.5厘米（图三五四，5）。

Ⅲ式　3件。鼓弧腹。AH202：41，圆唇，外翻沿，深斜壁，直墙壁足，微圜底，白胎白釉泛豆青。内壁饰青花龙纹，外壁饰青竹纹。口径26.6、足径15.4、高5.8厘米（图三五四，3）。AH202：29，方唇，深鼓腹，矮平足，平底，灰白胎施白釉泛青，内外壁均饰梵纹。口径20、足径12.4、高4.4厘米（图三五四，2）。

Ⅳ式　2件。斜直腹。BT2009③d：15，尖唇，腹壁稍斜直，外直墙里斜道足，平底，灰白盈施白釉，釉色较暗，内壁饰四道弦纹，外壁饰渐变点饰纹。口径15.2、足径10、高3.6厘米（图三五四，1）。DT0931③：17，尖唇，直腹壁，外墙内敛里斜道坡尖足，微圜底，灰白胎白釉泛青，外壁饰缠枝莲纹。口径24、足径16、高6厘米（图三五四，7）。

Db型　23件。敞口，弧腹。分四式。

Ⅰ式　3件。弧腹。DT0420②：2，平唇，外墙内敛足，平底，白胎白釉闪亮青，内壁饰灵芝纹图案。口径15、足径9、高3.3厘米（图三五五，2）。BH13：36，圆唇，微弧腹，直墙足，平底，白胎白釉闪青灰，里外沿下各饰二道青花弦纹，外壁饰鱼钩纹。口径15.4、足径9.4、高3.6厘米（图三五五，4）。

Ⅱ式　7件，浅腹。BT1808⑤：19，圆唇，腹壁弧度小，外墙内敛里斜道足，略圜底，白

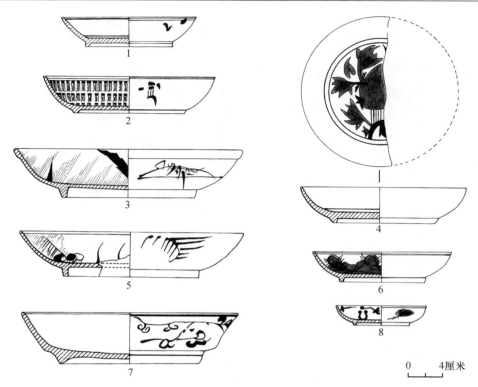

图三五四　青花瓷盘（七）

1. DaⅣ式青花盘（BT2009③d：15）　2. DaⅢ式青花盘（AH202：29）　3. DaⅢ式青花盘（AH202：41）
4. DaⅠ式青花盘（DT0430③：5）　5. DaⅡ式青花盘（AT2113⑤：1）　6. DaⅡ式青花盘（AT2120⑥：1）
7. DaⅣ式青花盘（DT0931③：17）　8. DaⅠ式青花盘（DH51：3）

胎白釉闪灰，内壁施四道弦纹，底心饰青花鱼纹。外壁饰草龙纹。口径15、足径8.6、高3.2厘米（图三五五，1；图版四九，4）。BH11：21，圆唇，微弧腹，直墙足，平底，白胎白釉泛青，内沿饰一周线条及波浪纹，底心饰青花葵花纹，外壁饰草叶纹。口径13.2、足径8.8、高3.4厘米（图三五五，6）。

Ⅲ式　7件，圆弧腹。AT2010④a：21，方唇，直墙平足，平底，灰白胎施灰白釉泛青灰，内壁饰梵纹，外壁饰渐变点饰纹。口径15.8、足径9.2、高3.6厘米（图三五五，5；图版五〇，1）。

Ⅳ式　6件。浅斜腹。AT2311③：1，平唇，直墙齐平足，平底，白胎白釉闪豆青，内外壁均饰灵芝及牵牛花纹。口径15.2、足径9.8、高2.8厘米（图三五五，3）。

Dc型　5件。敞口，微弧腹，分三式。

Ⅰ式　2件。腹壁微弧。DH23：3，圆唇，外斜卷沿，直墙平足，平底，白胎白釉闪亮青，内底饰一牧童骑要牛背上吹笛。口径25.6、足径15.2、高4.8厘米（图三五六，4）。

Ⅱ式　1件。斜弧腹。BH25：3，尖唇，外墙内敛里斜道浅足，平底，白胎施白釉，内外壁均饰间断灵芝及牵牛花纹，底心饰螺旋纹，外底有一方型押印章。口径15.2、足径9.2、高3.2厘米（图三五六，1；图版五〇，2）。

Ⅲ式　2件。斜壁，浅腹，DG10：10，尖唇，外卷沿，浅腹壁稍斜直，外墙内敛里斜道圆尖足，平底，底胎稍厚，白胎白釉闪亮青，内外壁均饰灵芝及牵牛花纹，内底有一戳印"三"

图三五五　青花瓷盘（八）

1. DbⅡ式青花盘（BT1808⑤：19）　　2. DbⅠ式青花盘（DT0420②：2）　　3. DbⅣ式青花盘（AT2311③：1）

4. DbⅠ式青花盘（BH13：36）　　5. DbⅢ式青花盘（AT2010④a：21）　　6. DbⅡ式青花盘（BH11：21）

字。口径15.2、足径10、高2.5厘米（图三五六，6）。

Dd型　2件。敞口，斜直腹。BT1109④：2，圆唇，浅壁，外墙内敛里斜道尖足，平底，白胎青白釉，釉不及底，内外壁均饰多组间断灵芝及牵牛花纹，内底饰葵花纹，青料明艳。口径13.2、足径9.2、高2.4厘米（图三五六，5）。DT1007③d：24，圆唇，斜直腹，外墙斜削里斜道尖足，平底，灰白胎施白釉泛豆青，内外壁均饰灵芝及牵牛花纹，青料明艳。口径15.2、足径9.4、高3.2厘米（图三五六，3；图版五〇，3）。

E型　1件。敞口，浅腹。BT1909③d：14，方唇，斜弧壁，窄圈足，平底，白胎青白釉，内沿饰花边纹，底心饰缠枝莲纹，外壁饰草叶纹。口径17.2、足径4.8、高2.2厘米（图三五六，2）。

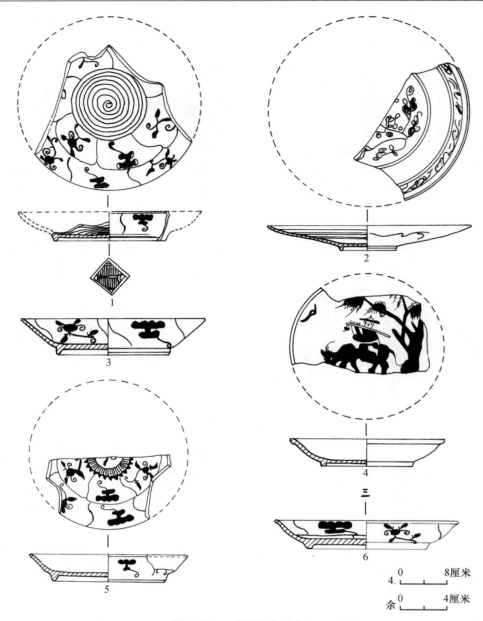

图三五六　青花瓷盘（九）

1. Dc Ⅱ式青花盘（BH25：3）　　2. E型青花盘（BT1909③d：14）　　3. Dd型青花盘（DT1007③d：24）

4. Dc Ⅱ式青花盘（DH23：3）　　5. Dd型青花盘（BT1109④：2）　　6. Dc Ⅲ式青花盘（DG10：10）

四、碟

22件。分单色釉和青花二类。

（一）单色釉

分青釉和白釉。

青釉碟　3件，分二型。

A型　1件。敞口，圆弧腹。AT2113⑦：1，圆唇，卧足，平底，灰白胎施青灰釉，内壁饰三道弦纹，通身有冰裂纹。口径11.8、足径5、高3.8厘米（图三五七，1）。

B型　2件。撇口，内弧腹，分二式。

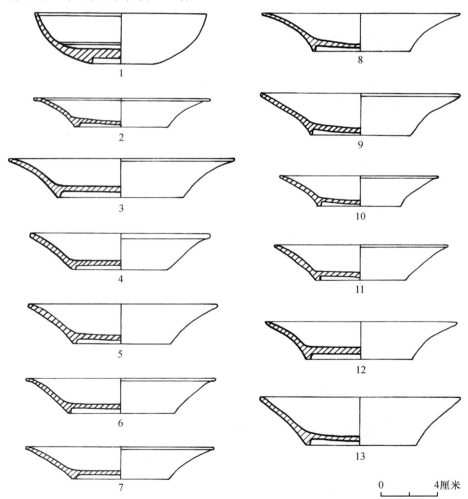

图三五七　白釉、青釉瓷碟

1. A型青釉碟（AT2113⑦：1）　2. BⅠ式青釉碟（AH44：5）　3. BⅡ式青釉碟（AT1329③b：2）
4. Ⅰ式白釉碟（DT0429③：4）　5. Ⅰ式白釉碟（DH2：2）　6. Ⅱ式白釉碟（AH44：6）　7. Ⅱ式白釉碟（AT1913⑦：7）
8. Ⅲ式白釉碟（AT2212⑥：4）　9. Ⅲ式白釉碟（DT0931⑤：11）　10. Ⅳ式白釉碟（AF9：3）　11. Ⅳ式白釉碟（AT2118⑤：1）
12. Ⅴ式白釉碟（BT1010④：2）　13. Ⅴ式白釉碟（DT2415③a：2）

Ⅰ式　1件。内弧腹。AH44：5，圆唇，折平沿，卧足，凸底凹心，灰白胎施青釉泛灰。口径12.2、足径6.4、高2.2厘米（图三五七，2）。

Ⅱ式　1件。内鼓腹。AT1329③b：2，圆唇，卧足，平底，灰白胎施青灰釉。口径15.6、足径8.8、高2.8厘米（图三五七，3）。

白釉碟　14件。撇口，分五式。

Ⅰ式　3件。斜壁微内弧。DT0429③：4，方唇，卧足稍尖，平底，胎壁较厚，白胎施白釉泛浅灰。口径12.4、足径6.4、高2.6厘米（图三五七，4）。DH2：2，圆唇，卧足，微凸底凹心，胎壁稍厚，白胎白釉。口径12.8、足径6.8、高2.9厘米（图三五七，5）。

Ⅱ式　3件。内弧腹。AH44：6，圆唇，平沿外卷，卧足较尖，平底。灰白胎施乳白釉。口径13、足径7.2、高2.6厘米（图三五七，6）。AT1913⑦：7，圆唇，卧足，平底，白胎施乳白釉。口径13、足径6.8、高2.2厘米（图三五七，7）。

Ⅲ式　2件。内圆腹。AT2212⑥：4，圆唇，卧足，凸底凹心，胎壁稍薄，白胎白釉。口径13.6、足径6.6、高2.8厘米（图三五七，8；图版五〇，4）。DT0931⑤：11，圆唇，卧足，圜底，细瓷白胎，施乳白釉。口径13.6、足径6.8、高3厘米（图三五七，9；图版五〇，5）。

Ⅳ式　2件，斜壁微内弧。AF9：3，圆唇，卧平足，凸底碟心内凹，白胎施乳白釉。口径11、足径5.8、高2.2厘米（图三五七，10）。AT2118⑤：1，圆唇，卧平足，平底，有突乳钉，灰白胎施乳白釉。口径12、足径6.1、高2.5厘米（图三五七，11）。

Ⅴ式　4件。腹壁内弧。BT1010④：2，圆唇，卧足，平底，白胎白釉。口径13.2、足径7.2、高2.6厘米（图三五七，12）。DT2415③a：2，圆唇，卧足，平底，白胎施乳白釉。口径14、足径7.8、高3.5厘米（图三五七，13）。

（二）青花碟

5件。分二型。

A型　4件。敞口，分三式。

Ⅰ式　2件。弧腹。AH16：6，圆唇，卧足，平底，白胎白釉，内底饰菊花纹，外壁饰蕉叶纹，青花明艳。口径9.2、足径2.4、高2.5厘米（图三五八，1）。AH45：8，圆唇，卧足，平底，灰白胎施白釉泛青灰，内底饰青花花枝纹，外壁饰草叶纹，青花明艳。口径11、足径4.8、高3厘米（图三五八，2；图版五〇，6）。

Ⅱ式　1件。鼓腹。DG8：1，平唇，直口，卧足，平底，灰白胎施白釉闪豆青，内底青花饰渔藻纹，外壁素面。口径12、足径3、高2.8厘米（图三五八，3）。

Ⅲ式　1件。浅斜腹。AG206②：1，平唇，卧足，平底，白胎白釉泛灰，内壁饰两道弦纹，外壁饰花草纹，周身有细小冰裂纹。口径12、足径3、高2.8厘米（图三五八，4）。AT2110②：15，残，弧腹，卧足，平底，白胎白釉，内底饰青花高土图。足径5.6、残高2厘米

图三五八 青花瓷碟

1.AⅠ式青花瓷碟（AH16：6） 2.AⅠ式青花瓷碟（AH45：8） 3.AⅡ式青花瓷碟（DG8：1） 4.AⅢ式青花瓷碟（AG206②：1）

5.AⅢ式青花瓷碟（AT2110②：15） 6.B型青花瓷碟（DT0329③：2）

（图三五八，5）。

B型 1件。撇口，内弧腹。DT0329③：2，圆唇，想足，平底，厚胎，白胎白釉泛豆青，外壁饰青花梵纹。口径11、足径5、高2.5厘米（图三五八，6）。

五、盏

15件。分单色釉和青花二类。

（一）单色釉

4件，分青釉和白釉。

1. 青釉盏

1件。敞口，微弧腹。DH51：5，圆唇，外墙内敛里斜道平足，平底，厚胎，灰白胎施青釉泛绿，外腹饰二道凹弦纹。口径12、足径6、高3厘米（图三五九，3）。

2. 白釉盏

A型　2件。敞口，斜直壁。AT2411④：1，尖唇，下腹缓收，涡形突乳钉足，弧底，底胎较厚，灰白胎施白釉泛灰，外壁饰一道弦纹。口径8.4、足径3.8、高3.2厘米（图三五九，1）。

B型　1件。敞口，曲腹。DH22：33，圆唇，直墙齐平足，平底，细瓷白胎，釉色白中透亮青，外底有一花押方印章。口径8.8、足径4.4、高3.2厘米（图三五九，2）。

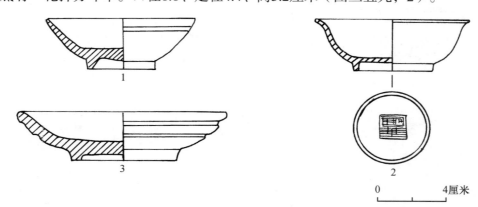

图三五九　白釉、青釉瓷盏

1.A型白釉盏（AT2411④：1）　2.B型白釉盏（DH22：33）　3.青釉盏（DH51：5）

（二）青花

11件。分三型。

A型　5件。撇口。分三亚型。

Aa型　2件，曲腹。AT2318③：1，斜方唇，直墙齐平足，足墙微高，平底，厚底胎，灰白胎施白釉闪亮青，内外璧饰多组间断灵芝及牵牛花纹，外底双道弦纹内饰四朵花款。口径8.2、足径4.2、高3.1厘米（图三六〇，4）。AT2319②：3，圆唇，曲腹，内斜削圈足，平底，厚胎，白胎白釉泛青，内壁饰灵芝及牵牛花纹，外壁饰草叶纹。口径8.6、足径3.8、高3.4厘米

（图三六〇，1）。

Ab型　2件。弧腹。DT1009④：11，尖唇，外撇沿，内斜削圈足，足墙较厚，平底，青白釉面，内壁饰三道弦纹，外壁饰草叶纹。口径8.8、足径4.6、高3.4厘米（图三六〇，3）。AH205：32，圆唇，斜弧壁，直墙齐平足，平底，白胎施白釉泛青，内外壁饰灵芝及牵牛花纹，外底饰草圈四朵花款，青花明艳。口径8.4、足径4.2、高3厘米（图三六〇，6）。

Ac型　1件。浅圆腹。DT0931⑤：3，圆唇，折平沿，矮圈足，足墙较厚，平底，白胎施白釉闪亮青，内底饰葡萄纹，青花明艳。口径9.8、足径4.2、高2.3厘米（图三六〇，5；图版五一，1）。

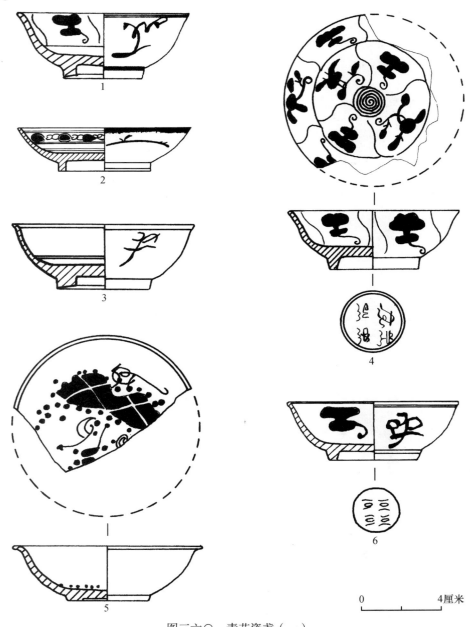

图三六〇　青花瓷盏（一）

1. Aa型青花盏（AT2319②：3）　2. CⅡ式青花盏（BH12：8）　3. Ab型青花盏（DT1009④：11）　4. Aa型青花盏
（AT2318③：1）　5. Ac型青花盏（DT0931⑤：3）　6. Ab型青花盏（AH205：32）

　　B型　1件。敞口，鼓腹。AH210：15，圆唇。腹微垂，直立高足，微弧底，白胎白釉闪亮青，内外壁饰多组间断灵芝及牵牛花纹，青花明艳，底饰二道青花纹纹，绘方框押花款。口径8.6、足径4.2、高3.5厘米。

　　C型　5件。敞口，浅弧腹，分三式。

　　Ⅰ式　1件。浅壁，弧腹。DT1030④：12，圆唇，直墙平足，圈底，细瓷白胎，釉色白中闪亮青，内饰草叶纹，草书"天下非军其一部"七字。口径11.6、足径5.2、高3厘米（图三六一，3）。

　　Ⅱ式　2件。斜壁，浅腹。BH12：8，尖唇，直墙齐平足，平底，白胎青白釉，内壁饰六道弦纹及圈点纹，外壁饰折枝纹。口径8.4、足径4.4、高2.2厘米（图三六〇，2）。BT1709④：21，尖唇，浅弧腹，直立高足，平底，白胎白釉泛豆青，内壁饰缠枝莲纹，外壁饰折枝花纹。口径8.8、足径4、高2.6厘米（图三六一，4；图版五一，2）。

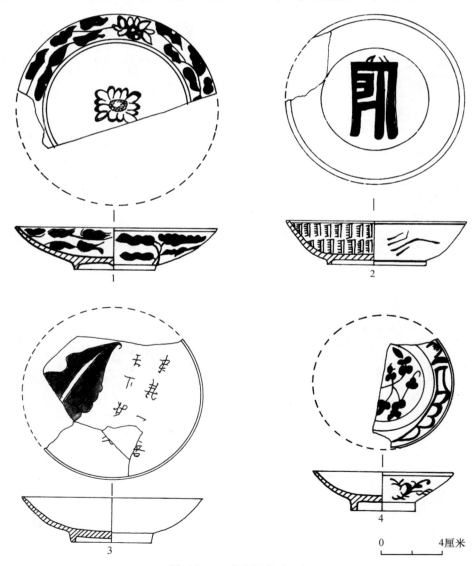

图三六一　青花瓷盏（二）

1. CⅢ式青花盏（BH4：2）　2. CⅢ式青花盏（DT2213③：1）　3. CⅠ式青花盏（DT1030④：12）
4. CⅡ式青花盏（BT1709④：21）

Ⅲ式 2件。浅壁，圆腹。DT2213③：1，圆唇，直墙矮足，平底，白胎施白釉，内壁饰梵纹，外壁饰草叶纹。口径11.6、足径5.4、高3厘米（图三六一，2；图版五一，3）。BH4：2，平唇，斜浅弧腹，矮圈足，底有突乳钉，白胎白釉，内外壁均饰缠枝莲纹，内底饰菊花纹。口径12.8、底径5、高2.8厘米（图三六一，1；图版五一，4）。

六、其　他

1. 青花盒

1件。浅弧壁。AT1811⑦：1，盖残，子母口，方唇，直墙足，平底，厚胎，白胎施乳白釉，外腹饰水草纹。口径6.2、足径3.8、高1.8厘米。

2. 青花盆

2件。直口，鼓腹。分二式。

Ⅰ式 1件。鼓腹微垂。DT1125②：1，外斜卷沿，圆唇，矮圈足，平底，灰白胎，内壁施白釉泛浅灰，外壁通体施浅酱釉，内壁及底饰青花缠枝莲纹，单线描绘，用笔工整，青花发色淡雅。口径27.2、足径14.8、高10厘米（图三六三，1；图版五一，5）。

Ⅱ式 1件。鼓腹弧收。DH22：18，尖唇，折平沿，腹部饰一道凸筋纹，直墙齐平足，平底，内壁灰白胎施白釉泛青灰，外壁施酱釉，内壁单线描绘一组菊花，器心饰折枝菊，笔触较细，线条流畅。口径27.2、底径14.8、高10厘米（图三六二，1）。

3. 器盖

3件。分彩瓷和青花瓷二类。

彩瓷器盖 1件。DG10：1，敞口，尖唇，鼓弧腹，窄直立高圈足握手，平底，细瓷白胎施白釉，外壁用红色描绘折枝花纹，笔触较细，线条流畅，足内有一象体方印。口径10、圈足径3.2、高3.8厘米（图三六二，2）。

青花瓷器盖 2件。分二型。

A型 1件。BT0817④：3，敞口，尖唇，圆弧腹，直立高足，白胎施青白釉，釉色明亮，外腹饰缠枝莲，蝙蝠双"喜"字，图案绘画工整，线条流畅清晰，青花明艳。口径10、圈足径3.8、高3.2厘米（图三六二，5）。

B型 1件。BT1807④：6，圆唇，折平沿，折腹，平底，浅腹，白胎白釉，内壁饰青花交差方块纹，底心饰草叶纹。口径5.7、底径4、高0.9厘米（图三六二，7）。

4. 罐

3件。分单色釉和青花釉二类。

单色釉　2件。分白釉、天蓝釉二色。

白釉罐　1件。DT1008③：18，内子母口，方唇，折腹，圜底内凹，白胎施白色釉，外壁墨书"乙不才"等字。口径10.6、底径9、高9.8厘米（图三六二，3）。

天蓝釉罐　1件。DH22③：13，敛口，厚圆唇，无颈，斜弧壁，圜底内凹，器形呈苹果状，白胎，内施白釉，外施天蓝釉。口径15、腹径18.8、底径6.4、高12厘米（图三六二，6）。

青花釉罐　1件。BT1808④：27，圆唇，直口，短颈，丰肩，鼓腹，平底，卧矮圈足，白胎白釉泛青，肩部饰一周斜竖条纹，外壁饰缠枝莲纹，青花明艳。口径10、底径6、高21厘米（图三六二，4）。

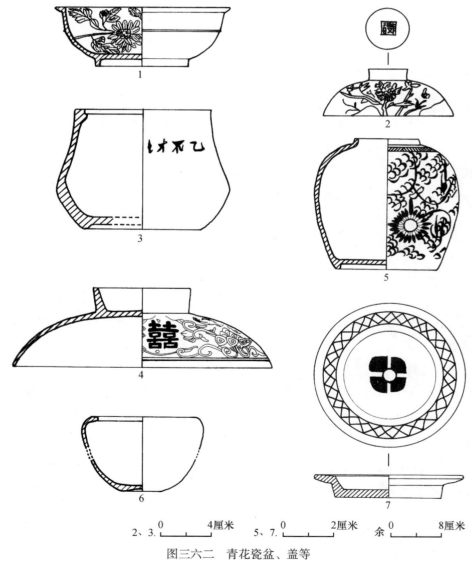

图三六二　青花瓷盆、盖等

1. Ⅱ式青花瓷盆（DH22：18）　2. 彩瓷器盖（DG10：1）　3. 白釉罐（DT1008③：18）　4. 青花釉罐（BT1808④：27）
5. A型青花瓷器盖（BT0817④：3）　6. 天蓝釉罐（DH22③：13）　7. B型青花瓷器盖（BT1807④：6）

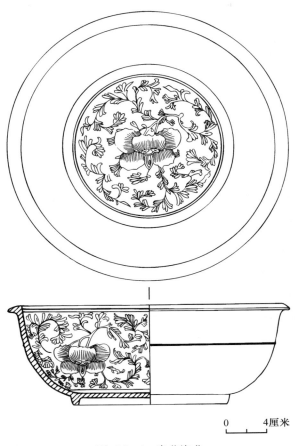

0 ____ 4厘米

图三六三 青花瓷盆
I式青花瓷盆（DT1125②：1）

5. 壶

3件。分酱釉和青花釉二类。

酱釉 2件。分二型。

A型 1件。盘口。AT2618②b：1。圆唇，长束颈，溜肩，平底略内凹，流和把分饰两肩，下腹饰五道凹弦纹。灰白胎施酱黄色釉，釉不及底。口径6.5、底径6.8、高15.2厘米（图三六四，1；图版五二，1）。

B型 1件。残，撇口。AT2317⑧：4，圆唇，卷沿，长束颈，颈以下残，颈部可见残把痕迹，黑胎，内外施涂酱釉。口径9、残高7厘米（图三六四，3）。

青花壶 1件，浅盘口，圆鼓腹。BT0812③：1，束颈，溜肩，直墙圆圈足，微弧形底，有小乳突，口沿有一尖嘴流，肩部饰一把手（已残），白胎施白釉泛青，有冰裂，周身饰花叶纹。口径5、底径5.6、腹径10.4、高11.8厘米（图三六四，5）。

6. 香炉

1件。撇口，鼓腹。BT1907④：2，圆唇，卷平沿，弧形底，圈足外撇，圆足腹，厚胎，白胎灰白釉，外壁饰弦纹和一隶书"福"字。口径13.6、底径6.8、高7.6厘米（图三六四，2）。

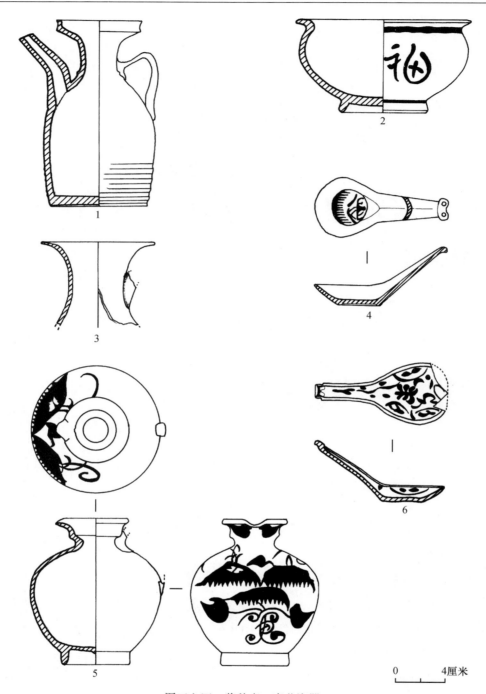

图三六四　酱釉壶、青花瓷器

1. 酱釉壶（AT2618②b：1）　　2. 青花香炉（BT1907④：2）　　3. 酱釉壶（AT2317⑧：4）　　4. 青花勺（DT0328③：1）
5. 青花壶（BT0812③：1）　　6. 青花勺（BT1909③d：17）

7. 鸟食罐

4件。分单色釉和青花釉二类。

单色釉　3件，分绿釉和蓝釉。

绿釉鸟食罐　1件。俯视为椭圆形，敛口，贡腹。AT2119⑤：3，方唇，平底，一肩饰二个穿孔圆耳，罐身饰浮雕花瓣纹，白胎施青绿釉。口径3～3.8、腹径4～5.8、高3.4厘米（图三六五，5）。

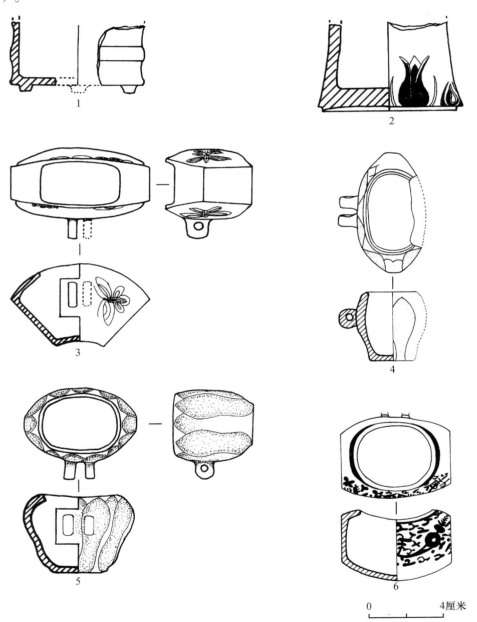

图三六五　白釉、蓝釉、青花瓷器

1.白釉笔筒（DT0530②：2）　2.青花笔筒（DT0328②：6）　3.A型蓝釉鸟食罐（AT2119⑥：1）

4.B型蓝釉鸟食罐（BH12：2）　5.绿釉鸟食罐（AT2119⑤：3）　6.青花鸟食罐（BT1709⑤：24）

蓝釉鸟食罐　2件。分二型。

A型　1件。敛口，斜直壁，罐身呈扇形。AT2119⑥：1，圆唇，长方形口微弧，两侧折腹，直壁，弧形底，一肩饰二个穿孔圆耳，白胎，内壁饰白釉，外壁通体施孔雀蓝釉，腹部两侧分别模印蜻蜓、蝴蝶。腹径7.4、高4.5厘米（图三六五，3；图版五二，7）。

B型　1件。椭圆形，敛口，弧壁。BH12：2，平底，白胎，外壁饰孔雀蓝釉，罐身浮雕莲瓣纹，一面装饰有二个环形穿耳，内壁饰白釉。口径3—4.1、底径2.1、高3.8厘米（图三六五，4）。

青花鸟食罐　1件，椭圆形，敛口，直壁。BT1709⑤：24，圆唇，折肩，两侧弧腹，圈底，白胎白釉泛豆青，肩部一侧饰双耳，外壁饰折枝花纹，青花明艳。口径、高3.5、高3.3厘米（图三六五，6；图版五二，8）。

8. 笔筒

2件。分白釉和青花两类。

白釉笔筒　1件。DT0530②：2，口残，直腹，腹部有二道凹弦纹，平底，三矮足，厚胎壁，白胎施白釉泛灰，有冰裂。口径7、残高4厘米（图三六五，1）。

青花笔筒　1件。DT0328②：6，口残，束腰，平底内凹，白胎白釉，外下腹饰一周青花莲瓣纹。底径7、残高5厘米（图三六五，2）。

9. 灯盏

4件。分三型。

A型　1件，底座残，高灯柱。DT1008③a：13，下有圆承盘灯柱，上为盏，敞口，弧壁，口沿上饰三个小耳，白胎施绿色釉。口径7.8、底盘径11.4、残高22厘米（图三六六，4）。

B型　1件。无灯柱。DH21：1，敞口，浅弧壁，底内凹，外沿饰单耳柄，褐红色胎，饰酱釉。口径9.8、足径3.2、高2.4厘米（图三六六，1；图版五二，3）。

C型　2件。分二式。

Ⅰ式　1件。敞口，弧腹。DT0908③：6，圆唇，外撇实心圈足，盏心有一矮空心圆柱，厚胎壁，灰白胎施酱釉。口径7.4、足径3.9、高4厘米（图三六六，2；图版五二，4）。

Ⅱ式　1件。敛口，鼓腹。BT1709⑤：27，平底，外撇假圈足，盏心有一矮空心灯柱，灰白胎施浅灰色釉。口径6.8、底径3.6、高3.8厘米（图三六六，3）。

10. 灯台

2件。DH25：6，台座为喇叭状圈足，中间有承盘，盘为撇口，圆唇，曲腹，弧底，盘中有一圆柱中空，灰白胎施灰白釉。盘径10.4、底径7.2、高16厘米（图三六六，5；图版五二，2）。

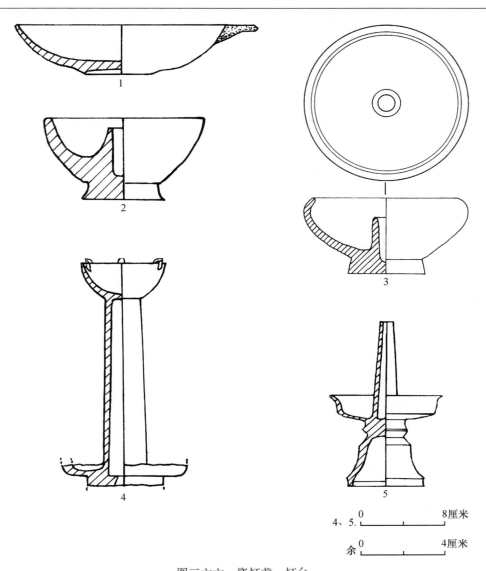

图三六六 瓷灯盏、灯台

1. B型瓷灯盏（DH21：1） 2. CⅠ式瓷灯盏（DT0908③：6） 3. CⅡ式瓷灯盏（BT1709⑤：27）

4. A型瓷灯盏（DT1008③a：13） 5. 瓷灯台（DH25：6）

11. 青花勺

10件。分二式。

Ⅰ式 1件。尖唇，椭圆形勺体。DT0328③：1，平底内凹，长柄，柄端有二个圆凹窝，灰白胎施白釉泛青，勺心饰青花草龙纹。柄长7.2、高5厘米（图三六四，4；图版五二，5）。

Ⅱ式 9件。长柄，苹果形勺体。BT1909③d：17，圆唇，平底，灰胎，白釉泛青，内壁饰折枝花草纹。柄长5、勺宽4.8厘米（图三六四，6；图版五二，6）。

12. 瓷塑

7件。分人物和动物二类。

人物　5件。

铁拐李　1件。BT1908③c：1，立式，白胎白釉泛青，人物作坐姿，光头，浓眉大眼，双手交差于胸，柱一杖，赤足。瓷塑高8.1厘米（图三六七，5）。

立人俑　1件。作立状。AT2119⑤：2，双手合十，置于前胸，俑首残断，中空，平底，白胎白釉，胸部青花点染，下部施浅棕色釉。厚1.4、残高4.4厘米（图三六七，2）。

人俑头　1件。DG206：2，头以下残断，俑头戴官帽，眉目清秀，白胎施青釉。宽2、残高4.7厘米（图三六七，7）。

光腚儿童　1件。DT0326③：3，残存下部，光腚，赤足，裸体中空，作坐姿，白胎，腰部施一周蓝釉。宽4.6、残高3厘米（图三六七，3）。

骑马俑　1件。AT2017⑤：1，长方形座，座上塑一立马，一人横绮于马上，人头、手、马首均残，白胎白釉泛青。宽6.6、厚2.4、宽9.2厘米（图三六七，1；图版五三，1）。

动物　2件。AT2019⑥：9，有座，鸡首残断，翅、尾、羽毛清晰，红胎，鸡身施白釉泛青，尾翅及底座施蓝釉。宽5.2、残高5.1厘米（图三六七，4）。BT1808⑤：17，白胎白釉，头、尾、翅涂青花料，青花明艳，鸡作张口鸣叫头，背饰一纽穿孔。鸡长6.2、高4.7厘米（图三六七，6；图版五三，2）。

13. 瓷器的款识

形式为青花书写、针刺。内容有吉祥语，斋名，姓氏名，官署款、年号款。

另外有一些碗的残片，上面有不同文字，无法归纳到哪型哪式里面去，现根据地层早晚关系，分为五式。

Ⅰ式　3件。DH32：6，碗底以上残缺，直墙齐平足，平底，薄胎，青白釉面，碗心饰青花结带绣球纹，外底草书"长春佳器"四字。足径5.2、残高2厘米（图版五三，3）。DT0931⑥：6。残，仅存碗底半块，直墙齐平足，平底，白胎施灰白釉，碗心饰草书"福"字。底径4.4、残高2厘米（图三六九，5）。

Ⅱ式　8件。DT0730③：11，残，仅存底部半块，内墙外斜坡足，平底略下凹，灰白胎施白釉，内底饰青花纹，外底双圈内饰"芝兰斋制"四字。底径9.2、残高2.2厘米（图三六八，8）。DG11：8，残，直墙齐平足，平底，白胎施白釉泛亮青，碗心饰青花纹，底双圈内书"大明年造"四字（图三七〇，6；图版五三，4）。DT0931③：14，残，矮圈足，厚足墙，平底，釉色白中透青，内底饰青花兰草纹，旁有一"雅"字印章，另外用针刺小孔"李姜"二字。底径5.2、残高1.9厘米（图三六八，9）。BT0831④：5，残，直墙齐平足，平底，釉色白中带灰，碗心饰青花缠枝牡丹纹，青花明艳，外底草书"大明年造"四字。底径4.4、残高2.4厘米（图三六九，9）。DT0529②：3，残，直墙齐平足，平底，釉色白中透青，外底草书

图三六七　瓷俑

1. 骑马俑（AT2017⑤：1）　　2. 立人俑（AT2119⑤：2）　　3. 光腚儿童塑像（DT0326③：3）　　4. 瓷塑动物（AT2019⑥：9）
5. 铁拐李塑像（BT1908③c：1）　　6. 瓷塑动物（BT1808⑤：17）　　7. 人俑头（DG206：2）

图三六八　带字青花瓷片（一）

1. 青花瓷碗（DT0831④：8）　　2. 青花瓷碗（DZ2：3）　　3. 青花瓷碗（DT0733②：2）　　4. 青花瓷碗底（AH12：2）
5. 青花瓷碗（DT0628②：1）　　6. 青花瓷碗（AT2009⑥：9）　　7. 青花瓷碗（DG5：1）　　8. 瓷盘底（DT0730③：11）
9. 瓷碗底（DT0931③：14）　　10. 瓷碗（AH10：2）

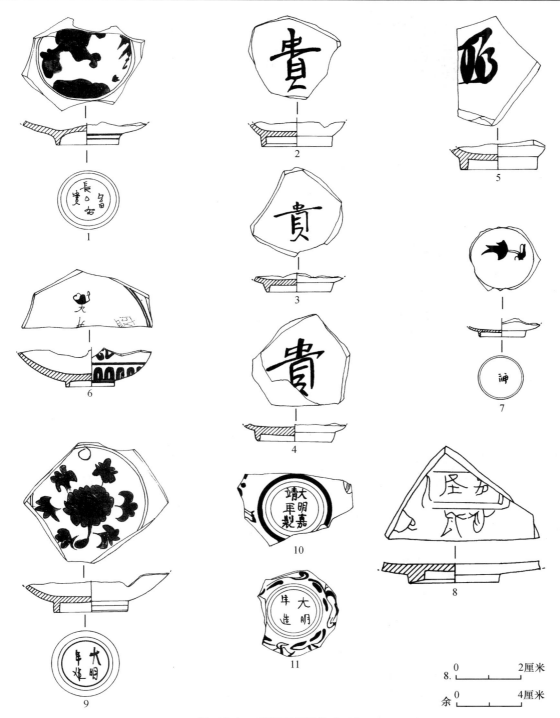

图三六九 带字青花瓷片（二）

1. 瓷碗（DT0831④：8） 2. 瓷碗底（DG3②：2） 3. 青花瓷碗（AT2109⑦：6） 4. 青花瓷碗（AT2109④：20）

5. 青花瓷碗（DT0931⑥：6） 6. 青花瓷碗（AT2110②：16） 7. 青花瓷杯（DT0731④：7） 8. 青花瓷杯底（AT2010④D：17）

9. 青花瓷碗（DT0831④：5） 10. 青花瓷碗底（AH3：4） 11. 青花瓷碗（AH3：5）

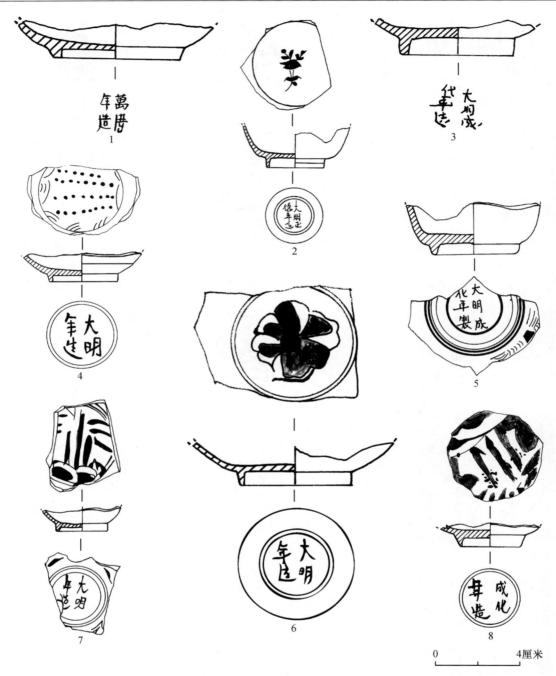

图三七〇　带字青花瓷片（三）

1.青花瓷碗（DT0529②：3）　2.青花瓷碗（AT2213⑥：2）　3.青花瓷碗（DT0529②：4）　4.青花瓷杯（DT0430②：1）
5.青花瓷碗（AH6：2）　6.青花瓷碗（DG11：8）　7.青花瓷碗（AT2109④：18）　8.青花瓷杯（DT0730③：1）

"大明成化年造"六字。底径5.4、残高1.6厘米（图三七〇，1）。

Ⅲ式　7件。DZ2：3，残，下腹微弧，圈足，平底，釉色白中带灰，外下腹饰青花花鸟纹，外底双圈内草书"长春佳器"四字。底径4.8、残高5.1厘米（图三六八，2）。AH3：4，残，灰白胎釉，圈足，平底，外底双圈内书"大明嘉靖年制"六字。底径4厘米（图三六九，10）。DT0529②：4，残，外墙内敛足，平底，白色釉面，外底饰"万历年造"四字，底径6、残高1.6厘米（图三七〇，3）。AT2213⑥：2，残，圈足，平底，釉色白中透青，内底饰青花折枝花纹，外底双圈下饰"大明正德年造"六字。底径5.4、残高4厘米（图三七〇，2）。DT0733②：2，残，齐平足，平底，釉色白中带灰，碗心饰青花缠枝牡丹图，外底单圈内草书"万福长寿"四字。底径4.4、残高1.5厘米（图三六八，3）。DT0628②：1，直墙齐平足，平底，白胎施白釉闪亮青，碗心饰青花缠枝牡丹图，外底双圈内书"长命富贵"四字。底径4.5、残高1.6厘米（图三六八，5）。AT2009⑥：9，瓷片上书"名"字，青料蓝中闪灰（图三六八，6）。

Ⅳ式　2件。AH12：2，足内底书"福"字，青料蓝中带褐，底径4.8厘米（图三六八，4）。G5：1，残，圈足，平底，灰白胎施灰白釉泛青灰，外底书"万（福）收（同）"残二字。底径4.2、残高2.5厘米（图三六八，7）。

Ⅴ式　1件。AT2109④：20，残，圈足，平底，釉色白中泛灰，内底书"贵"字，青料明艳，底径4.4、残高1.4厘米（图三六九，4）。

第二节　陶　　器

122件。多为夹砂陶，泥质陶次之，另外有一部分上釉陶。陶器纹饰种类有绳纹、弦纹、网格纹、圆圈纹、葵花纹等，其中以弦纹陶数量居多。陶器多为生活用具，如陶缸、陶罐、陶壶、陶釜、陶钵、陶碗、陶杯、陶盏、陶灯等，另见少量瓦当、滴水、陶网坠、砖等。

罐　40件。分七型。

A型　1件，四系罐，撇口，束颈，弧壁。DT1030⑤：4，尖唇，外卷平沿，上鼓腹，平底，夹砂橙黄陶，外壁施酱釉，釉不及下腹，内壁下腹饰多道凹弦纹。口径10.4、腹径18、底径7.2、高18.6厘米（图三七一，6）。

B型　2件，双系罐。分二式。

Ⅰ式　1件。残，敛口，鼓腹。DT0731⑤：6，平唇，短颈，溜肩，肩部有对称双耳，溜肩处饰三道凹弦纹，夹砂灰聊，无釉。口径30、残高9厘米（图三七一，2）。

Ⅱ式　1件。残，直口，鼓腹。DH4：1，平唇，短直颈，广弧肩，肩部有对称双耳。夹砂红陶，上腹以下残缺。口径20、残高4.8厘米（图三七一，4）。

C型　28件。单耳罐，鼓弧腹。分六式。

Ⅰ式　1件。鼓腹，器身偏瘦，腹近中部偏上。DH12：1，敞口有流，带把，把在肩部，把柄肩平，小束颈，平底较窄，夹砂灰陶，无釉，颈至下腹饰多道凹弦纹。口径10、底径9.2、高13.4厘米（图三七一，7；图版五四，1）。

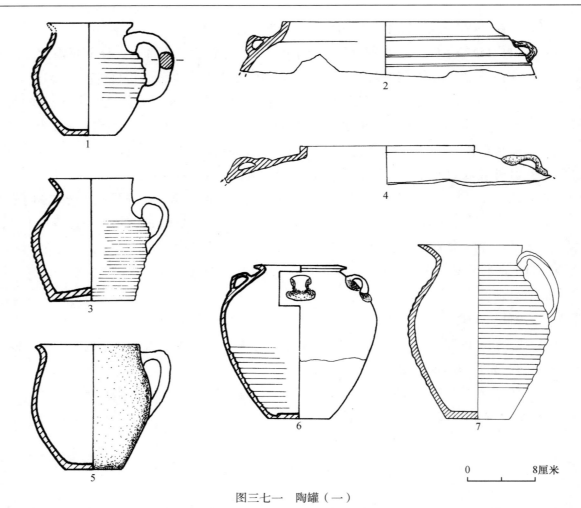

图三七一　陶罐（一）

1. CⅡ式陶罐（DT2014⑤：3）　　2. BⅠ式陶罐（DT0731⑤：6）　　3. CⅥ式陶罐（BT0615②：1）　　4. BⅡ式陶罐（DH4：1）
5. CⅣ式陶罐（AH18：1）　　6. A型陶罐（DT1030⑤：4）　　7. CⅠ式陶罐（DH12：1）

　　Ⅱ式　4件。腹微鼓，器身偏矮，腹至中部。AH16：2，敞口带流，带把置于肩腹之间，平底略内凹，腹以下饰多道凹弦纹，夹砂灰褐陶，无釉。口径8.6、底径7.6、高13.6厘米（图三七二，2）。DT2014⑤：3，圆唇，敞口带流，束颈，鼓腹，平底，器身略胖，半圆形，把柄置于肩腹之间，把柄略粗，腹部饰多道凹弦纹，夹砂灰陶，无釉。口径9.6、腹径12.8、底径6、高13.6厘米（图三七一，1；图版五四，2）。

　　Ⅲ式　2件。垂腹。AT2620⑥：1，尖唇，束颈，溜肩，最大腹径下移，平底，尖嘴流带把柄。夹砂红褐陶，施酱褐色釉，腹以下无釉。口径6.3、腹径9、底径7、高11厘米（图三七二，3；图版五四，3）。

　　Ⅳ式　6件。鼓腹。AH18：1，圆唇，敞口带流，有扁形把柄，腹最大径下移，平底，夹砂灰陶，无釉。口径11.6、腹径14、底径6.6、高15.4厘米（图三七一，5）。BH11：15，直口，尖嘴流，斜溜肩，鼓腹，平底，单把柄置于上腹，厚胎壁，下腹至底饰多道凹弦纹。夹砂灰陶，无釉。口径8、底径9.2、高15.6厘米（图三七二，4；图版五四，4）。

　　Ⅴ式　13件。筒腹。AT2120④：1，尖唇，直口带流，外沿下卷，直腹壁，平底，扁平

0　　4厘米

图三七二　陶罐（二）

1. C Ⅴ式陶罐（AH202：33）　2. C Ⅱ式陶罐（AH16：2）　3. C Ⅲ式陶罐（AT2620⑥：1）　4. C Ⅳ式陶罐（BH11：15）

5. C Ⅴ式陶罐（AT2120④：1）

把柄置于上腹，薄胎壁，浅棕色夹砂陶，周身饰酱釉面，下腹饰多道凹弦纹。口径6.9、腹径8.3、底径7、高11.6厘米（图三七二，5；图版五五，1）。AH202：33，尖唇，直口带流，筒腹带把，平底。下腹饰多周凹弦纹。浅棕色胎施酱釉，不及底。口径6.7、底径6.6、高12.2厘米（图三七二，1；图版五五，2）。

Ⅵ式　2件。鼓腹。BT0615②：1，敞口带流，束颈，单柄置于腹部，平底内凹，下部饰多道凹弦纹，夹砂灰陶，无釉。口径9.6、底径9.6、高14.8厘米（图三七一，3；图版五五，3）。

D型　2件，单耳罐。直口无流，鼓腹。AT1912⑤：12，短直径，溜肩，平底，扁平把柄，颈和下腹饰多道凹弦纹，夹砂褐陶，施酱釉。口径11、腹径18.4、底径12.4、高21.8厘米（图三七三，1；图版五五，4）。

E型　2件。敞口，溜肩。DT0930③：7，尖唇，束颈，口沿下有一道凸棱，腹部残，素面，夹砂灰陶，施灰褐色釉。口径5.6、残高2.6厘米（图三七三，2）。

F型　2件，直领口，鼓圆腹。AT2120⑥：5，方唇，平沿，短束颈，溜肩，椭圆腹部，残底，紫褐夹砂陶，素面，无釉。口径6.4、腹径9.6、残高8.8厘米（图三七三，3）。

G型　3件。鼓腹上移。分二式。

Ⅰ式　2件。腹最大径在上腹。DT0529②：9，敞口，圆唇，短束颈，溜肩，鼓腹，下腹斜直收，平底，夹砂褐红陶，施酱釉，腹以下饰多道凹弦纹。口径10、底径10.4、高18.8厘米（图三七三，4）。

Ⅱ式　1件，鼓腹微尖。BT1015③：2，圆唇，卷平沿，敞口，短束颈，溜肩，斜直壁内收，平底内凹，夹砂灰陶，施酱釉。口径12.8、底径12.8、高39.2厘米（图三七三，5）。

壶　8件，鼓腹，单把。分三型。

A型　6件。分三式。

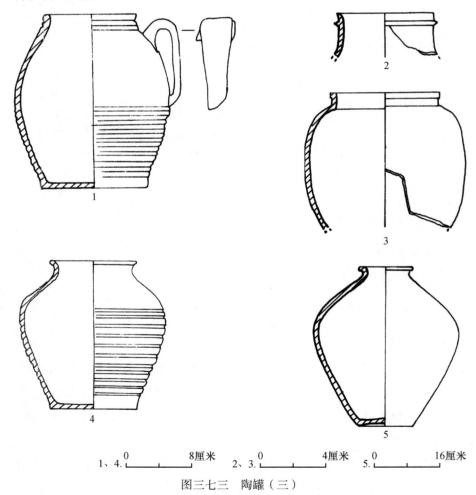

图三七三　陶罐（三）

1. D型陶罐（AT1912⑤：12）　2. E型陶罐（DT0930③：7）　3. F型陶罐（AT2120⑥：5）　4. GⅠ式陶罐（DT0529②：9）
5. GⅡ式陶罐（BT1015③：2）

Ⅰ式　1件，敞口，口沿下有流，椭圆腹，最大径在器身偏下。BT1808⑤：16，束颈，溜肩，单把置于一侧肩部，下腹残缺，夹砂灰陶，腹以下饰酱釉，腹部饰多道凹弦纹。口径6、残高12厘米（图三七四，3）。

Ⅱ式　4件。盘口，口沿有流，鼓腹。BT1808④：5，束颈，溜肩，最大腹径在器身下部，平底，单把置于上腹部一侧，夹砂灰陶，上半部施灰色釉，腹以下为红褐色陶衣，腹部饰数道凹弦纹。腹径11.2、底径6.4、高14厘米（图三七四，6）。BT1807④：9，盘口，口沿下

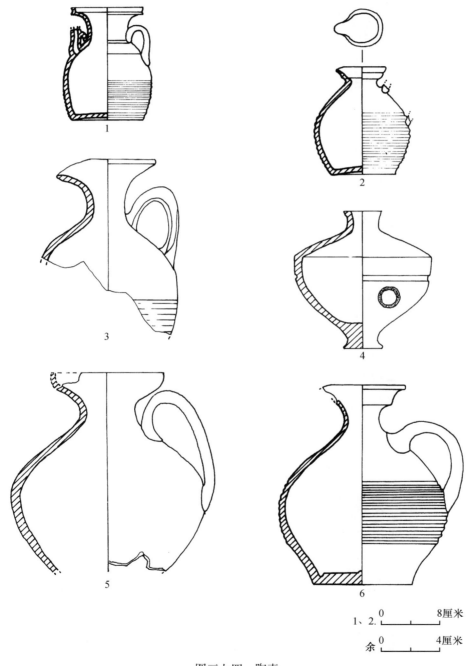

图三七四　陶壶

1. B型壶（BT1905③：2）　　2. AⅡ式壶（BT1807④：9）　　3. AⅠ式壶（BT1808⑤：16）　　4. C型壶（BT1908④：8）
5. AⅢ式壶（BG2：1）　　6. AⅡ式壶（BT1808④：5）

有流，腹微鼓，平底略内凹，夹砂灰白硬陶，施褐色釉，腹部饰数道凹弦纹。口径6.8、底径8.8、高15.2厘米（图三七四，2；图版五六，1）。

Ⅲ式　1件。敞口，圆鼓腹。BG2：1，圆唇，束颈，溜肩，单把置于上腹一侧，残底，夹白胎夹砂陶，通身施酱釉，素面。口径7.6、残高12厘米（图三七四，5）。

B型　1件。盘口，筒腹。BT1905③：2，平唇，束颈，溜肩，平底微凹，单把单流置于肩部两侧，夹砂褐陶，腹部以上施酱釉，下腹饰数道凹弦纹。口径9.6、底径9.6、高15.6厘米（图三七四，1）。

C型　1件。瓶口，折鼓腹。BT1908④：8，平唇，直口，短束颈，广肩折腹，下腹收，窄平底，假圈足，无流无把，夹砂红陶，施酱釉，腹部饰一道凹弦纹，外下腹有一圆圈纹。口径2.6、底径2.6、高9.8厘米（图三七四，4）。

盆　8件。分三型。

A型　6件。分四式。

Ⅰ式　1件。敛口，弧腹。DT0328③：3，双唇，平沿，内沿边有一周凹槽，弧腹微鼓，残底，夹砂褐陶，施酱釉。口径28、残高10厘米（图三七五，4）。

Ⅱ式　1件。敛口，斜直壁。AT2220⑤：5，双唇，平底，平底内凹，泥质黄褐陶，施黄褐色釉，外腹饰拍印方格纹，外底墨书"黄雷"二字。口径38.8、底径23.2、高14厘米（图三七五，6）。

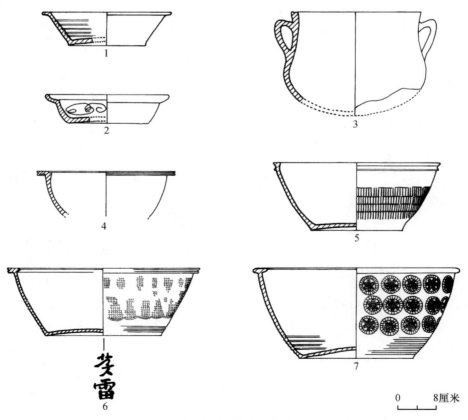

图三七五　陶盆、陶釜

1. B型陶盆（DH22：6）　2. C型陶盆（DH51：6）　3. 陶釜（BT1014③：1）　4. AⅠ式陶盆（DT0328③：3）

5. AⅣ式陶盆（AT1108③c：10）　6. AⅡ式陶盆　（AT2220⑤：5）　7. AⅢ式陶盆（AT1812④：9）

Ⅲ式　1件。敛口，斜直壁微弧。AT1812④：9，圆唇，平沿，直壁微弧，平底内凹，夹砂灰褐陶，施灰绿色釉，釉不及底。内外下腹均饰多道凹弦纹，外上腹饰菊花纹。口径41.6、底径23.2、高19.2厘米（图三七五，7；图版五六，2）。

Ⅳ式　3件，微敛口，斜直腹。AT1108③c：10，尖唇，平沿，沿下有一周凹槽，平底内凹，夹砂灰陶，施酱釉，釉不及底，外腹饰四道竖条形纹。口径33.6、底径18.4、高14.4厘米（图三七五，5）。

B型　1件。敞口，浅斜腹。DH22：6，圆唇，折平沿，平底内凹，浅腹，灰褐色夹砂陶，内壁饰多道凹弦纹。口径26、底径15.6、高7厘米（图三七五，1）。

C型　1件。敞口，折腹。DH51：6，圆唇，内折壁，下腹微弧，平底内凹，夹砂红褐陶，内壁施酱釉，外腹素面，内壁饰刻划纹。口径25.2、底径16.4、高6厘米（图三七五，2）。

擂钵　3件。分三式。

Ⅰ式　1件。敛口，深弧腹。DT0530③：5，尖唇，外斜沿，上腹折壁，下腹弧收，窄平底，内壁呈锅底状，夹砂褐陶，施浅黄色釉，内壁满饰刻划相间竖细棱纹。口径31.2、底径7.2、高16.8厘米（图三七六，5；图版五六，3）。

Ⅱ式　1件。直口，斜弧壁。DT1232④：1，圆唇，外卷沿，平底，夹砂褐陶，内壁满饰刻划相间竖条细棱纹，外腹饰数道凹弦纹。口径22.4、底径8、高12.4厘米（图三七六，3；图版五六，4）。

Ⅲ式　1件。敞口，内壁呈半椭圆形腹。AT2319④：1，圆唇，平沿，假圈足，平底，夹砂褐陶，外壁施酱釉，内壁满饰竖条刻划细棱纹，外下腹饰三道凹弦纹。口径14.8、底径8.4、高

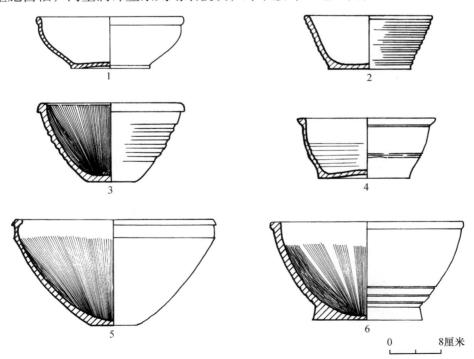

图三七六　擂钵、钵
1. Ⅱ式钵（BH11：12）　2. Ⅲ式钵（DG10：13）　3. Ⅱ式擂钵（DT1232④：1）　4. Ⅰ式钵（AT1912⑤：7）
5. Ⅰ式擂钵（DT0530③：5）　6. Ⅲ式擂钵（AT2319④：1）

7.8厘米（图三七六，6）。

钵　3件。分三式。

Ⅰ式　1件，敞口，微弧壁。AT1912⑤：7，尖唇，平沿，平底内凹，夹砂褐陶，内外壁饰数道凹弦纹。口径21.2、底径14、高9.6厘米（图三七六，4）。

Ⅱ式　1件，敞口，鼓腹。BH11：12，圆唇，卷沿，下腹内收，平底微内凹，灰白胎陶，素面。口径21.6、底径12、高8.4厘米（图三七六，1；图版五七，1）。

Ⅲ式　1件。敞口，斜直壁。DG10：13，圆唇，直腹，平底，泥质灰陶。外腹饰数道凹弦纹。口径15.6、底径12.4、高8.8厘米（图三七六，2）。

碗　3件。分三式。

Ⅰ式　1件。口残，微弧腹。DT0730⑥：6，直墙齐平足微外撇，平底，厚胎壁，灰陶，外腹饰多道凹弦纹。底径10、残高8.6厘米（图三七七，3）。

Ⅱ式　1件。口残，弧腹。DT0733④：15，假圈足外撇，平底，原单位砂红陶，外腹饰多道凹弦纹。底径8、残高5厘米（图三七七，5）。

Ⅲ式　1件，撇口，斜鼓腹。DG203：3，圆唇外撇，外直墙里斜道足，微弧底，夹砂褐陶，内外施黑釉，釉不及底，素面。口径12、底径4.3、高5.6厘米（图三七七，7）。

杯　3件。分二型。

A型　2件。残，直腹壁。DT0730④：8，口残，上腹直壁，下腹斜收，窄平底，瘦长器身，泥质灰陶，素面。底径4、残高11厘米（图三七七，2）。

B型　1件。弧腹，圆锥底。DH7：1，尖唇，厚底胎，灰褐色陶，素面。口径6.4、高3.6厘米（图三七七，8）。

碟　2件。分二型。

A型　1件。撇口，折腹。DT0529②：6，卷沿，圆唇，内壁斜直，平底，内底有突乳钉，夹砂黑硬陶，素面。口径8.4、底径4、高2.8厘米（图三七七，4）。

B型　1件。敞口，弧腹。DT1109⑤：3，平唇，平底，底胎较厚，泥质褐红陶。口径10、足径4.6厘米（图三七七，1）。

盏　1件。浅腹。DG203：4，斜方唇，微弧腹，假圈足，平底，厚胎底，泥质红褐陶，内壁施酱釉，素面。口径7.4、足径4.2、高2.1厘米（图三七七，6）。

缸　1件。残存口沿，直口，折沿，方唇，束腰，短颈。BT1807⑤：10，夹砂红陶，施黑衣。口径31.2、残高7.2厘米（图三七八，3）。

釜　1件。底残，直口，鼓腹。BT1014③：1，平唇中有一凹槽而形成双唇，颈部饰双耳，下腹鼓圆，夹砂黑陶，无釉。口径26、残高21.5厘米（图版五七，2）。

器盖　7件。分四型。

A型　1件。敞口，弧壁。AT2019⑥：8，平唇，内壁为锅状，盖柄圆柱形中空。柄残，泥质黄褐陶，施黄色釉。素面，口径6.8、柄径1.5、残高4.2厘米（图三七八，5）。

B型　3件。分二式。

Ⅰ式　1件，直口，直壁，折腹。DT0733④：6，平唇，假圈足形纽，平底内凹，夹砂灰

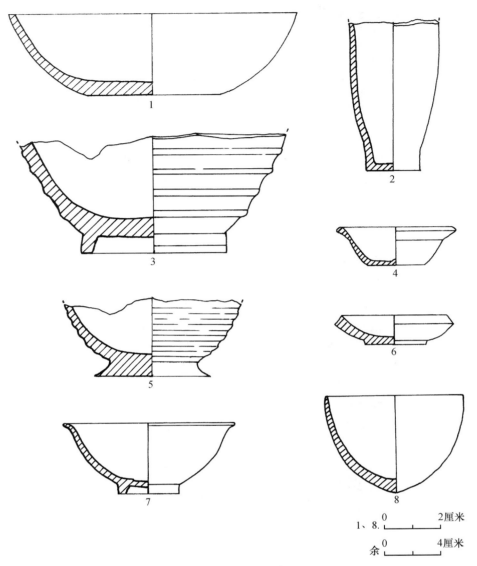

图三七七　碗、杯、碟、盏

1. B型陶碟（DT1109⑤：3）　2. A型陶杯（DT0730④：8）　3. I式陶碗（DT0730⑥：6）　4. A型陶碟（DT0529②：6）
5. II式陶碗（DT0733④：15）　6. 陶盏（DG203：4）　7. III式陶碗（DG203：3）　8. B型陶杯（DH7：1）

陶，器身施酱釉，素面。口径6.2、纽径3、高3.3厘米（图三七八，6）。

II式　2件。敛口，圆鼓腹。AT1913⑤a：2，平唇，假圈足盖纽，外削弧底，灰白硬陶，内外施酱釉，外腹以下未上釉。上径3.3、下径6.6、高4.1厘米（图三七八，10）。AH205：12，平唇，鼓腹，圆柱形盖纽，平底内凹，泥质黄陶，内外施酱釉，外壁釉不及下腹，素面。口径3.5、下径6.8、高4厘米（图三七八，8）。

C型　1件。敞口，直腹。BF1：4，折平沿中间有一周凹槽，圆唇，平底，夹砂红褐陶，内壁外下腹均施酱釉，素面。口径21.6、底径9.6、高4.8厘米（图三七八，1；图版五七，3）。

D型　2件。分二式。

I式　1件。弧壁圈纽，有捉手，平底，厚胎壁。AT2010⑦：11，泥质红陶，素面。口径9.6、高2.6厘米（图三七八，4）。

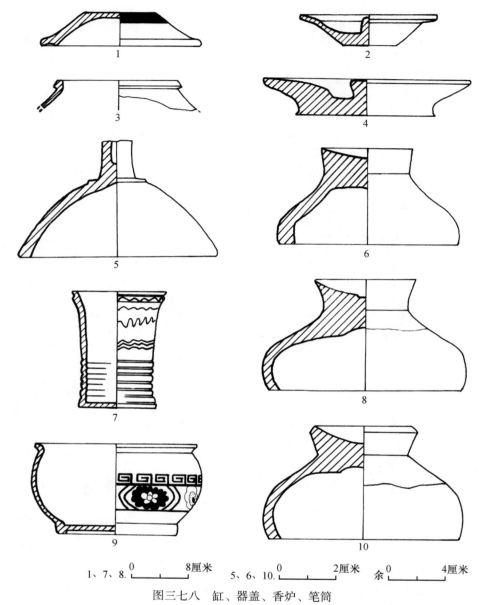

1、7、8. 0 ——— 8厘米　　5、6、10. 0 ——— 2厘米　　余 0 ——— 4厘米

图三七八　缸、器盖、香炉、笔筒

1. C型器盖（BF1：4）　　2. DⅡ式器盖（DT0909④：7）　　3. 陶缸（BT1807⑤：10）　　4. DⅠ式器盖（AT2010⑦：11）
5. A型器盖（AT2019⑥：8）　　6. BⅠ式器盖（DT0733④：6）　　7. 笔筒（AT1813⑤a：2）　　8. BⅡ式器盖（AH205：12）
9. 香炉（BG5：4）　　10. BⅡ式器盖（AT1913⑤a：2）

　　Ⅱ式　1件。方唇，折腹，直壁，厚平底，有圆柱形捉手。DT0909④：7，泥质灰褐陶，素面，无釉。口径9.4、底径3.8、高2.2厘米（图三七八，2；图版五七，4）。

　　香炉　1件。撇口，鼓腹。BG5：4，圆唇，折沿，矮圈足，平底，泥质褐陶，内外施酱釉，外腹饰模印莲纹和回纹。口径11、底径9、高6.6厘米（图三七八，9）。

　　笔筒　1件。敞口，筒腹。AT1813⑤a：2，圆唇，唇下有一道凹弦纹，下腹直壁，平底，泥质红褐陶，上腹饰波浪纹，下腹饰数道凹弦纹。口径13、底径6.4、高17厘米（图三七八，7；图版五七，5）。

　　灯　17件。分四型。

A型　5件。灯台，有承盘。BT1109④：1，盏为敞口，圆唇，斜弧壁，口沿饰三个乳突，高立柱为空心，中间有承舯，承盘为撇口，内弧腹，平底，高圈足，泥质灰陶，施酱釉。口径7.4、底径9.8、高22厘米（图三七九，3；图版五八，1）。

B型　6件，分二式。

Ⅰ式　3件，高灯柱略粗，有承盘。BT0913⑤：1，盏为敞口，弧腹，灯柱中空与盏相通，底有承盘，沿部残，柱中部饰环状把手，柱壁有数道凹弦纹。泥质红褐陶，把手以上施酱釉。

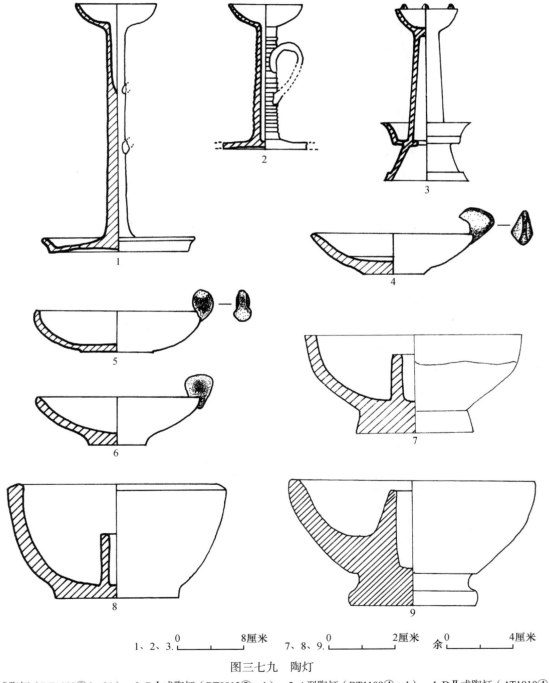

图三七九　陶灯

1. BⅡ式陶灯（DT1007③d：31）　2. BⅠ式陶灯（BT0913⑤：1）　3. A型陶灯（BT1109④：1）　4. DⅡ式陶灯（AT1810④：2）
5. DⅠ式陶灯（AT1912⑤：15）　6. DⅢ式陶灯（BT2006③：1）　7. CⅡ式陶灯（DT1007③a：13）
8. CⅢ式陶灯（BT1709④：10）　9. CⅠ式陶灯（DT0908③：5）

上径8.4、高18厘米（图三七九，2）。

Ⅱ式　3件。浅腹盏。高灯柱略细。DT1007③d：31，盏为敞口，鼓腹，灯柱上部中空与盏相通，底有承盘，承盘撇口，圆唇，折腹，平底内凹，灯柱中部饰把手已残，泥质红褐陶，灯盏上部施绿釉。上径9.8、底径16.2、高30.8厘米（图三七九，1；图版五八，2）。

C型　3件，灯盏，分三式。

Ⅰ式　1件。敞口，无承盘，无灯柱，浅弧腹。DT0908③：5，圆唇，假圈足外撇，胎壁较厚，盏心有一圆周柱中空与盏相连，泥质灰陶，素面。口径7.4、底径3.8、高4厘米（图三七九，9；图版五八，3）。

Ⅱ式　1件。敞口，鼓腹。DT1007③a：13，平唇，直墙假圈足微外撇，平底，盏内有一圆柱中空与盏相连。浅灰色硬陶，内壁及外下腹施酱釉，素面。口径6.5、下径3.5、高3厘米（图三七九，7）。

Ⅲ式　1件。直口，深弧腹，无承盘，无座。BT1709④：10，斜平唇，平底，盏内有一圆柱中空与盏相连，夹砂灰黑硬陶，内外施灰白釉，素面。口径6.4、底径4.6、高3.5厘米（图三七九，8）。

D型　3件。灯盏，分三式。

Ⅰ式　1件，敛口，鼓腹。AT1912⑤：15，尖唇，矮足，平底，口沿一边有纽耳，夹砂褐陶，内外施酱釉，口径10.6、底径4.2、高2.6厘米（图三七九，5）。

Ⅱ式　1件。敞口，浅斜腹壁。AT1810④：2，尖唇，平底较厚，口沿一边有纽耳，夹砂红褐陶，内壁施酱釉。口径9.8、底径3.6、高2.6厘米（图三七九，4；图版五八，4）。

Ⅲ式　1件。敞口，微弧腹。BT2006③：1，尖唇，平底，口沿一边有纽耳，夹砂褐陶，素面。口径9.2、底径3.2、高3厘米（图三七九，6；图版五八，5）。

网坠　7件。分四式。

Ⅰ式　3件。AT2010⑧：10，泥质红陶，棱形，瘦长，中间有竖圆形穿孔。残长4.8、最大径2.1厘米（图三八〇，5）。

Ⅱ式　1件。AH202：3，泥质灰陶，腰鼓形，两端残，中间有对穿孔，素面。残长3.9、最大径2.7厘米（图三八〇，8；图版五九，1）。

Ⅲ式　2件。粗矮状。BT1047④：1，圆柱形，中间有竖圆形穿孔，泥质灰陶，素面。长2.2、直径2.2厘米（图三八〇，2）。BT1809④：11，两端平齐，鼓形，中间有竖圆形穿孔，泥质红褐陶，素面。长5.8、最大径5厘米（图三八〇，3）。

Ⅳ式　1件。BT1909③：1，泥质红陶，瘦长形，腹微鼓，两端残，中间有对穿孔，素面。长3.7、最大径1.2厘米（图三八〇，7）。

陶拍　2件。分二型。

A型　1件。AT2111⑦：6，圆形，一面平，一面饰乳钉纹，中心有银绽状纽，边缘上翘，泥质灰陶。直径9、厚1.2厘米（图三八〇，1；图版五九，2）。

B型　1件。AT2218⑤：2，圆形，一面中心有银绽状纽，外圈浮雕一周卷云纹，一面较平，泥质灰陶。直径8.4厘米（图三八〇，4）。

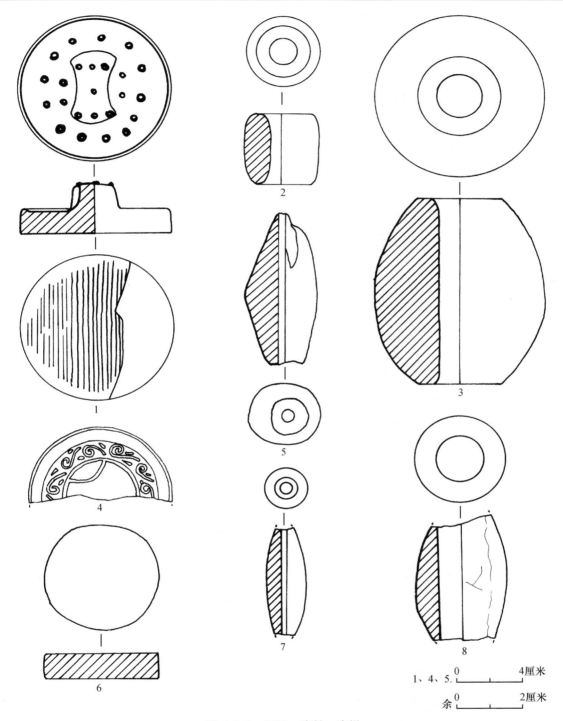

图三八〇　网坠、陶拍、陶饼

1.A型陶拍（AT2111⑦：6）　　2.Ⅲ式网坠（BT1047④：1）　　3.Ⅲ式网坠（BT1809④：11）　　4.B型陶拍（AT2218⑤：2）

5.Ⅰ式网坠（AT2010⑧：10）　　6.陶饼（AT2418③：2）　　7.Ⅳ式网坠（BT1909③：1）　　8.Ⅱ式网坠（AH202：3）

　　陶饼　1件。圆饼。AT2418③：2，周边经磨制，泥质灰陶，素面。直径3.4、厚0.8厘米（图三八〇，6）。

　　瓦当　6件，据花纹不同，分四型。

　　A型　2件。AT2210⑧：5，夹砂灰陶，当面残呈三角形，当面浮雕菊花纹，瓦身残，饰细布纹。瓦当宽16.8、残长13.2厘米（图三八一，2；图版五九，3）。

　　B型　2件。AT2212⑦：1，当面圆形，瓦身残，当面饰浮雕莲花纹和一周乳钉。泥质灰陶，当直径14、残长8厘米（图三八一，4；图版五九，4）。

　　C型　1件。AT2110⑥：6，当面呈圆形，当头花纹分圆心、内圈、外圈三部分，分别饰乳钉和规矩纹。直径12.4、厚2.6厘米（图三八二，3）。

　　D型　1件。AT2113④：1，瓦当残存约三分之一，当面内圈浮雕锯齿纹，外圈六连弧纹，

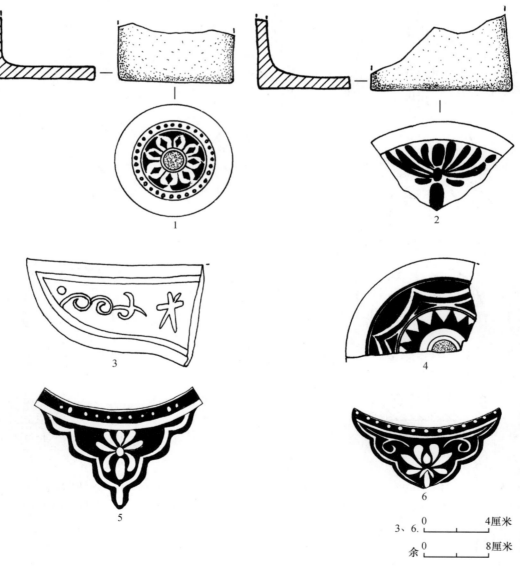

图三八一　瓦当、滴水

1. B型瓦当（AT2212⑦：1）　　2. A型瓦当（AT2210⑧：5）　　3. C型滴水（AH202：6）　　4. B型瓦当（AT2212⑦：1）
5. A型滴水（AT2019⑦：5）　　6. B型滴水（AT2019⑦：4）

泥质灰陶。直径14厘米。

滴水　4件。分三型。

A型　2件。AT2019⑦：5，滴水瓦当为莲花三边形，尖端向下，瘦尖滴水，当面浮雕乳钉纹及菊花纹，背面有细布纹。泥质灰陶。残长17.8、宽10厘米（图三八一，5）。

B型　1件。AT2019⑦：4，滴水瓦当为莲花三边形，尖端向下，宽肥滴水，当面浮雕乳钉纹及云雷及菊花纹。残长18、宽12.5厘米（图三八一，6）。

C型　1件。AH202：6，当面残，尖端向下，呈曲弧状，当面有浮雕字符图案，泥质灰陶。残长10.6、宽7.4厘米（图三八一，3）。

砖　2件。分二型。

A型　1件。长方形。BH11：6，一面饰细绳纹，一则饰菱形纹，余为素面，泥质灰陶。长29、宽16、厚6厘米（图三八二，1）。

B型　1件。下水管地砖，长方形。BG3：5，两端有子母口，中间为半圆形内空，泥质灰陶。长30、宽18.8、厚10厘米（图三八二，2）。

水龙头　1件。AJ201：3，龙首张口伸颈，口颈贯通以便流水，泥质灰陶，浮雕龙头面目狰狞，张牙舞爪，爪饰在颈部，颈下刻蛇腹状凹槽。残长16、宽6.6厘米（图三八二，4）。

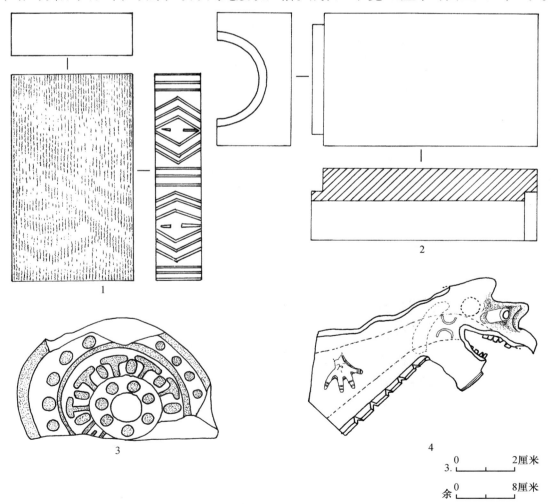

图三八二　瓦当、砖、水龙头

1. A型砖（BH11：6）　2. B型砖（BG3：5）　3. C型瓦当（AT2110⑥：6）　4. 水龙头（AJ201：3）

第三节　铜　　器

46件。为铜钱、烟嘴、烟斗、钥匙、铜夹、铜针、铜刀、铜勺等小件物品。

铜钱　26枚。

"五铢"1枚。DT0731②：1，圆形方孔，篆体字。直径2.5厘米（图三八三，8）。

"萬曆通寳"1枚。DT0730④：3，圆形方孔，钱边一周有凸筋。直径2.3厘米（图三八三，7）。

"永曆通寳"1枚。AT2109③：6，圆形方孔，钱边一周有凸圈。直径3.3厘米（图三八三，4）。

"乾隆通寳"4枚。AH1：1，圆形方孔，周边有一圈凸筋。直径2.2厘米（图三八三，5）。

"雍正通寳"1枚。AT2009③：4，圆形方孔，钱边一周有凸圈。直径2.7厘米（图三八三，3；图版六〇，1）。

"顺治通寳"1枚。DT0734②：1，圆形方孔。直径1.4厘米（图三八三，6）。

"咸丰通寳"1枚。AT2009①：1，圆形方孔。直径2.5厘米（图三八三，2；图版六〇，2）。

"道光通寳"1枚。AT2009①：2，圆形方孔。直径2.3厘米（图三八三，1）。

另外有15枚铜钱已锈蚀，无法辨认年号。

钥匙　4件。BT1013⑤：2，长条形，一端有小拐勾，另一端有小穿孔。长7.7厘米（图三八四，2）。AG201：6，圆形长柄，头上安一小铜环，器身圆柱形，钥匙头呈90°折拐，有齿。长19、直径0.6～1.2厘米（图三八五，1）。AH3：1，长条形，可折合。长12.7、宽1、高0.5厘米（图三八四，1）。

刀　2件。DT1128②：1，细长柄，刀片呈三角形，宽刃，似铲。长6.8、刃宽2.3厘米（图三八四，9）。DG206：1，刀为长方形，有刃，带长把，黄铜。长12.5、宽3、厚0.1～0.18厘米（图三八四，10；图版六〇，3）。

烟嘴　2件。分二型。

A型　1件。BT0914⑤：4，长圆柱形，嘴端尖圆。有眼。长6.3厘米（图三八五，10）。

B型　1件。BT0915④：3，残，斗身呈杯状，嘴端残。直径2.2、残长1.3厘米（图三八四，5）。

烟斗　2件。分二型。

A型　1件，锅形斗，中空，有两道箍。BT0915④：4。长5.3厘米（图三八五，5）。

B型　1件。斜圆锅状，有孔折拐通烟管。AT2020④：2。直径2、长3.7厘米（图三八五，4）。

顶针　1件。AT2109③：9，圆箍形，周身饰凹圈纹。直径1.8厘米（图三八五，7）。

勺　3件。分三型。

A型　1件，长弧形薄勺，细长条形把。BT1607④：6。长9.4厘米（图三八五，2）。

B型　1件。勺为椭圆形，细长条形圆把。AT2009④：5。长11.7厘米（图三八五，3）。

C型　1件。勺口椭圆形，底为弧形，勺把二端略粗。DT0730④：4。长4.6厘米（图

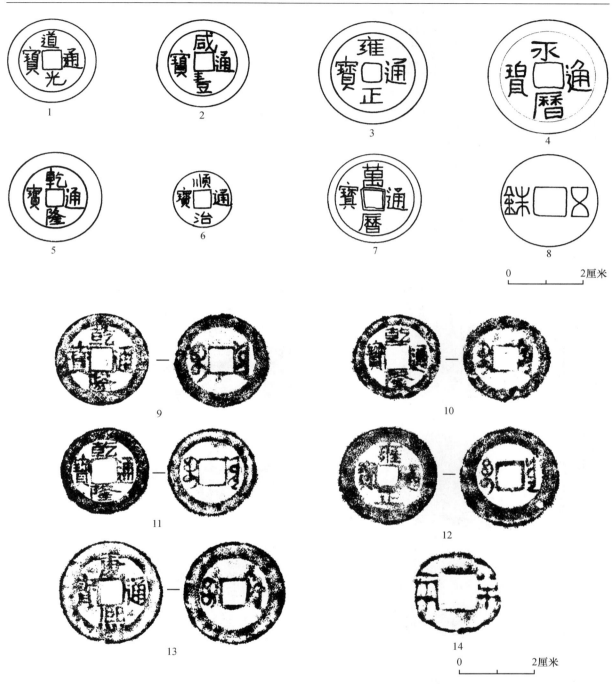

图三八三　铜钱线图、拓片

线图：1. "道光通寶"（AT2009①：2）　2. "咸丰通寶"（AT2009①：1）　3. "雍正通寶"（AT2009③：4）

4. "永曆通寶"（AT2109③：6）　5. "乾隆通寶"（AH1：1）　6. "顺治通寶"（DT0734②：1）

7. "万曆通寶"（DT0730④：3）　8. "五铢"（DT0731②：1）

拓片：9～11. "乾隆通寶"　12. "雍正通寶"　13. "康熙通寶"　14. "半两"

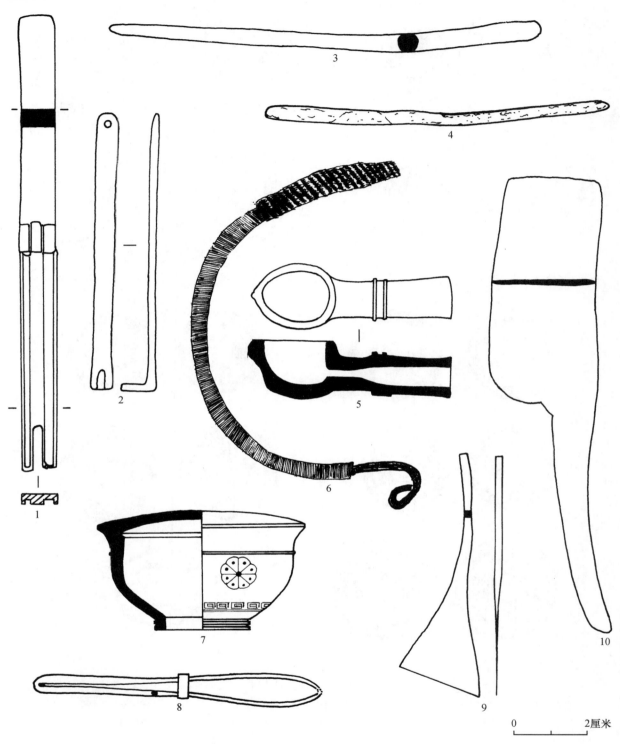

图三八四　铜器、锡器

1.铜钥匙（AH3∶1）　2.铜钥匙（BT1013⑤∶2）　3.铜针（BT0914②∶2）　4.铜棒（DH2∶1）　5.B型铜烟嘴（BT0915④∶3）
6.铜箱钩（AG2∶2）　7.锡器盖纽（BH20∶1）　8.铜夹（BH27∶1）　9.铜刀（DT1128②∶1）　10.铜刀（DG206∶1）

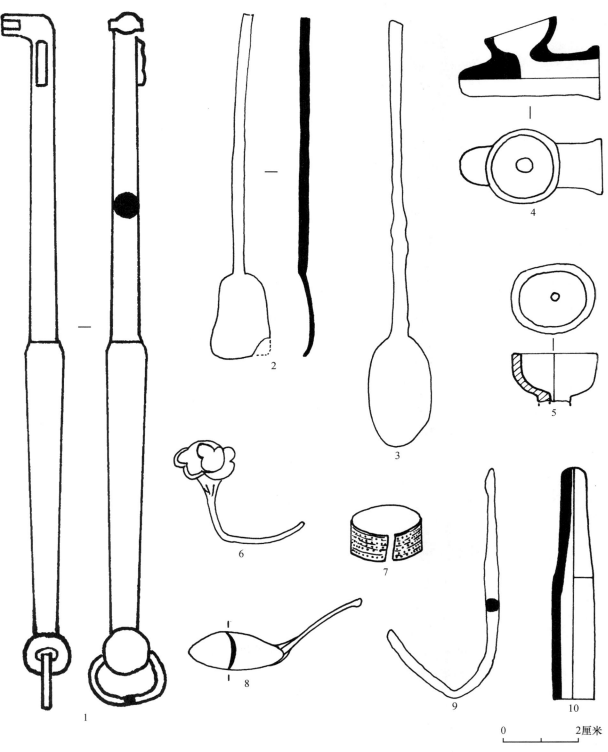

图三八五 铜器

1. 铜钥匙（AG201：6） 2. A型铜勺（BT1607④：6） 3. B型铜勺（AT2009④：5） 4. B型铜烟斗（AT2020④：2）

5. A型铜烟斗（BT0915④：4） 6. 铜簪（DZ2：4） 7. 铜顶针（AT2109③：9） 8. C型铜勺（DT0730④：4）

9. 铜钩（AT2109③：4） 10. A型铜烟嘴（BT0914⑤：4）

三八五，8）。

　　钩　　1件。勾状，圆柱铜条。AT2109③：4。长6.3厘米（图三八五，9）。

　　箱钩　　1件。半圆形，外圈用细丝缠绕。AG2：2（图三八四，6）。

　　棒　　1件。圆柱长条形，两端圆尖。DH2：1。长9.2厘米（图三八四，4）。

　　簪　　1件。DX2：4，牡丹花形，花枝一侧弯曲。花朵直径1.7、长3.1厘米（图三八五，6）。

　　针　　1件。细长圆条形，中间有穿孔，一端圆，一端尖。BT0914②：2。长12.2厘米（图三八四，3）。

　　夹子　　1件。后端为把柄，前端为二块弧形铜片，有弹性，中间用一块铜片将两边铜片连接固定。BH27：1。长6.6厘米（图三八四，8）。

第四节　铁　　器

　　11件。主要为生活、生产用具，它包括有釜、罐、锅、刀、锥、权、锄头等小件物品。

　　釜　　1件。DT0639③：1，敛口，圆唇，鼓腰，平底内凹，肩饰一扳，锈蚀。口径20.8、底径16、高24厘米（图三八六，1）。

　　罐　　1件。DH229：3，口残，一肩饰扳，已残断，最大径在肩，肩下渐收至底，深腹平底。残高24、肩径22.4、底径10厘米（图三八六，2）。

　　锅　　1件。DH229：4，敞口，尖唇，斜壁微弧，底残。口径96、残高19.2厘米（图三八六，8）。

　　刀　　2件。窄长形，一端有尖，一端为柄。BH11：5，截面呈楔形。残长30、宽4.4、脊厚1.2厘米（图三八六，4）。DT0330②：8，残存尖刃。长11.8、宽3.8、厚0.3～0.6厘米（图三八六，3）。

　　锥　　1件。一端尖状，一端有圆环。DT0732③：14（图三八六，9）。

　　箭镞　　1件。圆锥体，上部中空。DH225：2，上径4、长12厘米（图三八六，7）。

　　勺　　1件。AH1：3，勺体为长方形，勺把为长条形，勺柄长4.2、勺宽1.3厘米（图三八六，10）。

　　权　　2件。BT1809④：6，上端为长方体，在中间两侧有一对穿孔，鼓腹，束腰，平底微凹，黑褐色。高8.4、腹径6厘米（图三八六，6）。

　　锄头　　1件。窄长形。BH36：1，上端有方形穿孔，下端为长方形，截面呈楔形。长26.8、宽5.4～6.8厘米（图三八六，5）。

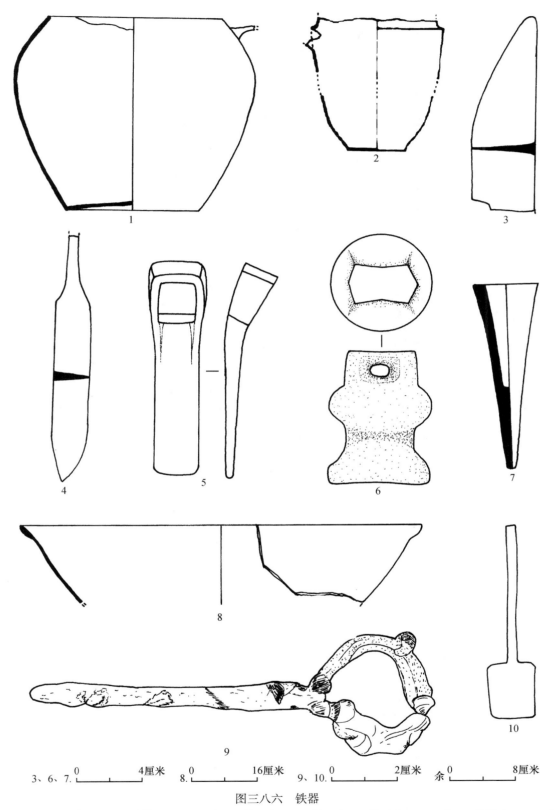

图三八六 铁器

1. 铁釜（DT0639③：1） 2. 铁罐（DH229：3） 3. 铁刀（DT0330②：8） 4. 铁刀（BH11：5） 5. 铁锄（BH36：1）
6. 铁权（BT1809④：6） 7. 铁箭镞（DH225：2） 8. 铁锅（DH229：4） 9. 铁锥（DT0732③：14） 10. 铁勺（AH1：3）

第五节　锡　　器

器盖纽　1件。纽头器盖，弧形顶面，弧腹，丝口。BH20∶1，纽身錾刻弦纹、回纹和皮球花纹，灰黑色。口径2.5、纽面直径5.5、高3.3厘米（图三八四，7）。

第六节　玉　　器

出土玉器3件。

玉饰　1件，长条形。AT2109③∶7，一端残，截面为圆形。残长3.6厘米（图三八七，2）。

玉玦　1件。圆形。AT2010③∶7，中间有圆孔，残，白色。直径2.1厘米（图三八七，3）。

烟嘴　1件。前端似酒瓶状，下端残，中间有竖圆小孔，截面为圆形。BT1808②b∶2。残长4、直径1.2厘米（图三八七，4）。

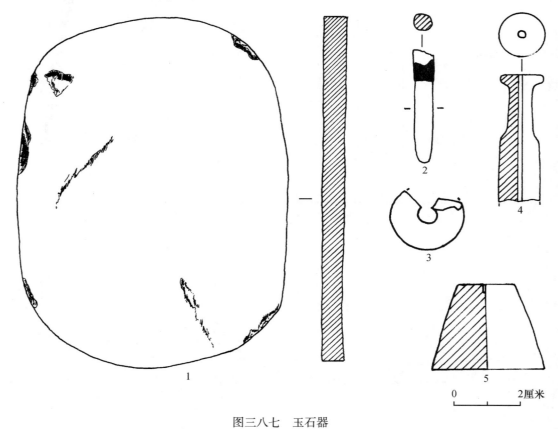

图三八七　玉石器

1. 石锛（BT1014②∶2）　2. 玉饰（AT2109③∶7）　3. 玉玦（AT2010③∶7）　4. 玉烟嘴（BT1808②b∶2）

5. 石权（DG2∶1）

第七节 石　　器

出土石器2件。

锛　1件。BT1014③：2，呈椭圆形，两面经过打磨，较平滑，厚度较匀，灰黑色石料。长11、宽8、厚4厘米（图三八七，1）。

权　1件。DG2：1，上、下端平面均为正方形，截面为梯形。面上中心有一0.4厘米深的圆形小孔，残色石料。上宽3.2、下宽6.4、高5.2厘米（图三八七，5）。

第八节 木　骨　器

骨器　10件。

板　3件。AH3：2，长方形，中间刻有"丙辰年"字样。长9.9、宽1、厚0.3厘米（图三八八，1；图版六〇，4）。AT2010③：5，长方形，刻有圆圈纹。残长9.1厘米（图三八八，2）。AT2418③：1，圆柱体，末端渐细，上有两个对穿小圆孔，磨制光滑，米黄色。残长9、

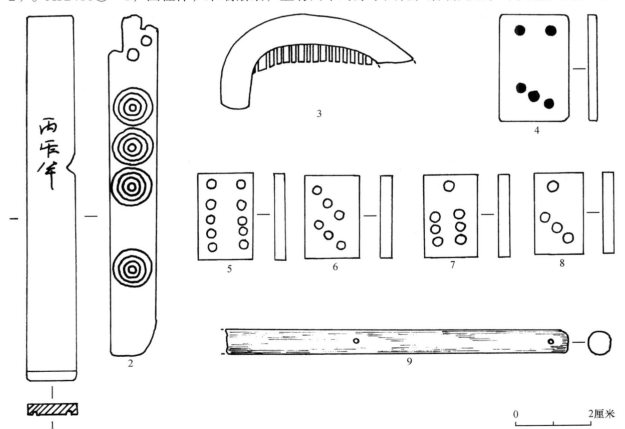

0　　　　　2厘米

图三八八　木骨器

1. 骨板"丙辰年"（AH3：2）　2. 骨板（AT2010③：5）　3. 木梳（BT1709④：8）　4. 骨牌"黑五"（AQ203：1）
5. 骨牌"人牌"（DT0931③：1）　6. 骨牌"长三"（G9：4）　7. 骨牌"幺七"（G9：4）　8. 骨牌"和牌"（G9：4）
9. 骨棒（AT2418③：1）

直径0.6~0.8厘米（图三八八，9）。

牌　6件。DG9：4，出土3件。皆为长方形，面上刻有圆点。其名为"长三""幺七""和牌"。长2.3、宽1.5、厚0.3厘米（图三八八，6~8）。DT0931③：1，形制相同，二排圆点，为"人牌"（图三八八，5）。AQ203：1，长方形，牌面阴刻5个小圆点，为"黑五"，米黄色。长3、宽1.3、厚0.2厘米（图三八八，4；图版六〇，5）。

木梳　1件。半椭圆形，有残木梳齿17根，一端残。BT1709④：8。残长4.9厘米（图三八八，4）。

第九节　动物牙齿和骨骼

鹿板牙　1件。BT2009②b：6，较宽平（图三八九，3）。

熊门牙　1件。AT2109③：2，齿尖，略弧。长3.7厘米（图三八九，5）。

兽牙　3件。DT0930③：1，臼齿，半月形，残长4.6厘米（图三八九，8）。DT0528③：3，獠牙，半月形。残长4.2厘米（图三八九，4）。AT2010②：3，食肉类门牙，尖牙圆柱形。残长6厘米（图三八九，7）。

羊角　3件。DG9：2，独角，残，锥形，残长13厘米（图三八九，1）。BG5：3，独角，尖长形，角尖稍弯。长10.6、宽2.8厘米。AH12：1，双角，一短一长，角尖。长18.4厘米（图三八九，9；图版六〇，6）。

鹿角　1件。残，DT0931⑤：2，仅存角根。残长5.5厘米（图三八九，2）。

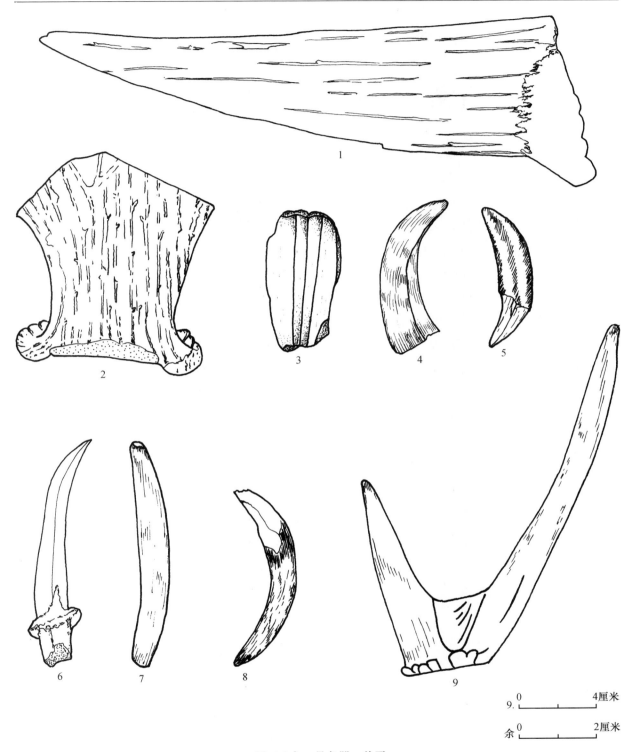

图三八九 骨角器、兽牙

1. 羊角（G9∶2） 2. 鹿角（DT0931⑤∶2） 3. 鹿板牙（BT2009②b∶6） 4. 兽牙（DT0528③∶3）

5. 熊门牙（AT2109③∶2） 6. 羊角（BG5∶3） 7. 兽牙（AT2010②∶3） 8. 兽牙（DT0930③∶1） 9. 羊角（AH12∶1）

第五章　各期的年代与文化特征

大昌古城遗址目前发现虽有五铢（DT0731②：1）、陶罐等汉代遗物，但都是出自明代堆积单位中，不排除汉代该地点有古人活动的可能。古城目前发现的最早堆积单位是明代的，明清以来，大部分时间在此设立大昌县，清康熙年间才废县，城址从明成化年间初建城壕到清嘉庆年间再修，县废城毁，作为大宁河中游的重镇，大昌古镇仍然是人丁兴旺。自明代以来，大昌古城一直都是大宁河流域的局域政治、经济和军事中心，人口聚集，一片繁荣。

大昌古城人类活动频繁，因而城内形成的文化堆积也十分繁杂。各区的地层堆积不同而不相连，遗迹单位多而不连续是十分普通的现象。

在本书第二章，笔者以各区复杂的堆积单位叠压、打破关系为纵轴，以横贯各区的三期城墙遗迹、衙署及署前大道，结合考古学"地面"①概念为横轴，并以大昌古城城址建造、城市兴废为时间节点，结合堆积单位出土的有年代信息的铜钱、瓷器款识，将大昌古城遗址的文化遗存分为六期十段，并对各期、段的具体年代作了分析和推测，现将各期段的典型单位、文化面貌及发展演变概况总结如下。

第一节　各期段的主要堆积单位

明清两朝的历史分期，学界历来有不同的看法②。张浦生先生以青花瓷发展状况为依据将明清青花瓷的特点分为以下十期，又提出了明清青花瓷的几个时间概念。

明初：洪武。

明早期：洪武至天顺。

明中期：成化至正德。

明晚期：嘉靖至崇祯。

明末：崇祯。

清初：顺治至康熙时期。

清前期：康熙、雍正。

清中期：乾隆、嘉庆。

清晚期：道光至宣统。

---

① 赵辉：《遗址中的"地面"及其清理》，《文物集刊》1998年第2期。

② 贺树德：《明史轨迹及分期》，《北京社会科学》1994年第8期；许曾重：《论清史分期问题》，《中国社会科学院研究生院学报》，1985年第5期。

清末期：宣统[1]。

本文以大昌古城的兴废将大昌古城遗址的文化遗存分为六期十段，明清两代各分早、中、晚三期，与张浦生先生明清青花瓷的几个时间概念大致吻合，大昌古城遗址各期段的典型单位分述如下：

第一期　明代早期。以"永乐初复置"大昌县（约1403年）为起点，经宣德、正统、景泰、天顺时期（公元1368～1464年）至大昌古城第一期城墙（AC1下）即"明成化七年土筑"大昌城址（1471年）为止[2]，前后延续68年。第一期遗存包括A区AC1下、D区DC1下土筑城墙以下的所有遗存，不包括城墙本身，即城墙修筑前的明代遗存，只在城址东部的A、D两区有发现，A、D两区的第一期遗存还可根据层位关系分为两段。

第一段　堆积单位A、D两区有发现。

A区：2000年A区南区AT2110～AT2010等探方第⑧层及其下的遗迹AH16、AT2110⑦层下的AH17等，2002年A区南区AT1811～AT2611等探方第⑨层，2005年A区北区AT2020～AT2620等第⑧层及开口其下的AJ201、AZ202等。

D区：2002年D区西南第⑪层，2005年开口于D区北区第③层下的DG203。

第二段　堆积单位A、D两区有发现。

A区：有2000年A区南区AT2110～AT2010等探方第⑦层，2002年A区南区AT1811～AT2611等探方第⑧层，2005年A区北区AT2020～AT2620等探方第⑦层及开口其下的AG207。

D区：2000年D区北区第⑥层以下的遗迹如DG8、DH12，2002年D区西南区第⑩层，2005年开口于D区北区第③层下的DH219、DH224（有待进一步研究）等。

第二期　明代中期。以"明成化七年（1471年）土筑"的大昌城址为起点，或曰"弘治二年（1489年）始筑土城"[3]。至隆庆六年（1572年）为止[4]，前后延续102年。第二期遗存仍然只在城址东部的A、D两区有发现。根据正德七年（1511年）大昌县知县董忠修筑包石城墙[5]为时间节点，将第二期遗存分为两段。第三段大约为1471～1511年，由成化七年、经弘治至正德七年，前后历经四十一年；第四段大约为1511～1572年，从正德七年（1512年），经嘉靖至隆庆六年（1572年），历经六十二年。

第三段　堆积单位A、D两区有发现。

A区：2000年A区第⑥层，2002年A区第⑦层及其下的AH46，2005年A区第⑥层及其下的AC2下层，其中2002年A区T2410、T2510、T2610南壁第⑦～⑨层经发掘后研判为AC2下层城墙堆积。

D区：2000年D区北区第⑥层及其下的DC1下层。2002年D区北区第⑤层下的DC1下层。2002年D区东南发掘区第⑦层，D区西南发掘区第⑨层，以及开口于第⑨层下的DH32。

---

① 张浦生：《青花瓷器鉴定》，北京图书馆出版社，1995年，第57页。
② 《嘉庆重修一统志·夔州府二·古迹》，清光绪《巫山县志·沿革志》。
③ 明正德《夔州府志·城郭》。
④ 本期截止年代以及第三期起始年代为大致推算。
⑤ 明正德《夔州府志·城郭》。

第四段　堆积单位在A、D两区有发现。

A区：与AC2上层同一层面的所有遗迹，如AL3、AL4、AL201、AL202、AF12、AH38、AH45、AH212等；

D区：2000年北区第⑤层及叠压在第⑤层之上的DC1上层，与DC1上层同一层面或略晚的所有遗迹DL1、DL2、DL3、DF4、DZ1、DH4、DH7、DH8等。2002年北区第⑤层及叠压在第⑤层之上的DC1上层，与DC1上层同一层面或略晚的④a→DH55、DH56、DH57、④b等。2005年D区北区第③层及叠压其上的DF202、DF204、DZ204、DG202。2002年D区西南区的第⑦层及叠压其上的DF8、DL5。2002年D区东南区的第⑤层。之前我们分析过，DC1上、DF202、DL5为同一层面、同一时期的遗迹。

第三期　明代晚期至清代初年。约起于约相当于万历元年（1573年）至康熙二年（1663年），历时九十一年。据清光绪《巫山县志》，崇祯十七年（1644年），张献忠攻陷巫山县，清顺治四年（1647年）李自成部高以功、李过等攻陷大昌，执知县刘嘉增。顺治七年（1650年），李自成部袁宗第占领大昌。康熙二年（1663年）正月初二，四川总督李国英占领大昌县，袁宗第焚营[1]。本期以李自成部高以功等攻陷大昌为时间节点分为前后两段，以康熙二年（1663年）四川总督李国英攻占大昌县为本期结束。第五段约相当于明万历元年（1573）至清顺治四年（1647年），历时七十五年。第六段约相当于清顺治四年（1647年）至清康熙二年（1663年），历时十七年。

第五段　堆积单位A、B、D三区有发现。第三期遗存从第一、二期的仅限于A、D两区扩大到B区。

A区：堆积单位有2000年A区南区第⑤层，2002年A区南区第⑥层，2005年A区北区第⑤层。

B区：2001年B区第⑤层及第⑤层的遗迹BH15、BH34、BH13、BH14、BH16、BG5（成化年造）、BG6等。

D区：2000年D区北区第④层，2005年D区北区第②层。2002年D区西南区第⑥层，2002年D区东南区第④层。

第六段　堆积单位A、B、D三区有发现。

A区：堆积单位有打破2000年A区南区第⑤层的AH3、AH13、AF3→AF4→AF12、AH6→AH7，叠压或打破2005年A区南区第⑤层的AQ217→AG206①→AQ218→AG206②。

B区：2001年B区第④层下打破第⑤层的BH45、BF6、BF7、BF11、BF16、BH7、BH8、BH9、BH10、BH11、BH22、BH23、BH24、BH25、BH26、BH28、BH31、BH32、BH33、BH35、BH36、BH40、BH45、BG8、BH11、BH16等遗迹单位。

D区：2000年D区北区叠压在第④层之上的DS1、DM1、DH1、DH2、DH11、DH3→DZ2、DF2。2002年D区北区第④a层。2002年D区西南区叠压在第⑥层之上的DH29、DH31、DH37。

---

① 四川省巫山县志编纂委员会编纂：《巫山县志》，四川人民出版社，1991年，第7页。

第四期　清代早期。约从康熙二年（1663年）至雍正、乾隆年间，到嘉庆九年（1804年）为止。前后142年。清光绪《巫山县志·城池志》："嘉庆九年，平定白莲教匪……署县张椿请项修筑土堡三百丈。"

第七段　堆积单位A、B、D三区有发现。

A区：2000年A区南区④a→④b→④c→④d，2002年A区南区第⑤层，2005年A区北区第④层。

B区：2001年B区第④层。

D区：2002年D区北区第③层。2002年D区北区第③A层，2002年D区北区叠压在第③b层之上的DG14、DG15、DG16，以及第③b层。2002 年D区西南区第⑤层。2002年D区东南区第③层。

第五期　清代中期。仅有第八段。约从嘉庆九年（1804年）到道光末年（1850年）①，前后46年。

第八段　堆积单位A、B、D三区有发现。

A区：堆积单位有2000年A区南区AH2、AH4，2002年A区南区AC1、AF7，2005年A区北区AL204、AL205→AC1、AH205。

B区：2001年B区第③层下、叠压或打破第④层的BC1及与BC1同一层面的BF17、BF12、BF13、BF8、BF9、BZ4、BG7、BG8→BH27、BL2、BH1等遗迹单位。

D区：2000年D区北区第②层，2002年D区北区第②a和②b层，2002年D区西南区第④层及其下的DF7、DH30。

第六期　清代晚期。约相当于咸丰、同治、光绪、宣统年间（1851~1911年），前后61年。

第九段　堆积单位A、B、D三区有发现。

A区：2000年A区南区第③层及打破第③层的AG1，2002年A区南区第④层及打破第④层的AF1、AH18。2005年A区北区第③层及打破第③层的AH201。

B区：2001年B区第③层。

D区：2002 年D区西南区第③层及其下的DH16、DH17、DH18、DH19、DH20、DH23、DH26。DF6、DH21、DH28、DH34、DH38、DH45。

第十段　堆积单位A、B、C、D四区均有发现。

A区：2000年A区南区第②层，2002年A区南区第②、③层，2005年A区北区第②层。

B区：2001年B区第②层及第②层下打破第③层的BF2、BH2、BH3、BH4、BH5、BH20、BH21、BH38、BH43、BF1、BF2、BF3、BF4、BG1、BG2、BZ1、BZ2、BZ3和BZ4等。

C区：2005年C区第③层。

D区：2002年D区西南区第②层及其下的DH14。2002年D区东南区第②层。

---

① 本期的截止年代以及下一期的起始年代为大致推算。

第二节 各期段的文化面貌

第一期

第一期包括笫一段和第二段。本期还未修建城址，遗存只在城区东南部（A区）和东北部（D区）有发现，有水井、灶以及灰坑、灰沟等遗迹发现，遗物有少量青釉瓷、白釉瓷、蓝釉瓷、黄釉瓷以及大量青花瓷类日常用瓷。第一段典型遗迹单位主要有AH16、AH17、AJ201、AZ202、DG203等。

青釉瓷类出土于AH16和DH32。2000年AH16出土 I 型碗（AH16：3、AH16：4）青灰釉泛黄，青料蓝中带褐，外壁和器内底饰芭蕉图案。AH16（蕉叶纹撇口碗、转轮卧足碗）。2005年B I 式青粕碗（DG203：1，底向上微突呈弧形，矮圈足，褐色胎，施白釉泛青灰，釉不及底）。

白釉瓷类出土于AJ201。2005年Ab I 式白釉碗（AJ201：1，平底，高圈足，白胎，白釉，有冰裂）。2005年Eb型白釉碗（AJ201：4，尖圆唇，平底，矮圈足，白胎白釉）。

蓝釉瓷类出土于AJ201。2005年蓝釉碗（AJ201：5，矮圈足，弧形底，白胎，内壁施白釉泛青，外壁通体施蓝釉，口沿露白为灯草口。）

2005年L Ⅲ 式青花高足碗（中高足，无足节，足外侈。AJ201：2，侈口，方唇，斜弧腹，平底，高足中空，无节，白胎白釉，碗心双圈内草书"福"字，一笔书法，外壁饰凤纹）。

第二段典型遗迹单位：AG207、DG8、DH12等。

DG8出土的青花碟（DG8：1），与景德镇民窑艺术院收藏的明弘治－正德"火石红"鱼纹青花盎形式花纹十分相近[1]。除青花瓷外，第二段还出土较多的颜色釉瓷，如青釉碗（DG201：1，圆唇翻，平底，圈足，施青釉）。白釉碗（AT2010⑦：15）、白釉盘（AT2010⑦：14）、白釉碟（AT2010⑦：12），且器形厚重，在形制上与晚期有明显差别。

综合第一期第一、二段，第一期出土的瓷器砂底较多，有的碗心留有一圈涩胎，青花盘平底有小乳突。白釉釉色或乳白有冰裂纹，或泛灰。青花均为白胎，釉色或白或灰白或青白色，青花发色灰暗，有铁锈斑积聚，图案以动物图案为主，有凤鸟、奔马、瑞兽等，款识有碗底的双圈内草书"福"字，一笔书成。这种"一笔书"草体"福"字，一笔点画等特征正是明代早期景德镇民窑的特点[2]。第一期的青花瓷造型不够规整，釉色灰暗，釉面显得粗糙，光亮度差。纹饰有芭蕉纹、海藻纹，鱼纹等，有的纹饰简单粗放，点点画画，草草几笔即构成一个画面，即"一笔点画"。钴料的显色蓝中带褐，青花釉面可见黑色斑点，用手抚摸有凹凸不平之感。

---

① 方李莉：《景德镇民窑》，人民美术出版社，2002年，第64页；另第325页彩色图版又注为：明正德水藻堆鱼纹盏。

② 方李莉：《景德镇民窑》，人民美术出版社，2002年，第57页。

第二期

第二期为明代中期。以"明成化七年土筑"的大昌城址（1471年）为起点，至隆庆六年（1572年）为止，前后延续102年。第二期遗存仍然只在只在城址东部的A、D两区有发现。根据正德七年（1511年）大昌县知县董忠修筑包石城墙为时间节点，将第二期遗存分为两段。第三段大约为1471～1511年，由成化七年、经弘治至正德七年；第四段大约为1511～1572年，从正德七年（1512年），经嘉靖至隆庆六年（1572年）。

第三段　堆积单位A、D两区有发现。

A区：2000年A区第⑥层，2002年A区第⑦层及其下的AH46，2005年A区第⑥层及其下的AC2下层。

D区：2000年D区北区第⑥层及其下的DC1下层。2002年D区北区第⑤下的DC1下层。2002年D区东南发掘区第⑦层，D区西南发掘区第⑨层，以及开口于第⑨层下的DH32。

第三段典型遗迹单位是AC2下层、DC1下层、AH46、DH32。

这一时期的出土遗物以瓷器为主，青花瓷器中，有许多具有明代中期景德镇民窑产品的特征。再如AH44：4、AT2113⑦：6，均为卧足青花碗，碗心均堆饰一条火石红鱼，周围配以水藻，这也是明代弘治、正德年间，景德镇民窑的特色产品①。据方李莉研究，在"弘治时期……已见有碗的足底写〈大明年造〉"②，而另一件写有"大明年造"的青花碗底AT2113⑦：3，是一件"馒头底"碗。马希桂在《中国青花瓷》一书中说："嘉靖青花……有一种碗、盘里心向上凸起，称作馒头底者，为本期很有特色的器物。"③在A区第⑦层，还出土有"成化年制"的瓷片。此期的吉祥语款只有一件。此时期青花瓷器大部分具有明代中期景德镇民窑的特点，因此断定此时大昌遗址的瓷器大多来源于景德镇民窑。DH32：6，碗底以上残缺，直墙齐平足，平底，薄胎，青白釉面，碗心饰青花结带绣球纹，外底草书"长春佳器"四字，叶佩兰认为是嘉靖时期的赞颂款④。2002年1件青花碗，斜直壁近底微弧。DH32：2，圆唇，平底，矮圈足，白胎白釉泛青，内壁饰弦纹，外壁饰人物，弹簧状卷云，这正如方李莉在《景德镇民窑》一书中所说的正统至景泰时期"画面中的人物，常以大片的链条状或弹簧状灵芝纹状卷云作背景"⑤的表现手法。

第四段　堆积单位有A、D两区有发现。

A区：与AC2上层同一层面的所有遗迹，如AL3、AL4、AL201、AL202、AF12、AH38、AH45、AH212等。

---

① 方李莉：《景德镇民窑》，人民美术出版社，2002年，第64页。

② 方李莉：《景德镇民窑》，人民美术出版社，2002年，第65页。

③ 马希桂：《中国青花瓷》，上海古籍出版社，1999年，第181页。

④ 叶佩兰：《明清瓷器款识浅说》，《故宫博物院院刊》1983年第7期。叶佩兰认为明代的赞颂款："明嘉靖有富贵长春、富贵佳器、长春佳器、万福攸同。明万历有德化长春、永保长春、长命富贵、福寿康宁、畅叙幽情、永兴九峰、福、天福佳器、敬南佳器、富贵佳器、永亨佳器、玉堂佳器。"

⑤ 方李莉：《景德镇民窑》，人民美术出版社，2002年，第62页。

D区：2000年北区第⑤层及叠压在第⑤层之上的DC1上，与DC1上同一层面或略晚的所有遗迹DL1、DL2、DL3、DF4、DZ1、DH4、DH7、DH8等。2002年北区第⑤层及叠压在第⑤层之上的DC1上层，与DC1上层同一层面或略晚的④a→DH55、DH56、DH57、④b等。2005年D区北区第③层及叠压其上的DF202、DF204、DZ204、DG202。2002年D区西南区的第⑦层及叠压其上的DF8、DL5。2002年D区东南区的第⑤层。之前我们分析过，DC1上、DF202、DL5为同一层面的遗迹。

DT0730⑤：5青花盘、DT0731⑤：3青花花枝纹盘、DT0931⑥：4海水波浪纹青花盘以上3件花纹相同，均为树石栏杆纹，与方李莉《景德镇民窑》第326页图18明正德树石栏杆纹碟花纹完全相同。AH45（AF13下、AT2112第⑥层下淡描菊花纹碗，壬字纹碗，麒麟纹碗、蕉叶纹碗）。DH57（DT1030第④层下，草叶纹撇口碗、卷云纹撇口碗、青白瓷盘、灰釉碗）。

第二期主要瓷器白釉呈乳白色，青釉、白釉碗的弧度较第一期稍大。青花瓷器多灰白胎，少见白胎或灰胎，釉色白中泛青。青花色彩偏暗，略有沉淀。这一时期出土的瓷器挖足较第一期精细。"一笔点画"很少见，勾勒点染和单线平涂较多。如青花碗（AT2019⑦：3），内外壁先勾轮廓，再用大笔填涂，青花呈色淡雅，本期还出土了几件"大明成化年制"和"大明成化年造"，"成化年造"等字迹潦草的民窑器残底，青花纹饰以花卉纹为主，以草叶纹、莲花为主，也出现灵芝纹。人物故事题材较多出现，特别是高士图颇具特色。还发现了足墙内敛呈倒梯形的碗底，而这种倒梯形碗足即马希桂在《中国青花瓷》中所说："圈足一般均向心倾斜，倾斜度大者可以用手指勾起。这些也许可以称之为嘉靖青花瓷在造塑上的特点吧。"[1]

第三期

第三期为明代晚期至清代初。约起于约相当于万历元年（1573年）至康熙二年（1663年）。据清光绪《巫山县志》，崇祯十七年（1644年），张献忠攻陷巫山县，清顺治四年（1647年）李自成部高以功、李过等攻陷大昌，执知县刘嘉增。顺治七年（1650年），李自成部袁宗第占领大昌。康熙二年（1663年），四川总督李国英占领大昌县，袁宗第焚营。本期以李自成部高以功等攻陷大昌为时间节点分为前后两段，以康熙二年（1663年）四川总督李国英攻占大昌县为本期结束。第五段约相当于明万历元年（1573）至清顺治四年（1647年）。第六段约相当于清顺治四年（1647年）至清康熙二年（1663年）。

根据堆积单位之间的层位关系，第三期又分两段，分别为第五段和第六段。

第五段　堆积单位A、B、D三区有发现。第三期遗存从第一、二期的仅限于A、D两区扩大到B区。

A区：堆积单位有2000年A区南区第⑤层，2002年A区南区第⑥层，2005年A区北区第⑤层。

B区：2001年B区第⑤层及第⑤层的遗迹BH15、BH34、BH13、BH14、BH16、BG5（成化年造）、BG6等。

---

① 马希桂：《中国青花瓷》，上海古籍出版社，1999年，第181页。

　　D区：　2000年D区北区第④层，2002年D区北区第③b层，2005年D区北区第②层。2002年D区西南区第⑥层，2002年 D区东南区第④层。

　　第六段　堆积单位A、B、D三区有发现。

　　A区：堆积单位有打破2000年A区南区第⑤层的AH3、AH13、AF3→AF4→AF12 、AH6→AH7，叠压或打破2005年A区南区第⑤层的AQ217→AG206①→AQ218→AG206②。

　　B区：2001年B区第④层下打破第⑤层的H45 、BF6、BF7、BF11、BF16、BH7、BH8、BH9、BH10、BH11、BH22、BH23、BH24、BH25、BH26、BH28、BH31、BH32、BH33、BH35、BH36、BH40、BH45、BG8、BH11、BH16等遗迹单位。

　　D区：2000年D区北区叠压在第④层之上的DS1、DM1、DH1、DH2、DH11、DH3→DZ2、DF2。2002年D区北区叠压在第③B层之上的DG14、DG15、DG16。2002 年D区西南区叠压在第⑥层之上的DH29、DH31、DH37。

　　第三期的遗物仍以瓷器为主。有少量陶器以及铜器、铁器、骨器等日常用具，瓷器中以青花为主，也有少量青瓷和白瓷，青瓷有碗、高足杯，白瓷有碟、盘。

　　青花瓷胎质细腻，釉色纯白，或白中泛青，青料呈色浓艳清亮。第三期的青花瓷，器形以碗为多，杯盘次之，瓷器中有酱口和璧足等特征①。此期所出土的碗和杯中有一些底足不施釉且粘砂粒，足达修切圆润平齐，状如玉环（璧）的残器，诚如马希桂所说"……细润白砂底，足边修切圆润平整，胎体裸露部分较多，形成了明末清初的独特的器足特征，并为断代提供了依据"②。朱裕平在论述明天启，崇祯时期民窑青花瓷的胎釉和造型时则说："（天启）这时有的圆器开始用璧形底。"③"（崇祯）玉璧形足扁矮，外沿重刀切削，边线经打磨圆熟。"④由此看来第三期文化遗物符合明代晚期特点。

　　单色釉瓷器纹饰有刻划纹、回纹和莲纹。青花瓷纹饰有主要有植物纹、动物纹、人物纹等，另有梵文和文字款识等。植物纹有花卉纹、花草纹，本期偶见灵芝和牵牛花组合的纹饰，印章纹（花押）也可见到，其他还有卷云纹等。动物纹有奔马、虎、凤纹等。海水奔马纹是本期代表性的纹饰。如BG5：1，青花碗内心饰卷云纹，外壁饰奔马，碗底有"大明年"款识。花纹具有浓郁的生活气息，有写实更多为写意，花纹种类有花果纹类如水仙纹，花鸟禽兽纹类如水禽纹、蝴蝶纹。人物纹类如婴戏图、神仙图、寿星图、高士图等。如BT0717⑤：1青花盘，盘心饰一隶篆体"寿"字，字中绘一寿星老人，老人头十分硕大，身躯短小，与明代嘉靖时期的"青花群仙庆寿图盖罐"中的寿星相似⑤。DT1227②：1青花碗即绘一仙人过海图。AT2620⑤：1，绘高士骑马携琴访友。

　　第三期的青花瓷器不少有款识，可根据瓷器款识推断遗存的大致年代。瓷器款识大致可分四类，第一类为"年号款"，如"大明年造""大明成化年造""成化年造""大明嘉靖年

---

① 朱裕平：《中国瓷器鉴定与欣赏》，上海古籍出版社，1993年，第43页。
② 马希桂：《中国青花瓷》，上海古籍出版社，1999年，第210页。
③ 朱裕平：《中国瓷器鉴定与欣赏》，上海古籍出版社，1993年，第43页。
④ 朱裕平：《中国瓷器鉴定与欣赏》，上海古籍出版社，1993年，第46页。
⑤ 马希桂：《中国青花瓷》，上海古籍出版社，1999年，第182页。

制""嘉靖年制"等；第二类为"吉言款"，如"长命富贵""金榜题名""贵""善"等；
第三类为"堂名款"，如"白玉石""白玉斋""白云斋"等；第四类为"赞颂款"，如"长
春佳器"。其他类型遗物有"干支纪年款"，如骨牌上的"丙辰年"。

　　大昌古城瓷器款识的"年号款"多为"成化"以后，据研究，成化官窑青花瓷款识，以青
花楷体六字双竖行"大明成化年制"为主，成化民窑青花瓷的款识为"大明成化年造"六字二
行，成化官窑未见四字款，但民窑青花自成化始，屡见"大明年造"四字款。无论官、民窑产
品，成化真品均无"成化年造""成化年制"四字款，有这种款的必是后仿品，明朝自嘉靖、
万历时开始，明代中晚期，嘉靖、万历时，仿制伪托永宣成化瓷器成风[1]。在瓷器上使用青花
料书写年号款，最早出现于明永乐时期，从此明清各时期的瓷器均书写年号款，民窑一般无年
款。明清仿造之风盛行，有意仿制伪托前朝年号款的摹作，最早则出现于正德时期，降至明
代晚期，嘉靖、万历时，仿制伪托永宣成化瓷器成风，这些年号款青花瓷器应系这一时期，
即明代晚期制造。"大明年"三字款在以往的资料中很少见，可能是"大明年造"的简化，
"'大明年造'款始自景泰，成化以后弘治、正德、天启、崇祯历朝皆有，其中以崇祯为多，
正德次之。嘉靖、隆庆、万历三朝未见"[2]。又有意见认为"'大明年造'款青花瓷，创烧于
天顺末成化时期，历经弘治、正德、嘉靖、万历持续烧造，而尤以嘉靖、万历为流行的极盛时
期"[3]。可见大昌古城青花瓷器"成化年造""大明年造""大明嘉靖年制"款识的年代主要
在明代后期[4]。

　　出土多件年号款遗物的遗迹单位有AH3、DH229。

　　AH3出土瓷器款识有"大明嘉靖年制""大明年造""成化年造"，还有一骨牌，上刻有
"丙辰年"。明代嘉靖及以后至清朝早期"丙辰年"的有嘉靖三十五年（公元1556年）、万历
四十四年（公元1616年），康熙十五年（1676年）。我们可结合AH3共存的"大明年造""成
化年造"款青花瓷探讨其年代。

　　DH229出土"崇祯通宝"，青花瓷碗外底行书"大明年造"。

　　吉祥语款在第三期处于鼎盛时期。本期吉言款常见的有单字和四字两种。单字吉言款如
"福""禄""寿"等出现既早且多，洪武、永乐时已经出现，吉祥语款为"福"字，只有一
件"一笔书"的"福"字题写于碗心，其余几件均题写在器底，而这正是明代晚期天启、崇祯
时期的风格[5]。还有在碗底用简笔书写的"寿"字款，简笔"寿"是天启时出现的[6]。而大昌古
城出土较多的是四字吉言款，"万福攸同""永保长春""长命福贵""福寿康宁""状元及
第""天下太平""玉堂佳器""长春佳器"等吉祥语在碗底出现。马希桂先生认为"金玉满
堂"始于弘治，以后万历青花瓷上较多；"长命富贵"始于弘治、终于崇祯；"万福攸同"始

①　马希桂：《中国青花瓷》，上海古籍出版社，1999年，第163、164页。
②　马希桂：《中国青花瓷》，上海古籍出版社，1999年，第272页。
③　尹青兰：《青花"大明年造"款瓷器的烧造年代》，《南方文物》1995年第1期。
④　朱裕平：《中国瓷器鉴定与欣赏》，上海古籍出版社，1993年，第136～139页。
⑤　朱裕平：《中国瓷器鉴定与欣赏》，上海古籍出版社，1993年，第158页。
⑥　朱裕平：《中国瓷器鉴定与欣赏》，上海古籍出版社，1993年，第156页。

于嘉靖、盛于天启、终于崇祯；"福寿康宁"始于嘉靖、万历、天启均有①。而朱裕平先生认为"长命富贵"始于正德、终于崇祯，但如青花碗（DG9∶1，DT9831④∶8）外底行书"长命富贵"命字为"丙"字底，这种写法在天启和崇祯年间才有②。大昌古城出土较多的四字吉言款，可见亦为嘉靖至崇祯的明代中后期。

以典雅的堂名、斋名等烧在瓷器上，作为私家烧瓷或藏瓷的标志，成为"堂名款"。明代青花瓷上的堂名款，始见于嘉靖时期，明万历时堂名款渐为盛行③。A区出土的"白玉石"碗与D区出土的"白玉斋"和"白云斋"碗在字体与形制上一致，估计为同一窑口的产品。DZ2开口③层下，是第二期遗存最晚的单位，出有"白玉斋"堂名款。按《明清青花瓷款识简表》所列，"白玉斋"为明代崇祯年间的产品④，但传至清顺治时尤为多见⑤，不排出第③层下各单位延续到清初的可能。

大昌古城出土有"白云斋""白玉斋""白玉石"堂名款瓷器，器形、书体风格接近，另DZ2∶1、2两件碗内壁除有"白玉斋"字样，另锥刺一"官"字，此类瓷器应为后期使用时锥刺，大昌古城D区老乡称为"营房"，光绪十九年《巫山县志》大昌城池图所载，此处为清代"大昌营"所在。明《夔州府志》大昌县地理图所载，此处应为衙署所在地，"白玉斋"为崇祯时产品，其上锥刺"官"字瓷器应为明代官府所用。前面已经介绍，成化民窑青花瓷的款识为"大明成化年造"六字二行，成化官窑未见四字款，但民窑青花自成化始，屡见"大明年造"四字款。从青花款识分析，大昌古城出土青花瓷器除少量器物外，大都为民窑烧制。

此期有款识的器物很少，除了上面提到的"大明年"款外，还有底部饰窗格式的方章款。窗格式花押具有明代晚期青花瓷器的风格⑥。

综上所述，大昌古城出土的成化至崇祯年间的各类款识的瓷器，应为明代中后期的嘉靖、隆庆、万历、天启、崇祯时期（公元1522～1644年）。"大明宣德年制""宣德年制""大明成化年制"是嘉靖至崇祯时期民窑的寄托款。堂名款"白玉斋""雨香斋""博古斋"三种为明代崇祯年间的产品⑦，但传至清顺治时尤为多见⑧，题句款在D区北发掘区第④层出土了一件诗画相配的题句青花碗T1030④∶12，题句"梧桐一叶，天下知秋"，为清初顺治至康熙时期的产品⑨，所以第三期第六段在清初或延续至稍后时期。

① 马希桂：〈中国青花瓷〉，《明清青花瓷款识》，上海古籍出版社，1999年，第272～282页。
② 朱裕平：〈中国瓷器鉴定与欣赏〉，上海古籍出版社，1993年，第159页。
③ 马希桂：《中国青花瓷》，《明清青花瓷款识》，上海古籍出版社，1999年，第272～282页。
④ 马希桂：《中国青花瓷》，《明清青花瓷款识》，上海古籍出版社，1999年，第272～282页。
⑤ 马希桂：《中国青花瓷》，《明清青花瓷款识》，上海古籍出版社，1999年，第223页。
⑥ 朱裕平：《中国瓷器鉴定与欣赏》，上海古籍出版社，1993年，第142页。
⑦ 马希桂：《中国青花瓷》，《明清青花瓷款识》，上海古籍出版社，1999年，第272～282页。
⑧ 马希桂：《中国青花瓷》，《明清青花瓷款识》，上海古籍出版社，1999年，第223页。
⑨ 张浦生：《青花瓷器鉴定》（连载之四），《东南文化》1994年第12期。

第四期

2000年发掘的A区包括第②~④层和开口于②、③层下的遗迹AH1、AH2、AF1、AG1；D区包括第②、③层和开口于①层下的遗迹DG1，开口于②、③层下的遗迹DG2、DS1、DH1、DH2、DH3、DH11、DM1、DF1、DF2、DH5、DH6。④层晚于DC1上层，④层下的遗迹与DC1上层同时并存过一个时期。这两区在这一时期出土较多清代年号圆形方孔钱，如"顺治通宝""雍正通宝""乾隆通宝"等。DT0730③：11碗底有"芝兰斋制"四字款，"芝兰斋"是康熙时的堂名款[①]。2000年A区第④a→④b→④c→④d层，2002年A区⑤层，2005年第④层，其中出土"乾隆通宝"，④a层出土明代崇祯年的"白玉斋"款青花瓷。本期出土有铜钱"康熙通宝"（BT1112④：1）、"乾隆通宝"（BT1015④：3）。Ⅱ式盘底饰三行六字变形篆文款"大清乾隆年制"（BT1308④：1）。

本期瓷器以青花瓷器为主，器类以碗、杯、盘为主，器底多尖足。青花瓷仍是这一时期较多出土的遗物，有碗、杯、盘等。另有极个别的白瓷器，如白瓷碟。釉色略显蓝，青花明艳，灵芝加牵牛花，以及碗底饰印章纹的组合是本期最常见的装饰，还有一些器物饰凤鸟纹、芭蕉纹、卷草纹、双喜纹、山树纹、葵花。新出现青花白描装饰。本期出现豆青釉的瓷器。偶见白釉瓷器和青白瓷器。这一期的青花瓷器一类釉色青灰，还有露胎瓷器，青料呈色灰褐，花纹涂鸦，有的釉色白中微泛青，青料呈色明艳，花纹开始用晕染画法，分水层次分明，有花果纹如折枝葡萄纹，山水楼阁等。其中青花瓷中有印章形花纹的碗底为其他时期地层所不见，印章形花纹即在器物底部用青花书写几笔不认识的字以作标记的款识，这种款识称为"花押"，晚明才逐渐出现，大昌古城的清代遗存中最常见。出土的瓷器中继续有第一期中出现的玉璧底器足，同时也出现了一些足根滚圆，如"泥鳅背"的器足，对于康雍乾三朝，"泥鳅背"器足，马希贵有如下论述："康熙民窑青花生产规模大……胎质洁白坚致，足端滚圆呈'泥鳅背'状"[②]。雍正青花瓷则"挖足较深，削足规整，器足最典型的是呈'泥鳅背'状的滚圆足，足底细洁光滑"[③]。而"乾隆青花瓷的圈足，一般修整成圆润的'泥鳅背'状，但比雍正时更尖"[④]。我们还在一些瓷器的纹饰上找到了一些时代特征。如BH1：3青花杯，内壁饰山水人物风景图，有远山近水、孤帆、房宇、一人河边垂钓、一人拄杖独行，盏心饰一团凤纹，团凤图案与清康熙团凤纹相似[⑤]。再如BT1907④：2青花香炉，撇口，折沿，弧腹，圈足。尖足根，与明治、康熙明的钵式香炉相似[⑥]。加上第④层出土有"大清乾隆年制"款瓷盘和"乾隆通宝"，因此把第④层及开口于其下的遗迹定为第四期，其具体年代是康熙二年起始至雍正、乾隆，以及嘉庆九年（公元1663~1804年），即清代早期。

① 马希桂：《中国青花瓷》，《明清青花瓷款识》，上海古籍出版社，1999年，第279页。
② 马希桂：《中国青花瓷》，上海古籍出版社，1999年，第230页。
③ 马希桂：《中国青花瓷》，上海古籍出版社，1999年，第239页。
④ 马希桂：《中国青花瓷》，上海古籍出版社，1999年，第248页。
⑤ 朱裕平：《中国瓷器鉴定与欣赏》，上海古籍出版社，1993年，第186页。
⑥ 马希桂：《中国青花瓷》，上海古籍出版社，1999年，第228页。

第五期

第五期为清代中期。仅有第八段。约从嘉庆九年（1804年）到道光末年（1850年），前后46年。清光绪《巫山县志·城池志》："嘉庆九年，平定白莲教匪……署县张椿请项修筑土堡三百丈。"大昌古城A、B两区发现有认为是嘉庆九年修筑的城墙，故本期从1804年开始。至道光末年则是大致推定。

第八段　堆积单位A、B、D三区有发现。

A区：堆积单位有2000年A区南区AH2、AH4，2002年A区南区AC1、AF7，2005年A区北区AL204、AL205→AC1。以城墙AC1以及城墙两侧的道路AL204、AL205为核心。

B区：2001年B区第③层下、叠压或打破第④层的BC1及与BC1同一层面的BH1、BH6、BH12、BH17、BH19、BH30、BH44、BF5、BF8、BF9、BF10、BF12、BF13、BF14、BF15、BF17、BG3、BG4、BG7、BZ5、BZ6等。以BC1为核心。

AC1与BC1建造方法相同，应为分布于不同区域的同一遗迹。

D区：2000年D区北区第②层，2002年D区北区第②a、②b层，2002 年D区西南区第④层及其下的DF7、DH30。

第五期第八段出土有年号或有明显年代特征的遗物，如BH27"乾隆通宝"，不排除为上一期遗物的延续使用。BH25：1 "大清道光年制"变形篆文款的青花碗。AH205出土"嘉庆通宝"铜钱，草龙纹，梵文碗、草绘淡描菊花纹碗、淡描青花杯，花押灵芝寿桃纹碗等。BH12出土灵芝寿桃纹碗、草绘灵芝寿桃纹碗、淡描菊花纹碗、草叶纹斗笠碗，花押灵芝寿桃纹碗。DH22 出土外酱釉内淡描青花盆，草绘淡描菊花纹碗。AH202出土草绘淡描菊花纹碗、梵文碗，菊花纹碗。

第六期

第六期为清代晚期。约相当于咸丰、同治、光绪、宣统年间（1851～1911年），前后61年。

第九段　堆积单位A、B、D三区有发现。

A区：2000年A区南区第③层及打破第③层的AG1，2002年A区南区第④层及打破第④层的AF1、AH18。2005年A区北区第③层及打破第③层的AH201。

B区：2001年B区第③层。

D区：2002 年D区西南区第③层及其下的DH16、DH17、DH18、DH19、DH20、DH23、DH26。DF6、DH21、DH28、DH34、DH38、DH45。

第十段　堆积单位A、B、C、D四区均有发现。

A区：2000年A区南区第②层，2002年A区南区第②、③层，2005年A区北区第②层。

B区：2001年B区第②层及第②层下打破第③层的BF2、BH2、BH3、BH4、BH5、BH20、BH21、BH38、BH43、BF1、BF2、BF3、BF4、BG1、BG2、BZ1、BZ2、BZ3和BZ4等。

C区：2005年C区第③层。

D区： 2002年D区西南区第②层及其下的DH14。2002年D区东南区第②层。

　　属第九段的BT1012③出土"乾隆通宝"，BT1014③出土"雍正通宝"，BH25：1为"大清道光年制"变形篆文款的青花碗。不排除为上一期遗物的延续使用。B区第③层出土"嘉庆通宝"。第九段出土的天蓝釉苹果尊（DH22③：13），不再具有康熙时期兜口下凹的特征[①]，而演变为敛口。一种青花盖碗在本期出现，瓷盖外壁饰蝙蝠缠纹和双"喜"字，碗盖捉手底面书变体篆文"大清嘉庆年制"，还有一种釉上红彩碗底，也书有同样的款识。变体篆文表明书写者照葫芦画瓢，已不知字体的笔画，应该晚于嘉庆年。

　　本期单色釉瓷器偶尔可见，以青花瓷器为主，其中尤以青花杯的数量大增，出土有青釉碗。此时期的瓷器底足均做得较规整，多壁底，有的修成滚圆的"泥鳅背"，胎体大都洁白致密，釉色光洁泛青，本期的瓷器显得做工粗糙，器底多尖足，部分器物的足根呈滚圆状。器物多灰白胎、青灰釉，或胎体洁白，釉色光亮，青花或明艳或蓝中闪灰。新出现孔雀蓝釉器和素面金边白瓷。纹饰以花卉为主，灵芝纹及花押常见，偶见白描手法。AH202出土有乾隆通宝，说明此期年代在乾隆之后或不超过乾隆。A区第②层出有"嘉庆通宝"，第③层出有"嘉庆通宝"铜钱和"大清乾隆年制"款识瓷器。纪年款识在D区DG202出土一件外底书有"同治年造"篆文红印章款的一件彩瓷杯。纹饰显得十分粗糙潦草，前期常见的灵芝牵牛花加印章纹仍最常见，但画笔潦草，另流行粗笔的写意花卉。器物内心的"士"字形纹或外壁的"壬"字形纹均极潦草，梵文也极简化。前期新出现的青花白描装饰给本期装饰的亮点。个别器底可见锥刺"温"（BT2009③e：20）、"和"字，应是后期使用者另刻的。发掘区正处温家大院后院[②]，出土锥刺"温"字瓷器顺理成章。

　　综上所述，遗址各期出土的青花瓷器以碗为主，其次为杯、盘、碟、盏等。纹饰以花卉草叶纹为主，动物纹次之。第二期第三期有人物故事纹，吉祥语款第一期就出现，第二期第三期逐渐增多，纪年款第二期出现，第三期较多。堂名款则只在第三期的崇祯时代出现。灵芝纹在明清两代第一期至第六期中均有较多发现，梵纹装饰在第三～五期中较多。

————————————

① 马希桂：《中国青花瓷》，上海古籍出版社，1999年，第228页。
② 冯林：《浅谈大昌古城及温家大院民居的建筑风格》，《四川文物》1993年第2期。

附　表

附表一　大昌古城遗址房址登记表

编号	位置	开口层位	现存规模（厘米）			布局与结构	出土遗物	年代	备注
			长	宽	高或深				
AF1	AT1810 AT1910 AT2010～ AT2013	④层下	1615	1410	（残）105	残存南面、东面两道墙基部分墙体及零星房内地面。南面、东面两道墙基相连呈曲尺形，以条石和卵石砌墙基于基槽中，残留部分砖砌墙体	少量瓷片及陶片	明代晚期	
AF2	AT2009	④A层下	400	280	15	仅残存室外活动面，为灰砖面铺一层，有一定的倾斜度，砖面下无垫土，有大条石镶砌在边上，有散水性质，平面为矩形	少量青花瓷片	明代晚期	
AF3	AT2010 AT2110	④层下	900	160	44	仅残存一直线的墙基石数块及地面垫土，垫土层在墙基西北，呈水平分布，有上、下两层，均被夯实		明代晚期	AH4为附属遗存
AF4	AT2010	AF3下	300	154	24	残存一段砖、石混合砌筑的墙基，墙基之北有坚硬的火烤地面即为房内地面	白瓷碗、碟等，青花瓷片、陶瓦当	明代晚期	
AF5	AT2009	⑤B层下	215	65	25	仅存房屋地面，平面大体呈长方形，为火烧烤而形成阶梯状层面，有上、下两层。上层面积小，烧烤温度高而硬。下层面积大，烧烤温度稍低，硬度差一些		明代晚期	
AF6	AT1813	④层下	314	46	30	仅残存东西走向墙基。墙基建在基槽中，最底层用大卵石铺成，其上用卵石拌黏合剂砌成两侧面，两墙之间填有小卵石及黄黏土填实，底层墙基宽于上层墙基	青花瓷碗、杯、陶壶、罐、盆	清代早期	AZ1为附属遗存
AF7	AT1810 AT1910 AT1811 AT1911	④层下	765	540	40	残存东、西、南三面墙基，其平面大体为方形。墙基建在基槽中，以灰砖和卵石分层横向平铺两排，中间填以小卵石和泥土	少量青花瓷片	清代早期	
AF8	AT2210	③层下	400	210	60		青花瓷碗残片及釉陶罐残片	清代晚期	

编号	位置	开口层位	现存规模（厘米）			布局与结构	出土遗物	年代	备注
			长	宽	高或深				
AF9	AT1912~AT2112 AT1913~AT2113	⑤层下	1250	485	85	残存南、东墙两道呈曲尺形的墙基和房屋地面。墙基为砖、石混建在基槽中，共有五层。先用白色条石分层错缝并排砌筑三层，再用砖平铺一层，第五层再用红色条石在灰砖之上砌筑一层。墙体是在墙基之上用灰砖以盒子墙方式砌筑房内地面是分四层铺垫，压紧，土质板结，较硬	少量白瓷片、青花瓷片，器形有碗、杯、盘等	清代早期	
AF11	AT2212 AT2213	⑤层下	625	400	50	残存墙基和垫土层，墙基有住房墙基和围墙墙基之分，它们均直接建筑在垫土层上。住房墙基是以方形石块两行并排砌筑墙基第一层，然后再用灰砖砌筑，围墙墙基则连接住房墙基东端，用卵石转角向北砌筑，垫土层分布住房墙基两侧，土质板结，较厚	少量青花瓷碗、盘、杯残片及夹砂陶罐残片	明代晚期	
AF12	AT2411~AT2413	⑥层下	720	396	67	残存墙基、排水沟及垫土层。墙基有东墙、北墙两道相连呈曲尺形墙基。墙基均建在基槽中，分别以条石及卵石筑成。在东墙墙基之上以灰砖砌成墙体。排水沟与东墙墙基并列，垫土层分布在东墙以西、北墙以南地带，土质板结	少量青花瓷、白瓷残片，器形有白瓷碗，还有釉陶壶	明代晚期	
AF13	AT2112	⑥层下	400	330	55	仅有毁坏的两道墙基和房内外地面，北墙与西墙两道墙基相连，相互垂直呈曲尺形建筑在基槽中，均以卵石和石块筑成，因遭毁损，基槽中房内外地面分布有墙基两侧，堆积厚薄不匀	少量泥质夹砂釉陶片，器形有钵、罐。青花瓷、白瓷片，器形有碗、杯、盘等	明代晚期	AH33可能为其附属遗存
AF201	AT2108	④层下	340	238	25	已揭示出来的南墙、东墙两道墙基、房内地面及一条排水沟。墙基是由青砖或红砖分层错缝单排在地面上砌筑，门道在东墙中段，房门朝东，房屋地面位于南墙以北、东墙以西地带，排水沟由屋内伸向屋外，由内向外排水	出有少量砖瓦碎块、动物骨骼、牙齿、釉陶片，器形有瓮、罐，以青花瓷片为多，其次为白瓷片，器形有盘、碗、杯等	清代早期	A203为附属建筑遗存

续表

编号	位置	开口层位	现存规模（厘米）			布局与结构	出土遗物	年代	备注
			长	宽	高或深				
BF1	BT1909	②a层下	354	115	50	仅残存墙基下的基槽一段，基槽中的墙基已被人取走，槽沟中填有大量灰色砖瓦等建筑抛弃物	出有青花瓷片较多，器形有杯，有少量陶片，器形有盘等	清代晚期	
BF2	BT1809～BT2009 BT1808 BT1807 BT1907	②层下	1015	860	40	仅残存三道墙基，即南、北墙基两道和连接南、北墙基的一道墙基，三道墙基均建在地面上，以卵石、石块和青砖混合建筑，砌筑时，石块和青砖上拌有泥浆，墙基中的空隙处均填塞小碎石块	少量青花瓷片和陶片	清代晚期	
BF3	BT1805 BT1905 BT1906 BT2007	②层下	1175	255	28～30	残存两道墙基，大致呈南北走向的一道墙基及南面呈东西走向的一道墙基，两墙基相连处本应垂直呈曲尺形，因遭破坏，其连接处毁损无存。墙基直接建在地面上，以卵石、石块和青砖混合建筑	少量青花瓷片和陶片	清代晚期	BH3可能为附属遗存
BF4	BT1705 BT1805	②层下	760	50～55	25	残存一段墙基，墙基建在地面上，以砖块与石块混合砌筑，保持墙基两侧面整齐，中间空隙填以小石块	少量青花瓷片	清代晚期	
BF5	BT2007	③层下	400	60～75	18	残存一段墙基，墙基建在基槽中，以石块砌筑，石块之间填以黄褐色泥土	少量陶片	清代	
BF6	BT1706	④层下	128	35～94	5	残存房内一块地面，为灰白色黏土，平整，结构紧密，被夯打过		明清之际	
BF7	BT1708	④层下	490	60～70	18	残存一段墙基，墙基建在基槽中，以砖、石混合建筑，其间空隙以泥土填实		清代早期	
BF8	BT1112～BT115 BT1012 BT1117	③层下	1166	294	24	房址平面形状呈长方形，残存有墙基居住面、室外平台和排水沟，墙基建在基槽中，又有住房墙基和围墙墙基之分，均以砖石混合砌筑，居住面仅残存南北墙基的两侧，结构紧结、纯净，室外平台以卵石和灰砖铺成，排水沟在基址北部，用砖石砌筑而成		清代早期	与同时期BF13相邻
BF9	BT0917～BT1117	③层下	1166	294	24	残存三道墙基和部分房内地面，三道墙基是东西二道及一道相连的南墙墙基，墙基均建在基槽中，一般为卵石铺面，南墙中段用砖砌筑，屋内地面仅为南墙墙基两侧小面积残留，土质纯净，无包含物		清代早期	BG7为附属建筑遗存

续表

编号	位置	开口层位	现存规模（厘米）			布局与结构	出土遗物	年代	备注
			长	宽	高或深				
BF10	BT0615 ~ BT1015	②层下	2120	40 ~ 65	35	残存一长条形墙基，墙基建在基槽中，以卵石两行或三行并列砌筑，墙基仅残留一层卵石		清代晚期	
BF11	BT0814 ~ BT0914	③层下	732	90	55	残存一段墙基。墙基建在基槽中，以石块和青砖混建起来，所砌筑的两排墙基之间的空隙以黄色黏土填实		清代晚期	
BF12	BT1110	③层下	425	65	38	残存一段墙基，以砖块、石块在地面上砌筑，墙基只残留一层		清代晚期	与BF14、BF17为同时期建筑遗存
BF13	BT1111 BT1011 ~ BT1013	③层下	900	890	38	残存三道墙基，即南面墙基、北面墙基，以其连接这南北墙基一道南北走向的中段墙基，三道墙基均建在基槽中，以卵石和卵石单排分层堆砌		清代晚期	BH38可能为其附属遗存
BF14	BT1109	③层下	375	50	20 ~ 32	残存一段东西向的墙基，墙基在地面上建筑，用石块和砖块混合横向单排呈直线砌筑，其墙基东端向北拐弯		清代晚期	BH40应为其附属遗存，与BF14、BF17为同时期遗存
BF15	BT1011	③层下	800	60	50	残存一段墙基，墙基在地面上砌筑，用石块和砖块垒砌，属院庭围墙性质		清代晚期	可能为BF15院墙中的一段
BF16	BT1010	④层下	620	100	48	残存一段墙基，墙基建在地面上，以石块和不完整砖块筑成，由于毁坏，墙基已不完整		清代早期	
BF17	BT1110 BT1010 BT1109	③层下	320	224	25 ~ 35	残存两道呈曲尺形的墙基，均在地面上建筑，大致呈东西走向的墙基用青砖和平板石砌成阶梯形，可能为居住房屋墙体下的墙基，而另一道墙基是以卵石单排砌筑，它只能是院庭或围墙墙基		清代晚期	与BF12、BF14为同一时期的建筑遗存
DF1	DT0930 DT0931	③层下	635	345	25	残存北、西、南三面墙基及房内地面，三道墙基均建在基槽中，基槽在地面上开挖而成。槽底先填垫土，夯实，再以灰砖、石块混合砌筑在垫土之上		明末	DH5可能为其附属遗存

编号	位置	开口层位	现存规模（厘米）			布局与结构	出土遗物	年代	备注
			长	宽	高或深				
DF2	DT0731	③层下	88	50	50	残存一小段墙体，墙体之下有墙基，墙基建在夯实的地面上，用大卵石横向并列双排砌筑一层作墙基，墙体是在卵石墙基之上填土夯实，再用长方形灰砖竖立向东倾斜分层双排砌筑，双排灰砖之间的空间填土夯紧，形成墙体		清代早期	
DF3	DT0930	④层下	292	18	8	残存一段墙基，墙基用灰砖分层单排在地面上顺砌		明代晚期	
DF4	DT0731	④层下	360	86	18	残存一段东西走向的墙基，墙基建在地面上，由灰砖按双排分层错缝砌筑，在砌第二层时，双排灰砖各内收6厘米		明代晚期	
DF5	DT0730	⑤层下	400	270	25	残存一墙基、门道阶梯和垫土层。墙基建在垫土层之上，以青砖和石块混合砌筑门道阶梯位于南北走向墙基的东侧，其上层与下层错落内收而形成阶梯踏步。垫土层分布在阶梯及墙基周边		明代晚期	
DF6	DT0908 ~ DT1108 DT0909 ~ DT1109 DT0910 ~ DT1110	③A层下	1400	1150	55	残存墙基和房屋地面。墙基一道呈东西向，是先用卵石铺底，再用砂土、瓦片堆放其上，再用卵石铺上一层，最后用土覆盖其上，抹上三合土，即形成墙基。房屋地面在墙基以上地带，有上、下两层，下层为垫土层，上层为白灰面	少量动物骨骼、铁钉、铁片、夹砂陶罐、釉陶钵、白瓷片、青花瓷片，器形有青花瓷碗、杯、盘等	明代晚期	DH25可能为其附属遗存
DF7	DT0909 DT1009 DT1010	④层下	620	590	25	残存垫土层、墙基和排水沟。垫土层主要分布在墙基之下及其两侧，墙基建筑 在垫土层之上，以挖浅槽填砖石方式筑成墙基，以砖、石混合砌成，残存三道墙基呈"厂"字形。排水沟位于东西向墙基的北侧，并与墙基作为沟的南壁		清代	
DF8	DT0907 ~ DT0910	⑥层下	900	350	50	残存四道墙基和垫土层，墙基建在垫土层上，是先开挖浅槽填埋砖石方式砌筑，四段墙基均为单排垒砌，不够规范。垫土层分布广泛	动物骨骼、少量花瓷、白瓷片，器形有碗、杯、盘，还有零星的釉陶片，器形有罐、钵、缸等	明代晚期	应为低矮围墙或平刮扩坡的基础

编号	位置	开口层位	现存规模（厘米）			布局与结构	出土遗物	年代	备注
			长	宽	高或深				
DF9	DT2313 DT2314	③层下	540	195	25	残存南北向的墙基两小段和垫土层。墙基建在垫土层之上，以开挖浅槽填埋砖、石方式砌筑。垫土层主要分布在墙基的东面，包含物较多	动物骨骼、铜钱一枚、铁片，较多青花瓷片，器形有碗、杯、盘等。还有釉陶壶、陶托等残片	清代早期	
DF10	DT2213～DT2216 DT2216 DT2416	③层	3100	2250	30	残存的墙基平面大致呈"T"形，墙基建筑在垫土层之上，主要以卵石、青砖及碎砖瓦块建筑，南部有砌的门道阶梯。垫土层有上、下两层，包含物较丰富	青花瓷碗、陶罐、陶托、铜钱、铜簪、铜条等	明代晚期	在范围内DT2215的东壁有一柱洞
DF11	DT2315 DT2316 DT2416 DT2415	③层下	800	800	65	已揭示出来的平面呈长方形，它由墙体（含墙基）、居住面、檐下散水及排水沟组成。两道墙体相互垂直，呈曲尺形，其下墙基建在基槽中，檐下散水以卵石面铺而成，与北墙并行。卵石面散水的北侧即为排水沟	青花瓷碗、盘、釉陶罐、铜挖耳匙	明代晚期	
DF12	DT2314	③层下	165	110	12	残存墙基一段和垫土层，墙基建在垫土层之上，采用开挖浅槽填埋砖、石方式砌筑墙基，即以卵石和青砖混合砌成单排。垫土层仅限于墙基两侧，土质坚硬，无遗物发现		明代晚期	
DF201	DT0523 DT0623	②层下	910	400	18～20	柱架式结构基址，发现一排柱洞四个和北墙墙基、房屋地面及炉灶。墙基建在基槽中，以砖块、石块平铺而成。房屋地面土质较硬，为长期踩踏结果，炉灶即地炉在屋内		清代早期	DZ201为其附属遗存
DF202	DT0630 ～DT0930 DT0629～DT0929 DT1030 DT1029	②层下	1940	800	25	柱架式结构基址，平面形状呈长方形，南北向，方向为176°，计有五间房屋，有一道隔墙和4条柱础，墙基之下有基槽，墙基一般为青砖和鹅卵砖混合砌筑。居住面土色有上、下两层，下层为红烧土面铺。上层为褐灰土，其表面为黑灰土，房内共有炉灶4个，发现后门门道一处，室外有活动面和散水路面	少量青花瓷片，可辨器形有碗、盏、盘、盅等	清代早期	DZ203、DZ205、DZ206、DZ207、DL202为附属遗存。DG206可能为附属遗存

编号	位置	开口层位	现存规模（厘米）			布局与结构	出土遗物	年代	备注
			长	宽	高或深				
DF203	DT0430	②层下	404	220	40	仅残留南北走向的一道墙基和房屋地面，墙基建在基槽中，以加工过的石块错缝平砌而成。房屋地面位于墙基以东地带，无包含物		清代晚期	
DF204	DT0326 DT0327	②层下	370	290	65	残存北、东、南三面墙体（含墙基）和房屋地面。墙基建在基槽中，即以布瓦碎片、砾石、碎砖块和泥土相混合填基槽，夯实，形成墙基，再用断头青砖斜铺或平砌之上，采用"干打擂"方式层层筑墙，房屋地面无包含物		明代晚期	DZ204为附属遗存

附表二　大昌古城遗址院墙建筑基址登记表

编号	位置	开口层位	现存状态（厘米）			结构特征	出土遗物	年代	备注
			长	宽	高				
AQ201	在018～AT2518 AT2517	②层下	2235	58～100	51	残存东西走向的长条形墙体，西段有一道南北走向的墙体与之垂直相交，用石块、砖块采用分层错缝顺砌两侧面墙	雕花青砖石杵青花瓷碗残片等	清代晚期	
AQ202	AT2519 AT2520	②层下	445	40	22	残存南北走向的长条形墙体，采用卵石、石块、砖块混合在地面上砌筑双排		清代晚期	
AQ203	AT2020	④层下	400	52～70	25	残存两段平面呈曲尺形的墙体，是用条石和石块采用分层错缝双排在地面是砌筑	骨牌2块、石杵1件	清代早期	
AQ204	AT2220	③层下	120	20～35	15～25	残存一段南北走向的墙体，以鹅卵石分层单排平铺		清代晚期	
AQ205	AT2120	④层下	150	50～70	10～15	残存东西走向的墙体一段，由卵石和石块平铺而成		清代早期	
AQ206	AT2019	④层下	150	20～25	10～12	残存东西走向墙体一段，由青砖采用单行分层平铺而成		清代早期	
AQ208	AT2120	④层下	210	10	10	残存东南至西北走向的长条形墙体一段，采用青砖单行顺铺而成		清代早期	
AQ209	AT2118	④层下	206	32～60	6～20	残存东南至西北走向的长条形墙体一段，采用灰砖、红砖混合双排堆砌	少量青花瓷片	清代早期	
AQ210	AT2120	④层下	150	50～80	10～15	残存南北走向的墙体一段，以石块在地面上平铺而成		清代早期	
AQ211	AT2119	④层下	100	40	10～15	残存南北走向的墙体一段，以石块在地面上双排横向砌筑		清代早期	
AQ212	AT2017	⑤层下	306	70～80	8～15	残存大体呈东西走向的墙体一段，以石块、卵石、砖块混合在地面上双排砌成	青花瓷碗残片	明末清初	
AQ213	AT2319	⑤层下	350	200	10～30	以大小不等的卵石集中摆放一层，平面呈无规则形状	少量青花瓷片	明代晚期	
AQ214	AT2419	⑥层下	100	54	18	残存一小段东西走向的墙体，由青砖在地面上先平铺两条，再用错缝上砌		明代中期	墙体规范，形体整齐，应为房屋墙体

编号	位置	开口层位	现存状态（厘米）			结构特征	出土遗物	年代	备注
			长	宽	高				
AQ215	AT2319	⑦层下	125	30	30	残存的墙体大致呈东南至西北走向，由石块和青砖混合在地面上砌筑		明代中期	
AQ216	AT2319	⑦层下	160	40	30	残存的墙体大致呈东南至西北走向，由不规则石块在地面上砌筑		明代中期	
AQ217	AT2620	④层下	200	30~45	20~35	残存一段南北走向的墙体，以卵石和条石在地面上呈双排平铺而成	少量青花瓷片	清代早期	
AQ218	AT2620	AG206第①层下	200	20	9	所揭示一段南北向的墙体，以青砖分层单行顺铺在AC2倒塌土之上		明代晚期	
AQ219	AT2520 AT2620	AC2下	200	12~52	22~50	残存一段南北向的墙体，以条石和卵石在地面上铺成		明代中晚期	明代城墙护坡

附表三　大昌古城遗址路面登记表

编号	位置	开口层位	现存规模（厘米）			结构特征	出土遗物	年代	备注
			长	宽	厚				
AL1	AT2111	AF9下	200	40~80	20	仅揭示一部分，以卵石在地面上平铺而成，卵石间距较大，再以黄色泥土覆盖	少量青花瓷器残片	明代中晚期	
AL2	AT2210	⑤层下	160	100	5~10	仅残存路面一段，其平面为东西走向，用小卵石作扁平状"人"字纹铺垫，残存六排，路面两端、两侧边残损		明代晚期	
AL3	T2410~AT2412 AT2510~AT2512	⑥层下	1525	180~220	24~28	平面为南北走向的长条形，其东侧边缘与AC2连接，路面以卵石作扁平状铺就，由东侧向西侧倾斜，卵石面下有垫土层		明代晚期	为AC2附属的外侧护坡
AL4	AT2510 AT2511 AT2610 AT2611	⑥层下	920	220~250	30~36	平面为南北走向的长条形，其两侧边缘与AC2连接，路面以卵石作扁平状铺就，由西侧向东侧倾斜，卵石面下有两个层面，最底层为平铺碎小卵石，中层铺垫黄色黏土		明代晚期	为AC2附属的外侧护坡
AL5	AT2610	AL4下	200	110~146	15	平面为南北走向的长条形，路面西侧高，东侧低，由西向东倾斜，路面以卵石作扁平状平铺。其西侧用青砖纵向侧卧排列一条，卵石面下有砂粒和碎石粒的垫层		明代晚期	可能为AC2的外侧护坡
AL201	AT2517~AT2520	⑤层下	1850	310	50	平面呈南北走向的长条形，其西侧与AC2连接，路面由西侧向东侧倾斜，以卵石作扁平状平铺，卵石面下有红土垫层	少量青花瓷碗残片	明代晚期	为AC2附属的外侧护坡
AL202	AT2417 AT2418 AT2420	⑤层下	1430	350	45	平面呈南北走向的长条形，仅残存三小段，其西侧与AC2靠近，路面由卵石镶嵌于黄土垫层中，由东侧向西侧倾斜	少量青花瓷片，器形有碗、杯等	明代晚期	为AC2附属的内侧护坡
AL203	AT2019	⑤层下	200	70	10~25	残存东西走向的一段面，以小卵石作扁平状横向排列铺就，北侧以大卵石单行顺砌一条作挡边		明代晚期	

编号	位置	开口层位	现存规模（厘米）			结构特征	出土遗物	年代	备注
			长	宽	厚				
AL204	AT2617~AT2620	③层下	1900	150~180	5~10	平面呈南北走向的长条形，路面为炭粒和石块筑成，由西侧向东侧倾斜，西侧紧靠AC1，东侧与AG201并列	少量青花瓷片	清代	为AC1附属的外侧护坡
AL205	AT2517~AT2520	③层下	1900	60	5~10	平面呈南北走向的长条形，路面以炭粒和石块筑成，由东侧向西侧倾斜，东侧紧靠AC1	少量青花瓷片	清代	为AC1附属的内侧护坡
BL1	BT1709~BT1909	④层下	1350	144~186	20~130	平面大致呈东西走向的长条形，用较多的煤渣、石块、卵石、残砖和泥土填筑而成，西侧用卵石、石块和残砖作挡边，路面起伏呈坡状	少量青花瓷片，器形有碗、杯、盘、灯等，还有布瓦	清代早期	
DL1	DT0930	④层下	400	330	15	平面由南北走向折拐为东西走向，路面先铺垫黄色路基土，在路面的中脊线上以青砖纵向平铺1条或2条。路面以卵石扁平状铺就，两侧以青砖侧卧嵌入作挡边		明代晚期	
DL2	DT0730		400	94	24	平面呈南北走向的长条形，路面以灰色泥土填筑，两侧以大块卵石横砌作挡边		明代晚期	
DL3	DT0931	④层下	360	106	14	平面呈东西走向的长条形，路面以黄色泥土填筑，两侧以青砖横砌作挡边		明代中期	
DL4	DT0830	④层下	220	76	8	已揭示出来的路面呈三角形段面，由卵石和青砖混合构筑		明代晚期	
DL5	DT1008~DT1010	⑥层下	1100	120~170	30	平面呈南北走向的长条形，路面以卵石扁平状铺就，路面中脊线则由大卵石单行砌筑一条，两侧以大卵石砌筑作挡边	少量青花瓷片及釉陶器片，器形有碗、盘陶盆、罐等，还有铁块、动物骨骼出土	明代晚期	

编号	位置	开口层位	现存规模（厘米）			结构特征	出土遗物	年代	备注
			长	宽	厚				
DL6	DT0907	DF8下	250	228	20～30	主体路面为南北走向的卵石铺就，东侧有一条横向砌筑的一条大卵石作为挡边，以青砖顺铺呈东西走向的、南北平行的两条挡边所形成的小道路面，由大卵石和砖块混合面铺而成	少量青花瓷片	明代中期	
DL201	DT0528 DT0529	②层下	550	194～214	3～15	平面呈南北走向的长条形，路面以侧立的卵石镶嵌而成，卵石面下有细土垫层		清代中晚期	
DL202	DT0630～ DT0930 DT0631～ DT0831	②层下	1740	80～90	10～15	平面呈东西走向的长条形，其南侧边缘与DF202北墙墙基相连，以卵石作扁平状平铺，路面由南侧向北侧倾斜，卵石面下有垫土层		明末清初	为DF202北墙的附属散水建筑
DL203	DT0922	②层下	160	117	10～15	平面呈曲尺形的路面是由西向东再折拐向南，先在路面中脊线上用青砖横向平铺成为中心走道，再以卵石镶嵌青砖两侧路面，挡边则以青砖纵向侧卧嵌入。卵石面下有黄褐土作垫层		清代	
DS1	DT0730	③层下	200	147	8	平面呈南北走向的长条形，路面由北向南略带有倾斜，是由卵石和青砖混合平铺，北边以条石顺砌的一条挡边。推断它可能为一座房屋门道外的走道		明末清初	

附表四　大昌古城遗址炉灶登记表

编号	位置	开口层位	灶体规模（厘米）			结构与布局	填土及包含物	年代	备注
			长	宽	深或高				
AZ1	AT1813	④层下	222	108	45	由火塘和灰坑两部分构成，火塘位于灰坑西部，平面为半圆形，以石块构成。灰坑位于火塘东部，平面为长方形，其北面以石块和青砖砌成，南面借AF6墙基	火塘内堆积为灰土夹红烧土块，灰坑内堆积为灰土，夹大量草木灰、炭渣，无遗物发现	清代早期	为AF6的附属建筑遗存
AZ2	AT2210	⑥层下	64	52	16	仅有火塘，平面为长方形	填土主要为红烧土、炭屑等，出有陶、瓷片、动物骨骼、1件完整的青花瓷碗	明代中晚期	
AZ202	AT2218	⑧层下	130	77	42	由火塘和火门构成，火塘平面为椭圆形，弧形塘壁，凹底。火门位于火塘和东南方向，而紧连火塘，为三层石块砌成	填土为红烧土，土质较硬，有少量炭粒	明代早中期	
BZ1	BT2005	②层下	276	180	120	由火塘、烟道、灰塘三部分构成，火塘位于整体炉灶的东南部，其上部是断头砖拌石灰垒砌的敞口圆圈，是放置大锅的位置，下部弧形内收。火门已毁无存，在深至45厘米处为炉条放置处。烟道在火塘西南方向的上部。灰塘兼工作间，平面为长方形，是清除灰烬的场所	填土为灰黑土、炭渣及烧土等，出有少量夹砂陶器口沿残片及青砖等	清代晚期	为生炉作坊使用的专业性炉灶
BZ2	BT2007	②层下	162	120	170	由火塘和灰塘二部分组成，火塘位于灶体西北部分，以断头青砖、石灰在其上砌成圆圈形。火门已遭破坏，其下部为炉条放置处，灰塘兼作工作间，平面为长方形	填土为灰褐土夹石灰、红烧土、砖瓦片、石块等，无其他遗物	清代晚期	属于生产作物使用的专业性炉灶

编号	位置	开口层位	灶体规模（厘米）			结构与布局	填土及包含物	年代	备注
			长	宽	深或高				
BZ3	BT1117	②层下	200	56~98	18~76	由火塘、火门和灰坑三部分构成。火塘平面为圆形，直壁，平底，内壁有2厘米烧壁，四周用方形青砖砌成。火门用泥土抹过，有烧壁，北边用砖砌成，南边缺失。灰坑在火门东面，在地面上的挖下去，有三级台阶	填土中底层为灰烬，上层为碎瓦片及黄褐色黏土，为房屋倒塌后堆积	清代晚期	
BZ4	BT1017 BT1117	②层下	474	160	160	由火塘、烟道、灰塘三部分构成。火塘为圆圈边缘，西部残缺，抹泥为烧壁，下面有炉条。烟道在火塘南侧，用砖砌成通道，斜直向上。灰塘兼工作间，从平面至底面有8级台阶	火塘与灰塘内堆积全是砖瓦片，少许黄褐色、红褐色土层，无遗物发现	清代晚期	属生产作坊使用的大型专业性炉灶
BZ5	BT1110	③层下	106	31	28	由火塘和灰道两部分构成，火塘平面呈圆形，是以一块青砖和二块板瓦围成。灰道平面为长方形，与火塘紧连	火塘及灰道中均堆积有煤渣，无遗物发现	清代	可能为BF12附属建筑遗存
BZ6	BT1408	③层下	180	72	20~60	由火塘、火门和灰坑三部分构成。火塘平面为圆形，其口面一周用砖砌成。火门位于火塘的东侧而紧邻火塘下端有石块平置，两侧用四块方砖竖砌。灰坑平面呈长方形，低于火门底部	填土多为瓦片、砖块及红褐色土，无遗物发现	清代	
DZ1	DT0733	③层下	108	38	52	由火塘、火门和灰坑三部分构成，火塘位于灶体南端，平面为半圆形，周边有明显烧壁。火门位于火塘北侧，下面有砖作横道过桥。灰坑平面为长方形，在火门过桥之下向北延伸	堆积较多的煤渣。无遗物发现	明代晚期	

编号	位置	开口层位	灶体规模（厘米）			结构与布局	填土及包含物	年代	备注
			长	宽	深或高				
DZ2	DT0731	③层下	122	110	56	仅有火塘，平面接近方形，四周所砌砖上有火烧痕迹，其火门可能遭破坏	堆积较多煤渣和草木灰，出有夹砂陶罐残片和动物骨骼2件铁器、2件青花瓷碗	明末清初	青花瓷碗上书有"白玉斋""官""长春佳器"字样
DZ201	DT0623	②层下	106	44	25	由火塘、火门和灰坑三部分构成。火塘位于灶体西端，平面为半圆形，其口沿与内壁的抹泥烤成烧壁。火门位于火塘的东侧，为竖砌两块对应的青砖而成。灰坑在火门的东边，平面为长方形	火塘及灰坑内堆积为黄褐色黏土及少量煤渣，无遗物发现	明末清初	可能为DF201的附属建筑遗存
DZ202	DT0628	②层下	50	38	31	由火塘和灰坑两部分构成。火塘位于灶体北部，平面大致呈圆形。灰坑位于火塘南面，为一个喇叭状的圆形小坑	火塘、灰坑内堆积有草木灰红烧土颗粒、黑炭粒。无遗物发现	明末清初	
DZ203	DT0630	②层下	（径）46		26	由火塘、火门、烟囱构成，火塘为地面挖一圆形浅坑，口沿呈梅花状。火门位于火塘东南方向，是在东南向的板瓦上凿去一部分即成火门。烟囱是在火门相对应的板瓦上部削去一角形成烟囱	火塘填土有上、下两层，上层为草木灰和未燃尽的木炭灰、红烧土颗粒。下层为灰土，无遗物发现	清代早期	为DF202附属建筑遗存
DZ204	DT0326	②层下	95	40	25	由火塘、灰坑两部分构成，火塘位于灶体西部，其南北两边为弧形，有烧烤痕迹。灰坑位于火塘东面，平面呈窄条形	火塘内堆积红烧土煤灰。灰坑内堆积有煤灰和黄黑土，无遗物发现	明代晚期	可能为DF204附属建筑遗存
DZ205	DT0730	②层下	65	44	16	仅残留火塘，平面近方形，北部已残缺，是在地面上挖出一个长方形浅坑，东壁、南壁用条石及青砖砌成，底部仅残留平铺的三块半青砖	火塘内填土有上、下两层，上层为灰白色细灰烬夹木炭灰。下层有少许烧土颗粒	清代早期	为DF202附属建筑遗存

编号	位置	开口层位	灶体规模（厘米）			结构与布局	填土及包含物	年代	备注
			长	宽	深或高				
DZ206	DT0730	②层下	50	40	18	只有火塘，火塘平面呈长方形，是在地面上挖一长方形浅坑，用青砖侧卧紧贴四面坑壁，东、南、西面壁缺失	火塘填土有上、下两层，上层为灰白色细灰烬下层有少许红烧土，均无遗物发现	清代早期	为DF202附属建筑遗存
DZ207	DT0929	②层下	（径）74~76		16	仅有火塘，是在地面上挖出一圆形浅坑，圆坑周边用青砖侧卧砌成，残存东边两块	红褐色烧土	清代早期	为DF202附属建筑遗存

附表五　大昌古城遗址灰坑登记表

编号	位置	开口层位	形状			现存规格（厘米）			结构	出土遗物	年代	备注
			口	壁	底	口径	底径	坑深				
AH1	AT2010	③层下	圆角长方形	斜壁	平底	186×164	168×94	93	先在坑东部垒石，再涂三合泥土，西部涂涂三合泥土。坑内填土分四层	出有2枚铜钱、釉陶小罐、青花瓷碗、杯、盘、碟、动物骨骼	清代早期	铜币上有"乾隆通宝"，瓷碗内底刻"光"字，外底内章方形印章花纹
AH2	AT2010	③层下	近椭圆形	斜直	圜底	直径191 短径149		69	土坑型	红陶夹砂罐、青花瓷碗	清代早期	
AH3	AT2010 AT2009	④c层下	长方形	竖直壁	平底	310×245	228×160	110	先挖坑，四壁以青砖块、石灰和条石相间铺就，底面有8排卵石铺底，坑内堆积可二层。在东北部10厘米深有一孩童骨架的灰坑葬	青花瓷碗、蚌壳残骸、少量砾石块，大量青花瓷片、动物骨骼。青花瓷片有"贵"字	明代晚期	碗外底书有"大明嘉靖年制""大明年造""成化年造"，青花瓷片上有"贵""榜题"。骨条上有"金"，骨条上有"丙辰年"
AH4	AT2110	④层下	长方形	竖直壁	平底	250×200	240×200	120	先挖坑，四壁垒石头为墙，南北两壁最上层垒一排斜砖，坑内堆积两层，底为灰黄色亚沙地层土	大量砖石块、泥质夹砂陶片、青花瓷片、器形有杯、石杵1件及石磨上旋1件及铁锅锅残片、瓦当残片	明代晚期	
AH5	AT2110	③层下	近圆形	弧形壁	平底	80	35	50	土坑型		清代早期	

续表

编号	位置	开口层位	形状 口	形状 壁	形状 底	现存规格（厘米）口径	现存规格（厘米）底径	现存规格（厘米）坑深	结构	出土遗物	年代	备注
AH6	AT2010 AT2009	④d层下	不规则形?	弧形壁	圜底	390×178		90	土坑型	青砖块、石头、夹砂陶瓷残片，器形有盆、杯、碗	明代晚期	青花瓷杯外底书有"大明成化年制"。内底刻有"土"字
AH7	AT2110 AT2009	④d层下	不规则形	弧形壁	圜底	153×118		94	土坑型	红色夹砂陶罐、青花瓷碗	明代晚期	
AH8	AT2010	AF3下	不规则形	弧形壁	圜底	70×44		35	土坑型	少量青花瓷片，器形有碗、杯	明代晚期	为AF3属遗存
AH9	AT2109	④层下	椭圆形	弧形壁	圜底	124×70		30	土坑型	少量青花瓷片，还有陶片及砖石瓦砾，器形碗、碗	明代晚期	
AH10	AT2109	④a层下	圆角长方形	竖直壁	平底	190×165	180×140	104	先挖坑，再以卵石靠壁垒砌，底部为土坑底，坑内填土为灰褐色亚黏土	含大量砖瓦碎片，出有少量青花瓷片，器形有碗、碗、杯	明代晚期	含较多青花书"贵"字碗底
AH11	AT2109	⑥层下	椭圆形?	弧形壁	圜底	68×26		18	土坑型	出有釉陶片及砖碎片，少量青花瓷片	明代晚期	
AH12	AT2010	AF4下	不规则形	斜直壁	圜底	270×240		97	土坑型，填土为深灰色亚黏土，含大量炭屑，砖瓦石	青瓷、橙红胎质粗厚，青花瓷较少、动物骨骼、牙齿、鹿角等，器形有青瓷高足杯	明代晚期	青花瓷碗内底书有"福"字
AH13	AT2009	④a层下	圆角长方形?	微弧壁	不清楚，未到底	198×40		残95	先挖坑，四壁用砖石垒砌，再涂上泥土，填土为黄褐色亚黏土	少量青花片及釉陶片	明代晚期	

续表

编号	位置	开口层位	形状			现存规格（厘米）			结构	出土遗物	年代	备注
			口	壁	底	口径	底径	坑深				
AH14	AT2109	⑦层下	不规则形?	弧形壁	平底	135×61	96×38	42	土坑型	出有大量红色砖块	明代中晚期	
AH15	AT2009	⑥层下	椭圆形	弧形壁	圜底	280×120		80	土坑壁	堆积有大量瓦砾、少量乳白瓷片	明代晚期	
AH16	AT2109	⑧层下	椭圆形	弧形壁	圜底	254×100		100	土坑型，填土有二层	出有夹砂陶罐、泥质瓦当及少量青花瓷碗、杯	明代早期	
AH17	AT1811 AT1812 AT1911 AT1912	⑦层下	长方形	竖直壁	平底	141×85	138×80	41	先挖坑，再以条石铺底砌壁，残存一部分，填土为灰黄色亚砂土	出有红色夹砂陶罐和器盖	明代早期	
AH18	AT1811 AT1812	③层下	不规则形	斜壁	底不平	350×285?		65?	土坑型	釉陶罐	明代早期	
AH19	AT1811 AT1812	③层下	圆形	斜直壁	平底	185	70	120	先挖坑，底及周壁抹三合土，四周壁砌石块	出土少量青花瓷片，器形有碗、杯、夹砂釉陶罐	清代	
AH20	AT2011	③层下	圆形	竖直壁	平底	150～190	130～140	120	土坑型，周壁抹三合土	出有釉陶罐、钵及青花瓷片，器形有碗、杯、盘	清代	
AH21	AT1812	④层下	圆角长方形	斜直壁	平底	176×100	154×72	80	土坑型，坑壁抹一层厚4厘米的三合土泥浆	填土中含砖瓦碎片、石灰颗粒，出夹砂陶罐及少量青花瓷片，器形有碗、杯	明代早期	
AH22	AT1813 AT1913	⑤层下	不规则形	斜壁	平底	720×400	520×380	60	土坑型（坑中有坑）	填土含炭渣、瓦片，出有少量陶片、瓷片	明末清初	

续表

编号	位置	开口层位	形状			现存规格（厘米）			结构	出土遗物	年代	备注
			口	壁	底	口径	底径	坑深				
AH24	AT1912	④层下	圆角方形	竖直壁	圆底	95×68	80×50	90~100	用三合土抹壁，坑壁竖直，平滑，底用三合土涂抹，厚4厘米	少量青花瓷片	清代早期	可能为地窖藏薯类
AH25	AT1813 AT1913	AH25下	长方形	竖直壁	平底	160×154	150×140	85	先挖土坑，再以砖块和石块砌四壁、底	少量碎砖块、石头	清代早期	可能为地窖藏薯类
AH26	AT2412	⑥层下	椭圆形	弧形壁	圆底	280×205		30	土坑型	少量釉陶片和青花片、器形有碗、杯	明代晚期	可能为自然形成
AH27	AT1813	⑤a层下	椭圆形	斜直壁	平底	260×102	240×85	40	土坑型	含大量碎瓦片、青花瓷片，器形有碗、碟	明末清初	和泥浆坑
AH28	AT2412 AT2413	⑤层下	圆角长方形	竖直壁	平底	280×220	240×190	120	先挖土坑，再以残破青砖铺底，然后用条石全壁砌四壁，最后以卵石补填坑壁与石壁之间空隙，填土为灰黑黏土	含较多草木灰、砖渣、小石块，出有少量青花瓷碗、杯及动物骨骼	明末清初	为AF2附属遗存（窖穴）
AH29	AT1813	⑤a层下	不规则形	弧壁	圆底	320×180		51	土坑型		明代晚期	取土坑废弃
AH30	AT2111	⑦层下	近椭圆形	弧壁	圆底	190×120		43	土坑型	含大量石块，出少量青花瓷、器形有碗、盘	明代中期	可能为取土后废弃
AT31	AT2112 AT2113 AT2013	⑤层下	不规则形	弧壁	平底	750×600	580×400	145	土坑型，取土后作为建筑废弃、填土为二层	为建筑废弃物，砖、瓦、石堆积，出少量青花瓷片	明末清初	

续表

编号	位置	开口层位	形状			现存规格（厘米）			结构	出土遗物	年代	备注
			口	壁	底	口径	底径	坑深				
AH32	AT2212 AT2213	AF11下	近椭圆形	弧壁	圆底	740×360		50~120	土坑型	含砖瓦碎片，出有动物骨骼、牙齿，铜发簪1件，也有白瓷片，器形有碗、盘等	明末清初	可能为自然垃圾坑
AH33	AT2111 AT2112 AT2211 AT2212	⑥层下	圆角长方形	斜直壁	平底	330×230	180×100	125	形制为窖穴，填土为黄褐色土	为建筑废弃物堆积，出少量白瓷片，铜簪2件	明代中晚期	废弃建筑为垃圾坑
AH34	AT1107	⑤层下	圆角方形	斜直壁	平底	140	80	110	形制规格为便坑	青花瓷碗、碟等	清代	茅房便坑
AH35	AT1912 AT2012	⑤A层下	近椭圆形	弧壁	平底	600×350	170×100	65~125	土坑有铲痕迹，堆积有上、下二层	含大量废弃砖瓦片，少量青花瓷碗、盘、杯和青白瓷碗、釉陶罐、灯	明末清初	坑壁有铲土工具痕迹
AH36	AT2013	⑤层下	长方形	竖直壁	平底	200×175	200×175	150	先挖土坑，再以卵石铺底一层，然后用石块和卵石垒砌四壁	堆积为建筑废弃物，砖瓦、石头等	明末清初	粪坑用后废弃
AH37	AT2011	⑥层下	推测近圆形	斜直壁	平底	175×70	125×60	105	土坑型，可能为取土面	堆积为建筑废弃碎瓦，出少量青花瓷器形 有碗、杯，还有夹砂陶罐残片	明代晚期	取土坑
AH38	AT1911	⑥层下	近圆形	弧壁	圆底	310~330		155	土坑型，堆积二层，壁上有工具痕迹	少量青花瓷片，器形有碗、盘及夹砂陶钵	明代晚期	窖穴

续表

编号	位置	开口层位	形状			现存规格（厘米）			结构	出土遗物	年代	备注
			口	壁	底	口径	底径	坑深				
AH39	AT1910	⑤层下	近椭圆形	斜弧壁	平底	460×260	400×200	140~145	土坑型，可能为取土而面开凿	为建筑废弃物，瓦砾、石块	明末清初	
AH40	AT1810	⑥层下	近圆形	弧形壁	圆底	220		100~110	土坑型，可能为取土坑	为砖瓦碎片堆积，少量青花瓷碗残片	明代晚期	取土坑
AH41	AT1811	⑥层下	不规则形	弧形壁	底较平	390×210	180×80	80~130	取土而形成，堆积有两层，主要为建筑废弃堆积	少量青花瓷片，器形有碗、杯	明代晚期	取土坑
AH42	AT2312 AT2313	AF12下	近椭圆形	弧形壁	平底	360×170	190×100	75	取土而形成，堆积为砖瓦、石块等废弃物	少量青花瓷片及陶片	明代晚期	取土坑
AH43	AT2413	⑥层下	椭圆形	弧形壁	圆底	302×180		80	取土而形成，堆积为砖瓦、石灰渣等废弃物	少量瓷片，器形有碗、杯等	明代晚期	取土坑
AH44	AT2013	⑤A层下	椭圆形	弧形壁	平底	300×225	220×175	50	取土后形成，主要为砖瓦堆积	少量青花瓷片	明末清初	取土形成
AH45	AT2211	AF13下	近圆形	弧形壁	平底	220~240	160~180	60	先为粪坑，后为垃圾坑	较多青花瓷片，器形有碗、杯、盘、少量夹砂陶钵、釉陶钵残片	明代晚期	底即有粪便痕迹
AH46	AT2210	⑦层下	推测近椭圆形？	斜直壁	平底	260×180	180×120	40	原为取土坑，后为建筑垃圾坑	含动物骨骼，出有少量夹砂陶罐、釉陶钵残片、青花瓷碗残片	明代中期	取土坑
AH201	AT2020	③层下	推测近圆形	斜直壁	平底	220×200	200×180	60~65	原为取土坑，后为建筑垃圾坑	少量青花瓷片，器形有碗、杯、盘等。出釉陶缸残片	清代晚期	取土坑

续表

编号	位置	开口层位	形状 口	壁	底	现存规格（厘米） 口径	底径	坑深	结构	出土遗物	年代	备注
AH202	AT2018、AT2019、AT2118、AT2119	③层下	不规则形	弧形壁	平底	600×570	544×540	25~75	自然坑形，填土为红烧土一层；二层为灰土	含较多的砖瓦片、有铁片、铜钱、釉陶罐残片及白瓷片，器形有碗、盘、杯、汤匙	清代晚期	自然坑作垃圾坑用，铜钱"乾隆通宝"，碗外底书有"大清乾隆年制"
AH203	AT2018	③层下	椭圆形	斜直壁	平底	120×70	90×64	25~34	先挖土坑，再用青砖铺底、贴砌四壁，填土为炭渣、石灰	含青砖瓦碎片较多，有少量釉陶片和瓷片，瓷片以青花瓷片为多，器形有碗	清代晚期	开始作垃圾坑使用
AH204	AT2020	④层下	长方形	竖直壁	平底	110×90	110×90	70	先挖土坑，再用青砖铺底，砌四壁，填土为黄色沙土，纯净，无包含物		清代早期	根据建筑方式
AH205	AT2218~AT2220、AT2318~AT2320	③层下	椭圆形	斜直壁	平底	1000×500	850×400	150~160	填土有三层：一层为碎砖瓦片，极少；二层为黄褐灰土。三层为灰土	出少量青花瓷片、动物骨骼、青花瓷碗、罐、釉陶盘、汤匙等	清代中晚期	铜钱有"嘉庆通宝"字样，生活垃圾坑
AH206	AT2220	⑥层下	方形	弧形壁	底不平	186	120×100	60~70	先挖坑，再以鹅卵石砌成，堆积一层，主要为碎砖瓦、石块等	少量青花瓷片	明代中期	可能为积肥坑，卵石凌乱
AH207	AT2020	⑥层下	不规则形	陡直壁	平底	340×250	160×150	40~60	堆积为一层，纯为深灰土夹灰，纯净，无包含物	煤渣、砖瓦碎块	明代中期	仅揭示一部分

续表

编号	位置	开口层位	形状			现存规格（厘米）			结构	出土遗物	年代	备注
			口	壁	底	口径	底径	坑深				
AH208	AT2118～AT2218	⑤层下	椭圆形	弧形壁	圜底	170×138		80～85	填土为灰褐色夹黑色炭粒	出有动物骨骼、釉陶片、白瓷片，以青花瓷片为多，器形有碗、盘、杯	明代中期	垃圾坑
AH209	AT2418	⑤层下	不规则形	西边壁陡直其他弧形	平底	270×250	200×120	100～200	堆积有四层：一层为炉灰；二层为碎砖瓦、石块；三层为炉灰；四层为矿石及铜铁渣，矿石及石灰碎块、卵石及石灰颗粒、煤渣	少量青花瓷片，器形有碗、盘，还有陶罐	明代晚期	取土坑（较深）
AH210	AT2217～AT2417、AT2218～AT2418	⑤层下	近圆形	弧形壁	底不平	1310×900	715×505	110～230	填土为褐灰色土	出有雕花青砖、釉陶罐、钵、缸、青花瓷碗、盘、杯、汤匙	明代中期	为自然坑堆积
AH211	AT2217～AT2218	⑦层下	椭圆形	上部弧形、下壁竖直	平底	225×181	200×140	75～161	土井型制，堆积一层，深灰色土	含大量动物骨骼（牛）出有较多的陶缸和青花瓷片，器形有碗	明代中期	废弃井
AH212	AT2120	⑤层下	椭圆形？	弧形壁	圜底	275×65		160～170	填土为深灰色土，纯净，自然坑		明代晚期	仅揭示一部分，T2120⑤b层划出来作H212

续表

编号	位置	开口层位	形状			现存规格（厘米）			结构	出土遗物	年代	备注
			口	壁	底	口径	底径	坑深				
BH1	BT1806 BT1906	③层下	长方形带"凹"字	斜直壁	平底	440×134~220	390×（86~134）	84~128	先挖土坑，边壁用砖石砌成，底平铺卵石，堆积一层，为倒塌堆积，深灰色土，含碎砖瓦、石头、石灰、红烧土颗粒、煤渣等	出有少量青花瓷片，器形有碗、盘、碟、杯、罐等	清代	为粪坑
BH2	BT1706	②层下	近梯形	斜直壁	平底	144×106	102×60	93	先挖梯形坑，用石灰浆抹壁、底，坑口南部用砖和石块砌边，填土为灰黄色亚砂土	含较多的砖、石块、缸片、陶片和青花瓷片、碗、铜币	清代晚期	坑底有粪便遗物
BH3	BT2007	②层下	长方形	竖直壁	平底	240×200	200×160	20	仅在条石全坑壁，底用条形薄砖铺垫而成。填土为褐黄土夹砖瓦片	出有青花瓷器残片，器形有碗，釉陶器、器形有罐、钵	清代	
BH4	BT1908	②a层下	圆角方形	斜壁	圆底	边长263		40	仅揭示一半，土坑型，填土为灰黄色亚砂土夹深灰色	砖、瓦、石块、锈铁片、动物骨骼、牙齿，陶片及青花瓷片、器形有碗、杯、盘	清代晚期	无图纸，地层为自然坑
BH5	BT1909	②b层下	圆角方形	斜壁	平底	100	50	40	和石灰浆坑，壁、底均粘附石灰。填土为深灰色黏土	出有铁片、陶片、青花瓷片，器形有碗	清代晚期	和石灰坑改作垃圾坑

续表

编号	位置	开口层位	形状			现存规格（厘米）			结构	出土遗物	年代	备注
			口	壁	底	口径	底径	坑深				
BH6	BT1808	③层下	近长方形	弧壁	平底	276×160	244×140	45	土坑型，底有石灰铺底。填土为褐色黏土，含较多炭屑	出有夹砂陶罐、釉陶壶，器形片及少量青花瓷，钵及少量青花瓷碗、杯，器形有碗、钵，还有铁器，动物骨骸出土	清代	可能为石灰坑
BH7	BT2009	④层下	圆角长方形	斜弧壁	圆底	200×110		75	自然坑，堆积为碎瓦片，仅存布瓦片出土		明末清初	自然坑
BH8	BT2009	④层下	圆角长方形	竖直壁	平底	125×120	120×110	74	先挖土坑，以卵石和砖块砌四壁，填土为褐绿色及瓦渣	出有釉陶壶、青花瓷碗残片及动物骨骸	明末清初	原粪池或窖积
BH9	BT2007	④层下	圆形	竖直壁	平底	105	105	48~60	土坑规整，底铺卵石，填土为灰黑色土夹红烧土、木炭	少量青花瓷片、器形有碗	明代晚期	原作地窖
BH10	BT2007	⑤层下	圆形	弧形壁	圆底	180		20	坑较浅，填土为灰黑土	出有灰筒瓦、青花瓷碗残片	明代晚期	仅为不一般的垃圾坑
BH12	BT1707	③层下	不规则形	斜壁	平底	424×244	270×153	144	为取土挖成，堆积以煤渣为主	含砖瓦、石块，出有铜钱、陶片和较多青花瓷片、器形有碗、杯	清代	可能为取土后的坑（较深）
BH13	BT1909	⑤层下	近椭圆形	斜壁	平底	765×245	680×240	70	自然坑，填土为灰褐色土，含煤渣颗粒	动物骨骸、釉陶钵及少量青花瓷片、器形有碗、杯、盘、碟、汤匙	明代晚期	与L1邻近为自然坑

续表

编号	位置	开口层位	形状			现存规格（厘米）			结构	出土遗物	年代	备注
			口	壁	底	口径	底径	坑深				
BH14	BT2009	⑤层下	椭圆形	弧形壁	平底	265×200	258×196	60	取土坑，填土为灰褐土，含煤渣	出有动物骨骸、釉陶壶、青花瓷碗、杯	明代晚期	可能为取土坑废弃
BH15	BT1707	⑤层下	圆形	弧形壁	圜底	80~86		48	土坑型，填土为黑土夹少量黄色花土	出有假圈足、釉陶碗及陶片	明代晚期	取土坑
BH16	BT1707~BT1907 BT1708 BT1808	④层下	椭圆形	北边为弧壁，其他竖直	平底	860×354	808×318	76	先挖土坑，用卵石铺底，用石块和卵石砌壁，中间用石头砌有方石柱	出有釉陶罐、灯、粗瓷壶、青花瓷盘、碗，还有瓦出现	明末清初	为粪坑型
BH17	BT1116	①层下	近椭圆形	斜直壁	平底	172×152	120×115	62	土坑型取土坑，填土为灰色土，夹少许木炭灰	含大量布瓦及碎砖块	清代晚期	取土坑
BH18	BT1117	③层下	圆形	斜直壁	平底	100×70	80	124	圆柱形坑，坑南边的壁用灰黄细沙抹过，填土为深灰色	含大量砖瓦碎片，出有粗瓷罐、青花瓷碗、杯	清代	应为储藏的窑穴
BH19	BT0715	②层下	长方形	斜直壁	平底	150×130	120×100	40	窑穴型，先挖土坑，壁用卵石垒砌。填土为灰黑土	含炭渣、砖瓦片，出土少量瓷片	清代晚期	放炭之类的坑
BH20	BT0917	②层下	圆形	内弧壁，口大底小	平底	90	95	68	建筑废弃物堆积，含有砖瓦碎片、煤炭片、灰	出有青花瓷碗、灯	清代晚期	窑穴储藏坑
BH21	BT0917	②层下	圆角长方形	竖直壁	平底	94×60	90×58	30	土坑挖成后经烧烤，然后用石灰抹过，壁光滑，填土为灰土	出有青花瓷碗残片	明末清初	储水用的水坑，与BZ3有组合关系

续表

编号	位置	开口层位	形状			现存规格（厘米）			结构	出土遗物	年代	备注
			口	壁	底	口径	底径	坑深				
BH22	BT1115	③层下	近椭圆形	弧壁	平底	310×96	220×50	105	填土为灰褐色土，含大量红陶布瓦、砖块		清代	取土后形成
BH23	BT1016	近④层下	长方形	斜弧壁	平底	400×130~150	200×40	150	土坑型，主要为取土，填土为深灰色	全是布瓦及砖、石碎块	明末清初	取土后形成
BH24	BT1014	④层下	圆角长方形	弧形壁	圆底	114×96		60	土坑型，沿面有石块、卵石砌边，壁抹石灰浆，填土为灰褐土	含卵石、砖瓦碎片、石灰渣等	明末清初	挖制的石灰深坑
BH25	BT0816	③层下	长方形	斜直壁	平底	370×190	280×134	100	先挖坑，以石块砌三壁，南壁未揭示，堆积为二层；一层为黄褐黏土夹黑斑，含青花瓷片与猪槽，二层为浅灰黏土	出有猪槽，少量青花瓷片，器形有碗、盘、碟，陶罐	清代	猪粪坑
BH26	BT0915 BT1015	③层下	近圆角长方形	弧形壁	圜底	510×290		50~80	先挖坑，底部铺小卵石，填土为灰色土	含大量砖、布瓦片，少许青花瓷片	清代	可能为积肥坑
BH27	BT1014 BT1015 BT1114 BT1115	BF8下	不规则形	弧形壁	平底	600×500	360×300	135	填土为灰褐色土地，自然取坑或取土坑	含较多砖瓦碎片、石灰渣、鹅卵石块，少量青花瓷片	清代	自然坑或取土坑

续表

编号	位置	开口层位	形状			现存规格（厘米）			结构	出土遗物	年代	备注
			口	壁	底	口径	底径	坑深				
BH28	BT0814	③层下	圆形	竖直壁	圆底	120~150		60	先挖土坑，用小卵石铺底，石块和卵石砌四壁，堆积以黄褐色为主，内含粗砂颗粒		清代	粪坑
BH29	BT0914	④层下	近圆形	弧形壁	圆底	108~140		52	土坑型，填土为灰土	含少许红烧土块及布瓦片，出有釉陶炉	明末清初	可能为取土坑
BH30	BT0717	③层下	长方形	斜直壁	平底	126×100	120×80	20	先挖坑，卵石铺底，四壁以双层卵石砌成，填土为灰土	含砖瓦碎片	清代	可能为积肥坑
BH31	BT0716	④层下	近圆形？仅揭示1/4	斜直壁	平底	190~195	190	30	先挖圆坑，以卵石砌坑壁，填土为灰黑土	含砖瓦片和石块，出有青花瓷碗、杯、盘	明末清初	应为窖穴
BH32	BT1016	④层下	不规则形	斜弧壁	底不平	320×230	130×50	150	土坑型，填土为深灰土	含大量砖瓦残片和石块，出青花瓷碗残片	明末	可能为取土坑
BH33	BT0617	④层下	圆形	竖直壁	平底	135	70	50	土坑型，填土为灰黑土夹炭渣	出青花瓷碗碎片	明末	储存窖穴
BH34	BT1015	⑤层下	椭圆形	斜弧壁	圆底	256×164		75	土坑型	含红烧土、布瓦片、草木灰	明代晚期	可能为窖穴
BH35	BT0617	④层下	长方形	斜直壁	平底	260×200	190×160	60	先挖长方形土坑，用卵石在四壁垒砌四层面，填土为灰黑土	含砖瓦碎片、木炭灰及少许青花瓷片	明末	堆放燃料的储存坑

续表

编号	位置	开口层位	形状			现存规格（厘米）			结构	出土遗物	年代	备注
			口	壁	底	口径	底径	坑深				
BH36	BT0714	④层下	圆角长方形	斜直壁	平底	174×134	150×120	76	先挖长方形土坑，底用小卵石铺成，四壁用卵石垒砌，填土为灰土	含砖、布瓦碎片、石块	明末	为粪坑废弃
BH37	BT1015	⑤层下	椭圆形	斜直壁	平底	206×184	120×102	100	土坑挖制，填土为灰褐土	含少量砖瓦碎片	明代晚期	取土挖制
BH38	BT1012	②层下	圆角方形	弧形壁	圆底	104	60×50	60	土坑型，石灰浆抹壁，填土为灰褐土	含红色瓦片、砖块	清代晚期	取土而成粪坑
BH40	BT1109	③层下	圆角长方形	斜直壁	平底	150×100	150×80	106	先挖土坑，再以薄石和残砖垒壁、卵石铺底，壁表涂抹石灰浆，填土有二层：上层为黄褐土。下层为灰褐疏松土	含砖瓦、石块，出有釉陶盆、红陶钵、青花瓷碗、灯	清代	为BF14附属遗存，窑穴用
BH41	BT1012	②层下	圆角方形	竖直壁	平底	100~110	80	85	土坑型，规整，用石灰浆壁，填土为灰黑土	含少量煤渣、瓦片	清代晚期	可能为窑穴
BH43	BT1011	②层下	圆角方形	斜直壁	平底	110~120	78~80	95	土坑型，规整，3~5厘米厚，填土为黄褐色	含少量石块，出釉陶、夹砂罐、青花瓷碗、碟	清代晚期	窑穴、形制规整
BH44	BT0812	③层下	圆形	斜直壁	平底	115	70	60	土坑型，规整，填土为黄褐土夹青黄粗砂颗粒	出有红陶罐、釉陶罐及青花瓷碗、杯	清代	原为石灰坑

续表

编号	位置	开口层位	形状			现存规格（厘米）			结构	出土遗物	年代	备注
			口	壁	底	口径	底径	坑深				
BH45	BT0911~BT1111 BT1010	BF16下	不规则形	斜直壁	底较平	366×290	350×280	70	取土坑，填土为黄色、灰褐土相混合的堆积	含大量砖瓦碎片及石块，出有夹砂红陶，灰陶及釉陶残片，青花瓷器形有碗、杯、盘	明末清初	似为取土坑
DH1	DT0730	③层下	长方形	斜弧壁	平底	101×82	95×61	67	先挖长方形土坑，再用6块条石沿坑口围成，填土为灰土	含大量砖瓦碎片，少量石灰和炭屑，出有夹砂陶罐、釉陶碗和青花瓷碗等	明末清初	为粪坑
DH2	DT0731	③层下	近圆形	斜直壁	平底	114~118		38	可能为自然坑，填土为灰褐色混合夹少量砂，含炭粒、草木灰	含大量砖，出有动物骨骼，夹砂陶罐、青花瓷盘	明末清初	自然坑
DH3	DT0731	③层下	近椭圆形	斜壁	圆底	192×172		76	填土为灰褐土，含大量砖瓦碎片	含大量砖瓦碎片和石块，出有动物骨骼和陶罐、青花瓷碗残片	明末清初	可能为取土坑
DH4	DT0731~DT0931	④层下	不规则形	弧壁	圆底	663×249		111	可能为取土所形成，填土为灰黑土	含大量砖块、石块，出有夹砂灰陶罐、釉陶缸、青花瓷碗、碟	明代晚期	可能为取土坑
DH5	DT0931	③层下	不规则形	斜弧壁	平底	173×104	136×40	40	仅揭示部分，取土坑，填土为灰黑色黏土	含大量砖瓦片、卵石块。出有动物骨骼陶瓷片及骨牌1件	明末清初	取土坑
DH6	DT0930	③层下	不规则形	弧壁	圆底	180×110		36	浅坑，地势自然坑，填土为黄褐色黏土	出少量釉陶罐、青花瓷碗残片	明末清初	自然坑

编号	位置	开口层位	形状			现存规格（厘米）			结构	出土遗物	年代	备注
			口	壁	底	口径	底径	坑深				
DH7	DT0730	④层下	不规则形	弧壁	底较平	158×130	152×122	31	浅坑，自然坑，填土为灰黑色	含砖瓦碎片、石块、炭屑，出动物骨骼、泥质红陶罐、夹砂陶缸、青花瓷碗残片、圆底小瓷杯1件	明代晚期	自然坑
DH8	DT0731	④层下	圆角长方形	斜弧壁	平底	108×92	90×78	52	取土坑，填土为黄褐色，边缘有黄绿色粪土	含卵石及砖块，出有釉陶片及青花瓷碗、盘残片，还有动物骨骼、牙齿	明代晚期	猪粪坑
DH9	DT830	④层下	不规则形	弧壁	圜底	300×184		18	自然地形坑，填土为灰黑色	含炭屑、石灰屑、砖瓦残片，出有动物骨骼、夹砂陶罐、釉陶壶及青花瓷碗、盘残片	明代晚期	仅18厘米深
DH10	DT0831	⑥层下	不规则形	弧壁	圜底	135×40		36	自然坑边，填土为灰土	含大量草木灰、炭屑，出有铁条及夹砂陶盖、陶罐、青花瓷碗残片	明代中晚期	自然坑边
DH11	DT0831	③层下	近圆形	弧壁	圜底	67		47	可能为临时取土，填土深灰土	含较多草木灰、较少碎陶片、瓦片	明末清初	小坑，临时取土
DH12	DT0730 DT0731	⑥层下	不规则形	弧壁	底较平	445×400	438×395	44	自然地形，填土为浅灰色土	含较少炭屑，出有夹砂陶罐、釉陶碗及青花瓷碗残片	明代中晚期	地势形成

续表

编号	位置	开口层位	形状			现存规格（厘米）			结构	出土遗物	年代	备注
			口	壁	底	口径	底径	坑深				
DH13	DT0931	⑥层下	不规则形	竖直壁	平底	225×89	212×75	115	直壁深坑，应为取土坑，堆积五层：一层灰色黏土；二层灰褐色黏土；三层灰黄色黏土；四层黄褐色草木灰；五层深灰色瓦砾层	含较多砖瓦碎片，少量石块、炭屑，出有夹砂陶瓿、碗、釉陶罐、杯及青花瓷碗、碟残片	明代中晚期	取土坑
DH14	DT0907	②层下	不规则形	竖直壁	平底	400×60~165	400×50~155	30~40	地势自然坑，填土为灰褐色土	含砖瓦碎片，出釉陶瓷片、粗瓷片和青花瓷	清代晚期	30厘米浅坑
DH15	DT2013	②层下	不规则形	竖直壁	平底	230×84	180×75	40	南壁有砌砖，可能为肥坑，填土为灰土	含大量瓦碎片，石灰颗粒及石块，出有夹砂陶罐、钵、釉陶盆及青花瓷碗、盘残片	清代晚期	
DH16	DT1108 DT1109	③层下	近长方形	弧壁	平底	500×100	450×80	40	可能为取土坑，填土为建筑材料废弃物夹少量灰褐土	含大量砖瓦、炭屑，出有夹砂陶罐、釉陶钵、青花瓷碗残片	清代晚期	
DH17	DT1110	③层下	圆角长方形	弧壁	平底	325×125	300×100	60	填土为灰褐土，主要为建筑材料废弃物	含大量砖瓦、炭屑，出有铁斧、铜币各一件，还有青花瓷碗残片	清代晚期	
DH18	DT1009 DT1109 DT1010 DT1110	③层下	近椭圆形	弧壁	平底	700×300	500×200	40~50	填土为灰褐土，主要为建筑材料废弃物	含大量砖瓦碎片及炭屑，夹砂陶罐、瓮、青花瓷碗、杯、盘残片	清代晚期	取土坑

续表

编号	位置	开口层位	形状			现存规格（厘米）			结构	出土遗物	年代	备注
			口	壁	底	口径	底径	坑深				
DH19	DT1107	③层下	圆形	弧壁	底下凹	350	250~260	30~75	填土为灰褐土	含大量灰烬、煤屑及砖瓦碎片，少量青花瓷碗、陶罐、缸及青花瓷碗、盘、杯残片	清代晚期	可能为取土坑
DH20	DT0907	③层下	圆形	斜直壁	圜底	140		30~36	填土为黑色	含有动物骨骼，出有铁器、夹砂陶灯、青花瓷碗、花瓷碗、盘残片	清代晚期	作取土用过
DH21	DT0908	③层下	1/4近椭圆形	竖直壁	平底	172×154	165×146	30	填土为深灰色	含煤渣、砖瓦碎片，出有陶罐、陶灯及青花瓷碗、盘等	清代晚期	可能为取土而形成
DH22	DT0908	DF6下	近椭圆形	斜直壁	平底	400×325	400×324	152	为多次堆积而形成	含大量砖瓦碎片，出有动物骨骼、铁块、铜钱、钱币及较多的釉陶钵、缸、罐、夹砂陶罐、青花瓷碗、杯、盘、勺等	清代晚期	坑深，取土坑
DH23	DT0907	③层下	椭圆形1/4	弧壁	平底	180×45	80×10	90	堆积有三层：一层为红土；二层为瓦片层；三层为灰褐土	含大量石灰颗粒，布有青花瓷碗、杯、釉陶罐、釉陶碗、钵	清代晚期	取土坑
DH24	DT2015	④层下	近椭圆形	斜弧壁	平底	305×130	285×120	60	土坑型，1/4填土为灰色土	含有较多的砖块、瓦片，石灰颗粒，出有瓷釉碗1件	明代晚期	可能为取土坑
DH25	DT1008	③A层下	近椭圆形	弧壁	平底	126×80	84×66	48	可能为取土废弃，填土为灰褐土	含大量砖块、石块，出有少量青花瓷器、陶器、器形陶罐、盆、青花瓷碗、杯、灯座	清代晚期	

续表

编号	位置	开口层位	形状			现存规格（厘米）			结构	出土遗物	年代	备注
			口	壁	底	口径	底径	坑深				
DH26	DT0907	③层下	不规则形	斜弧壁	底起伏不平	400×(260~300)	400×70~110	105	取土坑，填土为灰褐土，结构疏松	含大量砖瓦碎片，出有动物骨骼、铁器及少量夹砂陶罐、釉陶、青花瓷罐、缸、钵、碗、杯、盘	清代晚期	
DH27	DT1108	④层下	不规则形	斜弧壁	圆底	320×200		30	填土为灰黄土	含大量石灰颗粒，出有猪骨和少量青花瓷片，器形有碗、杯	清代	
DH28	DT1108	③B层下	近椭圆形	斜直壁	圆底	320×300		134	填土为三层：一层为灰褐土中含较多煤屑，二层灰褐土中夹一层黄土；三层灰褐土中夹较少煤屑	含一些砖、石块，出有釉陶罐、盆、壶、盒及青花瓷碗、盘、碟、汤匙残片	清代晚期	"道光通宝"、"嘉庆通宝"铜钱
DH29	DT1008	⑤层下	近椭圆形	弧壁	圆底	170		65	填土为灰褐土，致密	含一些砖、石块。出有釉陶器物片、青花瓷碗残片	明末清初	
DH30	DT1009	④层下	近椭圆形	斜直壁	平底	317×165	245×155	105~115	填土为灰褐土	含较多的布瓦片，出有釉陶钵、缸及青花瓷碗、盘、杯、杯形残片	清代	取土坑
DH31	DT1108	⑥层下	圆角长方形	斜直壁	平底	250×100	120×40	122	填土为褐灰土	含大量残破砖瓦和石块，出有少量陶瓷片，器形有碗	明代晚期	
DH32	DT0908	⑨层下	近长方形	斜弧壁	平底	400×(134~255)	284×(60~75)	30~35	填土为灰黑土	含大量炭渣，出有釉陶罐、白瓷盘、青花瓷碗、杯等	明代中期	自然坑

续表

编号	位置	开口层位	形状			现存规格（厘米）			结构	出土遗物	年代	备注
			口	壁	底	口径	底径	坑深				
DH33	DT1008	DL5下	近椭圆形	斜直壁	平底	220×106	70×50	150	填土为灰褐土	含较多石块，出有夹砂釉陶盆、罐、青花瓷碗残片	明代晚期	原为取土坑
DH34	DT1107	③A层下	近圆角长方形	斜直壁	平底	140	90	150	填土为灰褐色，形状规整，壁上抹三合土	含大量砖瓦碎片，出有青花瓷碗、杯及陶缸残片	清代晚期	贮藏坑
DH35	DT2115	③层下	近圆形	斜直壁	圆底	94×45		45	取土后形成此坑，填土为褐灰色夹细沙土	含大量卵石、砂岩、石块、砖块，出有动物骨骼、极少陶片及青花瓷片	明末清初	取土坑
DH36	DT2113	③层下	近圆形	斜弧壁	底不平	90×85	63×42	33	取土后形成，填土为灰土	出有猪骨5块、少量青花瓷片，器形有碗	明末清初	取土形成
DH37	DT1108	⑤层下	圆角方形	斜直壁	平底	180	100	100	大便坑，形制规整，石底坑边，周壁抹三合土，填土为灰褐色土	出有少量青花瓷片，器形有碗	明末清初	茅房大便坑
DH38	DT1007	③C层下	椭圆形	斜弧壁	圆底	250×140		60	填土为黑灰土，含砂量大	出有釉陶缸和青花瓷碗、盘残片	清代	取土坑
DH39	DT2214	②层下	不规则形	斜弧壁	圆底	240×190		33	填土为灰土	出有动物骨骼、牙齿、釉陶钵、青花瓷碗、碟、杯、盘残片	清代	自然坑
DH40	DT1008	DH29下	近圆形	斜弧壁	圆底	140×106		150	取土后形成，填土为红色夹黄斑土	含较多石块、砖块，极少青花瓷片	明代晚期	取土后形成

续表

编号	位置	开口层位	形状			现存规格（厘米）			结构	出土遗物	年代	备注
			口	壁	底	口径	底径	坑深				
DH41	DT2115	⑤层下	近椭圆形	斜直壁	圜底	230×110		80	填土为灰褐色亚黏土，夹少量黄色黏土	含较多半头青砖瓦片，大块卵石及石灰岩，石块，出有动物骨骼，釉陶罐、青花瓷碗、杯、盘残片，骨锥1件	明代中晚期	
DH42	DT2113	DF10下	近圆形	斜直壁	平底	235×220	172×150	78	填土为灰褐色土	含较多砖瓦残片，石灰粉末，出有猪骨和泥质陶灯，夹砂陶罐、缸、釉陶罐、钵及青花瓷碗、盘残片	明代晚期	取土坑
DH43	DT2116	DF10下	椭圆形	斜直壁	平底	177×102	105×70	95	坑底铺卵石，可能为穴，填土为灰色亚砂土	含少量砖瓦碎片及卵石，出有少许猪骨，釉陶罐、青花瓷碗、杯残片	明代晚期	窑穴
DH44	D2116T	④层下	不规则形	弧形壁	圜底	208×188		82	填土为褐黄土，夹黄花黏土地及红褐亚砂土	含较多的青灰色砖块及卵石，出有动物骨骼，铜钱1枚及釉陶罐、缸、青花瓷碗、杯、盘残片	明代晚期	形制似窑穴
DH45	DT1107 DT1108	③D层下	近圆形	斜弧壁	圜底	415×265		150	填土为灰褐色土，较硬	含有瓦碎片，石块，出有釉陶灯及青花瓷碗、杯、盘残片	明末清初	取土坑（无资料）

续表

编号	位置	开口层位	形状			现存规格（厘米）			结构	出土遗物	年代	备注
			口	壁	底	口径	底径	坑深				
DH46	DT2213	③层	不规则形	斜弧壁	圆底	400×260		50	填土为褐灰色土	含较多砖瓦碎片、石块，出有动物骨骼及少量陶片，青花瓷碗残片，铁簪2件	明末清初	自然坑
DH47	DT2413	③层下	圆形	斜弧壁	圆底	135×30		70	填土为黑褐土，夹有较多炭屑	有密集的砖瓦碎片	明末清初	（无资料）
DH48	DT2313 DT2413	DF10下	不规则形	斜弧壁	圆底	880×400		80	填土有二层：一层为黑褐色土；二层为黄褐色土	含大量砖瓦碎片、石块，出有铜椎1件及红陶盆、缸、盘，釉陶罐、青花瓷碗、杯残片	明代晚期	
DH49	DT2116	DF10下	近椭圆形	斜弧壁	圆底	274×100		125	填土为褐红色亚砂土夹少许红褐、黄褐黏土	含较多碎砖块、石块，出有釉陶缸、钵及青花瓷碗、杯、盘残片	明代	取土坑
DH50	DT2116	DF10下	近圆角方形	弧壁	平底	316×262	235×220	70	填土有二层：一层为浅灰色亚黏土，夹黑色灰烬；二层为黄灰色黏土	含较多青灰砖瓦碎块，出有动物骨骼、陶盆、釉陶罐、青花瓷碗、杯、盘残片	明代晚期	取土后形成
DH51	DT2316 DT2416	DF10下	近椭圆形	弧形壁	底不平	630×200	500×150	45~80	填土为褐土	含大量砖瓦碎片，出有陶盆、釉陶器盖、青花瓷碗、盆、杯、勺残片，木器1件	明代晚期	
DH52	DT2416	②层下	不规则形	弧形壁	圆底	225×160		80~95	填土为砖瓦碎片，以砖块为多	含大量砖块碎片，出有釉陶钵、青花瓷碗、杯残片	清代	取土后作建筑垃圾坑

续表

| 编号 | 位置 | 开口层位 | 形状 | | | 现存规格（厘米） | | | 结构 | 出土遗物 | 年代 | 备注 |
			口	壁	底	口径	底径	坑深				
DH53	DT1329 DT1330	②层下	不规则形	弧形壁	圆底	650×102		150	填土为灰黑色黏土，夹大量草木灰颗粒	含有大量青灰砖块及小卵石，出有动物骨骼、铁片及青花瓷碗、杯残片	清代	两件青花瓷碗底书有"白玉堂"字
DH55	DT1429	④层下	近椭圆形	斜弧壁	平底	293×145	174×87	135	填土为褐灰土	含较多大块石块和碎瓦片、煤渣及石灰粉沫，出有动物骨骼、夹砂陶罐、缸、粗陶罐、钵、青花瓷碗、杯、盘残片	明代中晚期	取土后形成
DH56	DT1329	④层下	不规则形	斜直壁	平底	400×125	400×98	79	填土为褐灰色夹黄褐土	含大量砖瓦碎片及大卵石，出有泥质陶罐、夹砂陶缸、粗陶缸、钵及青花瓷碗、杯、盘残片	明代中晚期	
DH57	DT1030	④层下	不规则形	斜弧壁	圆底	490×270		64	填土为浅灰色，夹草木灰	出有硬陶罐、釉陶罐、青花瓷碗、盘、杯残片	明代中晚期	取土后形成
DH201	DT0523	②层下	近椭圆形	弧形壁	圆底	250×64	220×40	30	填土为黑灰土	含有瓦碎片、小块砖、卵石等，出少量粗瓷、青花瓷碗、杯残片	清代	取土后形成，青花瓷碗外底书有"营"字
DH202	DT0423	②层下	圆角方形	斜直壁	平底	202	146	96	填土为黑灰土，坑内壁和底均用泥沙混合砌，3~8厘米厚	含有大卵石、石块、瓦渣、灯座、粗瓷杯、盖、青花瓷碗、杯残片	清代晚期	窖穴

续表

编号	位置	开口层位	形状			现存规格（厘米）			结构	出土遗物	年代	备注
			口	壁	底	口径	底径	坑深				
DH203	DT0325 DT0425	②层下	近椭圆形	斜直壁	凹下底	370×158	360×136	120	坑内堆积为褐灰色土，全是残碎砖瓦	含大量残碎砖瓦	清代	取土后形成
DH204	DT0525 DT0625	②层下	不规则形	南壁斜直、东、北二壁平缓	圆底	620×265		26	填土为灰土	含大量的砖瓦碎片。出有釉陶缸、青花瓷片	清代	
DH205	DT0425 DT0426	②层下	椭圆形	弧形壁	圆底	520×190		36	填土为灰土	含砖瓦碎片，出釉陶罐、青花瓷碗残片	清代	
DH206	DT0423	②层下	近圆角方形	斜直壁	平底	仅揭示部分 160×（30～50）	138×（25～42）	60	东、北、西三面坑壁及坑底用泥砂混合浆粉砌而成，填土为灰黑土	含较多的布瓦碎片，出有粗瓷碗、青花瓷片	清代	窑穴
DH207	DT0326 DT0327	②层下	长方形	斜直壁	平底	390×130	380×105	30	填土为灰黑土	含大量砖瓦碎片，少量砖块、石块，出有釉陶撑体、灯座、粗瓷碗、青花瓷碗、盘、盅残片	清代	取土作弃物垃圾
DH208	DT0627	②层下	近长方形	斜直壁	圆底	350×70		70～75	填土分三层：一层褐黄夹灰土；二层灰色土；三层为黄褐色土	含较多的砖瓦碎片，石灰颗粒，出有粗瓷碗、青花瓷杯	清代	取土后形成
DH209	DT0626	②层下	近椭圆形	斜弧壁	平底	295×275	245×185	35～40	填土为深灰色夹较多的草木灰	含较多的砖瓦碎片及小石块，出有青花瓷碗、杯残片	清代	坑浅，取土后形成

续表

编号	位置	开口层位	形状			现存规格（厘米）			结构	出土遗物	年代	备注
			口	壁	底	口径	底径	坑深				
DH210	DT0628	②层下	不规则形	斜弧壁	平底	265×190	235×145	55～66	填土为褐灰土	含有大量的石、砖块及布瓦碎片，出有釉陶缸、粗瓷碗及白瓷片、青瓷片	清代	取土后形成
DH211	DT0628	②层下	圆形	弧形壁	平底	215～225	105～130	35～45	填土为褐灰土	含有砖瓦碎片、石块及石灰颗粒，出有泥质红陶罐、青花瓷碗、白瓷小盘及粗瓷碗、豆青瓷片等	清代	
DH213	DT0327 DT0328	②层下	近长方形	北壁弧形	平底	336×（105～115）	长316×（105～115）	40	填土为褐土	内含大量布瓦、青砖碎片，出有黄釉陶钵、粗瓷碗、白瓷碗、青花瓷碗残片。还有铁剪、铁钉、铁片发现	清代	取土后形成建筑坑
DH214	DT0326	②层下	近长方形	斜直壁	平底	230×（130～170）	200×（75～125）	50	填土为黄褐色	主要含布瓦碎片，出有粗瓷、青花瓷片	清代	取土后形成
DH215	DT0326	②层下	近长方形	斜直壁	平底	355×（120～134）	（150～290）×124	80	填土为黄褐色	主要夹杂布瓦碎片，出有粗、白瓷碗及青花瓷碗、杯残片，陶钵	清代	取土坑
DH216	DT0426～DT0428	②层下	圆角长方形	斜直壁	平底	720×130	690×115	50	填土为深灰色	含大量砖瓦碎片，出有粗瓷碗、白瓷碗、青花瓷碗残片及豆青瓷残片	清代	

续表

编号	位置	开口层位	形状			现存规格（厘米）			结构	出土遗物	年代	备注
			口	壁	底	口径	底径	坑深				
DH217	DT0327	DH215下	圆角长方形	斜直壁	平底	155×70	100×35	50~90	填土为灰土	含大量布瓦碎片，出有粗瓷碗、白瓷碗、青花瓷碗残片	明代	1件青花瓷碗外底书有"富"字
DH218	DT1024 DT1025 DT1124 DT1125	②层下	椭圆形	弧形壁	平底	485×380	423×318	50	填土为灰土	含较多的砖瓦碎片，出有釉陶缸、粗瓷碗、杯、青花瓷碗、盘、汤盆、盘残片	清代	取土形成
DH219	DT0326	②层下	1/2椭圆形	弧形壁	微圆底	365×95		75	填土为黑灰色	含大量砖瓦碎片和石块，出有青花瓷碗、盅、调羹等	清代	取土形成
DH220	DT0428	②层下	不规则形	斜直壁	平底	200×150	190×136	47~53	填土为褐灰色	含较多的砖瓦碎片，出有黑釉瓷碗、白瓷片及青花瓷碗残片	清代	
DH221	DT0431	③层下	长方形	斜直壁	平底	114×(88~94)	110×(84~90)	20	填土为灰黑土，土质疏松，纯净		明代	
DH222	DT0429 DT0430	②层下	近圆形	斜弧壁	平底	300×280	165×150	70	填土为灰色土	内含较多的布瓦碎片。出有黑釉陶罐、红陶擂体、青花瓷碗、青花瓷碗、盘残片等	清代早期	取土后形成
DH223	DT0530	②层下	近椭圆形	斜直壁	平底	160×158	146×120	155	填土为灰色土	含较多的草木灰、少量石块、瓦片，出有豆青瓷碗、白瓷碗、青花瓷碗残片	清代	可能为DF203的附属遗存，取土后形成

续表

编号	位置	开口层位	形状			现存规格（厘米）			结构	出土遗物	年代	备注
			口	壁	底	口径	底径	坑深				
DH224	DT0330 DT0331	③层下	近长方形	竖直壁	底较平	630×370	636×350	97~140	填土为灰色土	含大量砖瓦碎片，石灰颗粒，出有筒瓦、釉陶罐、缸、粗瓷碗、白瓷碗、青花瓷碗、杯、汤匙残片	明代	取土后形成
DH225	DT0822 DT0922	②层下	不规则形	斜弧壁	底较平	420×90	280×60	50~80	填土为灰褐色土	含砖瓦碎片、动物骨骼、釉陶罐、台灯、缸、白瓷碗、青花瓷碗、杯、盘残片及铁器	清代	
DH226	DT0821	②层下	圆形	壁竖直或斜直	底较平	137~147	146~176	45~60	填土为灰色土	含大量瓦碎片、砖块，出有黑釉陶罐、酱釉陶缸、灰白粗瓷碗、白瓷碗、青花瓷碗残片及铁锅残片	清代	
DH227	DT1123	②层下	不规则形	斜直壁	平底	380×（110~128）	310×（94~124）	94	填土有三层：一层为褐灰土，草木灰；二层为灰色土；三层为褐黄土	含较多的石块，出有豆青瓷碗、杯、竹节、青花瓷碗残片	清代	取黄土用
DH228	DT1125	②层下	长方形	竖直壁	平底	400×（50~60）	400×35	50~58	填土为灰色土，土质坚硬，纯净		清代	取土坑
DH229	DT1223	②层下	圆角方形	斜直壁	平底	250×210	220×185	160	填土为灰色土	含有大量砖瓦碎片，出有釉陶罐、灰陶瓦当、灰白粗瓷碗、白瓷盏、青瓷碗、青花瓷碗、豆青瓷碗、铁釜、铁罐残片及铜钱	明代晚期	窑穴

附表六　大昌古城遗址灰沟登记表

编号	位置	开口层位	形状			现存规格（厘米）			结构与堆积	出土遗物	年代	备注
			口	壁	底	口径	底径	深				
AG1	AT2110	②层下	长方形	近直壁	平底	272×67	260×65	73	填土分二层：一层为黄褐色亚黏土，土质较疏松，厚约18厘米；二层为灰褐色亚黏土，土质疏松，厚约45厘米，东西走向	第一层出土有大量砖瓦石片、石头和石渣。第二层多为砖石、瓦片、石头、石炭渣、石灰渣	清代晚期	
AG2	AT2109	⑦层下	长条形	弧形壁	圆底	300×146		32	填土分三层：一层灰色沙土；二层为黄褐色亚黏土；三层为灰黑色黏土	一层土质较为纯净，无包含物；二层多为砖石、瓦砾残片，另有少量青花瓷片；三层有较多的炭片，还有少量陶片，碗占85.71%，杯占14.29%	明代中晚期	此沟与AH14开口于同一地层，东西走向
AG3	AT2310	⑦层下	近长方形	弧形壁	圆底	600×56	505	45	填土为黄色沙土，土质疏松，含杂质较多，西北至东南走向	陶器碎片、兽骨、瓷片等	明代中期	用途应为排水沟，废弃后填充垃圾
AG4	AT2610	⑥层下	长条形	弧壁，壁面较光滑	圆底	200×45	200	70	填土为黄色黏土，较硬，呈块状，夹石灰颗粒，南北向	灰陶砖、青花草叶纹瓷碗、绿釉裂纹瓷碟	明代中期	用途应为排水沟
AG5	AT2610	AL5下	长条形	弧壁呈波浪形光滑	圆底	200×240	200	190	填土分三层：一层为黄褐土，较硬；二层为灰褐土，松软，呈块状；三层灰色夹褐色斑淤土，软湿，呈块状，南北向	一层出青花瓷片；二层含草木灰夹石灰颗粒、砾石块，出有青花瓷圈足、釉陶罐碎片；三层出白瓷碗口沿、碟底、黄釉陶罐	明代晚期	排水沟
AG6	AT2410	AL3垫土下	长条形	弧壁，较为平整	圆底	200×240	200	190	一层堆积，灰色黏土，松软，呈块状，含草木灰、石块等	出有草叶纹青花瓷片、白瓷碗残片、陶片	明代中期	排水沟

续表

编号	位置	开口层位	形状			现存规格（厘米）			结构与堆积	出土遗物	年代	备注
			口	壁	底	口径	底径	深				
AG201	AT2617	②c层下	长条形	陡直壁	平底	1150×（20~40）	1150×（20~40）	45~55	呈南北向，用卵石和青砖砌筑，填土为灰褐色淤土	内含少许青花瓷片	清代晚期	
AG202	AT2118	③层下	长条形	直壁	平底	540×（18~90）		10~20	由上、下二层灰色砖拼成，中间有圆形过道。填土一层为AH202第二层下堆积，夹灰土，结构较疏松，沟由石块砌成，砖块为底的部分，有少量黄沙土，东南至西北走向		清代晚期	排水沟
AG203	AT2018	④层下	长条形	较直	底较平坦	183×（14~16）		10~16	填土一层，为深灰色土夹灰土，土质较硬，东西走向	含少量砖瓦碎片，出有极少青花瓷片	清代早期	受到破坏，用途为排水沟
AG204	AT2018	④层下	长条形	直壁	平底	170×（50~95）		20~22	底铺有灰色砖，两侧竖放有青砖，上有盖青砖块。一层，为深灰色土，结构较疏松，东西走向		清代早期	用途为排水沟
AG205	AT2517	⑤层下	长条形	直壁	平底	340 外宽30 内宽10		16	底有鹅卵石，两侧竖放单砖相连，上有砖盖，填土与第五层相同，深灰色土，较松软，东西走向		明代晚期	自西向东排水

续表

编号	位置	开口层位	形状			现存规格（厘米）			结构与堆积	出土遗物	年代	备注
			口	壁	底	口径	底径	深				
AG206	AT2620	⑤层下	长条形	弧壁	平底	430~200	225~200	175	土，下淤积土；一层为灰色淤土，夹有红色色粒；二层为灰褐色淤土，较松软，南北向	一层出有极少砖瓦。二层青花瓷片，器形有碗、盘等，另出有坩锅1件和铁屑块	明代晚期	护城壕沟
AG207	AT2620	⑥层下	长条形	弧壁	圆底略平	250×52		50	灰黑色淤土，南北走向	出有青花瓷片和汉代绳纹瓦残片	明代中期	AC3外壕沟
BG1	BT2008	②b层下	长条形略有弧度	两壁用青砖垒砌而成	用凹槽状砖垫砌而成	230×16	230×16	14	深灰色黏土，土质疏松，东南至西北走向	出有较完整的青花瓷碗	清代晚期	排水阴沟
BG2	BT2008	②b层下	圆弧形有转折	用砖及石块砌成	青砖平铺	300×65	300×65	14	壁用青砖及石块砌成，底用青砖平铺，土质疏松煤渣，东西向转南北向	少量青花瓷片，陶片，一残缺釉陶罐残片	清代晚期	排水沟
BG3	BT2009	BF2下	长条形略有弧度	砖及石块垒砌	方砖或凹槽形砖垫砌	498×36	498×36	17	深灰色黏土，土质疏松，东西至西南走向	青花瓷片、瓦片、石片、陶片、金属耳挖	清代晚期	排水沟
BG4	BT1908	③a层下	长条形转折	青砖垒砌	青砖铺垫	250×12	450×12	16	两壁用青砖砌成，底部青砖平铺，沟口用青砖作盖，填土为深灰色黏土，结构疏松，近东西走向		清代中期	排水阴沟
BG5	BT2008	⑤层下	长条形	斜直壁	底不平	400×（55~95）	400×（30~95）	55~76	填土为灰褐色黏土，土质较疏松，含有较多砖瓦，南北走向	青花瓷片、陶片、羊角等。瓷器器形有碗、盂、花纹为花枝纹	明代晚期	残缺瓷碗底书有"大明年造"字样

续表

编号	位置	开口层位	形状			现存规格（厘米）			结构与堆积	出土遗物	年代	备注
			口	壁	底	口径	底径	深				
BG6	BT1708	⑤层下	长条形	陡直壁	底较平，西高东低	324×34	324×22	18~20	填土为黑色土，夹较多黄色黏土，土质疏松，近南北走向	少量砖、石块、莲花青瓷碟碎片一个	明代晚期	
BG7	BT1117 BT1017 BT0917	③层下	长条形	较平，不光滑	较平，西高东低	1440×（25~30）	1440×（25~30）	26~30	剖面为正方形，基本在一条直线上，填土为灰褐色，土质疏松，沟内堆积为一次性，东西走向	废弃的小瓦及砖块	清代中期	BF9房前排水沟
BG8	BT1014 BT1015	④层下	长条形	直壁	平底				沟壁、底为砖砌，顶盖砖，东西走向		清代早期	
DG1	DT0733	①层下	长条形	直壁	平底	250×24	250×24	18	沟内砖瓦较多，土质接近第二层灰褐色土，疏松，南北向	砖石瓦渣片及少量瓷器残片和陶器残片	近代	砖瓦沟
DG2	DT0735	②层下	长条形	斜直壁	底不平	500×200	500×98	21	灰褐色黏土，结构紧密，东西至南北走向	青砖块、石头、瓦片，较少瓷片，陶片，动物骨骼和牙齿	明代	估计为护城河河底部
DG3	DT0733	⑤层下	长条形	斜直壁	略平底	200~530	200~250	105	填土分二层：一层为黄褐色黏土，土质较密；二层为瓦片层，填土近生土，东西南北走向	一层以砖石瓦砾为主，出有少量陶片和瓷片。还有一块鸟纹残瓦，二层含有砖瓦较多，沟底有大石，见少量陶片和瓷片	明代晚期	二层中有一片带"贵"字的瓷片，DG3可能与DT0732城墙时代相同
DG4	DT0733	⑤层下	长条状	弧形壁	底略平	200~210	200~125	55	填土分二层：一层为黄褐色黏土，二层近生土，东西向	一层包含物少，仅见少量砖石和陶片，二层多瓦片，少量瓷片	明代晚期	与DG3时代一致同为城墙壕沟

续表

编号	位置	开口层位	形状 口	形状 壁	形状 底	现存规格（厘米） 口径	现存规格（厘米） 底径	现存规格（厘米） 深	结构与堆积	出土遗物	年代	备注
DG5	DT0931	④层下	长条形	斜壁	圜底	400×97	400×40	47	填土为灰褐色黏土，土质疏松，呈颗粒状，东西向	含大量砖瓦石块，少量瓷片及动物骨骼	明代晚期	瓷器底部书有"明成化制"字样，说明DG5不早于明成化年间
DG6	DT0830	⑥层下	不规则形	弧壁	圜底	356×72	356×10	56	填土为灰色黏土夹少量炭，东西向	少量砖瓦块、瓷片、陶片，大部为青花瓷片	明代中期	
DG7	DT0731	⑤层下	长带形	一面直，一面弧	圜底	400×92		27	北边为砖石所砌挡水，但东端保存三层砖石，其他几侧只剩一层砖石，南边无砖石挡水，沟底铺有鹅卵石，填土为灰黄色土，含少量灰屑，东西向	较多瓷片、瓷碗底、陶片、骨头，其中瓷碗底部花纹精美	明代中晚期	
DG8	DT0731	⑥层下	弯月形	斜壁	锅底	392×140		53	填土分上、下二层：一层为灰褐色土，含少量沙，出土物较多。二层淡灰色土中含少量炭，主要集中在G8南部	出土物中最特别的是一白色小盘，内底正中有一条金色鱼保存较完整	明代中期	

续表

编号	位置	开口层位	形状			现存规格（厘米）			结构与堆积	出土遗物	年代	备注
			口	壁	底	口径	底径	深				
DG9	DT0931	⑥层下	长条形	斜壁	平底	400×275	400×250	12~50	填土分三层：一层瓦砾层，含大量石灰石屑和炭屑。二层鹅卵石层。三层为灰褐色黏土，呈颗粒状，土质较疏松，东西向	一层出大量瓦块，砖，少量青花瓷和陶片。二层全部是大小比较相近的鹅卵石，排列不规整，夹有砖瓦、瓷片等。三层多陶瓷片，另有三块骨牌，一对羊角	明代中晚期	
DG10	DT2116	②层下	长条形	直壁	平底	590×80	550×80	100~105	沟内几乎无土层堆积，填充物全部为青灰碎砖瓦和少量鹅卵石，有少量灰褐淤泥，东西向	少量青花瓷片和陶片，器形有碗、杯、盘、碟，纹饰有缠枝花纹、双线纹，口沿多为直口或敞口，陶器形有罐、钵、盆，多见酱釉和红陶，纹饰有弦纹、放射纹，还有少量动物骨骼和铁器	清代晚期	瓷器有菱形或圆形花押，也有少数吉祥语落款和年识落款
DG11	DT0909 DT0910	DF8垫层下	长条形	弧形壁	圜底	900×（160~198）	900×（60~70）	60~70	壁、底均为泥土挖掘而成，填土为灰黑色土，像污泥，含水量大，部分为稀稠泥，为一次性形成，南北向	较多青花瓷片，铜簪、铜匙各1件，多砖瓦块	明代晚期	可能为水沟，废弃后为建筑垃圾沟

续表

编号	位置	开口层位	形状 口	形状 壁	形状 底	现存规格（厘米）口径	底径	深	结构与堆积	出土遗物	年代	备注
DG12	DT2214 DT2314 DT2414	③层下	长条形	直壁	平底	80~180	80~180	70	壁、底均为泥土，人工挖掘而成，堆积为三层：一层为大量砖瓦片堆积；二层土色较杂，含较多瓷片。三层为浅黄色土，土质细，为沉淀淤泥，东西向	一层多为砖瓦、石块。二层瓷片较多。三层无包含物	明末清初	为人工挖掘排水沟，后期废弃作为垃圾沟
DG13	DT2313	③层下	长条形	直壁	平底	410×13	410×13	15	两壁为竖立石头，泥底，填土为少量淤泥沉淀沟底，土色为黑色，东西向	极少碎瓦片	明末清初	
DG14	DT1430 DT1429	③a层下	弯曲的长条形	斜弧壁	平底	600×(150~180)	600×(100~150)	45~60	人工挖掘的土沟，填土为灰褐色黏土，土质疏松，近南北方向	青灰碎瓦片和石块，极少青花瓷片和泥质陶片，多酱釉陶片，另有铁片、动物骨骼出土	清代早期	青花瓷有花朵纹及花叶纹
DG15	DT1331	③层下	不规则形	弧形壁	圜底					卵青釉青瓷片	明末清初	
DG16	DT1130 DT1230	③层下	无法断定	斜壁	平底	长680	长650	130~170	壁、底有人工挖掘痕迹，填土为一次性堆积而成，浅灰色黏土，土质疏松，西北至东南走向	砖渣、瓦片及石灰颗粒，出有1件灰陶罐底、1件铁酱及青花瓷碗、罐残片等	清代早期	

续表

编号	位置	开口层位	形状			现存规格（厘米）			结构与堆积	出土遗物	年代	备注
			口	壁	底	口径	底径	深				
DG201	DT0426 DT0427 DT0428	②层下	窄长方形	陡直壁	平底	1250×70	1220×42	45~90	人工挖掘土沟，填土为灰色土，较硬，结构紧密，较纯净，南北走向	出土物不多，以白瓷片、青花瓷片，陶器1件为香炉，为泥质灰陶，损坏严重	清代	
DG202	DT0328	②层下	弯月形	陡直	较平坦	340×(30~75)	333×(30~75)	10~20			清代	
DG203	DT0529 DT0528 DT0527	③层下	长条形	弧形壁	圜底	1385×(220~268)		35~95	人工挖掘土沟，填土为深灰色土，内含大量草木灰，南北向	出有粗瓷片、白瓷片和青花瓷片，器形有碗、高足杯等	明代	
DG204	DT0429	②层下	窄长形	歪斜，向北有一定弧度	较平	250×30	250×30	16	壁、底均为青砖铺砌而成，黄褐色土，结构紧密，较纯，东西向		清代	
DG205	DT0431 DT0430 DT0429	③层下	长条形	斜直	平略弧	1400×(80~120)	1400×(50~80)	35~80	人工挖掘而成，填土为灰褐色土，南北向	残砖和布纹瓦残片，内含较少瓷器残片，瓷质粗糙	明末	
DG206	DT1129 DT1128 DT1127 DT1126	②层下	长条形	北段弧形，南段陡直	较平坦	1163×(220~285)	1153×(180~285)	8~105	人工挖掘而成的土沟，填土为灰褐色土，结构疏松，内含近代灰色厚砖、大石块，南北向	出有釉陶、粗瓷片、白瓷片、青花瓷片，器形有黄釉陶罐、青花瓷碗、盘，另出有一把铜刀	清代中晚期	
DG207	DT1124	②层下	弧形	斜直	圜底	33~65	33~60	60	人工挖掘而成的土沟，填土为灰色土，土质较硬，东北至西南向		明代	

附表七　大昌古城遗址墓葬登记表

编号	位置及层位	形状			现存规模（厘米）			结构与堆积	人骨状况	随葬品及遗物	年代	备注
		口	壁	底	口径	底径	深					
DM1	DT0731③层下	扰乱	扰乱	扰乱	/	/	/	墓室用砖砌成，墓中有方砖，填土为深灰色颗粒状土	人骨保存不佳，仅有零碎骨片和少量牙齿。未发现葬具，葬式不明	铜质花钩1件、瓷碗1件、陶器1件	明末	南北向
DM201	DT0431①层下	长方形	直壁	较平坦	60×130	58×128	20	长方形竖穴土坑墓，填土为灰色土，未经夯打	葬具不清，仰身直肢葬，人骨保存完好，经鉴定为孩童，头朝北，面朝东	未见随葬品，较多砖瓦碎片，不见其他遗物	清末民初	方向5°

附表八　大昌古城遗址水井登记表

编号	位置与层位	形状			现存规模（厘米）			结构与堆积	出土遗物	年代	备注
		口	壁	底	口径	底径	深				
AJ201	AT2220⑦层下	正方形	直壁	平底	160	160	110~120	井壁用青砖垒砌，底用大青砖铺筑，顶端三层单砖侧缝平砌，向下一平侧，井壁砖按形制分三种：第一种为34×12×7；第二种为40×20×10；第三种为20×20×7。底砖为30×30×6	大量青花瓷片，器形有碗、盘，出土青砖、出水龙头一只，花纹砖、瓦若干，另有铜钥匙、蛋壳碎片等	明代	正东方向偏约10°

附表九　青花瓷器型式分期图表

器类			碗				
			A		B	C	
时代分期			Aa	Ab			
明代	早期	一段					
		二段	I 式 AT2212⑧：9 II 式 AT2210⑦：3				

器类 时代分期			碗			
			A		B	C
			Aa	Ab		
明代	中期	三段				
		四段	Ⅱ式 DL5	Ⅰ式 DT0528③：4 Ⅱ式 AH31：3	Ⅰ式 DT0429③：7	Ⅰ式 DT0430③：1 Ⅴ式 DF10：5
	晚期	五段		Ⅲ式 BT1016⑤：1		Ⅱ式 AT2212⑥：3
		六段				Ⅳ式 BT2008④：2
清代	早期	七段	Ⅲ式 AT2009④：18	Ⅳ式 BT1908④：1	Ⅱ式 DT0731③：2 Ⅲ式 AT2510⑤：1	
	中期	八段				
	晚期	九段	Ⅳ式 BT1909②a：2	Ⅴ式 DH38：2 Ⅵ式 BT1909③b：33	Ⅳ式 DH19：4 Ⅴ式 DH28：7	Ⅲ式 AT1813⑤a：1
		十段			Ⅴ式 AT2113②：2	

时代分期		器类	碗				
			D	E	F	G	H
明代	早期	一段					
		二段					
	中期	三段					
		四段		I式 DH32：2			
	晚期	五段	I式 AT2112⑥：1	Ⅲ式 AH45：10	I式 AT2218⑤：1		
		六段					
清代	早期	七段	Ⅲ式 BT1709④：34	Ⅳ式 AT2119④：4	Ⅱ式 BT1709④：35	Ⅱ式 DT2213③：2	Ⅲ式 DT2214③：1
	中期	八段					
	晚期	九段	Ⅱ式 DH22：12				
			Ⅲ式 DH22：15	Ⅳ式 AT1812④：1			
			Ⅳ式 BT1908③C：11	Ⅴ式 BT1809③b：7		Ⅱ式 BT1706③：1	
		十段					Ⅳ式 DT1331②：1

器类		碗			
		I		J	
时代分期		Ia	Ib	Ja	Jb
明代　早期	一段				
	二段				
	三段		 Ⅱ式 AH44：2		 Ⅰ式 AH44：4
明代　中期	四段	 Ⅰ式 DT0331③：4			
		 Ⅱ式 AH211：2		 Ⅲ式 AT2119⑥：11	 Ⅱ式 AH210：2
	五段	 Ⅳ式 DT1227②：1	 Ⅳ式 AT2620⑤：1	 Ⅳ式 DT0733④：7	
明代　晚期	六段	 Ⅴ式 BH4：3			
		 Ⅶ式 BH45：3	 Ⅶ式 BH45：2		
清代　早期	七段				 Ⅳ式 AT2311⑤：6
			 Ⅵ式 BT1808④：23	 Ⅴ式 BT1808⑤：22	 Ⅵ式 BT2008④：1
清代　中期	八段		 Ⅵ式 AH205：18		

器类		碗			
		I		J	
时代分期		Ia	Ib	Ja	Jb
清代	晚期 九段	Ⅵ式 BT2009③e：20	Ⅴ式 BT0816③：2	Ⅶ式 AT2218③：2	Ⅴ式 BT1908③c：9
	十段	Ⅴ式 BH4：3	Ⅶ式 CT1108③：1		

器类		碗			
		K			L
时代分期		Ka	Kb	Kc	
明代	早期 一段		Ⅰ式 AT2217⑧：2		Ⅲ式 AJ201：2
	二段	Ⅱ式 AT2109⑦：13			Ⅰ式 AT2109⑦：6
	中期 三段	Ⅳ式 AT2009⑥：6	Ⅲ式 AT2018⑥：1		
	四段		Ⅱ式 AH45：2		
			Ⅵ式 DT0429②：2		
	晚期 五段	Ⅲ式 BG5：1	Ⅳ式 AT2019⑤：4		Ⅱ式 DT0728②：18
	六段	Ⅶ式 BH45：5			

器类	碗			
	K			L
时代分期	Ka	Kb	Kc	
清代　早期　七段	Ⅳ式 BT1709④：18	Ⅴ式 AH202：43 Ⅵ式 BT1707④：3	Ⅰ式 AT1913⑤：18	
中期　八段				
晚期　九段			Ⅱ式 BT1909③d：22	
十段				

器类	杯			
	A			
时代分期	Aa	Ab	Ac	Ad
明代　早期　一段				
二段	Ⅰ式 AT2420⑦：1	Ⅰ式 AT2109⑦：10		
中期　三段	Ⅱ式 AT2119⑥：5			
四段				
晚期　五段		Ⅱ式 AT2112⑥：2	Ⅰ式 BT1709⑤：25	
六段			Ⅰ式 BH11：22	

器类		杯			
时代分期		A			
		Aa	Ab	Ac	Ad
清代 早期	七段	Ⅲ式 DT1009⑤：13	Ⅲ式 AT2311⑤：3 Ⅳ式 BT1011④：3		Ⅰ式 AH202：60
清代 中期	八段	Ⅳ式 BH1：4		Ⅱ式 BH1：3	
清代 晚期	九段	Ⅴ式 DG10：3	Ⅴ式 DT1107③c：18	Ⅱ式 AT1810④：1 Ⅲ式 DT1107③c：19	Ⅱ式 DT1007③d：33
	十段		Ⅴ式 BT2009②b：5		

器类		杯		
时代分期		B		C
		Ba	Bb	
明代 早期	一段			
	二段			
明代 中期	三段	Ⅰ式 AF13：1 Ⅱ式 AT2119⑥：8	Ⅰ式 AT2119⑥：4	

器类		杯		
		B		C
时代分期		Ba	Bb	
明代	中期 四段			Ⅰ式 AH44：3
明代	晚期 五段	Ⅲ式 DT0331②：1	Ⅱ式 AT2019⑤：6	Ⅱ式 BT1016⑤：2
	六段			
清代	早期 七段			Ⅲ式 BT1010④：5
清代	中期 八段			
清代	晚期 九段	Ⅳ式 AH202：65 Ⅴ式 BT2008③a：2	Ⅳ式 DT1007③a：16	
	十段			

器类		杯			
		D		E	
时代分期		Da	Db	Ea	Eb
明代	早期 一段				Ⅰ式 AT2217⑧：1
明代	早期 二段		Ⅱ式 AT2109⑦：1		

器类			杯			
			D		E	
时代分期			Da	Db	Ea	Eb
明代	中期	三段	I式 DT1008⑩：20	II式 AT2113⑦：7		
		四段	I式 DT0529③：1		I式 DT0909⑥：11	II式 DT0831⑤：6
	晚期	五段	IV式 AT2420⑤：2		I式 DT0731⑤：5 II式 DT0831③：1 IV式 AT2009⑤：10	II式 AT2419⑤：1
		六段	IV式 AT2019⑤：7			IV式 BH11：13
清代	早期	七段	II式 DT0831③：4	I式 DT0730③：9 IV AT2510⑤：2		
			V式 BT1010④：3	V式 BT1908④：3	V式 AT2109④：19	V式 AT2019④：1
	中期	八段				

器类			杯			
			D		E	
时代分期			Da	Db	Ea	Eb
清代	晚期	九段	Ⅵ式 BT1909③d：9	Ⅵ式 DT1103③c：7	Ⅵ式 BT1706③：11	Ⅴ式 BT2009③e：27
		十段	Ⅵ式 BH4：5		Ⅵ式 BZ2：1	

器类			杯			
时代分期			F	G	H	I
明代	早期	一段				
		二段				
	中期	三段				
		四段				DT0528③：2
	晚期	五段		Ⅰ式 AT2009④：14		
		六段				
清代	早期	七段	Ⅰ式 DT0733③：4			
	中期	八段	Ⅱ式 AH205：15	Ⅰ式 AH205：16		
	晚期	九段	Ⅲ式 DT1107③：16	Ⅱ式 DT2113②：3	BT1807③：5	
		十段				

器类 时代分期			盘			
			A		B	C
			Aa	Bb		
明代	早期	一段				
		二段	I 式 AT2113⑧：2			
	中期	三段	Ⅲ式 DT0931⑥：4		I 式 AT2310⑦：1	
		四段	I 式 AH45：7	I 式 AH45：9		
			Ⅱ式 DT0429③：8	Ⅱ式 AH27：1		
	晚期	五段		Ⅲ式 DT0831④：9	Ⅱ式 AT2213⑥：5	
			Ⅳ式 DT0525②：1	Ⅳ式 DH48：1	Ⅲ式 BT1509⑤：2	I 式 DT0733④：11
		六段				Ⅱ式 AH1：21
						Ⅲ式 BH45：9
清代	早期	七段		V 式 BT2008④：3		
	中期	八段	Ⅳ式 AH205：24			
	晚期	九段		Ⅵ式 BT1706③：9		
		十段				

器类 / 时代分期			盘				E
			D				
			Da	Db	Dc	Dd	
明代	早期	一段					
		二段					
	中期	三段					
		四段	Ⅰ式 DT0430③：5				
	晚期	五段		Ⅰ式 DT0420②：2 ／ Ⅱ式 BT1808⑤：19			
		六段		Ⅱ式 BH11：21	Ⅱ式 BH25：3		
清代	早期	七段	Ⅱ式 AT2113⑤：1	Ⅲ式 AT2010④a：21		BT1109④：2	
	中期	八段	Ⅲ式 AH202：29 ／ Ⅲ式 AH202：41				
	晚期	九段	Ⅵ式 BT2009③D：15			DT1007③d：24	BT1909③d：14
		十段		Ⅳ式 AT2311③：1			

器类 / 时代分期			碟		盏				
			A	B	A			B	C
					Aa	Ab	Ac		
明代	早期	一段	Ⅰ式 AH16：6						
		二段	Ⅱ式 DG8：1						

器类 时代分期			碟		盏				
			A	B	A			B	C
					Aa	Ab	Ac		
明代	中期	三段							
		四段		DT0329③：2			DT0931⑤：3		
	晚期	五段							
		六段	Ⅲ式 AG206②：1						Ⅰ式 DT1030④：12
清代	早期	七段							Ⅱ式 BT1709④：21
	中期	八段				DT1009④：11			
	晚期	九段			AT2318③：1				
		十段			AT2319②：3				Ⅲ式 BH4：2

器类 时代分期			盆	器盖		罐	壶	香炉
				A	B			
明代	早期	一段						
		二段						
	中期	三段						
		四段						
	晚期	五段						
		六段						
清代	早期	七段		BT1807④：6		BT1808④：27		BT1907④：2
	中期	八段	Ⅰ式 DT1125②：1					

器类／时代分期		盆	器盖		罐	壶	香炉
			A	B			
清代	晚期 九段	Ⅱ式 DH22：18	BT0817④：3			BT0812③：1	
	十段						

器类／时代分期		笔筒	灯盏			灯台	勺
			C				
早期	一段						
	二段						
明代 中期	三段						
	四段						Ⅰ式 DT0328③：1
晚期	五段						
	六段						
早期	七段						
中期	八段	DT0328②：6					
清代 晚期	九段	DT1008③a：13	DH21：1	Ⅰ式 DT0908③：6 Ⅱ式 BT1709⑤：27		DH25：6	Ⅰ式 Ⅱ式 BT1909③d：17
	十段						

后　记

本项目由中山大学人类学系（2008年12月重新组建为中山大学社会学与人类学学院）承担。发掘领队及报告主编为王宏。本报告为集体劳动的结晶，其中第一、五章为王宏编写，第二章为王宏、彭锦华编写，第三章为王宏、彭锦华、胡立敏编写，第四章由王宏、胡立敏编写，王宏统编全稿。彭锦华对各类遗迹的表格进行了初步核对和编辑。遗迹和器物线图由刘明怀清绘，胡立敏编辑，吴文丽也参与了部分编辑。田野照片由韦贵耀、王宏等拍摄。器物照片部分由金陵拍摄，部分采自巫山县博物馆全国第一次可移动文物普查拍摄照片，由胡立敏编排。拓片由王雄负责。姚志辉负责原始资料的录入等工作。所有参与发掘者均为田野资料的获取付出了辛勤的劳动。

巫山大昌古城发掘期间，国家文物局文物保护司关强等及专家组数次赴工地检查工作，重庆市文物局三峡办刘豫川、邹后曦、杨小刚曾多次赴工地检查指导，湖北省文物考古研究所陈振裕、王红星、黄凤春、周国平、笪浩波，武汉市文物考古研究所魏航空、许志斌等按年度对工地进行了监理工作。巫山县文化局颜昌晋、葛列军，巫山县博物馆（巫山县文物管理所）易军、裴键、朱俊东、罗志洪、胡明忠、丁丹等多方协调和全力协助了发掘工作，尤其在办理进入大宁河小三峡通行证一事上细致周到，有时甚至把进峡证直接送到巫山大宁河码头。武汉市文物考古研究所巫山考古队对我队进出小三峡人员在巫山中转提供了诸多便利。巫山县大昌镇文化站李纪堂，大昌村村主任冯益福、住户李清泰一家也对发掘工作提供了大力支持和全力协助。2006～2007巫山整理及编写年度报告期间，巫山县文物管理所易军、裴键、徐昌勇、胡明忠等给予了大力协助。2009年3月～2011年元月及2012年7～8月本报告重庆编写期间，重庆市文物局三峡办李琳，重庆市文物考古所邹后曦、袁东山、白九江、杨小刚、袁钧、刘继东、李大地、刘远坚、孙慧、高娟、蔡远富等提供了诸多便利。2015年9月，巫山县博物馆张潜、丁丹、张辉、姚勇提供了该馆全国第一次可移动文物普查所拍摄的大昌古城遗址遗物照片供本报告选择。

科学出版社张亚娜、郑佐一为本书编辑付出了辛勤的劳动。

在此一并对参与工作和提供帮助的各方人士表示衷心的感谢！

图　版

1. 大昌远景

2. 地理环境

大昌古城环境

1. 东门

2. 南门

大昌古城环境

1. A区发掘前状况

2. 2000年A区发掘

A区历年发掘

1. 2002年A区发掘

2. 2005年A区发掘

A区历年发掘

1. 2001年B区远景

2. 2001年B区东南部探方

3. 2001年B区西北部探方

B区历年发掘

1. D区发掘前状况

2. 2000年D区发掘

3. 2002年D区东南部发掘

D区历年发掘

1. DT2314南壁剖面

2. 2002年D区西南部发掘

3. 2005年D区发掘

D区历年发掘

1. 2000年发掘DC1

2. 2002年发掘DC1

3. 2002年发掘AC2

各期城墙

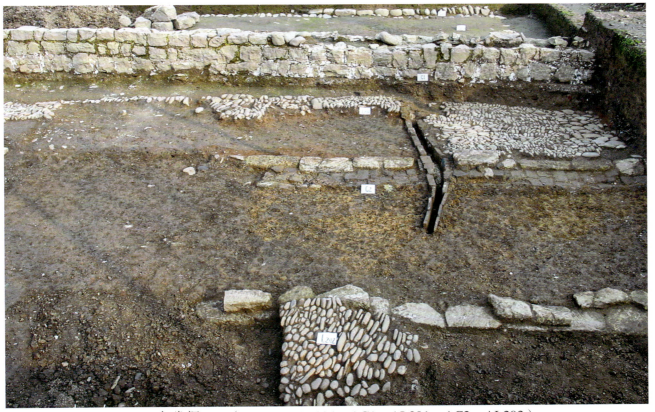

1. 2005年发掘AC2（AG201、AL204、AC1、AL201、AC2、AL202）

3. 2002年发掘AC1

2. 2001年发掘BC1

各期城墙

1. AF2

2. AF201

3. DF3

4. DF4

房址

1. AF1

2. AF3

3. BF10墙基

4. DF11卵石面

房址

1. DF202

2. DZ203

3. DZ207

房址

1. BF7

2. BF8

3. BF9

房址

1. BF2

2. BF3墙基

3. AQ202

房址、墙基

1. DL5

2. AL3

3. AC1、AC2、AL3、AL4

路面

1. AL201

2. AL202

3. DL202

路面

1. BZ2

2. BZ4

3. AZ1

灶

1. BZ3

2. BZ6

3. DZ1

灶

1. DZ202

2. DZ203

灶、水井

1. DZ206

2. DZ207

3. AJ201

灶、水井

1. AH3

2. BH1

3. AH5、AH10（左）

灰坑

1. BH8

2. BH21

3. BH40

灰坑

1. BH2

2. DH213

3. AH206

灰坑

1. DH34

2. DH37

3. BH20

灰坑

1. DH211

2. AH45

3. AH203

灰坑

1. AH205

2. BH16

3. AH30

灰坑

1. BH11

2. AH202

3. DH44

灰坑、墓

1. AG205

2. BG1

3. BG2

灰沟

1. BG4

2. BG7

3. DG204

灰沟

1. DM1

2. DM201

灰坑、墓葬

1. DH32：1

2. DH22④：10

3. DT0427②：1

4. AH35：1

5. AJ201：1

6. DH57：1

单色釉碗

1. AT2009④：16

2. DT0431②：3

3. DH22③：7

单色釉碗

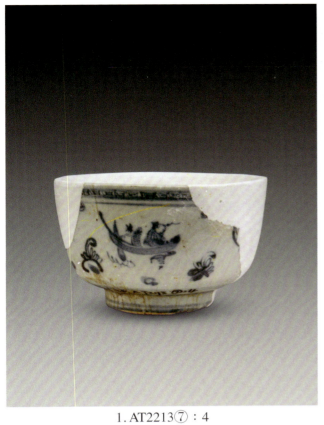

1. AT2213⑦：4

2. AT2210⑦：3

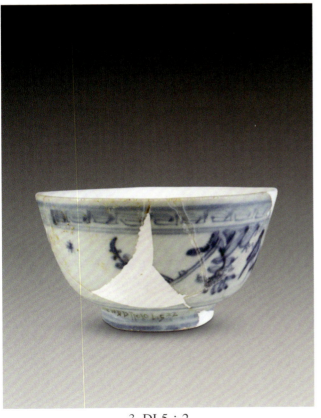

3. DL5：2

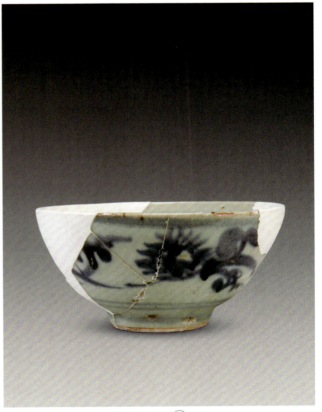

4. DT0528③：4

青花碗

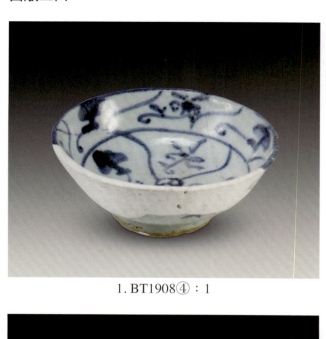

1. BT1908④：1

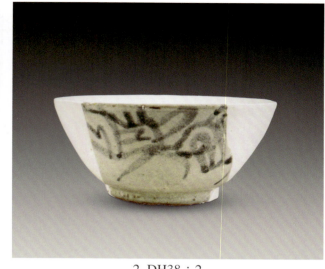

2. DH38：2

3. AT2010③：7

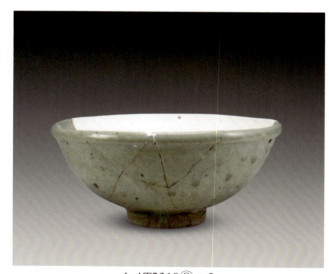

4. AT2310⑧：3

5. DT0731③：2

6. DT2113②：2

青花碗

1. DH28：7

2. AT2010④a：20

3. AT1813⑤a：1

4. BT2008④：22

5. DZ2：2

6. DZ2：2（碗底）

青花碗

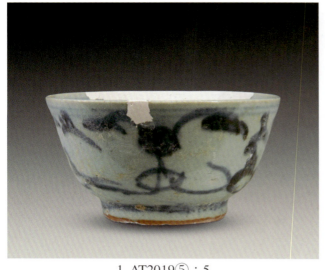

1. AT2019⑤：5

2. DH22⑥：15

3. DT1108③c：7

4. BT1908③c：11

5. DH32：2

6. BT1809③b：7

青花碗

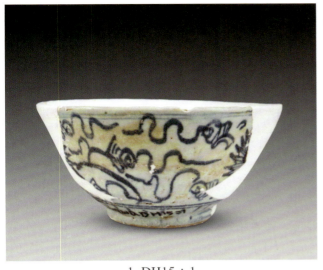

1. DH15：1

2. DT0331③：4

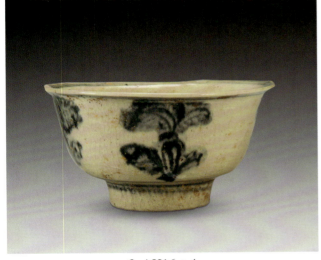

3. AH16：4

4. AT2211⑦：9

5. AH211：2

6. DT1227②：1

青花碗

1. BT2009⑤：1

2. DT2415③a：3

3. AT2620⑤：1

4. AT2009④：17

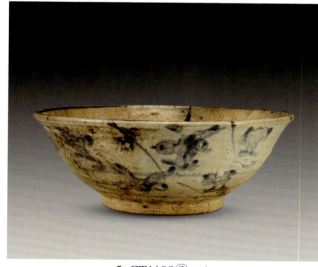

5. CT1108③：1

6. BH45：2

青花碗

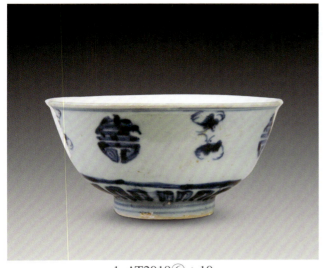

1. AT2019⑥：10

2. DT0733④：7

3. AT1811⑤：3

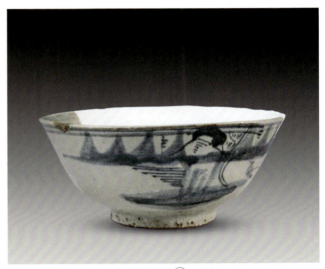

4. BT1709④：18

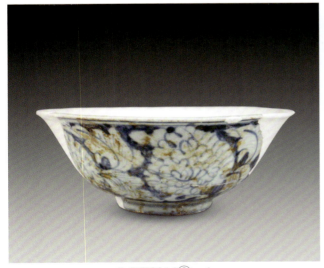

5. DT2314③：1

6. DG203：2

青花碗

1. AT1913⑤：18

2. AJ201：2

3. AT2419⑤：2

4. AF6：1

5. BT0817④：2

青花碗、单色釉杯、青花杯

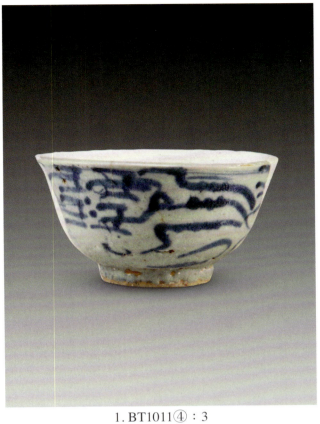

1. BT1011④：3

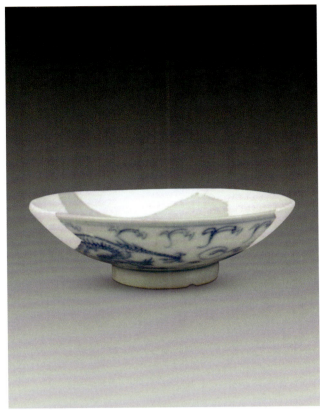

2. AT1810④：1

3. DT1007③d：33

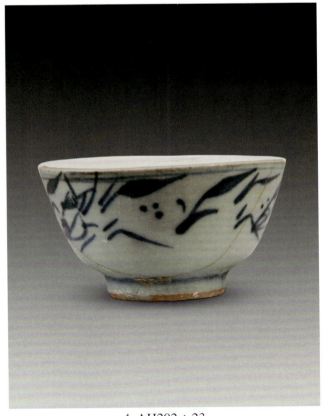

4. AH202：23

青花杯

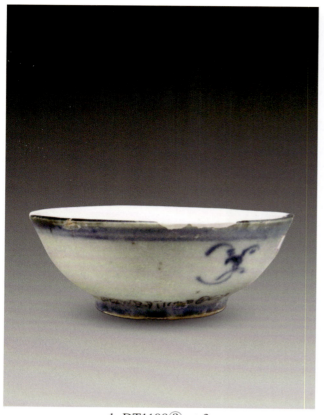

1. DT1108③c：3

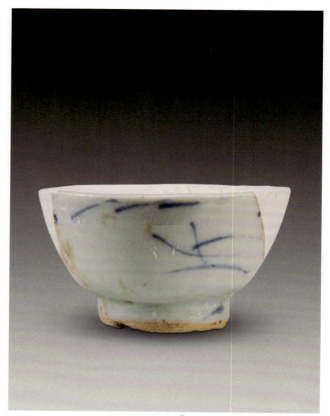

2. AT2119⑥：4

3. DT1107⑨：14

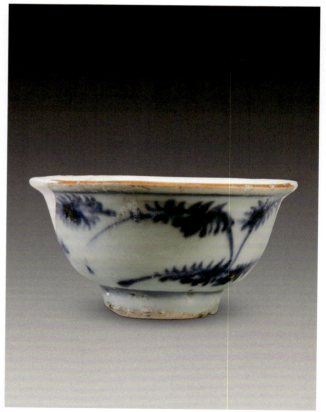

4. DT0529③：1

青花杯

1. DT0831③：4

2. AH210：6

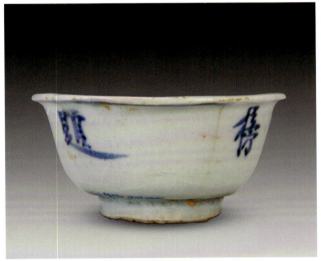

3. AH3：3

4. BT1909③d：26

5. AT2109⑦：1

青花杯

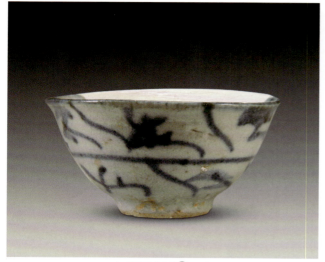

1. DT1025③：1

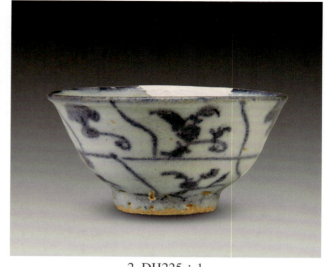

2. DH225：1

3. BT1908③c：6

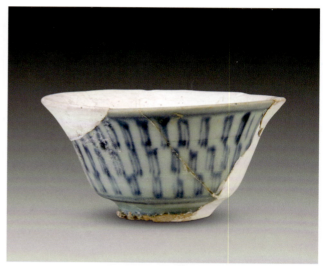

4. DT0731⑤：5

5. DT0733④：5

6. DT0831③：1

青花杯

1. DT0531③：1

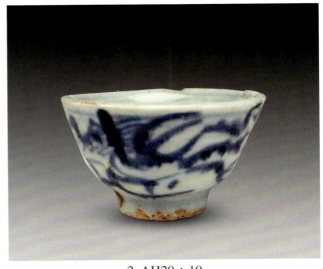

2. AH29：10

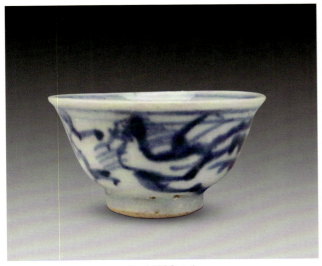

3. AH29：1

4. AT2009⑤：12

5. AT2109④：19

6. BT1709④：16

青花杯

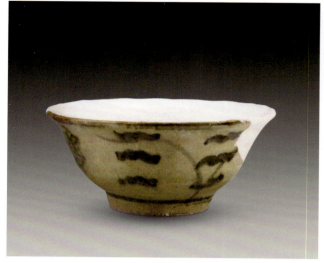

1. BH4：4

2. DT0831⑤：6

3. AT2419⑤：1

4. AT2009④：14

5. DT1229③：1

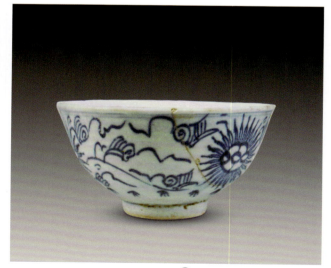

6. DT2113②：3

青花杯

1. DT0907⑨：3

2. DT0729③：1

3. DT0931⑤：10

4. AH29：13

5. DT1230④c：1

单色釉盘

1. AH45：7

2. DT0731⑤：3

3. DT0931⑥：4

4. DT1007③d：26

青花盘

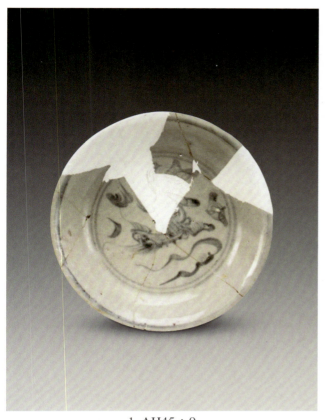

1. AH45∶9

2. AH27∶1

3. BT2008④∶3

4. BT1808⑤∶19

青花盘

1. AT2010④a：21

2. BH25：3

3. DT1007③d：24

4. AT2212⑥：4

5. DT0931⑤：11

6. AH45：8

青花盘、白釉碟、青花碟

1. DT0931⑤：3

2. BT1709④：21

3. DT2213③：1

4. BH4：2

5. DT1125②：1

白釉碟、青花碟、青花盆

1. AT2618②b：1

2. DH25：6

3. DH21：1

4. DT0908③：6

5. DT0328③：1

6. BT1909③d：17

7. AT2119⑥：1

8. BT1709⑤：24

壶、灯、灯台、勺、鸟食罐

1. AT2017⑤：1

2. AT2019⑥：9

3. DH32：6

4. DG11：8

瓷塑、款识

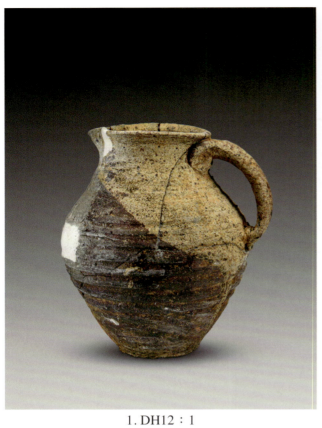

1. DH12：1

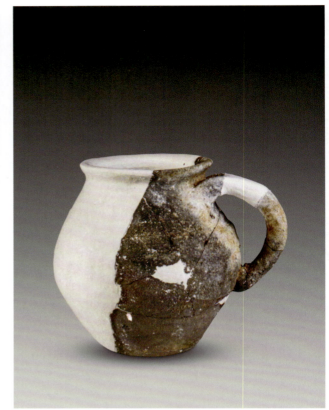

2. DT2014⑤：3

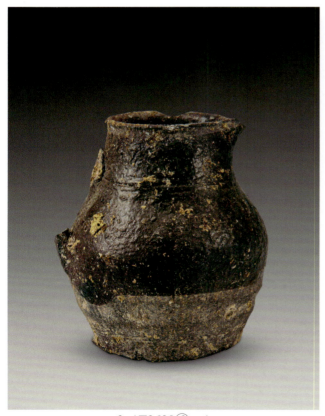

3. AT2620⑥：1

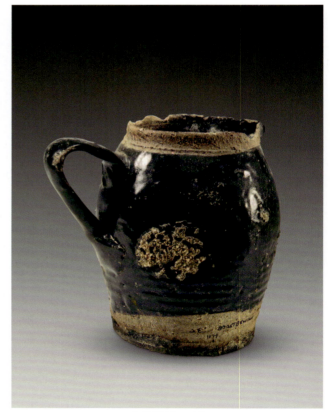

4. BH11：15

陶罐

1. AT2120④：1

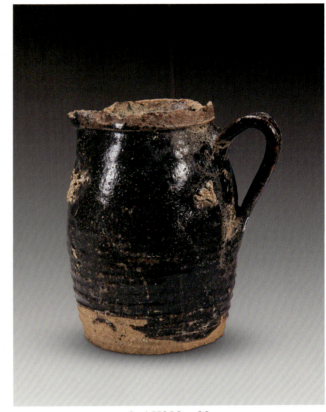

2. AH202：33

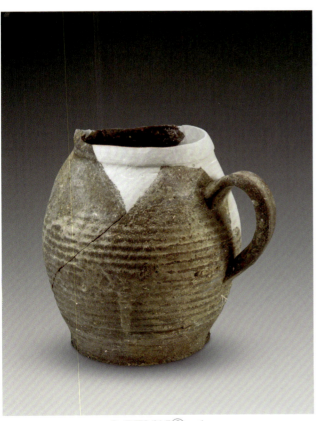

3. BT0615②：1

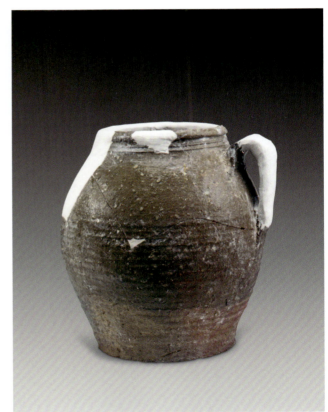

4. AT1912⑤：12

陶罐

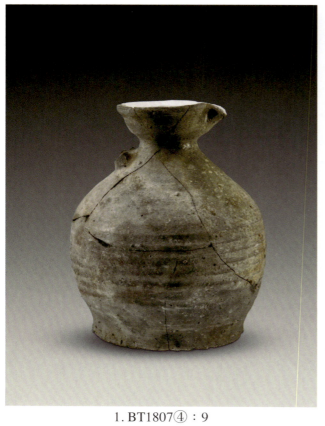

1. BT1807④：9

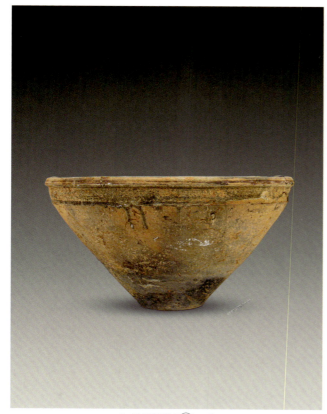

2. AT1812④：9

3. DT0530③：5

4. DT1232④：1

陶壶、擂钵

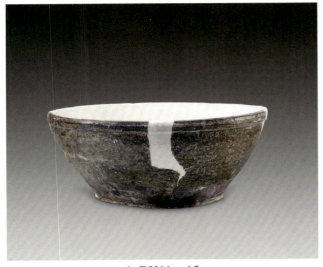

1. BH11：12

2. BT1014③：1

3. BF1：4

4. DT0909④：7

5. AT1813⑤a：2

陶钵、釜、器盖、笔筒

1. BT1109④：1

2. DT1007③d：31

3. DT0908③：5

4. AT1810④：2

5. BT2006③：1

灯

1. AH202：3

2. AT2111⑦：6

3. AT2210⑧：5

4. AT2212⑦：1

陶网坠、陶拍、瓦当

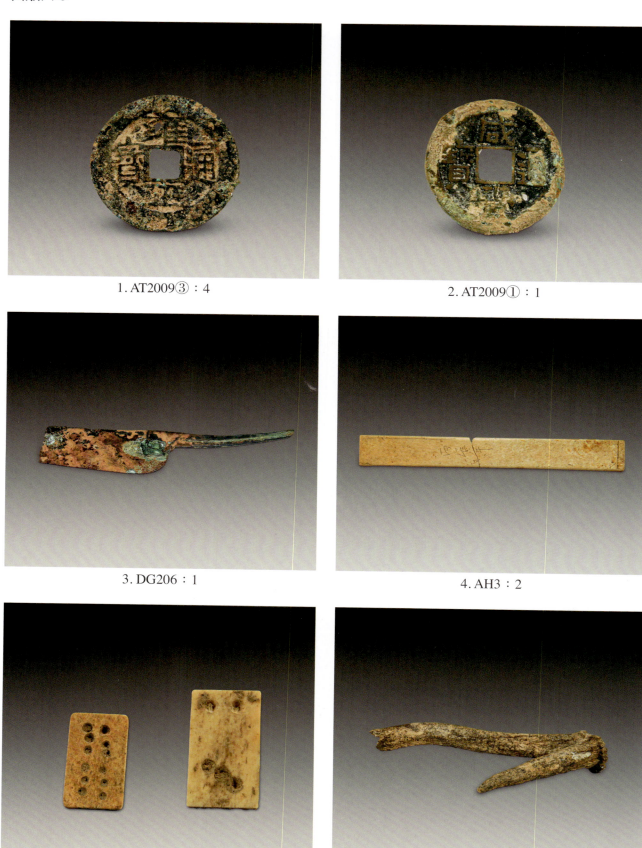

1. AT2009③：4

2. AT2009①：1

3. DG206：1

4. AH3：2

5. AQ203：1

6. AH12：1

铜器、骨器、角器

1. 考古实习合影（2000年）

2. 考古实习合影（2001年）

3. 工地上课（2002年）

4. 考古实习合影（2002年）

5. 工作合影

工作照

1. 绘图场景（2001年）

2. 文物修复（2001年）

3. AH3工作照

4. T1909工作照

5. D区工地发掘工作照

6. 20-D区钻探

工作照

1. 工作照（1）

2. 工作照（2）

3. 工作照（3）

4. 工作照（4）

工作照

1. 王宏接受加拿大文物保护机构采访（2001年）

2. 国家文物局视察工地（2005年）

领导专家视察

www.sciencep.com

(SCPC-BZBDAA14-0023)

ISBN 978-7-03-077411-8

定价：418.00元